布里亚特语语音声学研究

中国少数民族语言方言实验研究丛书

呼和 著

呼和 主编

社会科学文献出版社
SOCIAL SCIENCES ACADEMIC PRESS(CHINA)

　　本书系国家社会科学基金冷门绝学研究专项学术团队项目"中国北方少数民族濒危语言调查实验研究"（项目编号：21VJXT012）和中国社会科学院创新工程"登峰战略"资深学科带头人资助项目"中国北方跨界民族语言的调查实验研究"（项目编号：DZ2023002）的系列成果

目 录

绪　论

　　自 1956 年全国人大民族委员会和中央民族事务委员会组织的少数民族语言、少数民族社会历史调查和 1962 年《中国语文》杂志开始刊登少数民族语言概况算起，我国民族语言现代语言学研究已走过 60 多年的历程，完成了"中国少数民族语言简志丛书"（1958 年启动，1991 年基本完成，2009 年修订）、"蒙古语族语言方言研究丛书"（21 本，内蒙古大学蒙古语文研究所 20 世纪 80 年代初开始陆续出版的）、"中国新发现语言研究丛书"（1997 年至今，已出版 41 种）和"中国少数民族方言研究丛书"（1998 年至今，已出版 17 种）等大型研究成果。可以说，在前辈们的不懈努力下，我国民族语言现代语言学研究取得了较辉煌的成就。目前的民族语言研究虽然涵盖了描写语言学、历史比较语言学、纪录语言学、语言类型学、民族语言文字应用、实验语音学、民族文字文献等诸多领域，但与英语和汉语等强势语言的研究相比，在研究深度和广度等方面都存在一定的差距。

　　1985 年中国社会科学院民族所（现中国社会科学院民族学与人类学研究所）建立的语音实验室是我国民族语言实验语音学学科成立的标志，实验室语音学队伍也是我国最早开展少数民族语言语音实验的研究团队。1985~1995 年，民族所实验语音学团队主要开展了汉语普通话和少数民族语言语音声学和生理实验基础研究工作，主持完成了多项国家自然科学基金和国家社会科学基金项目。如在国家社科基金资助下，研究团队历时数年完成了大约 25 种语言和方言的音档录制。与民族地区大学和研究所合作完成了几个在国内外有一定影响的少数民族语言语音声学参数数据库。例如，"藏语拉萨话语音声学参数数据库"（国家自然基金项目，1991）、"哈萨克语语音声学参数数据库"（国家自然基金项目，1992）、"蒙古语语音声学参数数据库"（国家社科基金项目，1993）等。本阶段的研究成果主要发表在《实验语音学概要》（吴宗济、林茂灿主编，鲍怀翘撰写第三和第五两章，即语音产生的生理基础和元音部分，1989）以及国内外学术刊物和学术会议上。这些成果在国内外语音学界产生了一定的影响，为我国少数民族语言实验语音学学科乃至汉语实验语音学学科的发展奠定了基础。

1995~2005年，民族所团队使用当时国际最先进的设备，如"声门高速摄影"和"电子动态腭位仪"开展了汉语普通话和少数民族语言发声类型和调音的生理研究，主持完成了1项中国社会科学院重大项目（"汉藏语声调的声学研究"）、4项国家自然科学基金项目（"汉语普通话嗓音声学研究"、"普通话动态腭位研究"、"基于动态腭位的普通话协同发音研究"和"蒙古语韵律特征声学模型研究"）。这一阶段除撰写出版《论语言发生》（孔江平，2001），《蒙古语语音声学研究》（蒙文版，呼和，1999）和 *A Basic Study of Mongolian Prosody*（呼和，2003）3部专著外，还发表了50余篇有影响的学术论文。在学科创新和应用研究方面也进行了大胆探索与实践。如，2001~2005年重大项目"民族多媒体信息系统"研究完成的"民族GIS多媒体检索系统"，首次将自然科学的地理信息系统技术（GIS）成功应用于民族语言及民族多媒体信息研究。这些成果在国内外实验语音学和言语工程学界以及嗓音病理学界产生了较大反响，提高了学科的知名度，奠定了民族所少数民族实验语音学学科在国内外学术界中的地位。

自2006年以来，该团队在总结以往研制单语种语音声学参数库工作的基础上，提出"语音声学参数统一平台"的思路和方法，并通过实施和完成两项教育部、国家语委民族语言文字规范标准建设及信息化项目"藏语、维吾尔语和彝语语音声学参数数据库"（300MB，2009，郑玉玲承担）和"达斡尔，鄂温克和鄂伦春语语音声学参数数据库"（300MB，2011，呼和承担），研制了藏、维吾尔、彝、达斡尔、鄂温克和鄂伦春等族语言的语音声学参数数据库，初步搭建了"中国少数民族语言语音声学参数统一平台"框架，为进一步开展民族语言语音声学参数数据库研究打下了坚实的基础。

自2013年2月开始，根据多年积累的语音声学参数库研制经验，"语音声学参数自动标注/提取系统"（3.3版本）和诸多数据处理小工具研发并投入使用，使该项工作逐渐走上自动化，提高了准确率和工作效率，避免了数据采集者的主观因素，确保了数据的客观性和准确性（参看周学文、呼和，2014）。特别是在国家社科基金重大招标项目"中国少数民族语言语音声学参数统一平台建设研究"（批准号：12 & ZD225）和中国社会科学院创新工程项目（2013~2021 年度）的资助下完成了容纳蒙古语、达斡尔语、土族语、东部裕固语、东乡语、维吾尔语、哈萨克语、鄂温克语等北方民族语言语音声学参数数据库的"中国少数民族语言语音声学参数统一平台"（以下简称"统一平台"），并基于"统一平台"撰写出版了"中国少数民族语言方言实验研究丛书"的蒙古语、维吾尔语和鄂温克语等 3 卷，实现了从语音声学参数库跨越到对民族语言语音的全面、系统声学语音学描写研究阶段，验证了语音声学参数库对语言学的贡献和意义。

自 2021 年开始，我们团队在国家社会科学基金冷门绝学研究专项团队项目"中国北方少数民族濒危语言的调查实验研究"（项目编号：21 VJXT012）和中国社会科学院创新工程"登峰战略"资深学科带头人资助项目"中国北方跨界民族语言的调查实验研究"（项目编号：DZ2023002）的资助下，继续扩充"统一平台"语言数量的同时，继续撰写、编辑、出版"中国少数民族语言方言实验研究丛书"的《达斡尔语语音声学研究》、《土族语语音声学研究》、《东乡语语音声学研究》、《东部裕固语语音声学研究》和《布里亚特语语音声学研究》等 5 卷。

标准化、规范化和自动化是语音研究必经之路。这是由该学科的属性和特点所决定的。通过 30 多年的努力，我们团队对语音声学实验研究的主要环节，如实验语料设计、实验语料录制、语音标注、声学参数标注及其提取、统计分析和绘制声学语图等有了较全面、深刻的认识和了解，并提出了自"实验语料设计"至"声学语图绘制"系统的思路和方法。特别是自 2021 年以来，我们团队一直探索语音声学实验研究自动化问题。众所周知，语音声学参数数据库研制环节是语音声学实验研究的重要环节。这是耗费人力、物力的艰难且烦琐的基础工程。对语音声学参数进行手工标注和采集，尚存在两方面的不足。一方面，工作量大、速度慢、错误率高、效率低，这不但影响声学参数库的研制速度，而且无法保证实验方法和实验数据的可重复性；另一方面，由于语音声学特征定义以及语音声学参数标注和提取等方面尚未统一标准等原因，语言之间难以相互比较，研究成果无法相互借鉴。只有实现各个环节的自动化，才能使语音声学研究变成一种可以观察、量化、重复、验证的实验科学。

　　我们团队基本解决了"声学参数标注"→"声学参数标注"→"声学参数统计"→"声学语图绘制"等环节的自动化问题。请见图 0.1 中用蓝色字体标记的模块。

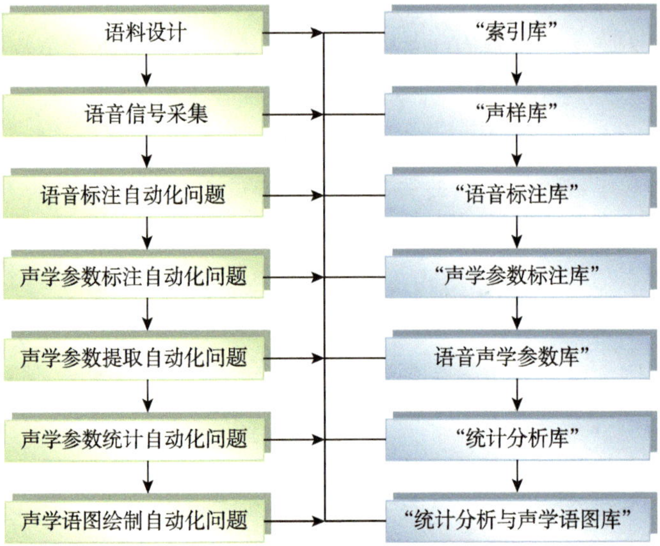

图 0.1　语音声学研究自动化问题

实现自动化的主要内容和目的如下。

1. 声学参数标注自动化

（1）自动转换 SAMPA 码和 IPA

　　在以往参数库的语音标注中我们都使用了 SAMPA 码，现在改用国际音标（Keyman 输入法的 IPA），并且把以往用 SAMPA 码标注的语音标注库用 PRAAT 脚本编辑的小工具——"自动转换 SAMPA 码和 IPA 工具"自动更换成 IPA 语音标注库。我们用这种方法更换了蒙古语族语言语音标注库（蒙古语、达斡尔、东部裕固语、布里亚特、土族语、东乡语）、突厥语族语言语音标注库（维吾尔语、哈萨克语）和满通古斯语族语言语音标注库（鄂温克语、鄂伦春语）。

　　（2）自动筛选声学参数异常值

　　在声学参数自动标注和提取过程中，会出现少量异常值。为此，在进行统计分析之前，我们先用 PRAAT 脚本编辑的小工具——"自动筛选声学参数异常值工具"，先自动检查、筛选声学参数库中的异常值之后，再进行统计分析。

2. 声学参数统计自动化

我们用 R 语言编辑的小工具，实现了以下声学参数统计分析的自动化：

（1）基础描写统计自动化

a. 自动完成"数据趋势分析"

用"数据趋势分析工具"自动完成数据趋势分析（平均值、中位数，是正偏分布，还是负偏分布）工作。

b. 自动完成"离中趋势分析"①

用"离中趋势分析工具"自动完成离中趋势分析工作。

c. 自动完成"相关分析"②

用"相关分析工具"自动完成相关分析工作。

（2）假设检验的自动化

我们用 R 语言编辑的小工具，自动完成假设检验工作。

a. 自动完成"单样本 t 检验"

用"单样本 t 检验工具"，自动完成"单样本 t 检验"工作。

b. 自动完成"配对样本 t 检验"

用"配对样本 t 检验工具"，自动完成"配对样本 t 检验"工作。

（3）方差分析的自动化③

我们用 R 语言编辑的小工具，自动完成方差分析工作。

a. 自动完成"单因素方差分析"

用 R 语言编辑的小工具——"单因素方差分析工具"，自动完成"单因素方差分析"工作。

b. 多因素有交互方差分析

用 R 语言编辑的小工具——"多因素有交互方差分析工具"，自动完成"多因素有交互方差分析"工作。

---

① "离中趋势分析"主要靠全距、四分差、平均差、方差（协方差：用来度量两个随机变量关系的统计量）、标准差等统计指标来研究数据的离中趋势。例如，我们想知道两个元音或辅音中，哪一个元音或辅音分布更分散，就可以用两个元音或辅音的四分差或百分点来比较。

② 相关分析探讨数据之间是否具有统计学上的关联性。这种关系既包括两个数据之间的单一相关关系——如共振峰与音长之间的关系等。

③ 根据研究工作需要我们随时增加假设检验和方差分析项。

c. 聚类分析

用 R 语言编辑的小工具——"聚类分析工具",自动完成"聚类分析"工作。

d. 判别分析

用 R 语言编辑的小工具——"判别分析工具",自动完成"判别分析"工作。

e. 主成分分析

用 R 语言编辑的小工具——"主成分分析工具",自动完成"主成分分析"工作。

3. 声学语图绘制自动化

在语音声学研究中语图的引用非常普遍。声学语图是声学参数的形象表现,是研究成果和研究结果的具体化和可视化方式。语图绘制方法的自动化和标准化非常重要。我们用 R 语言的绘图小工具,实现了以下语图的自动化绘制工作:

(1)元音声学空间椭圆图(置信水平为 95%[①]);

(2)音长、音高、音强比较图;

(3)辅音的各种声学分析图。

4. 实现自动化的目的

语音声学研究自动化的目的除前述所列举情况之外,更重要的目的是用于语音类型学研究,具体说,用于音段或超音段声学语图之间的比较研究。我们团队目前正在验证呼和教授提出的"语音和韵律特征声学模式相似度与语言亲属关系远近度假设"(Hypothesis)。该假设通过分析计算和比较人类语言的"语音声学空间分布模式图之间的相似度"(简称"声学模式图相似度"),探讨语言之间亲属关系的远近度问题,即人类语言亲属关系远近度问题。

为了从语音、嗓音和韵律三个视角,探讨语言亲属关系的远近度问题,

---

① 我们用 95% 置信水平来构造这个区间估计:95% 置信度的意思是如果你从总体中抽取 100 个不同样本,每个样本都用相同的统计量构造的置信区间(注意:由于样本不相同,这些置信区间的范围也不尽相同),那么有 95 个置信区间包含了总体参数的真值。如果我们构造出 100 个这样的置信区间(100 个样本),那么会有 95 个区间会包含这个总体平均值,置信水平是 95%。

我们还研制了"阿尔泰语系语言的嗓音声学参数数据库",并试图结合嗓音系列参数,进一步探索阿尔泰语系语言之间亲属关系的远近度问题。目前已完成蒙古语各方言土语［科尔沁、喀喇沁、巴林、布里亚特(呼伦贝尔)、卫拉特、鄂尔多斯、察哈尔］和蒙古语族语言［达斡尔、东部裕固语、布里亚特(俄罗斯)］嗓音参数数据库,并开始实施相关研究。

目前我们团队所实施的主要工作如下。

(1)正在扩充"中国少数民族语言语音声学参数统一平台"。该平台为民族语言方言土语语音调查实验研究打下了坚实的基础。该平台的建设,将我国传统的优势学科同新的前沿领域相结合,无论从铸牢中华民族共同体意识视域下的中国民族语言亲属关系研究、重大基础理论研究、规范化和标准化研究、濒危语言抢救性研究,还是从现代语言资源库建设、民族文化遗产的保护、科学技术和语言研究相结合的发展趋势看,都具有重要意义和作用。

该统一平台将为我国同类语言数据库和档案库建设提供范例,为语言本体描写研究和比较研究,以及民族学与人类学等其他学科的研究提供真实、客观的数据资源,将会有力促进我国民族语言学学科的发展。

(2)正在组织基于"统一平台"的"中国少数民族语言方言实验研究丛书"的哈萨克语、锡伯语、图瓦语、鄂伦春语和蒙古国蒙古语等5卷的组稿工作。这些专著将在以往研究的基础上,针对这些语言语音研究的历史和现状,从解决所面临的实际问题出发,采用声学语音学的理论和方法,对5种语言的元音、辅音等音段特征和词重音等超音段特征进行较全面、系统的定量和定性分析。

"中国少数民族语言方言实验研究丛书"各卷的陆续出版,将会引领我国北方民族语言语音研究推向全面、系统声学描写研究和比较研究的新时代。

(3)提出"语音和韵律特征声学模式相似度与语言亲属关系远近度假设"(Hypothesis),即"语言声学空间相似度理论",并通过分析计算和比较人类语言的"语音声学空间分布模式图之间的相似度"(简称"声学模式图相似度"),探讨语言之间亲属关系的远近度问题,即人类语言亲属关系问题。

该项研究与考古学、遗传学一样,能够为人类学和民族学研究提供科学的实证依据(声学线索),推动新时代人类学和民族学的发展。

(4)搭建"鄂伦春、鄂温克和达斡尔语学习手机 App 平台"(简称

"三少民族语言 App"，即 SMZYApp），并通过实施和完成北方人口较少民族语言学习 App 平台，探索科学保护濒危语言的新思路和新方法。

我们相信，在加快构建新时代民族学三大体系建设和深化铸牢中华民族共同体意识理论研究中，民族语言实验语音学必将发挥其实证研究的学科优势。

一 "中国少数民族语言语音声学参数统一平台"

实验语音学为语言学这门传统的人文学科增加了实验科学的新方法，为语言分析提供了新的研究视角和内容，为有声语言资源库建设提供了技术保障。语音声学参数库（Acoustical Database）是语言资源声学层面的最高形式，是对特定语言的语音系统进行系统声学分析、提取该语言语音声学特征的微观声学参数集合，可比喻为提取语言 DNA。在语音信号分析和处理过程中，时域和频域特性是至关重要的。在语音研究中对音段和超音段特征的测量和分析已进行了几十年，从以音节、词为基础的音段和超音段特征分析到现在连续语料的音段和超音段特征分析，使我们对语音和韵律特性的认识越来越清晰、越来越准确，在应用研究中越来越有效。

我们正在建设的"中国少数民族语言语音声学参数统一平台"是少数民族语言统一（通用）的自然语言语音处理平台。该平台是利用国际通用的语音声学分析软件，提取有效表征语言语音系统的各种声学特征参数，并把它们集合成一个完整的语音声学参数数据库，用数据库管理软件进行统一管理的平台。"统一平台"利用现代科技，以数据库（量化和数字化）的形式完整地保存少数民族语言音段和超音段的声学参数。

用户利用"统一平台"可以查询检索多语种语音声学参数内所有的信息，可以任意设定查询的组合条件，可以对结果集合按照任意字段排序，可以在结果集合中实现查询词/音素之间任意切换，可以手动/自动对查询结果集合进行选择并把选择的结果输出到 EXCEL 中等。统一平台还有统计、分析和分类等功能。随着容纳更多语言声学参数数据库，统一平台可以根据用户需求，改进界面的友好性和系统的强壮性（鲁棒性，Robustness）。图 0.2、0.3 是目前使用的统一平台界面和语音参数检索界面。

"统一平台"有三个突出特点。（1）实用性：基本上包含了所有音段的

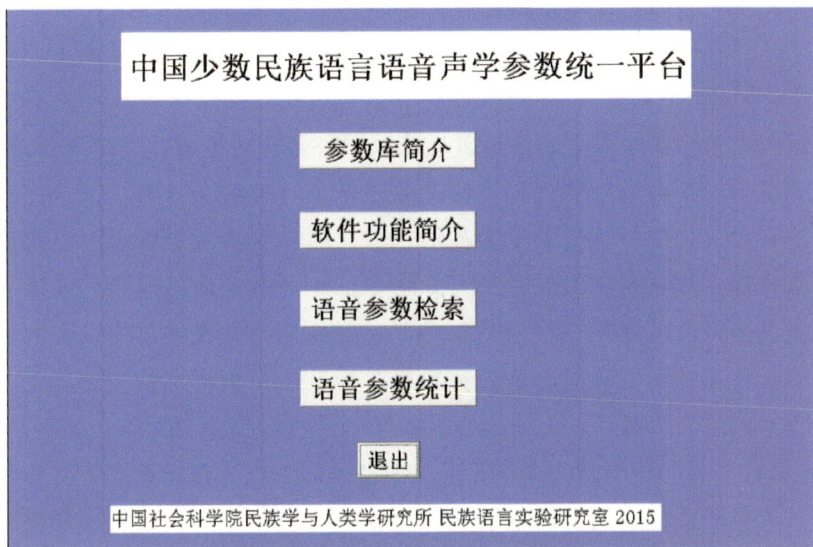

图 0.2 "中国少数民族语言语音声学参数统一平台"界面

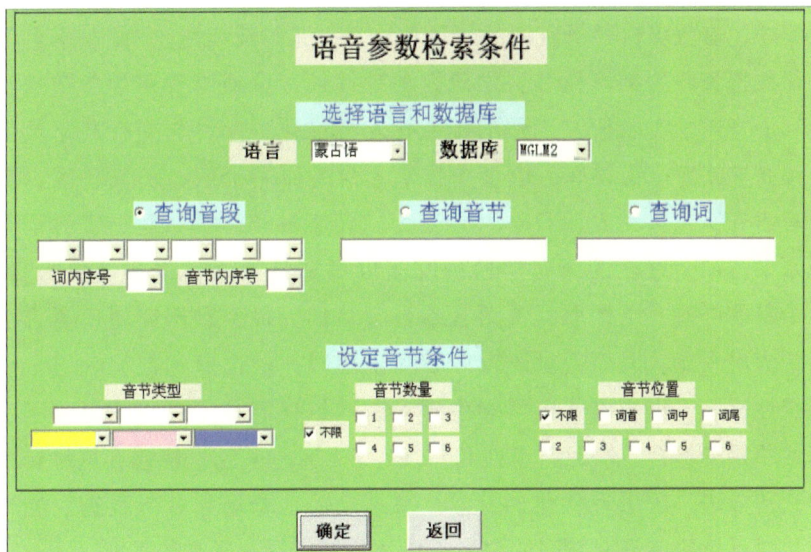

图 0.3 "中国少数民族语言语音声学参数统一平台"语音参数检索界面

主要声学特征，能够满足所有的参数提取，统计分析和比较研究；（2）稳定性：确保了数据库主要结构的稳定性（参数库的扩充不影响其稳定性），这样才能有利于声学参数的积累；（3）扩充性：确保了数据库的可扩充性，以便满足新参数和结构的微调。该平台能够确保数据库内容的维护，包括增加、删除、修改、查询；确保提取所有参数，满足相关研究。

（一）"统一平台"的作用和意义

第一，推动科学保护弱势语言，抢救濒危语言的进程。保护弱势语言，抢救濒危语言是世界各国共同面临的紧迫任务。2003 年 3 月，联合国教科文组织在巴黎总部举行的关于濒危语言问题的专家会议上提出，保护世界语言多样性一直在联合国教科文组织众多工作中占有重要地位。这和"维护人类的多样性"是同一性质的工作。在我国少数民族语言中，有的正处于濒临失传的境地，有些语言的特色语音现象正在消失和被同化。为了保护人类共同的文化遗产——语言的多样性，进行抢救性的保护已刻不容缓。"统一平台"致力于开发一个基于互联网技术的中国少数民族语言资源和技术在线服务平台，以适应国家语言资源战略发展之需要，进而达到依靠现代科学技术搜集和保护我国语言资源的目标，有力推动保护弱势语言、抢救濒危语言的进程。

第二，有效促进科研资源的共享和科学研究的延续性。"统一平台"能够确保数据资源的共享性和科学研究的延续性，推动语音声学参数数据库研制和语音声学实验研究工作的规范化和标准化进程，与同行共享数据资源，提高数据库、语料库、信息和技术平台的使用价值，加快我国少数民族语言语音研究从"经验科学"转变为"精密科学"的进程，提升语音学研究水平。如，以往的语音实验研究多以研究某种语言语音现象为目标，选取少量的语料，以提取相关语音参数为目的，很少以研究特定语言的语音系统为出发点。因而，对语音声学和生理特征的选择和把握缺乏全面性和系统性，所采集的语音声学和生理参数数据仅满足于写出论著，不注重数据的积累和整合，缺乏共享性和延续性。"统一平台"将摒弃这种传统小作坊式的方法，运用现代化的技术，系统全面地采集和分析数据。这种研究成果对后续研究具有较高的参考价值，并提供深入研究的可能。

第三，推进语音学重大基础理论研究，促进语音学与相关学科的发展。"统一平台"不但能够推进语音学重大基础理论研究，为历史比较语言学和语音学研究提供新的理论和方法，还能促进语音学与相关学科的发展，引导语音学研究更加深入地走进社会，解决语言交际中存在的实际问题。语音特征是个性和共性的统一体，不但同一个语系或语族语言的音位系统之间存在共性，而且不同语系或语族语言之间也存在一定的共性。了解这个共性，有利于推动个体语言语音特征的描写和语言之间的比较研究，促进语音学基础研究，推动语音学基础理论的建立和发展。利用"统一平台"，不仅可以对单语种的音段和超音段特征参数进行全面，系统地统计分析（相关分析、因子分析、聚类分析等），探讨并总结出其特征和变化规律，而且还可以对跨语系、跨语族语言的音段和超音段特征进行比较研究，积极推动历史比较语言学（如语言同源、演化等）和普通语音学（如人类语言语音的共性问题）的发展。

第四，能够为民族语言言语声学工程研究和研发提供语音学基础数据资源，推动我国多语种人机智能交互平台技术的发展。众所周知，进入 21 世纪后，加速推进少数民族语言（文字）的标准化、规范化和信息化进程，保护弱势语言、抢救濒危语言的工作显得尤为重要。我们既要加速推进其标准化、规范化、信息化进程，同时还要抢救性地保护它们的多样性。这是我国民族语言文字工作目前所面临的两大挑战。一方面，需要投入大量的人力和财力，去填补汉语和少数民族语言信息化之间的数字鸿沟。另一方面，也要下大力气保护少数民族语言这一人类宝贵的非物质文化遗产。我们虽然可以直接引进世界最先进的语言和语音处理技术和方法来解决少数民族语言语音研究的技术性问题，但再先进的技术也只能是客观的物质支持，真正对于少数民族语言本质与规律的研究还要靠我们自己。现代计算机技术虽然通过云数据的统计，能够建立比较准确的语言模型，但实践证明，好的统计模型需要语言知识库支撑。"统一平台"能够提供真实有效的数据依据。

第五，保护我国民族文化的多样性，促进我国语言生活的健康和谐发展，捍卫国家边疆文化安全，完善我国多语种人机智能交互平台，使言语声学工程研究更好地为国家"一带一路"建设服务。语言（文字）的规范化和信息化是一个民族走上信息化道路的重要标志，而中国语言（文字）的全面发展离不开少数民族语言（文字）的进一步发展。只有实现各民族语言（文字）的规范化和信息化，才能保障我国政治、经济、文化和社会的和谐稳定发展。我国许多少数民族语言是跨境语言，如蒙古语、维吾尔语、哈萨克语、傣语、壮语和苗语等。据我们所知，上述跨境语言所处国家和地区关于语音技术的整体研究相对滞后，仍有较大研究和开发空间。

"统一平台"中所提出的各项标准和原则必将成为国际国内语言声学实验研究依据和标准，推动语言声学实验研究工作的规范化和标准化进程。目前国际上虽然有一个包括世界大多数语言的语音样品库（UCLA），但尚未包容多语种的语音声学参数数据库，更没有大家所公认和遵循的标准和方法，我们所提出的各项标准和原则将成为国际国内语言语音声学参数库的研制依据和标准，推动语音声学参数数据库研制和语音声学实验研究工作的规范化和标准化进程。

"统一平台"不仅是语音本体基础研究领域的一个突破，而且将会成为国家信息资源的重要组成部分，弥补国家少数民族语言信息资源的阙如。到目前为止，在国内外还没有类似关于特定语言的完整的语音声学参数数据库（包括元音、辅音、韵律及各种特殊音质）。

总之，"统一平台"将我国传统的优势学科同新的前沿领域相结合，无论从现代社会语言资料和文化遗产流失的严峻现实，还是从科学技术和语言研究相结合的发展方向来看，都有着广阔的发展空间和远大前景。该平台将为我国同类语言数据库、档案库提供范例，为语言本体描写研究和比较研究，以及民族学与人类学等其他学科的研究提供真实、客观的数据资源，有力促进我国民族语言学学科的发展。

（二）"统一平台"的研究思路和方法

我们正在建设的"统一平台"是利用国际通用的语音声学分析软件，提取有效表征语言语音系统的各种声学特征参数，并把它们集合成一个完整的语音声学参数数据库，用数据库管理软件进行统一管理的平台（请见图0.4）。

1. 语料设计与"索引库"的建立

1.1 语料规模和范围

建立多语种统一的、完备的语音声学参数数据库，首要的工作是语音材料（以下简称语料）的设计与编写。这是整个工作的基石，必须制定统一的语料设计原则并进行严格把关，充分反映每种语言语音和韵律（单词层面上）系统的全貌及特点。各种语言以双音节为主，但应包含一定数量的单音节词，并顾及各语言的多音节词，特别要注意4~5音节词的出现概率。除此之外，还要顾及元音和辅音的和谐问题、音段和超音段的协同发音问题，以及音段序列，如辅音串等问题。考虑到语料的完整性，选择一

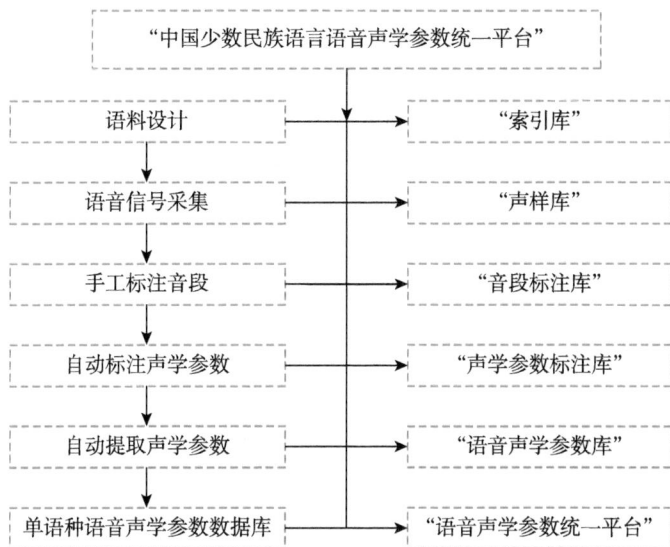

图 0.4　"中国少数民族语言语音声学参数统一平台"的
研究思路和方法示意图

定数量的能够覆盖目标语言语音和语法特点的词组和各类简单句，以便观察、分析语音变化和句子韵律特征。本项研究不涉及词组和语句声学参数，仅搜集濒危语言的话语语料，以起到"语言保存"的作用。以下是语料设计原则和方法。

首先，字母表的设计。遵循目标语言传统字母表，字母表包括所有的元音和辅音。

其次，单词语料的设计。

（1）单音节词。每种语言选择 150～500 个常用的单音节词。要求：一般都是独立出现的，覆盖所有的音节类型，覆盖各种音节类型中的所有元音和辅音以及它们的各类组合（搭配）等（能够组合的都要考虑到）。

（2）双音节及多音节词。每种语言选择 1500～2000 个常用的双音节和多音节词。要求：双音节词和多音节词的比例不宜太悬殊，控制在 1∶2 左右；尽可能选择词干性的（未加黏着成分）词或派生词；确保每个音位在不同位置上的（多次）出现次数，如，音节内的不同位置和词的不同位置（首、腰、末位置）等；除个别音段外，音段的出现频率不应相差太悬殊；所有的词，应尽可能反映目标语言的语音变化，包括元音和辅音的和谐、协同发音以及重音等问题。

（3）数词及量词。基数词（尽可能穷尽）、序数词、约数词和集合数词的读音，并兼顾量词。除基本词外，结合目标语言的特点，多位数字结合时读音发生变化的现象也应收入其中。

（4）形态变化的典型词。选择一批常用的、有变化的词类，如名词、代词、形容词和动词等（总数不超过 50 个，以名词和动词为主，适当考虑其他词），并在其后依次加上可能的附加成分：名词后加数、格、概称和领属等，形容词后加比较范畴。包括所有的形态变化，如包括词尾变化中的式动词、副动词和形动词以及词干变化中的态、体等范畴。

再次，词组语料的设计。选择 100～200 个目标语言的固定词组（如谚语、成语和惯用语）和由不同句法结构（如形态变化、虚词、词序和语调等）构成的一般词组。原则是以固定词组为主，兼顾一般词组。

复次，句子语料的设计。能够反映目标语言语调特征的、经典的日常用语，包含各类简单句（陈述、疑问、祈使和感叹）和复合句（100～300 个字）。

最后，篇章语料的设计。包括《北风与太阳》（汉文稿由笔者提供）和在本民族中广泛流传的、家喻户晓的短故事（5～10 篇），但不控制濒危语言民间故事语料的量。

1.2 语料编写原则

1.2.1 单音节词编写原则

图 0.5 为音节类型和单词结构模式示意图。覆盖该语言所有音节类型（口语、书面语）。对于黏着型语言来说，音节类型与单音节的结构模式相同。因此，所有音节类型指图 0.5[①] 中①～⑥类单音节词（音节类型数目由每种语言本身音节类型而定，但至少覆盖这六种）。每一个音节类型必须覆盖在该类型中能够出现的所有音位及其变体（所有音段），即覆盖能够构成该音节类型的所有音位及其变体（所有音段）。如：①V 指能够单独构成词的所有元音（短长及复合元音）；②VC 指所有元+辅组合的词，其中 V 为所有元音（短长及复合元音），C 为所有非词首辅音；③VCC 指所有元音

---

① 图 0.5 的 V 为能够在该位置上出现的所有元音，C 为能够在该位置上出现的所有辅音，V 代表单元音（V）、长元音（V:）和二合元音（V1V2），CV 音节中的 V 为长元音或二合元音，多音节词的结构模式为总体模式。设计词表时根据每种语言的具体情况而定；用方块标记的是在本条件下不构成或很少构成词的音节。

和（包括二合元音和三合元音）复辅音组合的词，其中 V 为所有元音（短长及复合元音），CC 为所有复辅音；④CV 指所有辅+元组合的词，C 为所有词首辅音，V 为所有元音（短长及复合元音）；⑤C1VC2 指所有辅+元+辅组合的词，C1 为所有词首辅音，V 为所有元音（短长及复合元音），C2 为能够在词末出现的所有辅音；⑥C1VC2C3 指所有辅+元+辅+辅组合的词，C1 为所有词首辅音，V 为所有元音（短长及复合元音），C2C3 为能够组合并在词尾出现的所有复辅音。

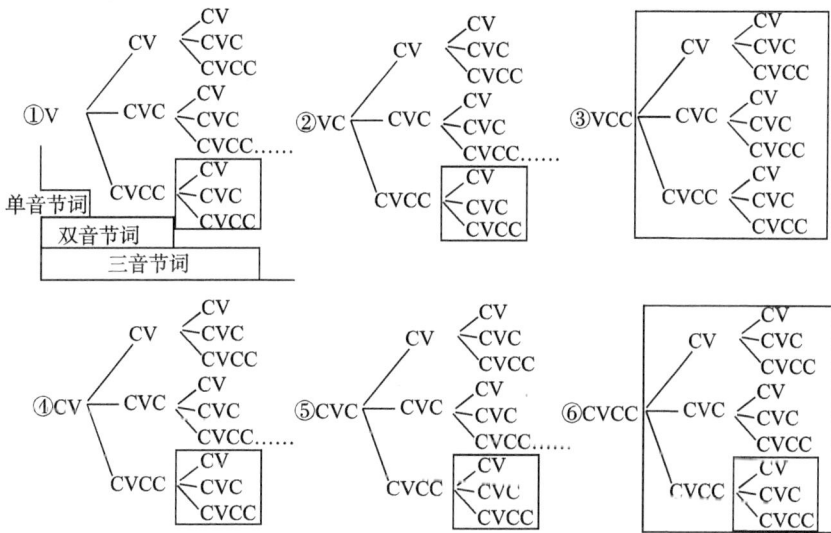

图 0.5　音节类型和单词结构模式

在上述 6 类单音节词（音节类型）中，每类都有能够在该类型中出现的若干个词。如对于 CV 来说，C 能够与若干个元音组合，即 nɑː、nəː、niː、nɔː、noː、nuː 等；V 也能够与若干个辅音组合，即 nɑː、pɑː、xɑː、kɑː、lɑː、mɑː、sɑː、ʃɑː、tʰɑː 等。单音节词必须如实地反映上述特点，尽量控制在 150~200 个词。

1.2.2　多音节词编写原则

多音节词的选词比单音节词的选词复杂。多音节词的选择除考虑上述（单音节词）因素外，还要考虑音节之间音段的搭配和前后音节的开闭问题（语境问题）。图 0.6 为多音节之间音段的搭配和前后音节的开闭问题示意图。编写多音节词时，注意如下三个问题：必须充分反映元音和谐律问题；考虑好前后音节之间的音段搭配问题，除 CVC+CVC 和 CV+CVC 外，还要考虑非词首音节的开闭问题（如图0.6所示）；覆盖能够组合的所有单词结构。

图 0.6　多音节之间音段的搭配和前后音节的开闭问题示意

在黏着型阿尔泰语系诸语言中，没有类似 CCV、CCVC、CCVCC 等以复辅音开头的音节（书面语中有些以复辅音开头的词不是阿尔泰语系语言的固有词），在非词首音节中没有类似 V、VC、VCC 等以元音开头的音节。因此，图 0.5 中没有列出类似 CVC+CCV 和 CVC+VC 等结构的双或三音节词。类似 CVCC+CV 或 CVCC+CVC 等含有三个辅音串的词也较少。图 0.5 中用方块标记的部分是在阿尔泰语系诸语言中没有或比较少见的词。图 0.7 是索引库样本示意。

	A	B	C	D	E	F	G	H	I	J
1	No	Traditional Monggolian	Latin	Phoneme	SAMPA	Allophone	SAMPA	English	Syllable Number	Syllable Types
2	A0001	ᠦᠭᠡᠢ	UGEI	kʰɵe	k}e:	kɵe:	k}e:	none	1	CVV
3	A0002	ᠨᠢᠭᠡ	NIGE	nek	nek	nek	nek	one	1	CVC
4	A0003	ᠡᠨᠡ	ENE	en	en	en	en	this	1	VC
5	A0004	ᠬᠥᠮᠥᠨ	HÖMÖN	kʰ̩ɥn	k_h}n	kʰ̩ɥn	k_h}n	human	1	CVC
6	A0005	ᠲᠡᠷᠡ	TERE	tʰer	t_he4	tʰer	t_he4	that	1	CVC
7	A0006	ᠭᠠᠷ	GAR	kɐr	k64	kɐr	k64	hand	1	CVC
8	A0007	ᠪᠢ	BI	pɪ:	pI:	pɪ:	pI:	I	1	CV
9	A0008	ᠤᠯᠤᠰ	VLVS	ʊlʊs	UlUs	ʊlʊs	UlUs	country	2	V-CVC
10	A0009	ᠪᠠᠰᠠ	EASA	pɐs	p6s	pɐs	p6s	again	1	CVC
11	A0010	ᠳᠡᠭᠡᠷ᠎ᠡ	DEGER_E	te:r	te:4	te:r	te:r\	on	1	CVC
12	A0011	ᠠᠪ	AB	ɐβ	6B	ɐpʰ	6p_h	to take	1	VC
13	A0012	ᠨᠠᠮ	NAM	nɐm	n6m	nɐm	n6m	party	1	CVC
14	A0013	ᠲᠡᠭᠦᠨ	TEGUN	tʰɵ:n	t_h}:n	tʰɵ:n	t_h}:n	his	1	CVC
15	A0014	ᠦᠵᠡ	UJE	ʉts	}ts	ʉts	}ts	to look	1	VC
16	A0015	ᠤᠯᠠᠨ	OLAN	ʊlʊn	UlUn	ʊlʊn	UlUn	more	2	V-CVC
17	A0016	ᠮᠥᠨ	MÖN	mɵ:n	m8:n	mɵ:n	m8:n	yes	1	CVC
18	A0017	ᠭᠠᠵᠠᠷ	GAJAR	kɵts34	k6ts34	kɵtsɜr\	k6ts3r\	land	2	CV-CVC
19	A0018	ᠬᠡᠷᠡᠭᠲᠡᠢ	HEREGTEI	kʰerɵxtʰɛ:	k_he4@\kt_h{:	kʰerɵxtʰɛ:	k_he4@\Xt_h{:	need	3	CV-CVC-CV
20	A0019	ᠮᠠᠨ	MAN	mɐn	m6n	mɐn	m6n	we	1	CVC
21	A0020	ᠬᠠᠷ᠎ᠠ	HAR_A	xɐrɐ	x64	xɐrɐ	x64@:_	black	1	CVC

图 0.7　索引库样本示意

2. 语音信号采集与"声样库"的建立

录音设备采用配置高性能外置声卡、调音台和定向性话筒的手提电脑、电声门仪（EGG）以及 DV 摄影机等。采样率为 22kHz、16 bits，双通道记录，S/N 不低于 45dB。在低噪音环境中按照事先准备好的词句表进行语音信号和视频采集。当然，这些只是我们以往采用的方法，目前市场上有多种录音设备供选择。保证音质、选好发音人是本项工作的关键，必须认真对待。录制好的声音文件可以用 Audacity 软件进行切音和命名。图 0.8 为声样库实例。

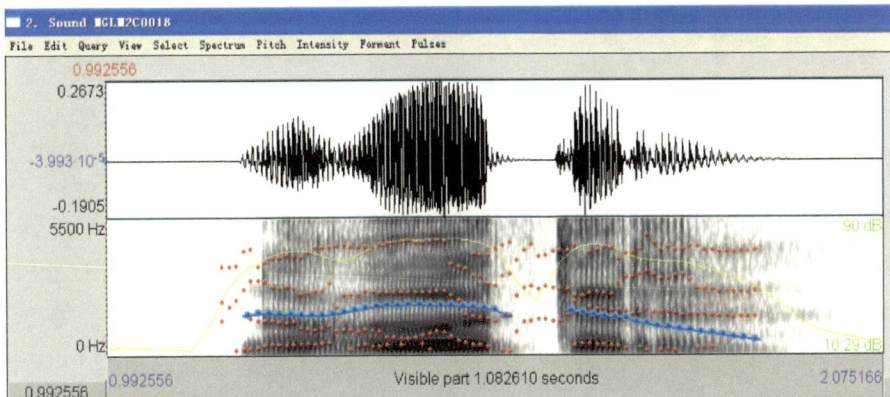

图 0.8　声样库实例

3. 语音标注与"语音标注库"的建立

语音标注分三层（如图 0.9 所示）。其中第一层为音段标注，采用音素标记法，即怎么读怎么标记，本层将呈现语音音变状况和音段时长；第二、第三层为音节和词标注，采用音位标记法，即根据目标语言的音位系统标记，本层将呈现目标语言的音位系统或书面语面貌。从事语音标注的研究人员不但应具备扎实的语言功底和语言学、语音学知识，而且必须掌握声学语音学的理论知识和声学分析方法。

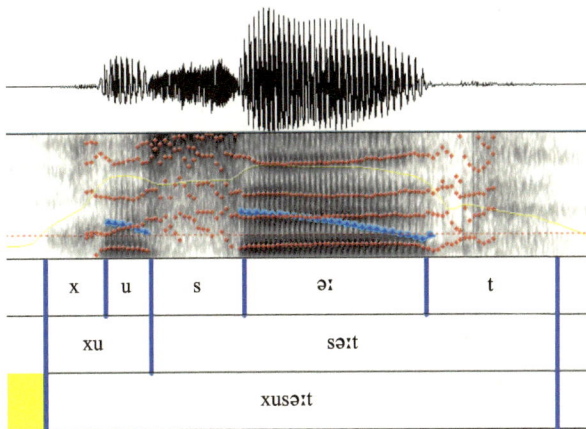

图 0.9　语音标注库实例

"语音标注库"是"语音声学参数库"研制工作的重要环节。该库呈现给读者或使用者每个音段的三维语图及其界限、音标，包括每个词的超音段特征，是图、声音和音标有机结合的语音基础研究的必备库。

4. 声学参数标注，采集与"声学参数标注库"的建立

4.1 功能性字段集的设计

功能字段担负着查找和统计每一种语言、每一个词、每一个音节中每一个音段的声学参数的重任，因此它必须包含足够的信息量。为满足查找和统计统一平台中不同语言、处于不同位置和不同条件音段的信息和参数，需要设计统一的功能字段。通过二十几年的努力，我们已探索出以下 15 个功能字段。这些特征集，具有确定性、唯一性、全面性和权威性等特点，能够涵盖所有民族语言的特征。功能性字段分词层、音节层、音段层、发声类型层和声调类型层等 5 层 15 个字段（请见表 0.1）。

表 0.1 功能性字段及其说明

层级	字段名	字段说明
词层	No.（物理序号）	No. 为物理序号，以行计，自动形成
	TNo.（分类序号）	TNo. 为分类序号，表示词在该语言"词表"的分类位置，与索引库的"编号"（发音词表）一致，表示词在该语言词表中的分类位置。如，A 为单音节词；B 为双音节词；C 为三音节词；D 为多音节词；P 为词组。如：A0001 代表单音节词表的第一个；B0001 代表双音节词表的第一个；C0001 代表三音节词表的第一个；D0001 代表多音节词表的第一个；P0001 代表词组表的第一个
	WN（噪音起始时间）	WN 为声样（音）文件名。与索引库的"文件名"字段一致。录音后切音时产生，是唯一的。共由 9 位代码（符号和数字）组成。其中，前 2~3 位符号为语种名称信息，取目标语言名称的音节首字母；第 4 位为发音人性别和代码信息，M 为男，F 为女性；后 5 位与索引库的"编号"相同（请见 TNo.）。如 EWKM1A0001 中，EWK 代表鄂温克语，M1 代表男 1 号发音人，A0001 代表单音节词的第一个词（句子参数库单独标记）。如维吾尔语男发音人的第一个句子文件名为 WWEM1JZ001。故事分解成句子后编号。词的序号采用千位，句子序号采用百位
	WP（词的读音）	WP 为词的读音，采用音位标记法标记。记音符号：IPA 和 SAMPA（Speech Assessment Methods Phonetic Alphabet）码

续表

层级	字段名	字段说明
音节层	SN （词的音节个数）	SN 为词的音节个数，用阿拉伯数字 1~9 表示
	S （音节读音）	S 为音节读音，采用音位标记法标记。记音符号：IPA 和 SAMPA 码
	ST （音节类型）	ST 为音节类型。根据以往所涉及语言的音节类型，我们初步确定为 15 类（可以追加）。如：1—V，2—VV，3—VC，4—VVC，5—VCC，6—VVCC，7—C，8—CV，9—CVV，10—CVC，11—CVVC，12—CVCC，13—CVVCC，14—CCVVCC，15—CC 等
	SL （音节位置）	SL 为音节位置，用阿拉伯数字 1~9 表示。其中，1 为词首音节，2~8 为词腹音节，9 为词尾音节
音层	P （音位层标记）	P 为音段读音。记音符号：IPA 和 SAMPA 码。采用音位标记法标记
	PA （音素层标记）	PA 为音段读音。记音符号：IPA 和 SAMPA 码。采用音素标记法标记
	PN （音段序号）	PN 为音段序号，记录词中所有音段的序位。用阿拉伯数字表示
	PV （音变标段记）	取消原来的数字标记，改用附加符号表示擦化、清化、浊化等音段音变现象。根据元音在语图上的声学表现，可分为正常元音、气化或擦化元音、清化元音（语图上有所表现，即有相应的位置，有时长和乱纹）和脱落（语图上没有任何表现）等 4 种
	PO （音段序位）	PO 为音节中的音段序位。根据以往所涉及语言的音节类型，我们把 C1C2V3V4C5C6 假设为最大音节并根据音节中音段的次序进行了编号。其中： 1 为音节首单辅音或复辅音前置辅音 2 为音节首复辅音后置辅音 3 为单元音或复合元音的前置元音 4 为复合元音后置元音 5 为单辅音或复辅音前置辅音 6 为复辅音后置辅音
发声类型层	PT （发声类型）	PT 为发声类型（Phonation type）。根据学者们的研究成果，我们采纳以下 7 种发声类型。如： 1 为正常嗓音（Modal voice） 2 为紧喉嗓音（Creaky voice） 3 为挤喉嗓音（Pressed voice） 4 为气嗓音（Breathy voice） 5 为气泡音（Fry voice） 6 为假声（Falsetto） 7 为耳语音（Whisper） 如果目标语言的发声类型问题尚未解决，暂不填写

层级	字段名	字段说明
声调 类型层	TT （声调类型）	TT 为声调类型，用阿拉伯数字代替传统的标调。适用于声调类型比较明确的语言。如：55 调标为 1，53 调标为 2，15 调标为 3，13 调标为 4 等

4.2 声学特征参数集的设计

声学特征参数负载着音段所有的声学特征信息，是观察了解音段特征及其变化的密钥，是语音描写研究的基石。为了对不同语言音段或超音段特征进行比较研究，需要设计一套统一的声学特征参数。通过二十几年的努力，我们已探索出以下 39 个声学特征参数。其中，除音节时长 SD（单位：毫秒）和词长 WD（单位：毫秒）外，元音和辅音各涉及 14 参数，包括时长，音强，共振峰频率及其前、后过渡，清、浊辅音的强频集中区和共振峰频率（为统计分析上的方便采用该名称）；韵律特征涉及 6 个参数，包括韵母总时长，调长，调型的起点、折点和终点频率，调型起点至折点的时间长度等；另外，还有辅音谱重心、相对于谱重心的谱偏移量和偏离度（低于谱重心的谱与高于谱重心的谱之比）等 3 个参数（请见表 0.2 ~ 0.4）。

表 0.2　辅音声学特征及定义

序号	代码	意义	单位
1	G	辅音无声间隙	毫秒（ms）
2	VOT	嗓音起始时间	毫秒（ms）
3	CD	辅音时长	毫秒（ms）
4	CA	辅音强度	分贝（dB）
5	CF1	清辅音第一共振峰	赫兹（Hz）
6	CF2	清辅音第二共振峰	赫兹（Hz）
7	CF3	清辅音第三共振峰	赫兹（Hz）
8	CF4	清辅音第四共振峰	赫兹（Hz）
9	CF5	清辅音第五共振峰	赫兹（Hz）
10	VF1	浊辅音第一共振峰	赫兹（Hz）
11	VF2	浊辅音第二共振峰	赫兹（Hz）

续表

序号	代码	意义	单位
12	VF3	浊辅音第三共振峰	赫兹（Hz）
13	VF4	浊辅音第四共振峰	赫兹（Hz）
14	VF5	浊辅音第五共振峰	赫兹（Hz）
15	COG	辅音谱重心	赫兹（Hz）
16	Dispersion	离散度	赫兹（Hz）
17	SKEW	倾斜度	无单位

表 0.3　元音声学特征及定义

序号	代码	意义	单位
1	VD	元音时长	毫秒（ms）
2	VA	元音强度	分贝（dB）
3	TF1	元音前过渡第一共振峰	赫兹（Hz）
4	TF2	元音前过渡第二共振峰	赫兹（Hz）
5	TF3	元音前过渡第三共振峰	赫兹（Hz）
6	TF4	元音前过渡第四共振峰	赫兹（Hz）
7	F1	元音目标点第一共振峰	赫兹（Hz）
8	F2	元音目标点第二共振峰	赫兹（Hz）
9	F3	元音目标点第三共振峰	赫兹（Hz）
10	F4	元音目标点第四共振峰	赫兹（Hz）
11	TP1	元音后过渡第一共振峰	赫兹（Hz）
12	TP2	元音后过渡第二共振峰	赫兹（Hz）
13	TP3	元音后过渡第三共振峰	赫兹（Hz）
14	TP4	元音后过渡第四共振峰	赫兹（Hz）

表 0.4　韵律特征及定义

序号	代码	意义	单位
1	FD	韵母总时长	毫秒（ms）
2	TD	调长	毫秒（ms）
3	SF	调型的起点频率	赫兹（Hz）
4	BF	调型的折点频率	赫兹（Hz）
5	EF	调型的终点频率	赫兹（Hz）
6	BD	调型起点至折点的时间长度	毫秒（ms）

4.3 声学参数采集方法和原则

根据以往对汉语普通话和少数民族语言的生理和声学研究经验，经过多次讨论、反复修改，我们团队制定了下列统一的测量、采集方法和标准（请见表 0.5~0.6）。

表 0.5 声学特征参数及其测量采集方法和原则（辅音部分）

音段	声学特征参数	测量采集方法和原则
辅音	CD（音长）	（1）塞音和塞擦音的音长是无声段和噪音起始时间的总和，即 CD＝GAP+VOT；（2）音节末或词末弱短元音（不构成音节的元音）的音长归其前位辅音，并在备注中加以说明
	GAP（无声段）	（1）暂不测量词首塞音、塞擦音的 GAP；（2）不测量浊塞音和浊塞擦音的无声段。浊塞音和浊塞擦音冲直条和噪音横杠（Voice Bar）之间出现的 GAP 归-VOT
	VOT（噪音起始时间）	（1）VOT 起始点的规定：噪音起始时间通常指裂音除阻到后面元音声带振动起始的时间，我们把元音第二共振峰的出现点作为 VOT 的起始点；（2）浊音-VOT 时长的测量：从 Voice Bar 的起始点到浊塞音的冲直条（破裂点），同时要参照上面"浊塞音和浊塞擦音冲直条和噪音横杠（Voice bar）之间出现的 GAP 归-VOT"的规定
	CA（音强）	（1）测量点：目标位置上的强度；（2）目标位置的确定：目标位置因辅音而异，如塞音的目标位置一般在其冲直条上，塞擦音、擦音和鼻音的目标位置一般在有声段时长的前 1/3 处（理由：该位置较少受前后音段的影响）；（3）要参照目标位置附近的最大能量
	CF（清辅音共振峰）	（1）测量清辅音的 1-5 个共振峰（CF1~CF5）；（2）测量点：清塞音、清塞擦音、清擦音目标位置上的 5 个共振峰；（3）目标位置的确定与 CA 项相同，即塞音的目标位置一般在其冲直条上；塞擦音，擦音和鼻音的目标位置一般在有声段时长的前 1/3 处。该标准也适用于复辅音；（4）参考因素：采集清辅音共振峰时参考辅音与前位和后续元音共振峰之间的延续性和对应性。但测量第五共振峰（CF5）时，不宜与元音共振峰联系，要独立测量。还可以参考 View Spectral Clice
	VF（浊辅音共振峰）	（1）测量浊辅音的 1~5 个共振峰（VF1~VF5）；（2）测量范围：浊塞、浊塞擦和鼻冠音的浊音（鼻音）部分，浊擦音共振峰、半元音和［r, l］等辅音的共振峰；（3）采集方法：浊塞音、浊塞擦音的噪音横杠 Voice Bar 的参数填入 VF1 中，而 Voice Bar 之后的频率填入同一行的 CF1~CF5 中，鼻冠音虽是一个音位，但分两行填写参数，即鼻冠音的前半部分——鼻音部分的参数填入第一行的相应参数 VF1~VF4 中，后部分的参数填入第二行

表 0.6 声学特征参数及其测量采集方法和原则（元音和韵律部分）

音段	声学参数	测量采集方法和原则
元音	VD（音长）	（1）元音音长的测量方法：元音音长一般以第二共振峰的时长为准。（2）词末元音的音长问题：以波形没有周期信号为准。（3）半元音与元音界限的判断方法：（a）音强差别，半元音的音强比元音弱；（b）音长差别，半元音时长比元音相对短，一般在40ms左右；（c）成阻差别，与元音相比半元音有较明显的摩擦成分，这是它与元音之间的主要差别。（4）复合元音的测量方法：首先要找到两个元音的目标点，然后把中间的过渡段一分为二分给两个元音，复合元音的元音音长不一定是等长的。（5）波形可以作为判断半元音与元音，二合元音前后位元音界限的参考依据
	VA（音强）	采集音强曲线峰值，同时兼顾元音是否在目标位置附近
	TF（共振峰前过渡）	元音4个共振峰前过渡（TF1~TF4）的测量方法：测量点选在元音起始点
	F（共振峰）	（1）测量采集原则：测量点选在元音共振峰（F1~F4）目标位置。（2）元音共振峰目标位置的特点：（a）相对平整；（b）共振峰模式典型；（c）能量相对强。（3）测量方法：在CV音节中，目标位置尽量选择相对靠后的点；在VC音节中目标位置尽量选择相对靠前的点；在CVC音节中目标位置尽量选择中间位置。（4）测量元共振峰时可以参考如下原则：在所有元音中 [i] 的 F1 和 F2 的距离最远；[a] 的 F1 最高，F1 与 F2 较接近；[u] 的 F1 和 F2 最低，最近；[e] 的 F1，F2，F3 分布较均匀
	TP（共振峰后过渡）	元音共振峰后过渡 TP1~TP4 的测量方法：测量点选在元音结束处
韵律	FD（韵母总时长）	韵母的定义：音节中除了声母，后面都是韵母（元音或元音+鼻韵尾等辅音），非声调语言不测量
	TD（调长）	测量方法：测声调语言调型段内元音（韵母）的音高曲线长度（不包括调型的弯头降尾部分），非声调语言不测量
	SF（调型起点）BF（调型折点）EF（调型终点）BD（调型起点至折点时长）	（1）调型的起点 SF 频率的测量方法：不包括弯头部分。声调和非声调语言均以元音测量，数据放在元音记录行。（2）调型的折点 BF 频率的测量方法：声调中断问题的解决方法，暂采用人工自然连接的方式。（3）调型的终点 EF 频率的测量方法：不包括降尾部分。（4）调型起点至折点 BD 的时间长度的测量方法：无特别提示

4.4 标注原则与方法

在 2012 年 2 月我们课题组着手编写 PRAAT 脚本程序的过程中，我们使用了如下几种工具（程序）。（1）自动添加 8 层标注层工具。该工具能够自动生成 8 层标注文件，分别为：P（音素）、S（音节）、W（词）、PI（音高）、IN（音强）、FO（共振峰）、BS（嗓音横杠和冲直条）、CS（辅音谱重心、偏移量、偏移度）等。其中，第 1~3 层为语音标注层，第 4~8 层为参数标注层。（2）自动增加 5 层标注层工具。该工具在原 1~3 层语音标注层的基础上能够自动增加第 4~8 层标注层和词边界。（3）自动转换标注文件工具。该工具能够转换同一种语言或方言一位发言人的标注文件转化成另一位发言人的标注文件，节约语音标注时间。（4）自动反转前三层并加五层工具。该工具能够自动反转前三层并增加五层。（5）参数自动标注工具（3.1 版）。该工具目前能够自动标注除第 4（PI）和第 7（BS）层以外的参数。（6）参数自动提取工具（3.9 版）。该工具目前能够自动提取 1~8 层的参数并自动转化成 TXT 文件。

4.4.1　标注层

以下为 1~8 层标注层的内容和标记、标注方法。

第一层 P（Phone）为音素（音段 segment）层。该层以音段为单元进行标注。要标注目标词每一个音段的准确界限并按照"音位变体标记原则"[①]（发音人怎么说就怎么记，即完全按照声学特征标音）进行标音。

第二层 S（Syllable）为音节层。该层以音节为单元进行标注。在第一层的基础上，要标注目标词每一个音节的界限并按照"音位标记原则"（按照目标语言音位系统）进行标音。

第三层 W（Word）为词层。该层以词为单元进行标注。在第一、第二层的基础上，标注目标词界限并按照"音位标记原则"进行标音。

第四层 PI（Pitch）为音高曲线标注层。该层以音节为单元进行标注，要采集每个音节音高曲线的起始点、折点和结束点等三个点的音高参数，避开音高曲线的"弯头降尾"。音高曲线如果出现"断线"现象，可以人为地延伸。该层尚未自动化。

第五层 IN（Intensity）为音段音强标注层。该层以音段为单元进行标注，只采集每个音段最强点的参数。如果是多音节词，一定要采集每个音节的最强点。该层已实现自动化。

第六层 FO（Formant）为音段共振峰标注层。该层以音段为单元进行标注，要采集每个音段包括元音、浊辅音和清辅音的共振峰和强频集中区频

---

① 从音位学理论的视角看，第一层为音位变体标注层，第二、第三层为音位标注层；在具体标注时，第一步需要标注第二层词的界限，然后再标注第一或第二层。

率，统称共振峰频率。其中，元音共振峰要采集三个点，即前、后过渡和目标点频率；清、浊辅音只采集一个点，即目标点共振峰频率。缺少的共振峰用"，"号（必须是英文逗号）替代。如，200，，3200，，4600，表示没有 F2 和 F4。该层虽然已实现自动化，但对清辅音共振峰提取错误率较高，提取完参数后必须严格检查。目的：一要检验数据的准确性，二要检查没有显示共振峰的"，"号，特别是清辅音的 F1 一般都不显示。这时一定要手动修改，如:，1200，，3200，，3800，，4600，……标记所提取的共振峰位置时，特别注意要避开盲点。

第七层 BS（Voice Bar & Spike）为塞音，包括塞音、塞擦音浊音横杠或冲直条标注层，是音长参数标注层。（1）清塞音和塞擦音，要分词首和非词首。其中，要标记非词首的冲直条位置，不标记词首的，用词界限代替它。（2）浊塞音和塞擦音，要标记所有浊塞音和塞擦音的冲直条位置。其中，非词首的有两种情况。第一种为如果嗓音横条（Voice Bar）之前有GAP，要标记嗓音横杠起始点位置和冲直条位置。第二种为如果嗓音横杠之前没有 GAP，即嗓音横杠直接与前音节元音的 F1 连接时，只标记冲直条位置。这种情况下，只有嗓音横杠长度和 VOT 长度。该层尚未自动化。

第八层 CS（Consonant Spectrum）为除塞音（塞音和塞擦音）以外其他辅音的谱重心、偏移量和偏移度标注层。该层已实现自动化，只标记词的界限即可（参见图 0.10）。

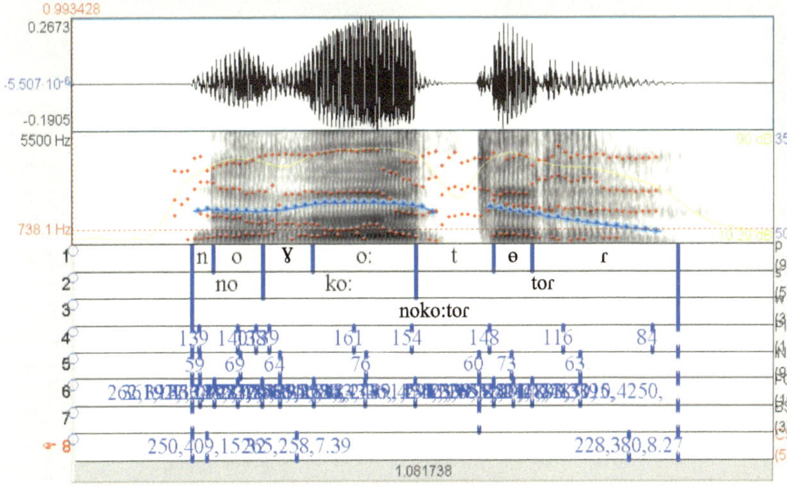

图 0.10　声学参数标注实例

（1）"参数自动标注"程序的用法：一定要用 PRAAT 的 Open PRAAT script 打开；标注完后，run 改程序。注意：run 之前要检查光标是否在 Text-Grid 上（不能在 Sound 上）；要检查 PI、IN、FO 等是否显示；PRAAT 的 run 完之后，要检查数据。其中，特别注意检查清辅音共振峰数据。如果有修改部分，不能再 run。一定要保存。（2）关于 PRAAT 有些参数的设定问题。Formant Settings：分析男发音人语料时，设定为 5000Hz，女性为 5500Hz。Pitch Settings：分析男发音人语料时，设定为 75~300Hz，女性为 100~500Hz。这些设定，对参数的影响不会很大。上述设定是开发 PRAAT 软件的工程师们的建议。我们应该遵循。

4.4.2 辅音的声学表现

辅音在语图（spectrogram）上的声学表现可以分解为一组基本模式。

冲直条（Spike）：塞音破裂产生的脉冲频谱，表现一直条，时程很短，10~20ms，意味在所有的频率成分上都有能量分布。

无声空间（GAP）：在塞音和塞擦音破裂之前有一段空白，这是辅音成阻、持阻时段的表现，造成清塞音的效果；这一段虽是空白，但对塞音感知来说是不可缺少的。

嗓音横杠（Voice Bar）：这是声带振动的浊音流经鼻腔辐射到空气中在语图上的表现，冲直条之前若有一条 500Hz 以下较宽的嗓音横条，说明这是浊塞音。

乱纹（Fills）：这是气流流经口腔某部位狭窄通道造成的湍流，所有的擦音在语图上都表现为乱纹。

共振峰（Formant）：其定义与元音相同，鼻音、边音都有共振峰。

CS（Consonant Spectrum）：代表辅音的谱重心、偏移量、偏移度。

4.4.3 清辅音共振峰标注原则与方法

元音和辅音在词中的每个共振峰都是围绕各自的一条线上下移动。这些线就像一条橡皮带，随着共振峰的变化而上下摆动。因此，就像图 0.11~0.13 中所显示的那样，词中元音和辅音的每一个共振峰都会绘制一条完美的波浪线。原因：每个人的共鸣腔是固定的，决定上下移动幅度的是舌位（高低前后）。这完全符合发音机理。图 0.11~0.13 中几种语言词的共振峰波浪线对于元音和辅音共振峰的理解和采集，特别是对于清塞音、塞擦音和擦音共振峰的准确采集具有非常重要的意义。我们采用"顺藤摸瓜"的方法，可以比较容易地找到清塞音、塞擦音和擦音的几个共振峰。词中元音和辅音的共振峰对应规律为：

F1⇔VF1⇔CF1；F2⇔VF2⇔CF2；F3⇔VF3⇔CF3；

F4⇔VF4⇔CF4；F5⇔VF5⇔CF5

其中，CF1 不稳定，有时比较明显，有时不明显，根据具体表现确定是否采集该参数。有关清辅音共振峰模式，请见图 0.11~0.13。

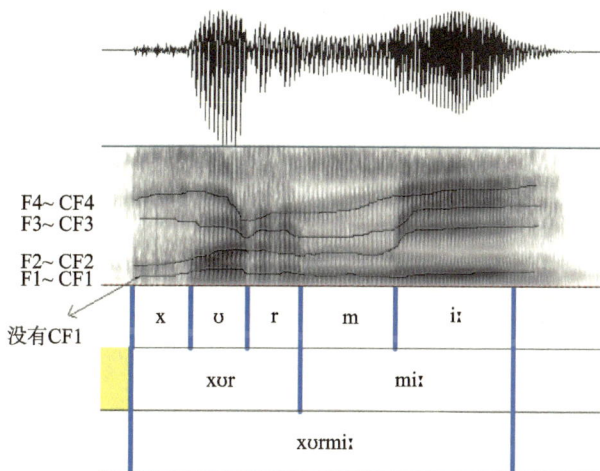

图 0.11　土族语［xʊrmiː］"裙子"一词的 CF"波浪线"

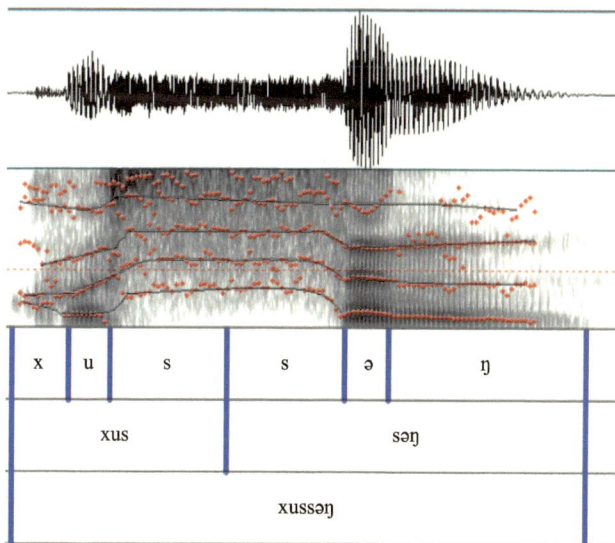

图 0.12　蒙古语［xussəŋ］"所希望的"一词的 CF"波浪线"

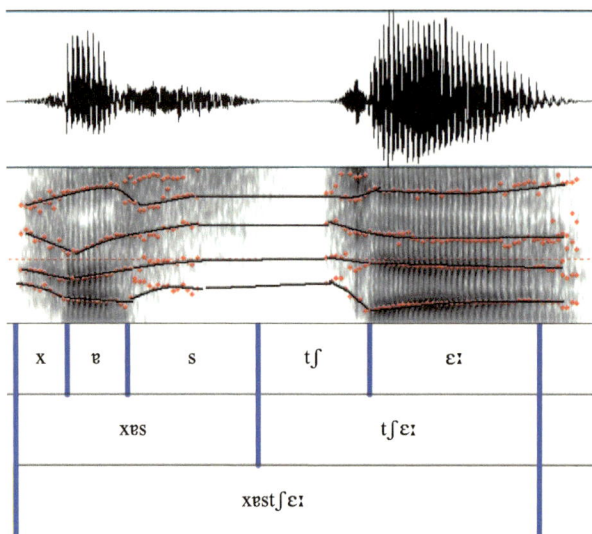

图 0.13　蒙古语 [xɐstʃɛ:] "减了"一词的 CF "波浪线"

4.4.4　鼻音对其前后音段共振峰的影响问题

如果一个词中有鼻音 [m, n, ŋ]，可能会中断或打乱共振峰连接。这是因共鸣腔的改变或转换而发生的变化，主要表现为元音的 F2 和 F3 之间会出现"多余"的共振峰，即传统语音学中所说的"鼻化"。在这种情况下，忽略鼻音的影响而找到元音共振峰的准确位置是非常必要的（参见图 0.14）。

4.4.5　闪音声学表现及其标注原则与方法

在蒙古、土、东部裕固、鄂温克、鄂伦春和哈萨克等语言中都有/ɾ/~/ɽ/辅音音位。在这些语言中，该音位的出现频率也相当高。目前，我们发现了以下四种变体 [ɾ, r, ʒ~z̩, ɹ]。其中，我们对闪音 [ɾ][1] 语图的认识是随着分析语言的增多而逐渐深入的。典型闪音语图是"浊音横杠+无声段+浊音横杠"。在以往的研究（呼和，2009）中，我们把无声段之后的浊音横杠处理成弱短元音。通过比较上述阿尔泰语系诸多语言闪音之后，我们觉得处理成弱短元音不妥，因为该部分正是把闪音归为浊音的主要依据。通过分析发现，不管出现在什么样的语境下，如元音之间（-VɾV-）、音节首（-ɾV-）和音节末（-CVɾ-）等，闪音都能够保持其"浊音横杠+无声段+浊

---

[1]　闪音共振峰参数只采集中间目标位置，不采集前、后过渡段。参数填入与该闪音相应的浊辅音字段中，即 VF1~VF4。闪音音强采集点应与其共振峰目标点一致。颤音：标汗和时长、共振峰的采集方法与闪音相同，颤音音强采集点应与其共振峰目标点一致。

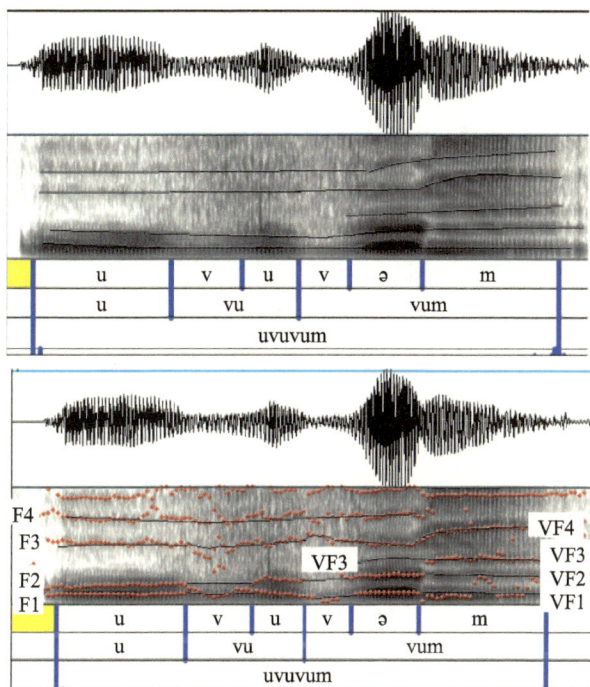

图 0.14 锡伯语 ［uvuvəm］"卸（货）"一词的 CF "波浪线"

音横杠"模式。目前我们区分闪音与颤音的标准只限定在所颤的数量上，即颤一次为闪音，两次或两次以上为颤音，即 r = ɾ + ɾ +……。

图 0.15~0.19 是不同语言和不同位置、不同语境中出现的闪音实例。标注时，以其前元音结束段为起始点（包括短暂的无声短）一直到后面的

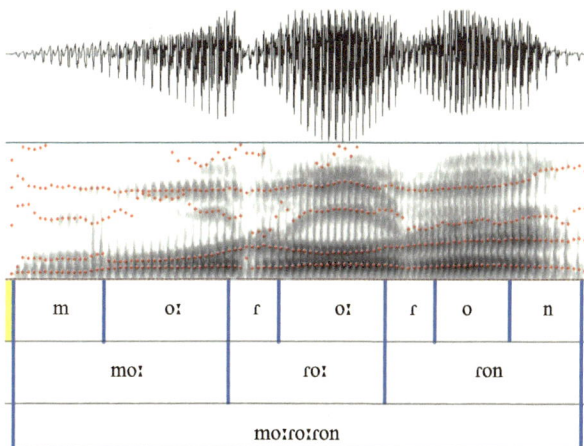

图 0.15 鄂伦春语 ［moːroːron］"呻吟"一词的三维语图和三层标注实例

浊音横杠的结束点作为其音长。

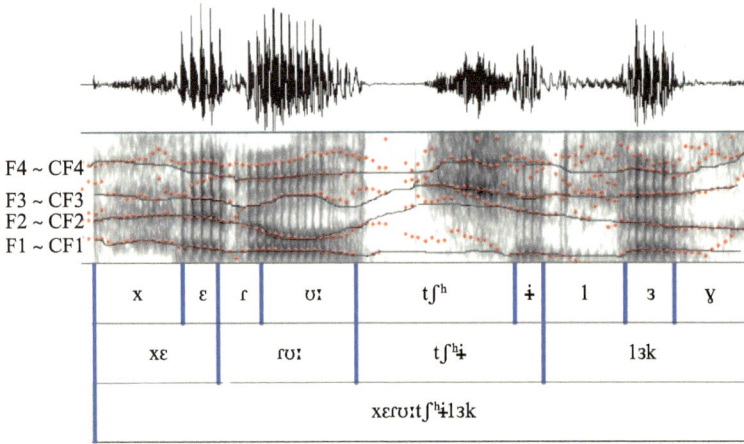

图 0.16　蒙古语 [xɛrʊ:tʃʰɨlɜɣ] "责任" 一词的三维语图和三层标注实例

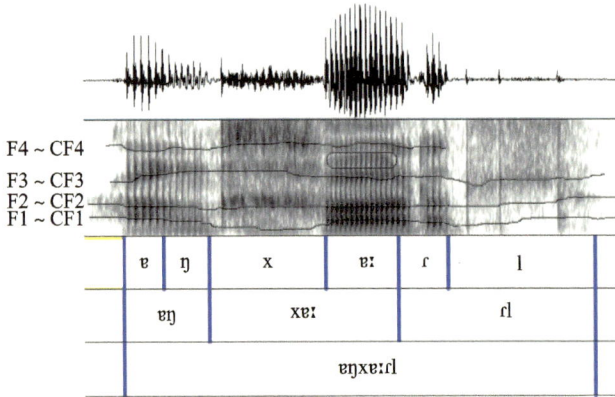

图 0.17　蒙古语 [ɐŋxɛːrl] "注意力" 一词的三维语图和三层标注实例

　　闪音在清辅音之前（-Vɾ/C 清-）有时会清化为 [ɹ] 音。这种变体在蒙古语中较多，蒙古语族其他语言中也会出现（参见图 0.19）。

　　4.4.6　音高曲线三点的标记原则与方法

　　为了准确无误地采集每一个音节音高曲线，我们制定了以下标记方法。因为阿尔泰语系语言没有声调，为此研究描写词重音时我们只需采集三点即可。图 0.20 为音高曲线采集原则和方法。

　　5. 声学参数自动标注与提取系统

　　尽管通过 30 多年的语言实验研究和描写研究实践，我们团队对语音声

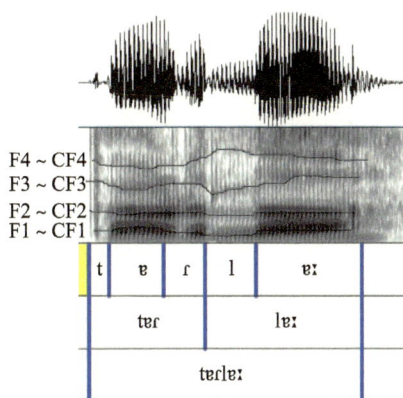

图 0.18　东部裕固语 ［tɐrlɛː］ "兴盛" 一词的三维语图和三层标注实例

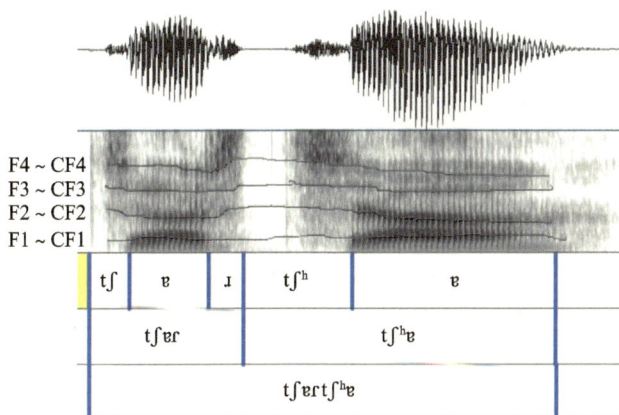

图 0.19　东部裕固语 ［ʧɐrtʃʰɐ］ "雇工" 一词的三维语图和三层标注实例

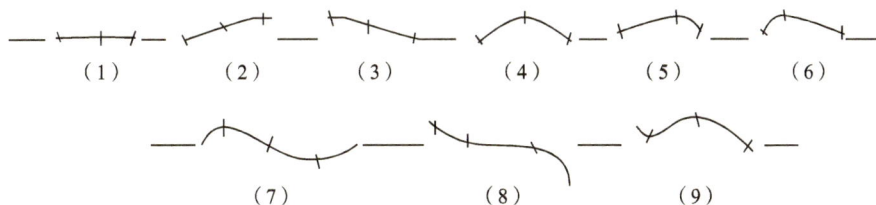

图 0.20　音节音高曲线模式及其测量方法示意图

学特征有了新的认识，积累了测量和采集声学特征参数的丰富经验，但是声学参数采集工作仍然非常艰难。这是因为仅仅依靠手工标注和采集，尚存两个弊端。一方面，工作量大，错误率高，效率低，无法保证实验方法和实验数据的可重复性，更无法实现语音声学研究工作的规范化和标准化；

另一方面，由于声学特征定义及其提取方法和标准难以统一等原因，语言之间难以相互比较，研究成果无法相互借鉴。为了避免上述弊端，必须解决语音声学参数数据库研制工作的自动化问题，语音声学参数自动标注和提取是首先要解决的问题。

为推动语音声学实验研究工作的规范化和标准化进程，自 2013 年年初开始，根据多年积累的语音声学参数库研制经验，在呼和研究员的倡导下，由周学文副研究员编写完成并投入使用了"语音声学参数自动标注/提取系统"（周学文、呼和，2014）。该系统具有标准统一、数据完整、简单高效、可校对、能容错的特点。与手动采集声学参数相比，该系统能够大量减少填写数据的工作量，减少人工标注的随意性，降低错误率，从而有效提高语音声学参数库研制效率，确保实验方法和实验数据的准确性和可重复性。

声学参数自动标注和自动提取两个工具共有源代码大约 1500 行，自动标注实现了除冲直条外所有声学参数的自动标注，自动提取软件增加了谱重心、偏移量、韵律参数等新的参数的自动计算和提取，两款软件经过了多个用户、大量数据的运行实践和改进，证明了其稳定和高效，极大提高了参数标注和提取的工作效率。

为了对声学参数进行标准化标注和自动提取以及减少人工标注的随意性，在提出八层标注文件结构（请见表 0.7）的同时，制定了归一化的标注标准和标注点。该结构涵盖了音段和超音段主要声学特征。标注方法如下：在 PRAAT 环境下将标注文件与语音文件同时打开后，用户按照统一的标注标准和方法，选定标注位置（音高、音强、共振峰和浊音杠与冲直条），执行自动标注软件，系统就能把具体值自动标注到所选位置上，用户只需校对、修改和确认即可。有了该系统，语音实验人员可以把主要精力集中到语音特征的分析和比较上，不再为手工填写大量数据而发愁。这样既减少工作量，又降低错误率。

表 0.7　八层标注文件结构实例

第一层：音素	音素	音素	音素	音素	音素
第二层：音节	音节		音节		音节
第三层：词	词				
第四层：音高	音高（每音节取三点，起点、忻点、终点）				

第五层：音强	音强（每音素最大音强）
第六层：共振峰	共振峰（辅音一点、元音三点，每点最多五个共振峰）
第七层：浊音杠与冲直条	塞音/塞擦音的浊音杠和冲直条位置（除词首清塞音和清塞擦音以外）
第八层：辅音谱	除塞音/塞擦音以外辅音的谱特征

图 0.21 为自动提取软件运行界面。自动提取软件是一款高效而稳定的软件，它主要用于完成如下工作。（1）根据 SAMPA-C 码定义，判断音素的元音/辅音属性。如果是辅音，还要判断其清/浊、塞音塞擦音/非塞音塞擦音属性。（2）根据音节内音素的组合，判断音节类型并得到类型号、音节位置和数量、词/音节/音素长度，将音高值赋予音素，将共振峰值串（可能有逗号分隔的缺省值）分解得到 F1~F5，并根据元音/辅音属性，分别赋予各自的共振峰，将音高赋予音节的属性。（3）根据第七层的冲直条和浊音杠标记，与第一层的音素进行匹配，根据词首/非词首、清/浊属性，将各个标记解释为冲直条或浊音杠，计算得到 GAP、VOT 和音长，再赋值给音素。（4）第八层将计算得到的辅音谱特征值赋予辅音等。

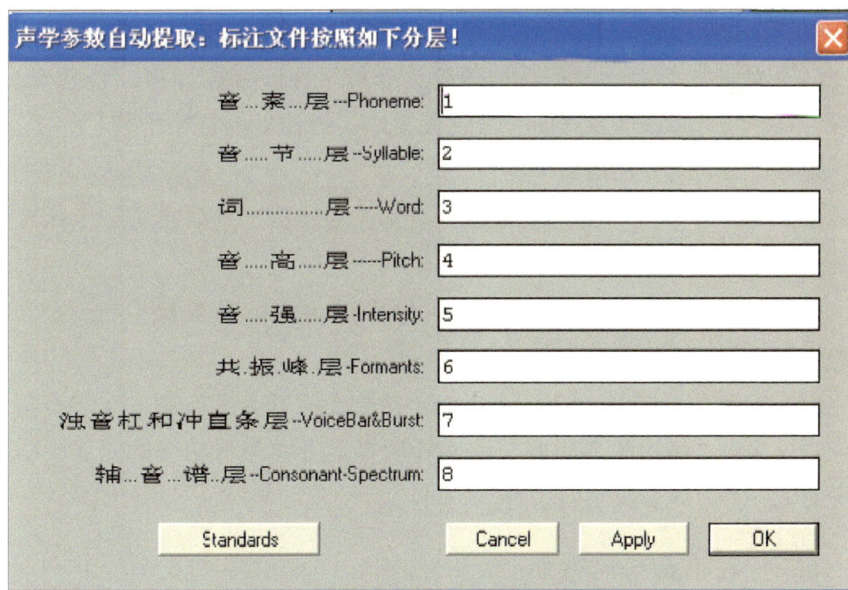

图 0.21　自动提取软件运行界面

语音声学参数自动标注/提取是我们整个工作的关键。语音声学参数准确而高效的提取能够有效提高语音声学参数库研制效率，确保实验方法和实验数据的准确性和可重复性。声学参数提取技术上的改进将逐步实现语音声学参数数据库研制工作的全面自动化，推动语音声学参数数据库研制和语音声学实验研究工作的规范化和标准化进程。类似资源库创建中计算机技术的运用，需要计算机技术人员和语言学者互相配合、协同作战、共同攻关。

二 "中国少数民族语言方言实验研究丛书"

"中国少数民族语言方言实验研究丛书"基于"统一平台"的研究成果，是我们团队多年合作研究的结晶。该丛书在以往研究的基础上，针对民族语言语音研究的历史和现状，从解决所面临的实际问题出发，采用声学语言学的理论和方法，对目标语言的元音、辅音等音段特征和词重音等超音段特征进行了较全面、系统的定量和定性分析。

（一）在元音研究方面

（1）对每一个元音进行系统的统计分析，统计参数（项）包括音长、音强、目标位置共振峰及其前、后过渡频率。统计内容有平均值、标准差、变异系数、最大值、最小值等。

（2）基于参数平均值，确定每一个元音的音值，并列举每一个元音的三维语图作为旁证。

（3）根据每一个元音在声学空间中的分布格局，分析探讨其过去、现在和未来的变化规律。

（4）观察分析音节数量与元音声学参数之间的关系问题、音节类型与元音声学参数之间的关系问题、辅音音质对元音共振峰的影响问题、辅音位置对元音共振峰的影响问题等。

（二）在辅音研究方面

（1）对每个辅音进行系统的统计分析，统计参数（项）包括音长、音强、目标位置共振峰（CF1~CF3）等，统计内容有平均值、标准差、变异系数、最大值、最小值等。

（2）通过统计每一个辅音在词中不同位置中的出现频率，确定其在词中的出现频率特点。

（3）基于三维语图，阐述每一个辅音声学特点（声学表现）。

（4）根据每一个辅音的共振峰分布模式，确定其在声学空间中的分布特点。

（5）用 VOT-GAP 二维坐标观察分析塞音、塞擦音的声学格局。

（6）用 COG（辅音谱重心，简称谱重心）、STD（相对于谱重心的谱偏移量，简称谱偏移量）和 SKEW（偏离度，低于谱重心的谱与高于谱重心的谱之比）等三个参数探讨了清擦音和浊辅音的谱特点和谱参数分布规律。

（7）观察分析词中位置对辅音的影响问题，后续元音音质对辅音共振峰的影响问题。

（三）在词重音研究方面

从单词韵律模式和词重音问题入手，阐述了语音四要素与目标语言词重音性质之间的关系问题；基于声学参数分析了词重音功能与作用问题，并从类型学的视角对词重音位置问题进行了解释。

（四）在音系研究方面

基于实验音系学理论和方法，对目标语言的音系进行了较全面系统的分析和归纳。

｜第一章｜

布里亚特语语音研究概况

一 布里亚特共和国概况

布里亚特共和国（英文：Respublika Buryatiya；俄文：Республика Бурятия）为俄罗斯联邦 21 个加盟共和国之一，面积 35.13 万平方千米。布里亚特共和国位于东西伯利亚南部，东经 98°40′至 116°55′，北纬 49°55′至57°15′。南邻蒙古人民共和国，西邻图瓦共和国，而北部和西北部与伊尔库茨克州接壤，东邻赤塔州，由北至南距离长 600 千米，由西至东 420 千米。布里亚特共和国是典型的山地地形，平原少，海拔为 500~700 米。闻名世界的贝加尔湖位于布里亚特共和国境内。

据 2003 年统计，布里亚特共和国共有人口 100.33 万人。其中，布里亚特族总人口为 42.1 万人，而在布里亚特领土上生活着 34.1 万人，占全俄布里亚特族总人数的 81%，占共和国总人口的 34%。在共和国内除布里亚特族外，还有俄罗斯族 60 多万人，占共和国总人口的 60.3%，乌克兰族占1.3%，鞑靼族占 0.8% 及其他民族的人民。布里亚特人民有不同的宗教信仰，有东正教教徒、藏传佛教教徒、萨满教教徒。

乌兰乌德市（英文：Ulan-Ude；俄文：Улан-Удэ）是共和国的首府，也是布里亚特共和国的行政、政治、经济和文化的中心，是俄罗斯远东地区和西伯利亚地区古老的大城市之一。主要城市还有：古西诺奥泽尔斯克市（英文：Gusinoozersk；俄文：Гусиноозерск）和北贝加尔斯克市（英文：Severobaykalsk；俄文：Северобайкальск）。

二　布里亚特部落简况

布里亚特部是一个古老的部落,《蒙古秘史》称作"不里牙惕"。据《蒙古秘史》记载,豁里—秃马特部落的祖先豁里剌支台,自贝加尔湖地区迁徙到了蒙古国不儿罕山,在那里他与蒙古部的首领相遇。后来他把女儿阿兰—豁阿(《史集》中说,她是弘吉剌特部人)嫁给了蒙古部的朵奔篾儿干(Dobun-mergen)。阿兰—豁阿是所有尼伦蒙古的老祖母。豁里—秃马特部落并没有在不儿罕山停留太长的时间,他们可能迫于契丹的压力返回了贝加尔湖,并在那里同 Kurykan(骨力干)发生了大规模的战争,最终取得了胜利。13 世纪,豁里—秃马特部落已分为两支不同的部落,即豁里与秃马特。豁里部落是今豁里布里亚特的直系祖先。《史集》中将巴尔虎、豁里、秃剌思作为一支大部落,并指出"秃马特部也是从他们中间分出来的"。

1631 年俄罗斯人到达叶尼塞河支流通古斯卡河上游时,与布里亚特人发生冲突。经过 25 年的战争,大部分布里亚特人臣服于俄国。其中,一部分布里亚特人向南移入喀尔喀领地,现住蒙古人民共和国北部;另外一部分,于清军在黑龙江以西打败俄国人时投向中国,被赐名巴尔虎人,编入八旗,并安置在呼伦贝尔地区,现住内蒙古自治区呼伦贝尔市鄂温克族自治旗、陈巴尔虎旗和新巴尔虎左右旗①。

在文字方面,布里亚特人自 13 世纪至 20 世纪 30 年代使用过回鹘式蒙古文。目前俄罗斯的布里亚特人使用布里亚特—斯拉夫文,蒙古国的布里亚特人使用斯拉夫—蒙古文,中国的布里亚特人使用回鹘式蒙古文,即传统蒙古文(阿拉坦,2009)。

三　布里亚特语语音研究概况

2009 年联合国教育、科学及文化组织(United Nations Educational, Scientific and Cultural Organization)把布里亚特语列入濒危语言行列,说明布里

---

① 1918 年初,布里亚特人陆续迁入呼伦贝尔新巴尔虎右翼旗境内。1922 年,经呼伦贝尔副都统衙门批准,160 余户 700 余人迁入今鄂温克旗锡尼河地区建立布里亚特旗,辖 4 个苏木,一直居住至今。

亚特语的作用和使用范围不断下降和萎缩。据相关报道，目前只有在布里亚特州立大学（Buryat State University）和布里亚特共和教育学院（School of Education in the Republic of Buryatia）的特殊院系和研究领域中，被用作教学语言或工作语言。

布里亚特语是跨境民族语言，属阿尔泰语系蒙古语族诸语言。学界把俄罗斯布里亚特共和国布里亚特人所操口语叫作布里亚特语，把居住在蒙古国库苏古尔、布尔干、色楞格、肯特、东方等省境内的布里亚特人所操口语称为蒙古语布里亚特方言，把中国境内布里亚特人所操语言归为蒙古语巴尔虎—布里亚特方言①。该方言区包括居住在陈巴尔虎旗和新巴尔虎左右旗布里亚特人的语言和居住在内蒙古自治区呼伦贝尔市鄂温克族自治旗的布里亚特人的语言。

显然，在布里亚特人所操口语是语言还是方言等问题上，国内外学者的观点并不一致。这种不一致现象，可能是由学者所持的划分标准不同所致。这一问题有待进一步探讨。

本书将要研究的是居住在俄罗斯联邦的布里亚特人所操的布里亚特语，具体说是俄罗斯联邦布里亚特共和国所使用的布里亚特语标准音。该标准音是以霍里布里亚特方言（东部布里亚特方言）为基础指定并使用的。录制本书语料的男女发音人均为播音员。

布里亚特语言文化研究是国际性学科，自20世纪20年代开始各国学者都在关注布里亚特语。目前我们看到的具有代表性的著作如下。

（1）И. Д. Бураев，Т. П. Бажаева，Е. С. Павлова. Атлас звуков бурятского языка. Улан-Удэ，1975.

（2）А. Д. Руднев. Хори бурятского говор. Пероград，1913—1914.（А. Д·鲁德涅夫《科里布里亚特土语》）

（3）Б. Ж. Будаев. Акцентуация бурятского языка. Москва，1981.（Б. Ж·布达耶夫《布里亚特语的重音》）

另外还有，У-Ж. Ш·东都科夫《布里亚特语》（1962）和 В. И·拉萨金《布里亚特语历史语音学概论》（1980）等。除此之外，符拉基米尔佐

① 以清格尔泰为首的中国学者把布里亚特语归为蒙古语族语言的一种。另外，国内外学者在布里亚特语方言的划分问题上，分歧较大。

夫、舍·罗布桑旺丹、N. 鲍培、桑席耶夫、帖木儿套高等学者从不同视角研究了布里亚特语。

在国外布里亚特语语音研究专著中布拉耶夫等人的布里亚特语语音发音图谱（Н. Д. Бураев，Т. П. Бажаева，Е. С. Павлова. Атлас звуков бурятского языка. Улан-Удэ，1975）比较有代表性。该专著利用 X 光技术，较准确地描述了布里亚特语元音和辅音的发音部位。该文献提出，布里亚特语有 17 个元音，即 6 个短元音 [ɑ，ɩ（ɪ），ɔ，ʊ，ü，ɛ]，7 个长元音 [ɑː，iː，ɔː，ʊː，üː，öː，ɛː] 和 4 个复合元音 [æˑᵉ，ɔˑᵉ，ʊɪ，yi]；有 27 辅音，即有 [p，pʰ，b，bʰ，m，mʰ，t，tʰ，d，dʰ，n，nʰ，s，x，sˇ，zˇ，l，lʰ，r，rʰ，j，x，xʰ，g，gʰ，ŋ，h]。这是 20 世纪 70 年代用实验语音学（利用 X 光技术）的理论和方法描写布里亚特语语音的较有代表性的文献。特别是对 4 个复合元音 [æˑᵉ，ɔˑᵉ，ʊɪ，yi] 的描写较为准确。其中，对 [ɔˑᵉ，ʊɪ] 两个复合元音的标注相对准确。另外，对浊辅音 [b，d，g] 和清擦音 [h] 的描写也比较准确。

因未能找到上述大部分文献的原文，再加上笔者的俄语水平较低等原因，这里不再阐述上述文献的具体内容和观点。但是在讨论布里亚特语语音和词重音具体问题时，会列举相关文献的观点。

我国学者也用实验语音学理论和方法研究了布里亚特语。例如，阿拉坦《布里亚特语语音实验研究》（2009）、巴雅尔其木格的《布里亚特语及其方言语音声学分析》（2014）和《阿嘎布里亚特方言和霍里布里亚特方言复合元音语音实验研究》（2010）等。其中《布里亚特语语音实验研究》（阿拉坦，2009）一文具有一定的代表性。该文通过比较布里亚特共和国霍里布里亚特方言和中国蒙古语巴尔虎—布里亚特方言的西妮河土语的元音和词重音，探讨了布里亚特语的语音内在发展规律。该文认为布里亚特语霍里布里亚特方言的词首和非词首音节中有 [ɐ，ə，i，ɔ，ʊ，u] 等短元音和 [ɜː，eː，iː，ɔː，ʊː，oː，uː，əː，ɛː] 等长元音。其中，非词首音节中没有长元音 [ɐː]。另外，该文还列举了霍里布里亚特方言 [ɐi，ɔi，ʊi，ui] 等二合元音的动态变化。该文还得出布里亚特语词重音（二、三音节词）不在第一音节上的结论。

四 布里亚特语语音声学参数数据库

"布里亚特语语音声学参数数据库"的男女两位发音人均为布里亚特共和国广播电台播音员。两位发音人均为土生土长的霍里布里亚特方言区人，精通母语，发音纯正、自然，没有嗓音疾病。录音工作完成于 2012 年 9 月。呼和教授在俄罗斯联邦布里亚特共和国做访问学者期间，用统一词表（近3000 个词）和同一个套设备（索尼指向性话筒 SONY ECM 44B 的 IBM R系列笔记本电脑）在布里亚特共和国广播电台播音室录制。"布里亚特语语音声学参数数据库"与其他语言语音声学参数库一样，由索引库、声音库、标注库、声学参数库等 4 个分库组成。

需要说明的是，"布里亚特语语音声学参数数据库"是我们团队 2023年 10 月全面实现"声学参数标注"→"声学参数标注"→"声学参数统计"→"声学语图绘制"自动化之后，宝音博士研制完成的第一个参数库。与其他语言方言数据库相比，是完成时间最短、完成质量较好的数据库。

第二章

布里亚特语元音声学特征

元音发音特点：（1）声源：声带振动；（2）感知：乐音，声音响亮；（3）时程：相对较长；（4）气流类型：层流；（5）气流受阻方式：气流在口腔中是畅通无阻的，不会遇到阻塞或阻碍；（6）肌肉活动范围：口腔腔壁的肌肉均匀紧张（引自鲍怀翘研究员实验语音学讲义手稿）。这是元音的共性。以下是布里亚特语元音的基本特点。

一　布里亚特语元音基本特点

布里亚特语元音具有如下几个特点。

（1）元音音长具有对比功能。布里亚特语有长短对立的 6 对基本元音音位：/ɐ，ɘ，i，ɔ，ʊ，u/↔/ɪɐ，ɪɘ，iː，ɔː，ʊː，uː/。我们的实验结果证明，长短元音不但在音长方面有差别，而且在音质方面也有所不同，但人的耳朵无法区别这种细微差别。（2）有/ei，ɔi，ʊɐ，ie，ɘi，ui/等二合元音。二合元音不是元音+元音，而是单一的语音单位，是从前稳定段→过渡段→后稳定段的一串音，是结合十分密切的整体，二合元音的首、后位元音的音质与单元音有所差别。它的发音过程至少有起始段、过渡段和结束段，并且过渡段决定结束段的趋向。描写二合元音时不能忽视过渡段音。（3）布里亚特语元音有松、紧（阴阳）之分。松元音（/ɘ，ɪɘ，i，iː，e，eː，u，uː/）和紧元音（/ɪʊ，ɪɐ，ɔ，ɔː，ʊ，ʊː/）的音质虽然完全不同，但这两类元音共振峰有明显的规律性，主要表现为所有紧元音的 F2 都比松元音的 F2 小，在生理上体现为松元音的舌位都比紧元音靠前。在声学元音图上的格局为"松在前，紧在后，互不重叠"。（4）具有元音和谐律。布里亚特语元音和谐律的核心内容是出现在同一个词内高元音对高元音的影响或高低元音之间的互相制约的关系问题。（5）词重音主要关联物是音高，不管长短元音，音高峰点都落在词末音节。这个特点与标准蒙古语有差别。（6）非词首音节短元音有央化或 [ə] 化趋势。

总之，布里亚特语元音系统中存在如下对立：长、短对立；圆、展唇对立；单、复对立；松、紧对立（阴阳对立）（见表2.1）。

表 2.1　布里亚特语元音分类

分类标准		分类结果
位置	词首音节	/ɛ, ə, i, ɔ, ʊ, u, ɪa, ei, iː, ɔː, ʊː, uː/
	非词首音节	/ɛ, ə, i, ɔ, ʊ, u, ɪa, ei, iː, ɔː, ʊː, uː/
时程	短	/ɛ, ə, i, ɔ, ʊ, u/
	长	/ɛː, eː, iː, ɔː, ʊː, uː/
唇形	圆唇	/ɔ, u, ʊ, ɔː, uː, ʊː/
	展唇	/ɛ, ə, i, ɪa, iː, eː/
结构	单	/ɛ, ə, i, ɔ, ʊ, u, ɪa, ei, iː, ɔː, ʊː, uː/
	复合	/ia, ɔi, ɐʊ, ʊi, əi, ui/
发声类型	紧	/ɛ, ɛː, ɔ, ɔː, ʊ, ʊː/
	松	/ə, eː, i, iː, u, uː/
功能	音节功能 成音节	/ɛ, ə, i, ɔ, ʊ, u, ɪa, ei, iː, ɔː, ʊː, uː/
	音节功能 非成音节	/ə̯/

二　元音声学特征参数及分析方法

（一）共振峰

在描写和阐述元音声学特征时，首先要阐述元音共振峰问题。因为它是元音音质最主要的声学特征（标志），由声带振动作为激励源经声腔共鸣而形成的。因不同元音有其不同的声腔形状，故有其不同的共振峰模式（Formant Pattern）。一般来说，每个元音有 5 个共振峰，用 F1、F2、F3、F4、F5 等符号表示。其中，F1 和 F2 对元音音色起到重要的作用；圆唇作用（唇形面积减小）虽然会使所有共振峰频率降低，但受影响的程度是不同的，其中对 F2 的影响较为明显；F3 与舌尖翘舌动作有关，舌尖上翘越向后移（卷舌动作）舌面下凹，舌根微抬，此时声道被明显地分割成三个腔体，F3 会出现明显的下降。舌尖元音也有类似倾向（引自鲍怀翘 2005 年实验语音学讲义，下面简称鲍怀翘，2005）。本书主要利用 F1、F2 和 F3 等参数描写布里亚特元音的音质和松紧等特征。图 2.1 为 [iː]、[ɐː] 和 [uː] 三个元音的共振峰分布模式。

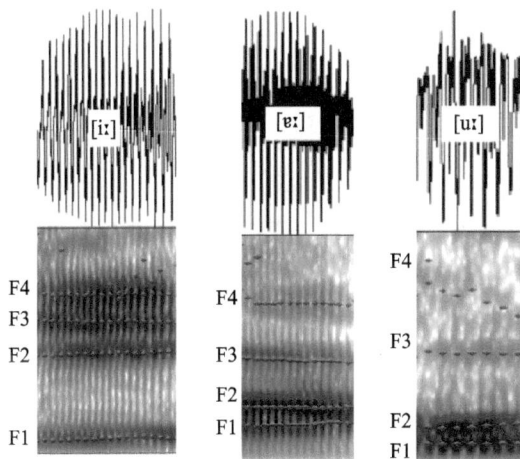

图 2.1 [iː]、[ɐː]、[uː] 等元音的共振峰模式（M1）

（二）声学元音图（元音共振峰图）

在语音学研究中共振峰是十分重要的参数，但是只有把它与元音的舌位状态联系起来并能有效、形象地说明它们之间的区别时，才是有用的，就像元音舌位图一样给人以直观、逼真的视觉效应。声学元音图要利用共振峰的数值将元音安排在适当的位置上，既能与舌位图相比较，又能符合听感上的区别距离（鲍怀翘，2005）。Eli Fischer-Jørgensen（1958）认为，声学元音图应成为能安排某一特定语言音位及其变体的声学空间。从该目的出发，人们一直在尝试使用各种数值单位和不同坐标系统的声学元音图。如 Joos 型声学元音图（1948）、Fant 型声学元音图（1958）和 Ladefoged 型声学元音图（1976）等。本书使用 Joos 型声学元音图分析和阐述布里亚特语元音的声学模型（格局），如图 2.2 所示。

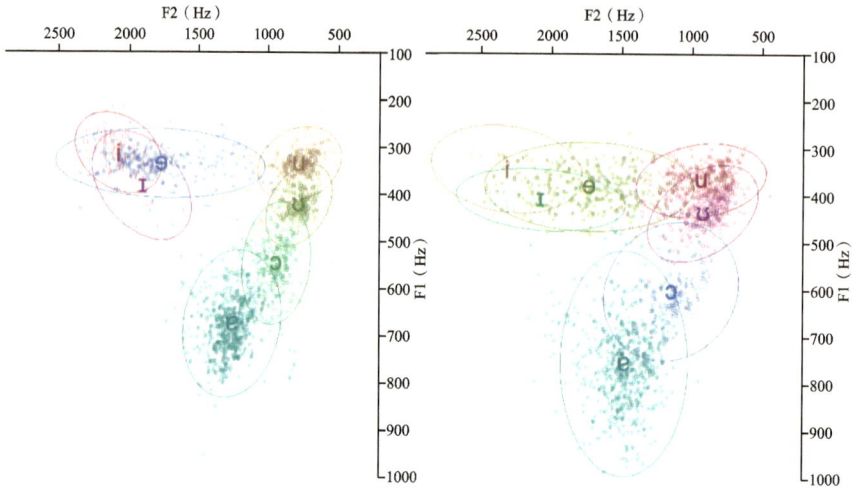

图 2.2 布里亚特语词首音节短元音声学元音 （M&F）

注：国际音标位置为第一、第二共振峰平均值。左图为女发音人图，右图为男发音人图，用 M&F 表示。

（三）元音的音长、音高和音强

元音声学特征除共振峰外，还有音长、音高和音强等参数。对于像布里亚特语这种元音音长具有对比功能的音长语言来说，音长特征尤为重要。从图 2.3、图 2.4 和图 2.5 中，我们可以看到如下有趣的现象。随着词首音

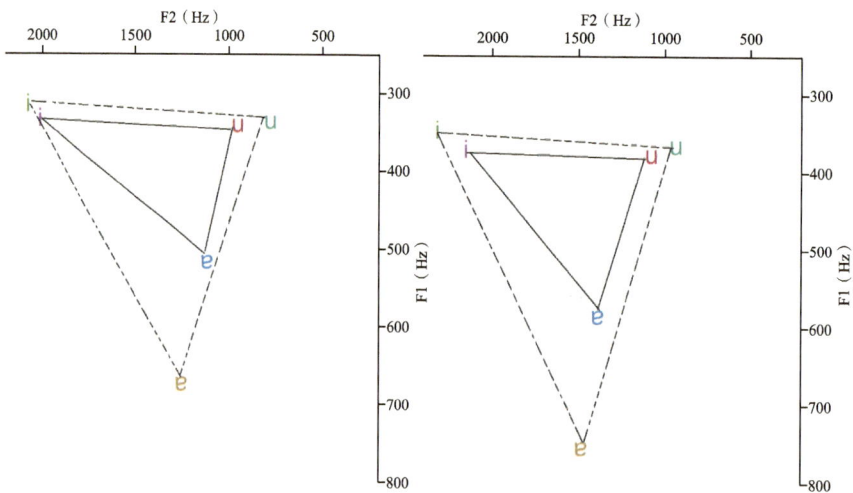

图 2.3 词首音节短元音 （虚线） 和非词首音节词腹短元音的舌位三角形 （M&F）

节长元音、词首音节短元音和非词首音节短元音的发音时间（音长）的相对缩短，元音舌位三角形逐渐变小，构成了大小两个不同的三角形。

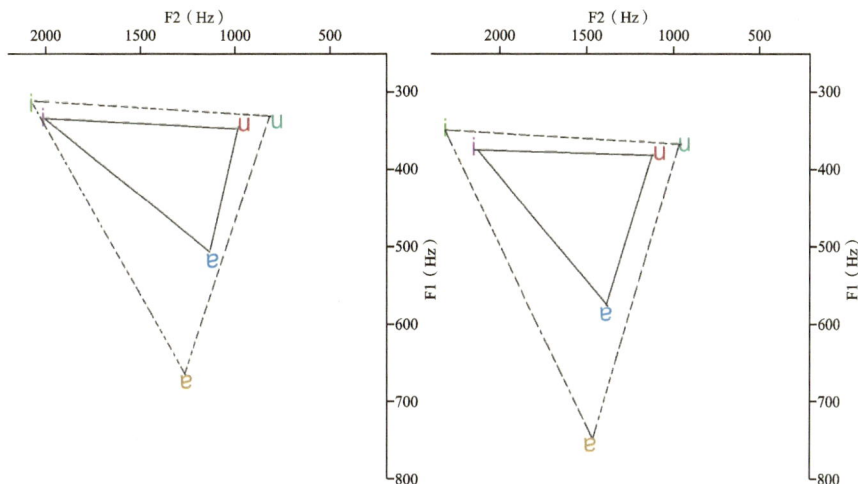

图 2.4　词首音节短元音（虚线）和非词首音节词末短元音的舌位三角形（M&F）

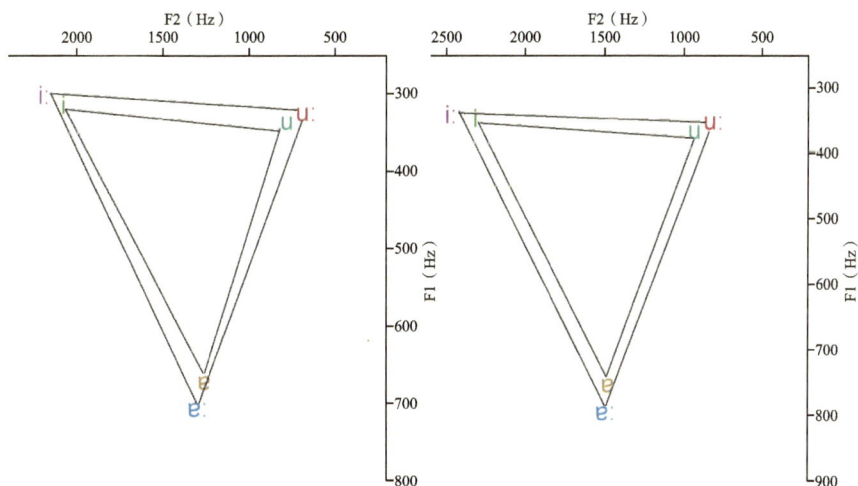

图 2.5　词首音节长、短元音的舌位三角形（M&F）

三　词首音节短元音

在"统一平台"中共出现了［ɐ, ə, i, ɪ, e, ʊ, u］等 7 个短元音。按照传统语音学的分类，［ɪ, ʊ, e, ɐ］为紧元音，［ə, i, u］为松元音；

[ɐ, ə, i, ɪ] 为展唇元音，[ɔ, ʊ, u] 为圆唇元音。

（一）[ɐ] 元音

А. Д. 鲁德涅夫（А. Д. Руднев，1913～1914）认为，布里亚特语 [ɑ] 为后元音，而 И. Д. 布拉耶夫等（И. Д. Бураев，1975）虽然也认为是后元音，但同时也提出因受前、后置语音的影响，该元音的舌位会向前移动的观点。以下是我们的分析结果。

1. 参数平均值及其音质定位

表 2.2 为布里亚特语 [ɐ] 元音声学参数统计总表，图 2.6 为男发音人的 [ɐlxɐm] "步伐" 一词的三维语图、波形图和三层标注图，图 2.7 为男、女发音人 [ɐ] 元音在声学空间中的分布模式图（国际音标位置为其总均值。左图为男性发音人，右图为女性发音人，下同）。表 2.2 显示，男、女发音人 [ɐ] 元音的平均音长和平均音强分别为 M = 99ms，F = 84ms；M = 62.26dB，F = 66.69dB。该元音 F1 和 F2 的频率均值分别为 M：F1 = 674Hz，F2 = 1257Hz；F：F1 = 755Hz，F2 = 1478Hz。

表 2.2　[ɐ] 元音声学参数统计总表

单位：VD 为 ms，VA 为 dB，F 为 Hz，下同

	M					F				
	VD	VA	F1	F2	F3	VD	VA	F1	F2	F3
平均值	99	62.26	674	1257	2488	84	66.69	755	1478	2642
标准差	0.03	3	63.4	144.7	858.6	0.02	3.2	97.2	184.7	260.7
变异系数	26%	5%	9%	12%	35%	26%	5%	13%	12%	10%

根据表 2.2、图 2.6 和图 2.7 以及国际音标的标记规则，我们认为用 [ɐ] 音标（该音标在国际音标系统中是次开或次低元音）标记该元音接近其实际音值。图 2.6 是 [ɐ] 元音比较典型的声学语图。从图 2.7 上测量到的词首 [ɐ] 元音在目标位置上的 F1～F4 共振峰分别为 686Hz、1264Hz、2460Hz、3622Hz。根据上述数据和语图以及布里亚特语词首音节元音的整体分布模式，我们认为布里亚特语 [ɐ] 元音为低、央、展唇、紧元音。图 2.7 显示，[ɐ] 元音声学空间中的分布方向（趋势）为：其舌位在高、低维度上的变化大，前、后维度上的变化小。

图 2.8～2.9 为 [ʊ] 元音目标位置第一、第二共振峰 F1/F2 及其前过渡

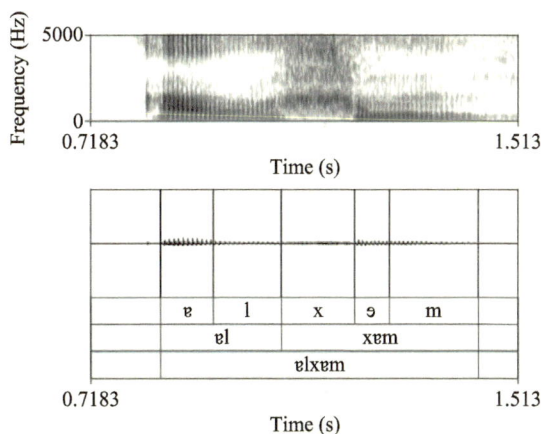

图 2.6　男发音人 [ɐlxɛm]"步伐"一词的三维语图和三层标注实例

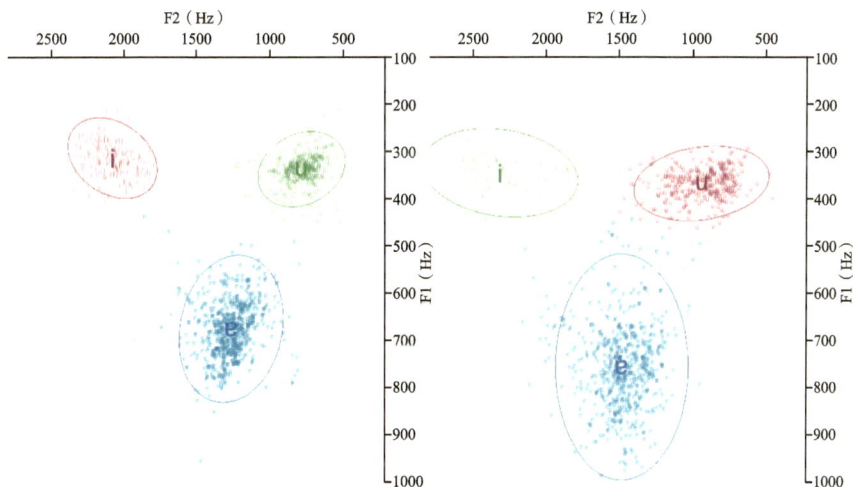

图 2.7　[ɐ] 元音在声学空间中的分布模式（M&F）

TF1/TF2 和后过渡 TP1/TP2 共振峰比较图。其中，图 2.8 为目标位置共振峰与其前过渡共振峰比较图，图 2.9 为目标位置共振峰与其后过渡共振峰比较图。我们在元音后面加"f"和"p"分别表示其目标位置共振峰的前过渡和后过渡，图上的"ɐf"表示 [ɐ] 元音目标位置共振峰的前过渡，"ɐp"表示 [ɐ] 元音目标位置共振峰的后过渡，下同。图 2.7~2.8 中可以看出，第一，与目标位置共振峰频率相比，[ɐ] 元音目标位置第一、第二共振峰的前、后过渡段共振峰的频率变化都较大。说明前、后置辅音对词首音节 [ɐ] 元音舌位高低和前后的影响度都较大。第二，[ɐ] 元音目标位置第一共振峰的前、后过渡段共振峰的频率变化比其第二共振峰的前、后过渡段共振峰的频率变化明显，即 "TF1、TP1 大于 TF2、TP2"。也就是说，[ɐ] 元音舌位的高低较容易受语境的影响。第三，目标位置第一、第二共振峰的前过渡段频率变化明显大于其后过渡段频率变化，即 "前过渡段变化大于后过渡段变化"，说明词首音节 [ɐ] 元音共振峰频率较容易受其前置语音（辅音）的影响。

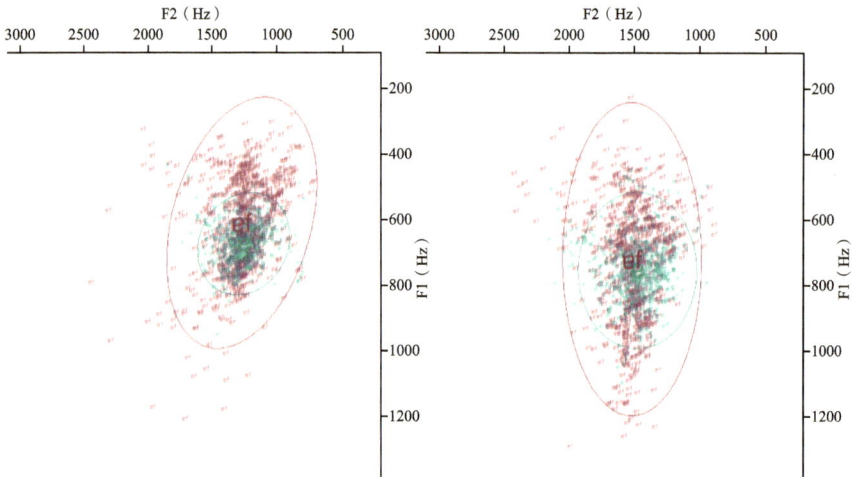

图 2.8　[ɐ] 元音目标位置共振峰（F1/F2）与其前过渡段共振峰（TF1/TF2）比较（M&F）

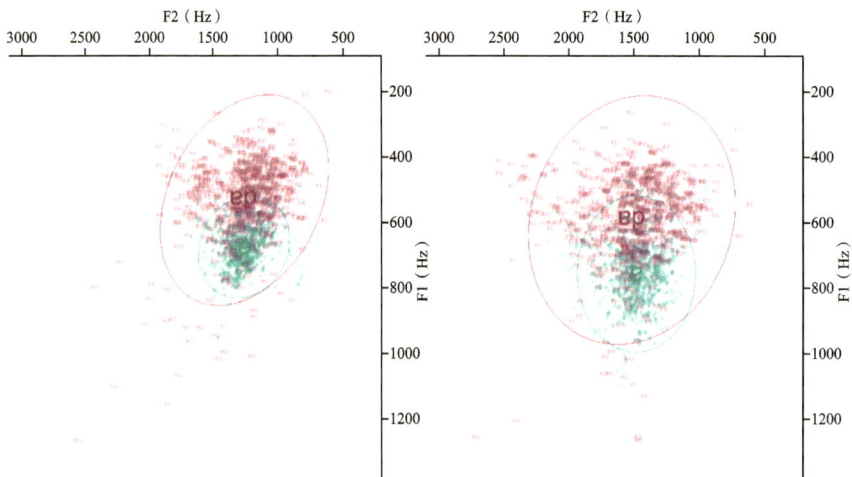

图 2.9　[ɐ] 元音目标位置共振峰（F1/F2）与其后过渡段共振峰（TP1/TP2）比较（M&F）

2. 元音声学参数与其所处语境之间的相关性问题

为消除上述直观数据和语图对比所得结果的局限性，我们采用单因素方差分析，以 sig（显著性）系数进一步验证元音声学参数与其所出现的不同语境之间的相关性问题。

（1）元音目标位置第一、第二共振峰频率与其前、后过渡段共振峰频率之间的相关性

表 2.3 为布里亚特语 [ɐ] 元音目标位置第一、第二共振峰（F1/F2）频率与其前过渡段（TF1/TF2）和后过渡段（TP1/TP2）共振峰频率之间的单因素方差分析，即以 sig（显著性）系数来验证的结果统计表。

表 2.3 [ɐ] 元音目标位置第一、第二共振峰频率与其前、后过渡段共振峰频率之间的相关性检验结果

	sig（显著性）			
	M		F	
	F1	F2	F1	F2
目标元音—前过渡元音	.000	.208	.000	.002
目标元音—后过渡元音	.000	.967	.000	.053
前过渡元音—后过渡元音	.000	.511	.000	.962

* 均值差的显著性水平为 0.05，下同。

表 2.3 显示，男、女发音人 [ɐ] 元音的目标位置第一共振峰（F1）与其前、后过渡段共振峰之间具有显著性差异。也就是说，在舌位高、低（开口度）维度（F1）上受其前、后置语境的影响较显著，而在舌位前、后维度（F2）上受其前、后置语境影响不显著。显然，如果从实验音系学视角给 /ɐ/ 元音归纳变体，/ɐ/ 元音在语流中有 [ɐ, ɐ̈, ɐ̣] 等三个变体元音。其中，典型变体为 [ɐ]。

（2）元音声学参数与其所出现的单词音节数量之间的相关性

元音声学参数与其所出现的单词音节数量之间的相关性问题，简称"音段声学参数与音节数量之间的相关性问题"是黏着型语言比较重要的议题。

为了解"布里亚特语语音声学参数库"[ɐ] 元音在由不同音节数量组成的单词（简称不同音节词，下同）中的出现频率，我们进行了以下统计。

表2.4为［ɐ］元音在单音节词、双音节词、三音节词和多音节词中所出现的频率统计表。表2.4显示，［ɐ］元音在双音节词中的出现次数和比例都较高，次数分别为294次（M）、349次（F），分别占52%（M）和61%（F）。在双音节词中出现频率的优势，说明了布里亚特语与蒙古语族其他语言一样属于双音节语言。

表 2.4 ［ɐ］元音出现频率统计

发音人	单音节词		双音节词		三音节词		多音节词		共计	
	M	F	M	F	M	F	M	F	M	F
出现次数	30	31	294	349	209	165	34	27	567	572
百分比	5%	5%	52%	61%	37%	29%	6%	5%	100%	100%

表2.5为在单、双、三和多节词中出现的［ɐ］元音音长（VD）、音强（VA）和共振峰目标值（F）参数统计表，图2.10为音节数量与音长关系示意图，图2.11为音节数量与音强关系示意图，图2.12为音节数量与共振峰关系示意图。从表2.5和图2.10～2.11中可以看出，女发音人音节数量与［ɐ］元音音长和音强之间具有一定的相关性：该元音音长随着音节数量的增加而相对缩短，而其音强随着音节数量的增多而相对变弱。

M：121ms →99ms →97ms→91ms；M：66.33dB →62.16dB →61.8dB→62.29dB

F：104ms →87ms →76ms→74ms；F：69.6dB →66.71dB →66.32dB→65.33dB

表2.5和图2.12显示，在单、双、三和多节词中出现的［ɐ］元音的第一、第二共振峰频率之间没有相关性。显然，音节数量的增多或减少对元音共振峰的影响不明显或音节数量与共振峰之间几乎没有相关性。

表 2.5 在不同音节词中出现的［ɐ］元音声学参数统计

单位：VD 为 ms，VA 为 dB，F 为 Hz，下同

发音人统计项		M					F				
		VD	VA	F1	F2	F3	VD	VA	F1	F2	F3
单音节词	平均值	121	66.33	679	1249	2458	104	69.6	754	1429	2673
	标准差	0.03	2.4	53.8	117.3	870.4	0.02	3.6	85.2	129	365.6
	变异系数	22%	4%	8%	9%	35%	23%	5%	11%	9%	14%

续表

发音人统计项		M					F				
		VD	VA	F1	F2	F3	VD	VA	F1	F2	F3
双音节词	平均值	99	62.16	681	1262	2525	87	66.71	760	1467	2626
	标准差	0.03	2.90	64	144.6	871	0.02	3.1	95.4	187.2	252.4
	变异系数	26%	5%	9%	11%	34%	25%	5%	13%	13%	10%
三音节词	平均值	97	61.80	666	1245	2463	76	66.32	754	1513	2677
	标准差	0.02	3	63.4	147.2	853	0.02	3.3	100.6	188.2	247.9
	变异系数	24%	5%	10%	12%	35%	27%	5%	13%	12%	9%
多音节词	平均值	91	62.29	666	1297	2343	74	65.33	706	1463	2604
	标准差	0.02	2	61.6	146.8	787.8	0.02	3	103	161.1	297.3
	变异系数	24%	3%	9%	11%	34%	24%	5%	15%	11%	11%

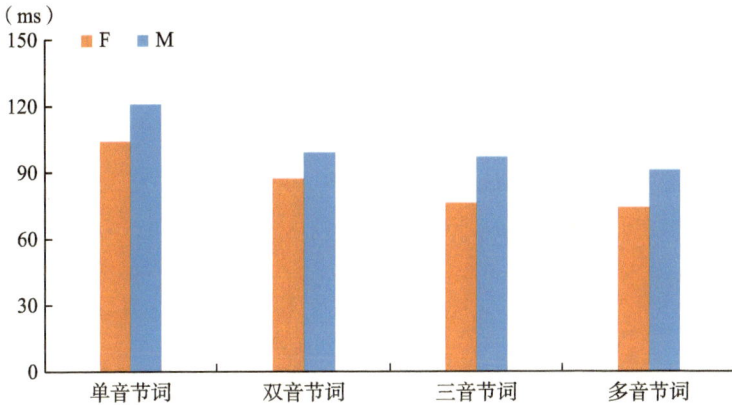

图 2.10　在不同音节词中出现的 [ɐ] 元音音长均值比较（M&F）

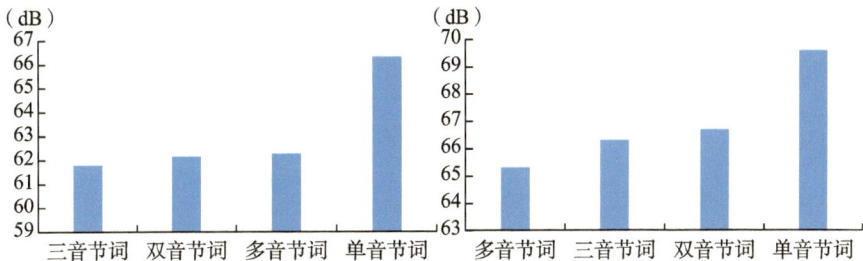

图 2.11　在不同音节词中出现的 [ɐ] 元音音强比较（M&F）

表 2.6 为用 sig（显著性）系数进行验证的 [ɐ] 元音第一、第二共振

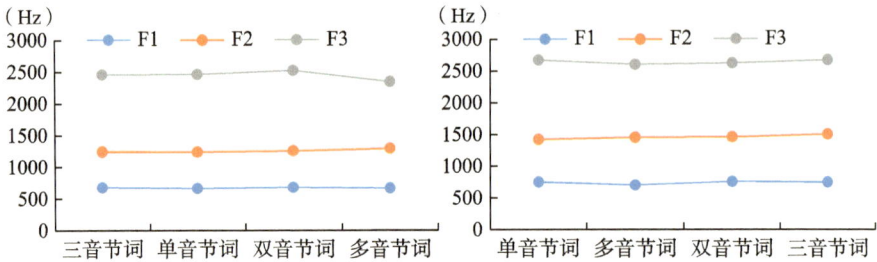

图 2.12 在不同音节词中出现的 [ɐ] 元音共振峰频率比较 （M&F）

峰频率 （F1/F2） 和音长 （VD） 与其所出现的单词音节数量之间的相关性检验结果。检验结果显示：第一，除女发音人在单音节词和三音节词中出现的 [ɐ] 元音第二共振峰频率之间有显著差异外，其他都未显示差异性，说明 [ɐ] 元音第一、第二共振峰频率与其所出现的单词音节数量之间没有显著差异。也就是说，单词中所包含的音节数量对其词首音节元音共振峰频率的影响不显著，即音节数量与词首音节元音共振峰之间没有相关性。第二，[ɐ] 元音音长只有在单音节词—双音节词、单音节词—三音节词和单音节词—多音节词中有显著差异。显然，词首音节元音的音长 （VD） 与其所出现的单词音节数量之间有一定的相关性，即单音节词中出现的元音音长与多音节词中出现的词首元音音长之间具有一定的显著性。

表 2.6 元音第一、第二共振峰频率和音长与其所出现的单词音节数量之间的相关性检验结果

	sig （显著性）					
	M		F		M	F
	F1	F2	F1	F2	VD	VD
单音节词—双音节词	.999	.941	.978	.549	.001	.004
单音节词—三音节词	.619	.998	1.000	.019	.000	.000
单音节词—多音节词	.800	.470	.242	.817	.000	.000
双音节词—三音节词	.053	.559	.886	.028	.821	.000
双音节词—多音节词	.556	.557	.058	1.000	.320	.006
三音节词—多音节词	1.000	.231	.135	.477	.602	.967

（3） 元音声学参数与其所出现的音节类型之间的相关性

表 2.7 为词首首音节 [ɐ] 元音在不同音节类型中所出现的频率统计表。

该表显示，[ɐ] 元音在 CV 和 CVC 音节中所出现的频率最高，达到 75% ~ 76%，说明词首音节 [ɐ] 元音主要在 CV 和 CVC 音节中出现。

表 2.7　在不同音节类型中出现的 [ɐ] 元音频率统计

发音人	音节类型	V	VCC	CjV	VC	CjVC	CV	CVC	CVCC	共计
M	N	79		3	48	5	253	176		564
F	N	78	1	4	49	5	254	180	1	572
M	%	14		1	8	1	45	31		100%
F	%	14		1	9	1	44	31		100%

表 2.8~2.9 为男、女发音人在不同音节类型中出现的 [ɐ] 元音声学参数统计表，图 2.13~2.14 为在不同音节类型中出现的 [ɐ] 元音音长、音强参数比较图，图 2.15 为在不同音节类型中出现的 [ɐ] 元音第一（F1）、第二共振峰（F2）频率比较图。从表 2.8~2.9 和图 2.13~2.15 中可以看出，[ɐ] 元音音长受其所处音节类型的影响，即在以元音开头的音节中出现的 [ɐ] 元音音长比在以辅音开头的音节中出现的元音音长相对长；而在不同音节类型中出现的 [ɐ] 元音音强和第一、第二共振峰频率均值之间未显示出可归纳的规律性。

表 2.8　在不同音节类型中出现的 [ɐ] 元音声学参数统计（M）

单位：VD 为 ms，VA 为 dB，F 为 Hz，下同

		VD	VA	F1	F2	F3
V	平均值	111	60.82	707	1284	2252
	标准差	0.02	2.8	56	134.7	731.1
	变异系数	20%	5%	8%	10%	32%
CjV	平均值	55	61.67	606	1422	2146
	标准差	0.01	5.1	88.1	169.5	331.7
	变异系数	26%	8%	15%	12%	15%
VC	平均值	112	62	719	1214	2545
	标准差	0.02	3	56.1	159.7	872.5
	变异系数	20%	5%	8%	13%	34%
CjVC	平均值	65	62	662	1420	2028
	标准差	0.02	1.4	36	83.4	290.9
	变异系数	31%	2%	5%	6%	14%

		VD	VA	F1	F2	F3
CV	平均值	93	62.22	662	1258	2477
	标准差	0.02	2.9	63	151.3	802.7
	变异系数	25%	5%	10%	12%	32%
CVC	平均值	99	63.05	667	1248	2613
	标准差	0.03	3	58.9	129.5	973.8
	变异系数	26%	5%	9%	10%	37%

表 2.9 在不同音节类型中出现的 [ɐ] 元音声学参数统计 (F)

单位：VD 为 ms，VA 为 dB，F 为 Hz，下同

		VD	VA	F1	F2	F3
V	平均值	92	66.96	798	1501	2536
	标准差	0.02	3	90.1	175.6	292.1
	变异系数	21%	4%	11%	12%	12%
VCC	平均值	98	63	855	1642	2633
	标准差	—	—	—	—	—
	变异系数	—	—	—	—	—
CjV	平均值	68	61.75	800	1658	2743
	标准差	0.02	1.5	110.4	127.8	163.6
	变异系数	36%	2%	14%	8%	6%
VC	平均值	92	67.1	786	1400	2599
	标准差	0.02	3.4	111.5	130.6	310.5
	变异系数	22%	5%	14%	9%	12%
CjVC	平均值	67	65.8	667	1525	2781
	标准差	0.03	4.3	165.8	196.3	163.8
	变异系数	39%	7%	25%	13%	6%
CV	平均值	79	66.12	750	1515	2653
	标准差	0.02	3.2	91.3	191.5	226.1
	变异系数	26%	5%	12%	13%	9%
CVC	平均值	86	67.4	736	1431	2678
	标准差	0.02	3.2	94.4	176	270.5
	变异系数	28%	5%	13%	12%	10%

续表

		VD	VA	F1	F2	F3
CVCC	平均值	111	67	784	1444	2535
	标准差	—	—	—	—	—
	变异系数	—	—	—	—	—

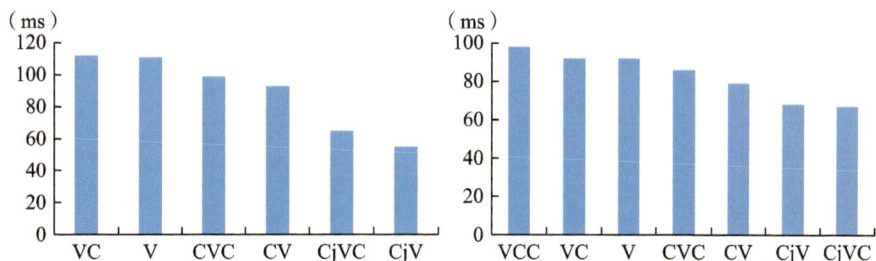

图 2.13　在不同音节类型中出现的［ɐ］元音音长比较（M&F）

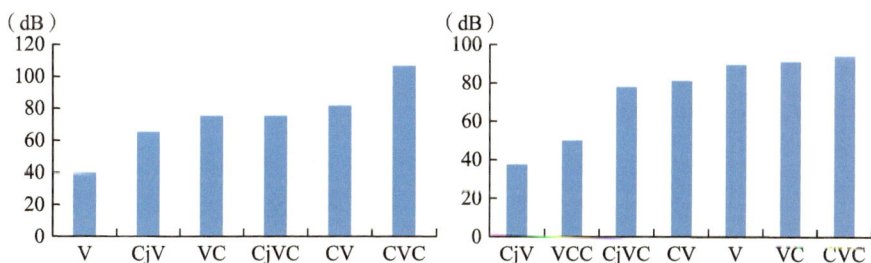

图 2.14　在不同音节类型中出现的［ɐ］元音音强比较（M&F）

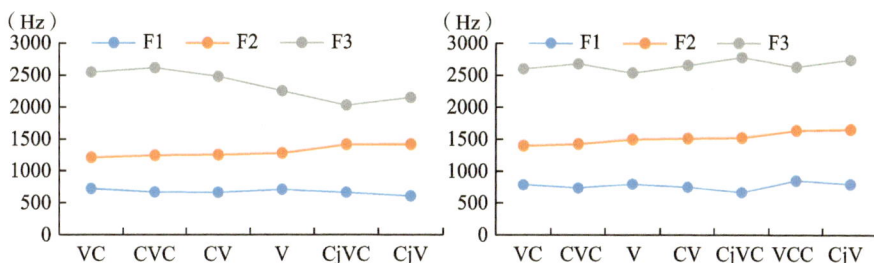

图 2.15　在不同音节类型中出现的［ɐ］元音第一（F1）、第二共振峰（F2）
频率比较（M&F）

表 2.10 为用 sig（显著性）系数进行验证的［ɐ］元音第一、第二共振峰频率和音长与其所出现的单词音节类型之间的相关性检验结果。

表 2.10 第一、第二共振峰频率和音长与其所出现的单词音节类型之间的相关性检验结果

		M					F		
		sig（显著性）					sig（显著性）		
		VD	F1	F2			VD	F1	F2
V	VC	1.000	.664	.059	V	VC	.997	.910	.002
	CV	.000	.000	.482		CV	.000	.000	.930
	CVC	.001	.000	.187		CVC	.242	.000	.019
VC	CV	.000	.000	.285	VC	CV	.000	.157	.000
	CVC	.005	.000	.528		CVC	.319	.030	.522
CV	CVC	.096	.829	.860	CV	CVC	.003	.449	.000

检验结果显示，在音长方面，男、女发音人词首音节 [ɐ] 元音的音长与其出现的音节类型之间有一定的相关性。如在 V-CV 和 VC-CV 音节中出现的 [ɐ] 元音音长之间具有显著性差异，即以元音开头的音节（V、VC）中出现的元音音长明显比以辅音开头的音节（CV）中出现的元音音长长。在共振峰频率方面，男、女发音人词首音节 [ɐ] 元音的第一共振峰频率与其出现的音节类型之间有一定的相关性。如在 V-CV 和 V-CVC 音节中出现的 [ɐ] 元音第一共振峰频率之间具有显著性差异，即只有以元音构成的音节（V）中出现的 [ɐ] 元音第一共振峰频率明显比以辅音开头的音节（CV、CVC）中出现的元音第一共振峰频率高。

根据上述分析结果，能否得出词首音节辅音会缩短其后置元音的音长、降低其后置元音的舌位（增加开口度）的结论？这是不是普遍规律？有待进一步研究。

（4）元音声学参数与其前置辅音音质之间的相关性

以上我们探讨了词首音节元音声学参数与其所出现的单词音节数量之间的相关性和词首音节元音声学参数与其所出现的音节类型之间的相关性问题。下面分析词首音节元音声学参数与其前置辅音音质之间的相关性问题。

图 2.16 为词首 [x-、tʰ-、ʃ-、s-、j-、h-、b-、n-、g-、l-、m-、z-、d-、ʒ-] 等不同（音质）辅音之后出现的（包括单音节词）[ɐ] 元音音长比较图，图 2.17 为词首 [x-、tʰ-、ʃ-、s-、j-、h-、b-、n-、g-、l-、m-、z-、d-、ʒ-] 等不同（音质）辅音之后出现的（包括单音节词）

[ɐ] 元音目标位置第一、第二和第三共振峰的前过渡（TF1、TF2、TF3）的变化示意图。其中，图 2.17 为以 TF2 的上升顺序排列的，即以舌位自后至前顺序排列的示意图。

图 2.16 显示，词首音节 [ɐ] 元音音长与其前置辅音音质之间具有一定的相关性。从总体上看，在 [b-、n-、g-、l-、m-、z-、d-、ʒ-] 等浊辅音之后出现的 [ɐ] 元音音长比其在 [x-、tʰ-、ʃ-、s-、h-] 等清辅音之后出现的音长相对长（除半元音 [j-] 除外）。也就是说，词首音节浊辅音会延长其后置元音的音长。这可能是由声带振动机制所致。这是不是普遍规律？有待进一步研究。总之，词首音节元音的音长与其前置辅音的清、浊有一定的相关性。

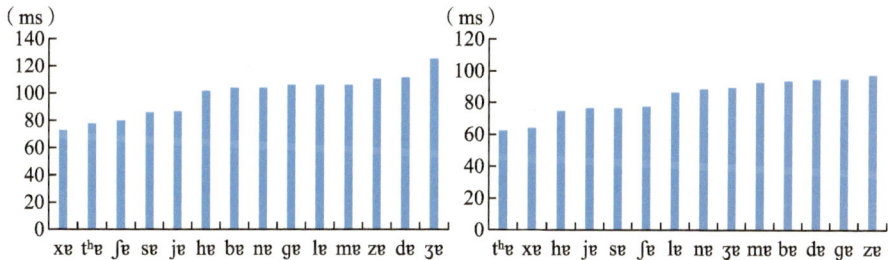

图 2.16 在词首音节不同辅音之后出现的 [ɐ] 元音音长比较（M&F）

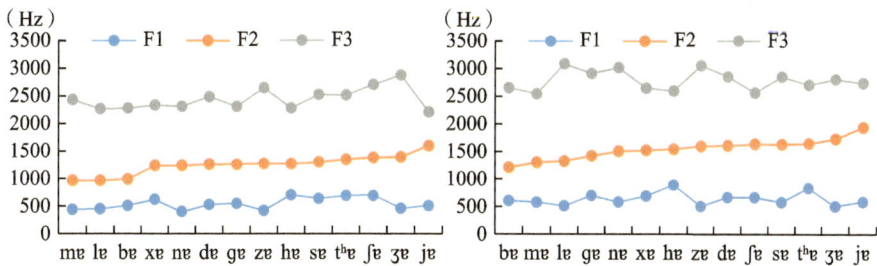

图 2.17 在不同辅音之后出现的 [ɐ] 元音三个共振峰前过渡段频率（TF1、TF2、TF3）的变化示意（M&F）

从图 2.17 中可以看到，与 [ɐ] 元音第二共振峰总均值（M：F2 = 1257Hz，F：F2 = 1478Hz）相比，在 [ʃ、s、tʰ、ʒ、j] 等辅音之后出现的 [ɐ] 元音第二共振峰的前过渡段频率（TF2）明显比在 [b、m、l] 等辅音之后出现的 [ɐ] 元音目标位置第二共振峰的前过渡段频率（TF2）高。男、女发音人第二共振峰的前过渡段频率分别上升到 1350～1600Hz（M）

和 1500~2000Hz（F）。

显然，词首音节元音声学参数与其前置辅音音质之间具有一定的相关性。

（二）［ə］元音

И. Д. 布拉耶夫（И. Д. Бураев，1959）认为布里亚特语［ə］元音的舌位位于高（闭）元音和低（开）元音之间，并靠近闭元音舌位。他认为布里亚特语［ə］元音为前元音，但因受前、后置语音的影响，该元音的舌位会向舌位中部（央）移动。布拉耶夫所提出的布里亚特语［ə］元音的舌位靠近高元音的观点与我们的实验结果吻合，但是我们的实验结果不支持把该元音认为是前元音的观点。以下是我们这次的分析结果。

1. **参数平均值及其音质定位**

表 2.11 为［ə］元音参数统计总表，图 2.18 为男发音人［ənə］"这样，这么"一词的三维语图、波形图和三层标注图，图 2.19 为男、女发音人［ə］元音在声学空间中的分布模式图。表 2.11 显示，男、女发音人［ə］元音的平均音长，平均音强分别为 M = 74ms，F = 73ms；M = 63.63dB，F = 67.41dB。该元音 F1 和 F2 的频率均值分别为 M：F1 = 336Hz，F2 = 1771Hz；F：F1 = 381Hz，F2 = 1731Hz。

表 2.11　［ə］元音声学参数统计总表

	M					F				
	VD	VA	F1	F2	F3	VD	VA	F1	F2	F3
平均值	74	63.63	336	1771	2435	73	67.41	381	1731	2833
标准差	0.02	3.3	29.9	303.5	259.2	0.02	2.8	38.4	301.4	222
变异系数	27%	5%	9%	17%	11%	25%	4%	10%	17%	8%

根据表 2.11、图 2.18 和图 2.19 以及国际音标的标记规则，我们认为用［ə］音标标记该元音接近其实际音值。图 2.18 是［ə］元音比较典型的声学语图。从图 2.18 上测量到的词首［ə］元音目标位置上的 F1~F4 共振峰分别为 325Hz、1775Hz、2444Hz、4003Hz。我们认为，布里亚特语词首［ə］元音为次高、央、展唇、松元音。图 2.19 显示，［ə］元音在元音声学空间中的分布方向（趋势）为：其舌位在前、后维度上的变化大，在高、低维度上的变化小。

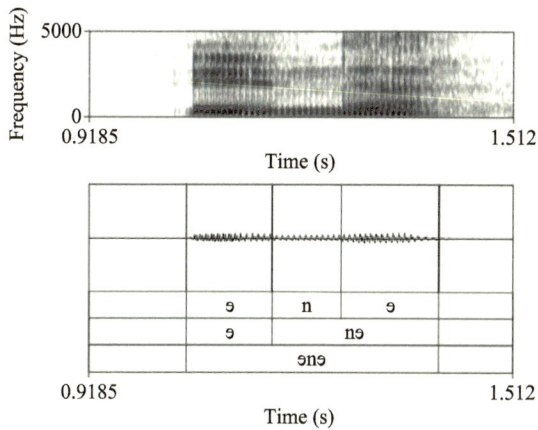

图 2.18 男发音人 [ənə]"这样，这么"一词的三维语图和三层标注实例

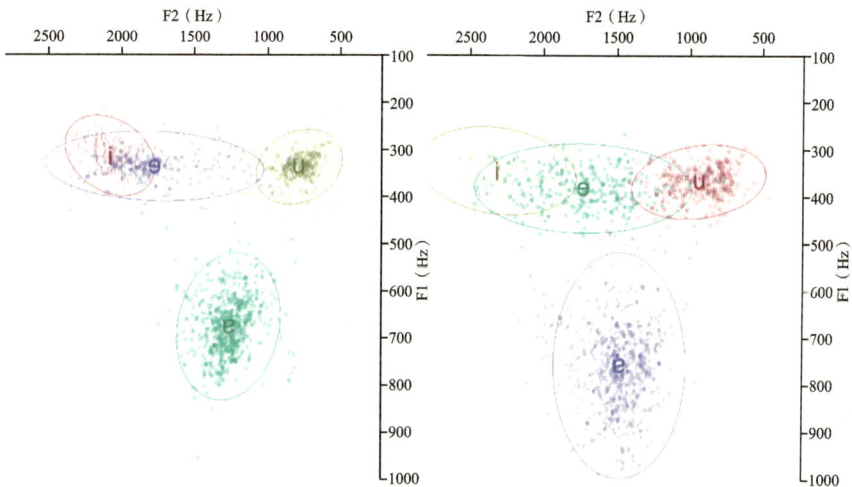

图 2.19 [ə] 元音在声学空间中的分布模式 (M&F)

图 2.20~2.21 为 [ə] 元音目标位置第一、第二共振峰 F1/F2 及其前过渡 TF1/TF2 和后过渡 TP1/TP2 共振峰比较图。其中，图 2.20 为目标位置共振峰与其前过渡共振峰比较图，图 2.21 为目标位置共振峰与其后过渡共振峰比较图。从图 2.20~2.21 中可以看出，与目标位置共振峰频率相比，[ə] 元音前、后过渡段在高、低维度上的变化（离散度）较显著，即在语流中 [ə] 元音的舌位高、低变化比其舌位前、后变化大。也就是说，[ə] 元音的舌位高、低（开口度）较容易受其语境的影响。

[ə] 元音目标位置第一共振峰的前、后过渡段共振峰的频率变化比其

第二共振峰的前、后过渡段共振峰的频率变化明显大，即"TF1、TP1 大于 TF2、TP2"，即词首音节［ə］元音目标位置第一共振峰前、后过渡段的频率都高于其第二共振峰前、后过渡段的频率。也就是说，［ə］元音与［ɐ］元音一样，其舌位高、低（开口度）较容易受语境的影响。

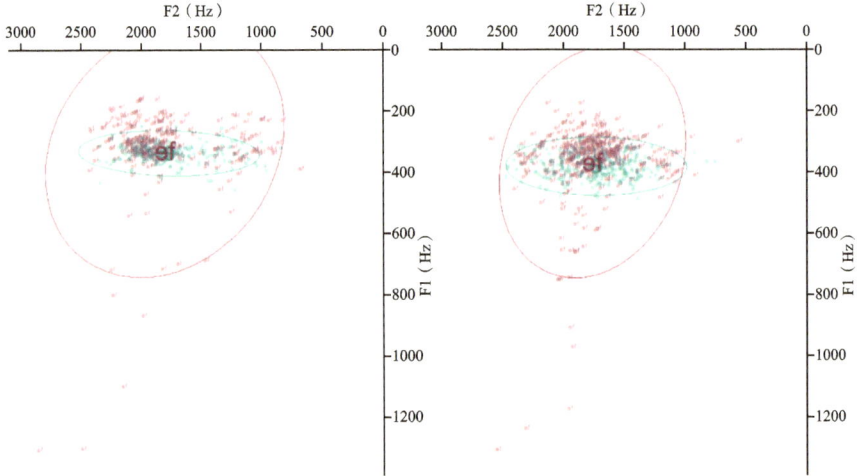

图 2.20　［ə］元音目标位置共振峰（F1/F2）与其前过渡段共振峰（TF1/TF2）频率比较（M&F）

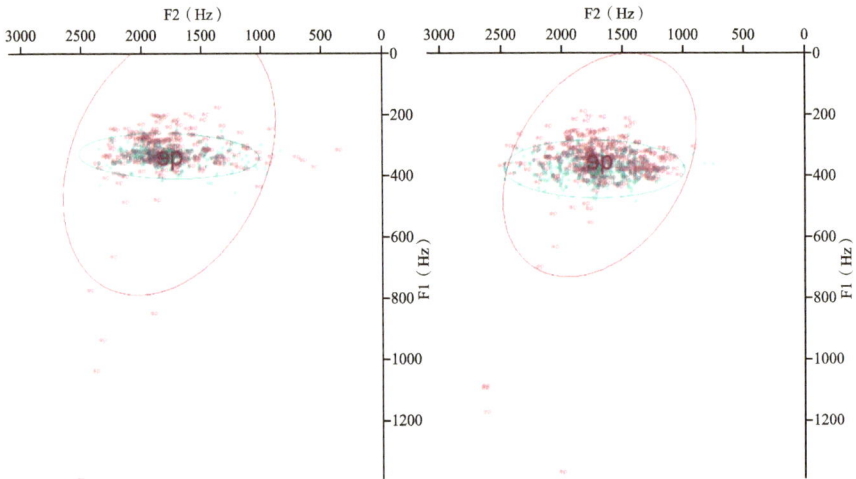

图 2.21　［ə］元音目标位置共振峰（F1/F2）与其后过渡段共振峰（TP1/TP2）频率比较（M&F）

2. 元音声学参数与其所处语境之间的相关性问题

为消除上述直观数据和语图对比所得出结果的局限性，我们采用单因素方差分析，以 sig（显著性）系数进一步验证元音声学参数与其所出现的不同语境之间的相关性问题。

（1）元音目标位置第一、第二共振峰频率与其前、后过渡段共振峰频率之间的相关性

表 2.12 为布里亚特语 [ə] 元音目标位置第一、第二共振峰（F1/F2）频率与其前过渡段（TF1/TF2）和后过渡段（TP1/TP2）共振峰频率之间的单因素方差分析结果统计表。表 2.12 显示，[ə] 元音目标位置第一、第二共振峰（F1/F2）频率与其前过渡段（TF1/TF2）和后过渡段（TP1/TP2）共振峰频率之间没有显著差异，即元音目标位置共振峰频率与其前、后过渡段共振峰频率之间没有显著差异。这与上述直观数据和语图对比所得出的结果有所不同。

表 2.12　元音目标位置第一、第二共振峰频率与其前、后过渡段共振峰频率之间的相关性检验结果

	sig（显著性）			
	M		F	
	F1	F2	F1	F2
目标元音—前过渡元音	.683	.638	.283	.464
目标元音—后过渡元音	.507	.997	.312	.239
前过渡元音—后过渡元音	.341	.637	.996	.017

（2）元音声学参数与其所出现的单词音节数量之间的相关性

为了解"布里亚特语语音声学参数库"中 [ə] 元音在不同音节词中出现的频率，我们进行了以下统计。表 2.13 为 [ə] 元音在单音节词、双音节词、三音节词和多音节词中所出现的频率统计表。表 2.13 显示，[ə] 元音在双音节词中的出现次数和比例都较高，分别出现 102 次（M）和 150 次（F1），约占 47%（M）和 52%（F）。该结果说明了布里亚特语与蒙古语族其他语言一样属于双音节语言。

表 2.13　[ə] 元音出现频率统计

发音人	单音节词		双音节词		三音节词		多音节词		共计	
	M	F	M	F	M	F	M	F	M	F
出现次数	17	18	102	150	87	110	12	9	218	287
百分比	8%	6%	47%	52%	40%	39%	5%	3%	100%	100%

　　表 2.14 为在单、双、三和多音节词中出现的 [ə] 元音音长（VD）、音强（VA）和共振峰目标值（F）参数统计表，图 2.22 为音节数量与元音音长之间关系示意图，图 2.23 为音节数量与元音音强之间关系示意图，图 2.24 音节数量与元音共振峰之间关系示意图。

　　从表 2.14 和图 2.22 中可以看出，女发音人音节数量与 [ə] 元音音长之间具有一定的相关性，女发音人 [ə] 元音音长随着音节数量的增加而相对缩短。

　　M：82ms →74ms →73ms→74ms；M：68.12dB →62.93dB→63.74dB→62.75dB

　　F：84ms →77ms→68ms→64ms；F：69.39dB →67.22dB→67.45dB→66.33dB

　　表 2.14 和图 2.23 显示，音节数量与元音音强之间具有一定的相关性，[ə] 元音在单音节词中出现的音强比其在多音节词中出现的音强相对强。

　　表 2.14 和图 2.24 显示，音节数量与元音第一、第二共振峰频率之间没有相关性，音节数量的增多或减少对元音共振峰的影响不显著。

表 2.14　在不同音节词中出现的 [ə] 元音声学参数统计

发音人 统计项		M					F				
		VD	VA	F1	F2	F3	VD	VA	F1	F2	F3
单音节词	平均值	82	68.12	349	1698	2492	84	69.39	385	1712	2775
	标准差	0.02	2.3	34.3	269.8	156.4	0.02	3	41.2	270.8	299.8
	变异系数	23%	3%	10%	16%	6%	28%	4%	11%	16%	11%
双音节词	平均值	74	62.93	332	1806	2439	77	67.22	374	1717	2839
	标准差	0.02	3.5	32.7	309.3	240.4	0.02	2.9	36.2	300.1	200.4
	变异系数	31%	6%	10%	17%	10%	24%	4%	10%	17%	7%

续表

发音人 统计项		M					F				
		VD	VA	F1	F2	F3	VD	VA	F1	F2	F3
三音 节词	平均值	73	63.74	339	1759	2423	68	67.45	389	1754	2824
	标准差	0.02	2.7	24.1	293.4	298.4	0.02	2.5	39	289	233.8
	变异系数	24%	4%	7%	17%	12%	24%	4%	10%	16%	8%
多音 节词	平均值	74	62.75	328	1692	2423	64	66.33	403	1707	2940
	标准差	0.01	2.3	33.9	355.1	245.2	0.01	3.1	36.8	513.1	235
	变异系数	15%	4%	10%	21%	10%	21%	5%	9%	30%	8%

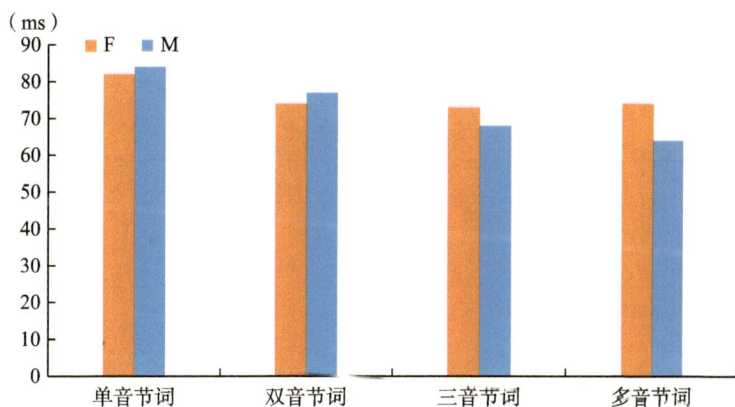

图 2.22　在不同音节词中出现的［ə］元音的音长均值比较（M&F）

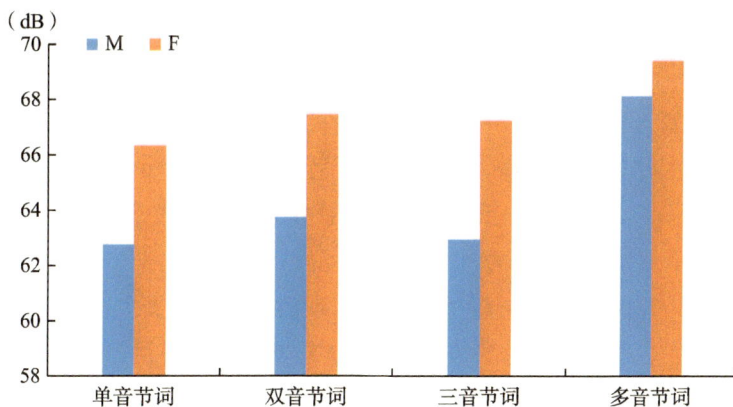

图 2.23　在不同音节词中出现的［ə］元音的音强均值比较（M&F）

表 2.15 为用 sig（显著性）系数进行验证［ə］元音第一、第二共振峰频率（F1/F2）和音长（VD）与其所出现的单词音节数量之间的相关性检

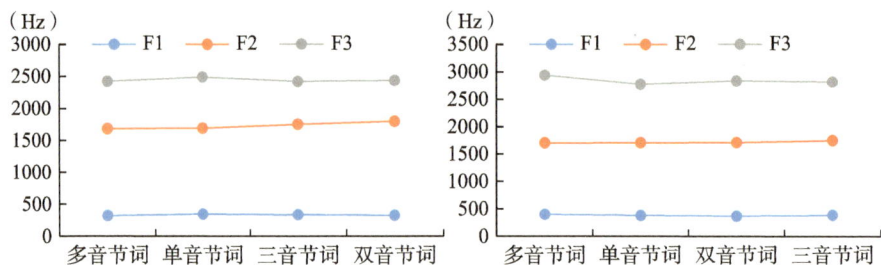

图 2.24　在不同音节词中出现的 [ə] 元音共振峰频率均值比较（M&F）

验结果。检验结果显示，[ə] 元音第一、第二共振峰频率和音长与其所出现的单词音节数量之间没有显著性差异，即元音声学参数与其所出现的单词音节数量之间没有显著性差异。

表 2.15　检验结果

	sig（显著性）					
	M		F		M	F
	F1	F2	F1	F2	VD	VD
单音节词—双音节词	.285	.458	.689	1.000	.410	.645
单音节词—三音节词	.693	.840	.967	.925	.297	.063
单音节词—多音节词	.409	1.000	.641	1.000	.438	.045
双音节词—三音节词	.357	.700	.005	.732	.991	.001
双音节词—多音节词	.981	.711	.154	1.000	.999	.078
三音节词—多音节词	.721	.922	.709	.992	1.000	.780

（3）元音声学参数与其所出现的音节类型之间的相关性

表 2.16 为词首音节 [ə] 元音在不同音节类型中所出现的频率统计表。该表显示，[ə] 元音在 CV 和 CVC 音节中所出现的次数最高。说明词首音节 [ə] 元音主要在 CV 和 CVC 音节中出现。

表 2.17~2.18 为在不同音节类型中出现的男、女发音人 [ə] 元音的声学参数统计表，图 2.25~2.26 为在不同音节类型中出现的 [ə] 元音音长、音强参数比较图，图 2.27 为在不同音节类型中出现的 [ə] 元音第一（F1）、第二共振峰（F2）频率比较图。从表 2.17~2.18 和图 2.15~2.27 中可以看出，[ə] 元音音长和第二共振峰频率与其所出现的音节类型之间具有一定的相关性，在以元首开头的音节中出现的 [ə] 元音音长比在以辅音

开头的音节中出现的元音音长相对长；在以元音开头的音节中出现的 [ə]
元音第二共振峰频率比在以辅音开头的音节中出现的第二共振峰频率相对
高。而 [ə] 元音音强与其所出现的不同音节类型之间未显示相关性。

表 2.16 在不同音节类型中出现的 [ə] 元音频率统计

发音人	音节类型	V	VC	CjV	CV	CVC	CjVC	CVCC	共计
M	N	5	7	2	108	94	1	1	218
F	N	16	18	2	135	116			287
M	%	2	3	1	50	43			100
F	%	6	6	1	47	40			100

表 2.17 在不同音节类型中出现的 [ə] 元音声学参数统计 （M）

		VD	VA	F1	F2	F3
V	平均值	86	61.2	293	1887	2525
	标准差	0.03	3.8	35.5	284	208.8
	变异系数	31%	6%	12%	15%	8%
CjV	平均值	64	63	341	1315	2472
	标准差	0	2.8	33.9	369.1	132.2
	变异系数	2%	4%	10%	28%	5%
VC	平均值	81	64.57	323	2048	2601
	标准差	0.02	4.3	18.9	161.5	268.5
	变异系数	30%	7%	6%	8%	10%
CjVC	平均值	26	64	455	1220	2258
	标准差					
	变异系数					
CV	平均值	75	62.62	333	1751	2431
	标准差	0.02	3	27.8	306.7	295
	变异系数	28%	5%	8%	18%	12%
CVC	平均值	73	64.9	342	1786	2425
	标准差	0.02	3.2	28.1	288.9	216.1
	变异系数	24%	5%	8%	16%	9%
CVCC	平均值	53	59	321	1360	2288
	标准差					
	变异系数					

表 2.18　在不同音节类型中出现的 [ə] 元音声学参数统计（F）

		VD	VA	F1	F2	F3
V	平均值	81	66.06	361	1856	2860
	标准差	0.02	3.6	45.7	348	227.6
	变异系数	28%	5%	13%	19%	8%
CjV	平均值	52	65.5	367	1696	2852
	标准差					
	变异系数					
VC	平均值	79	68.33	372	1987	2716
	标准差	0.02	3	30.1	216.1	158.5
	变异系数	25%	4%	8%	11%	6%
CV	平均值	71	67.27	385	1713	2847
	标准差	0.02	2.5	37.3	298	211.7
	变异系数	25%	4%	10%	17%	7%
CVC	平均值	75	67.66	381	1695	2830
	标准差	0.02	3	39.1	292.5	239.4
	变异系数	25%	4%	10%	17%	8%

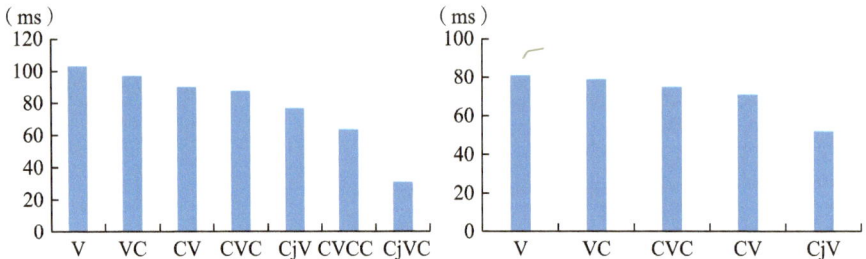

图 2.25　在不同音节类型中出现的 [ə] 元音音长均值比较（M&F）

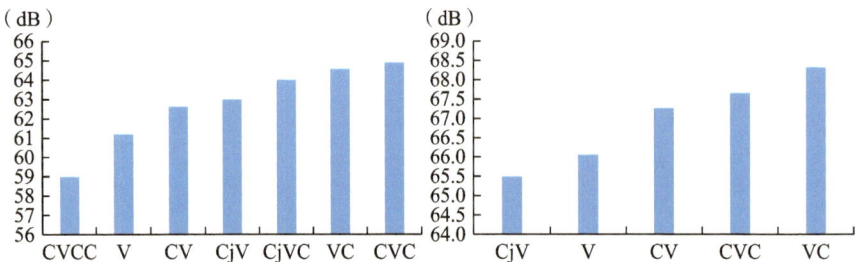

图 2.26　在不同音节类型中出现的 [ə] 元音音强均值比较（M&F）

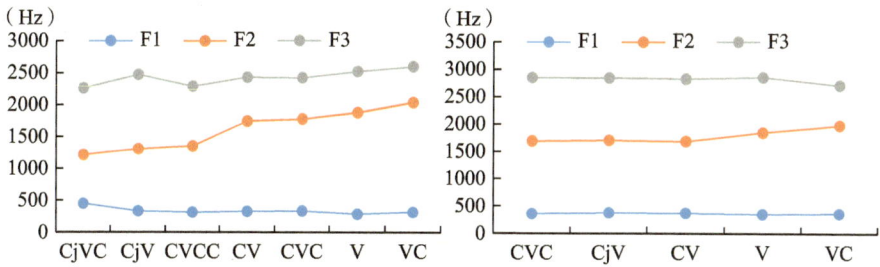

图 2.27　在不同音节类型中出现的［ə］元音第一、第二共振峰频率均值比较（M&F）

表 2.19 为用 sig（显著性）系数进行验证的［ə］元音第一、第二共振峰频率和音长与其所出现的单词音节类型之间的相关性检验结果。检验结果显示，［ə］元音第二共振峰频率与其所出现的单词音节类型之间具有显著性差异，出现在 VC 和 CV、CVC 音节，即 VC 与 CV、VC 与 CVC 音节中［ə］元音的第二共振峰频率具有显著差异性。［ə］元音第一共振峰频率和音长与其所出现的单词音节类型之间没有显著性差异。

表 2.19　检验结果

		M					F		
		sig（显著性）					sig（显著性）		
		VD	F1	F2			VD	F1	F2
V	VC	.986	.388	.682	V	VC	.994	.831	.571
	CV	.790	.196	.737		CV	.336	.221	.419
	CVC	.711	.113	.862		CVC	.701	.355	.322
VC	CV	.909	.603	.008	VC	CV	.334	.393	.000
	CVC	.823	.144	.016		CVC	.784	.681	.000
CV	CVC	.902	.099	.845	CV	CVC	.346	.879	.962

（4）元音声学参数与其前置辅音音质之间的相关性

以上我们探讨了词首音节元音声学参数与其所出现的单词音节数量之间的相关性和词首音节元音声学参数与其所出现的音节类型之间的相关性问题。下面分析词首音节元音声学参数与其前置辅音音质之间的相关性问题。

图 2.28 为词首［s-，t-，x-，tʰ-，b-，m-，j-，ʃ-，n-，ʒ-，g-，d-，h-，z-］等不同（音质）辅音（包括单音节词）之后出现的［ə］元

音音长比较图。从图 2.28 中可以看出，辅音音质与［ə］元音有些声学参数之间具有较好的相关性。如，［tʰ-，x-，s-］辅音后接的元音音长相对短于其他辅音后接的元音音长，［g-，d-，h-］辅音后接的元音音长长于其他辅音后接元音音长。

图 2.29 为词首［s-，t-，x-，tʰ-，b-，m-，j-，ʃ-，n-，ʒ-，g-，d-，h-，z-］等不同（音质）辅音之后出现的（包括单音节词）［ə］元音目标位置第一、第二和第三共振峰的前过渡段频率（TF1、TF2、TF3）的变化示意图，以 TF2 的上升顺序排列的，即以舌位自后至前顺序排列的示意图。从图 2.29 中可以看到，词首音节［ə］元音声学参数与其前置辅音音质之间没有相关性。可以说，前置辅音的音质对词首音节［ə］元音的影响不显著。

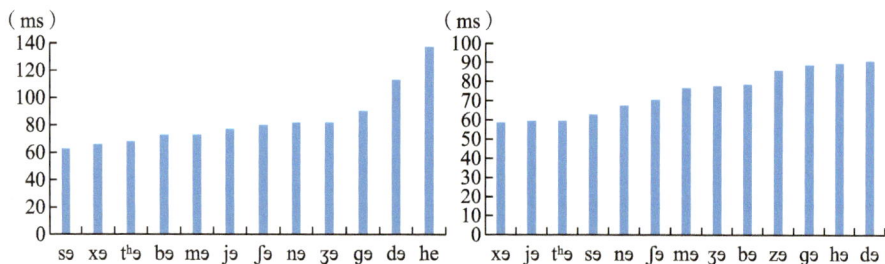

图 2.28　在词首音节不同辅音之后出现的［ə］元音音长比较（M&F）

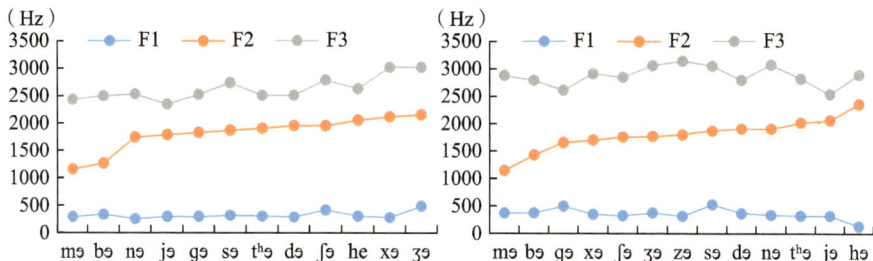

图 2.29　在不同辅音之后出现的［ə］元音三个共振峰前过渡段频率（TF1、TF2、TF3）的变化示意（M&F）

（三）［i］元音

И.Д. 布拉耶夫等人（И.Д. Бураев，1975）认为布里亚特语［i］元音是次闭（次高）元音，并用［ɩ（ɪ）］音标标注了该元音。以下是我们的分析结果。

1. 参数平均值及其音质定位

表2.20为布里亚特语［i］元音声学参数统计总表，图2.30为男发音人［ixə］"母亲"一词的三维语图、波形图和三层标注图，图2.31为［i］元音在声学空间中的分布模式图。表2.20显示，男、女发音人［i］元音的平均音长和平均音强分别为 M=89ms，F=75ms；M=62.72dB，F=67.35dB。该元音 F1 和 F2 的频率均值分别为 M：F1=313Hz，F2=2076Hz；F：F1=345Hz，F2=2315Hz。

表 2.20　［i］元音声学参数统计总表

	M					F				
	VD	VA	F1	F2	F3	VD	VA	F1	F2	F3
平均值	89	62.72	313	2076	2879	75	67.35	345	2315	2879
标准差	0.02	3.3	34.3	124.6	124.6	0.02	2.6	37.6	37.6	204.7
变异系数	24%	5%	11%	6%	6%	26%	4%	11%	11%	7%

根据表2.20和图2.30～2.31以及国际音标的标记规则，我们认为用［i］音标标记该元音接近其实际音值。图2.30是［i］元音比较典型的声学语图。从图2.30上测量到的首［i］元音目标位置上的 F1～F4 共振峰分别为 305Hz、2056Hz、2775Hz、3545Hz，布里亚特语词首［i］元音为高、前、展唇、松元音。图2.31显示，［i］元音声学空间中的分布位置为高而前，其舌位高、低维度与［u］近似。

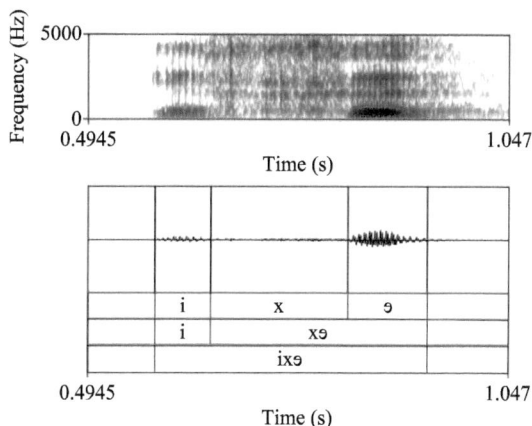

图 2.30　男发音人［ixə］"母亲"一词的三维语图和三层标注实例

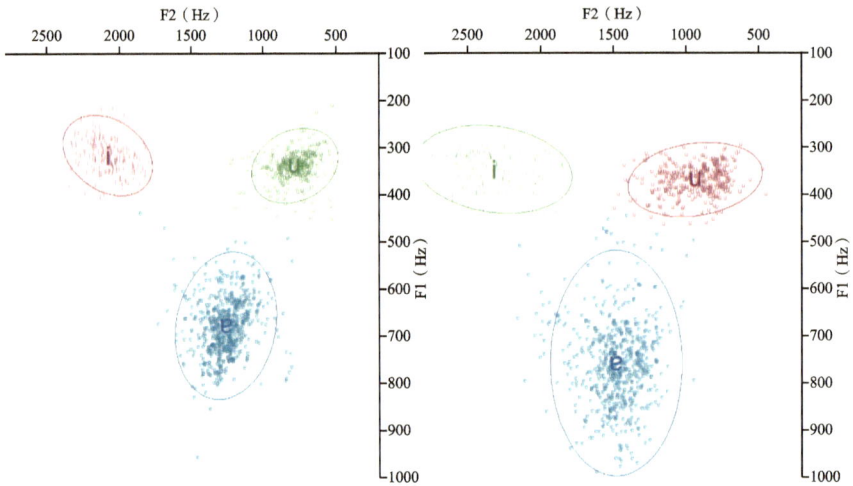

图 2.31　[i] 元音在声学空间中的分布模式（M&F）

　　图 2.32~2.33 为 [i] 元音目标位置第一、第二共振峰 F1/F2 及其前过渡 TF1/TF2 和后过渡 TP1/TP2 共振峰比较图。其中，图 2.32 为目标位置共振峰 F1/F2 及其前过渡 TF1/TF2 比较图，图 2.33 为目标位置共振峰 F1/F2 及其后过渡 TP1/TP2 比较图。从图 2.32~2.33 中可以看出，与目标位置共振峰频率相比，[i] 元音第一、第二共振峰的前、后过渡段共振峰频率都有所变化（其中，图 2.32 和图 2.33 上的女发音人 [i] 元音的前、后过渡段

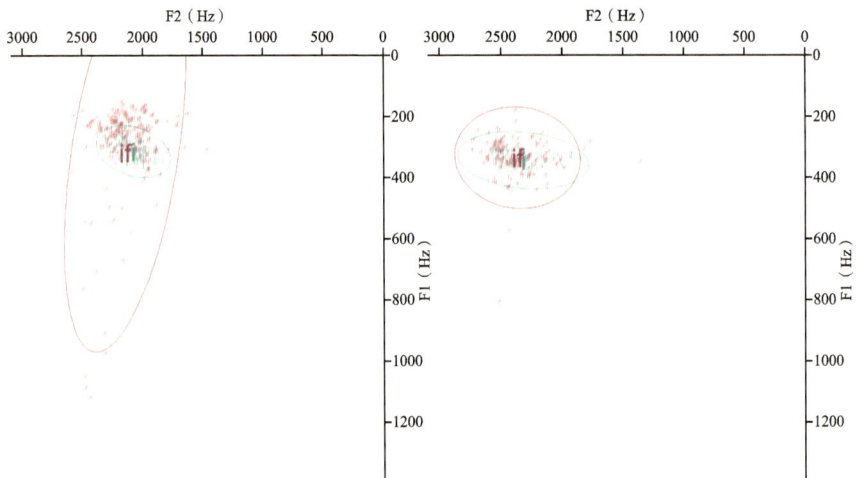

图 2.32　[i] 元音目标位置共振峰（F1/F2）及其前过渡段共振峰（TF1/TF2）
频率比较（M&F）

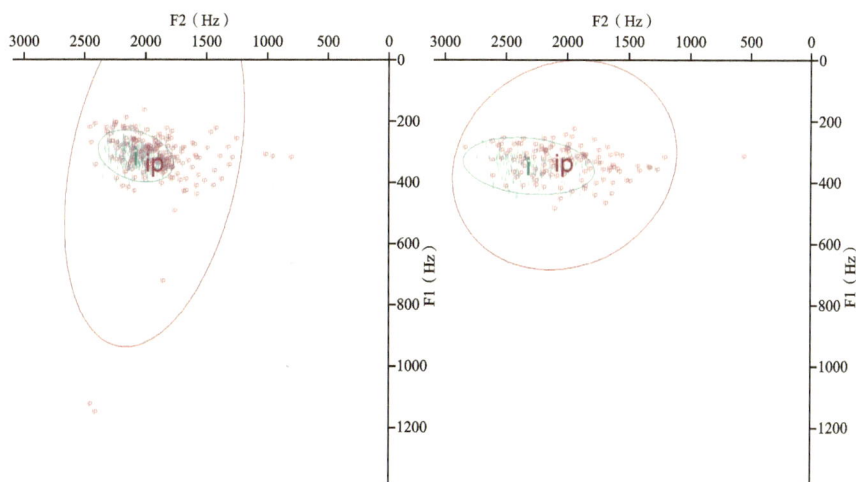

**图 2.33　[i] 元音目标位置共振峰（F1/F2）及其后过渡段共振峰（TP1/TP2）
频率比较（M&F）**

共振峰动态变化图有点儿失真。为保留自动绘制结果，我们未进行修改）。图
2.33 显示，男发音人［i］元音的后过渡段共振峰频率 TP1/TP2 频率变化都
较大。相比之下，TP2 的离散度相对大。

2. 元音声学参数与其所处语境之间的相关性问题

（1）元音目标位置第一、第二共振峰频率与其前、后过渡段共振峰频
率之间的相关性

表 2.21 为布里亚特语［i］元音目标位置第一、第二共振峰（F1/F2）
频率与其前过渡段（TF1/TF2）和后过渡段（TP1/TP2）共振峰频率之间的
单因素方差分析结果。从该表中可以看到，［i］元音目标位置第一、第二共
振峰频率与其前、后过渡段共振峰频率之间具有一定的相关性，［i］元音目
标位置第二共振峰频率与后过渡段共振峰频率之间差异显著。也就是说，
［i］元音在 F2 维度上（舌位前、后）受后置语音的影响较显著。

表 2.21　检验结果

	sig（显著性）			
	M		F	
	F1	F2	F1	F2
目标元音—前过渡元音	.976	.001	.333	.195

续表

	sig（显著性）			
	M		F	
	F1	F2	F1	F2
目标元音—后过渡元音	.236	.000	.977	.000
前过渡元音—后过渡元音	.607	.000	.862	.000

（2）元音声学参数与其所出现的单词音节数量之间的相关性

为了解"布里亚特语语音声学参数库"中［i］元音在不同音节词中的出现频率，我们进行了以下统计。表 2.22 为［i］元音在单音节词、双音节词、三音节词和多音节词中所出现的频率统计表。表 2.22 显示，［i］元音在双音节词中的出现次数和比例都较高，均占 53%（M、F）。

表 2.22　［i］元音出现频率统计

	单音节词		双音节词		三音节词		多音节词		共计	
发音人	M	F	M	F	M	F	M	F	M	F
出现次数	2	4	94	64	70	39	11	13	177	120
百分比	1	3	53	53	40	33	6	11	100%	100%

表 2.23 为在单、双、三和多节词中出现的［i］元音音长（VD）、音强（VA）和共振峰目标值（F）参数统计表，图 2.34 为在不同音节中出现的［i］元音音长均值比较图，图 2.35 为在不同音节中出现中［i］元音音强均值比较图，图 2.36 为在不同音节中出现的［i］元音第一、第二共振峰均值比较图。从表 2.23 和图 2.35 中可以看出，［i］元音音强与其所出现单词的音节数量之间有一定的相关性：随着音节数量的增多［i］元音的音强会变弱。

M：58ms →92ms →87ms→89ms；M：65dB →62.95dB →62.54dB→61.45dB

F：78ms →77ms→70ms→78ms；F：69dB →67.39dB→66.72dB→68.54dB

表 2.23 和图 2.34、图 2.36 显示，［i］元音的音长和共振峰与其所出现单词的音节数量之间没有相关性。

表 2.23　在不同音节词中出现的 [i] 元音的声学参数统计

发音人 统计项		M					F				
		VD	VA	F1	F2	F3	VD	VA	F1	F2	F3
单音节词	平均值	58	65	356	2013	2780	78	69	343	2383	2873
	标准差	0.04	1.4	13.4	80.6	414.4	0.03	0.8	25.2	118.3	138.3
	变异系数	64%	2%	4%	4%	15%	39%	1%	7%	5%	5%
双音节词	平均值	92	62.95	310	2091	2625	77	67.39	346	2349	2878
	标准差	0.02	3.2	35	117.1	320.4	0.02	2.6	41.8	194.6	220.1
	变异系数	26%	5%	11%	6%	12%	27%	4%	12%	8%	8%
三音节词	平均值	87	62.54	316	2057	2593	70	66.72	340	2304	2908
	标准差	0.02	3.6	34.1	132.2	301.3	0.01	2.8	33.3	237.8	190
	变异系数	20%	6%	11%	6%	12%	18%	4%	10%	10%	7%
多音节词	平均值	89	61.45	318	2081	2570	78	68.54	351	2163	2795
	标准差	0.01	1.9	28.3	137.8	179	0.02	2.4	32.4	206.7	178.1
	变异系数	15%	3%	9%	7%	7%	26%	4%	9%	10%	6%

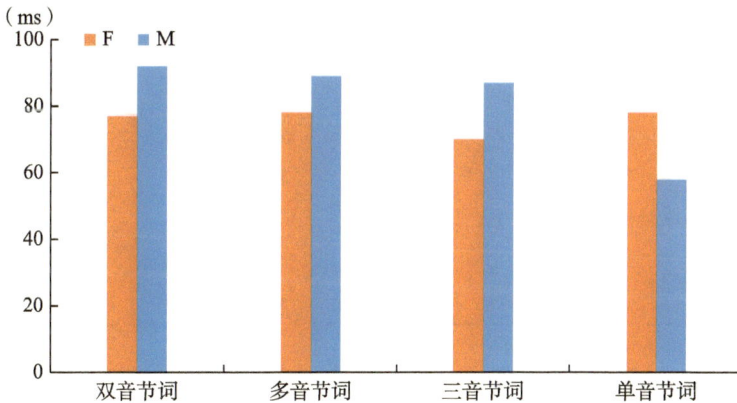

图 2.34　在不同音节词中出现的 [i] 元音音长均值比较（M&F）

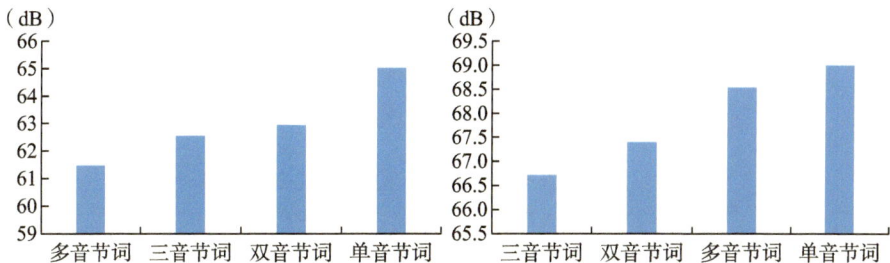

图 2.35　在不同音节词中出现中 [i] 元音音强均值比较（M&F）

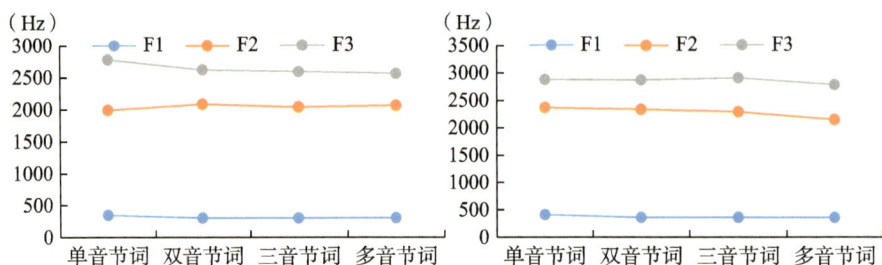

图 2.36　在不同音节词中出现的 ［i］元音第一、第二共振峰频率均值比较（M&F）

表 2.24 为用 sig（显著性）系数进行验证的 ［i］元音第一、第二共振峰频率（F1/F2）和音长（VD）与其所出现的单词音节数量之间的相关性检验结果。表 2.24 显示，［i］元音音长和共振峰频率与其所出现单词的音节数量之间没有相关性。

表 2.24　检验结果

	sig（显著性）					
	M		F		M	F
	F1	F2	F1	F2	VD	VD
单音节词—双音节词	.192	.669	.989	.943	.686	1.000
单音节词—三音节词	.217	.873	.997	.690	.740	.939
单音节词—多音节词	.165	.780	.954	.097	.717	1.000
双音节词—三音节词	.715	.331	.803	.768	.532	.142
双音节词—多音节词	.833	.996	.983	.040	.957	.994
三音节词—多音节词	.996	.947	.746	.200	.973	.486

（3）元音声学参数与其所出现的音节类型之间的相关性

表 2.25 为词首音节 ［i］元音在不同音节类型中所出现的频率统计表。该表显示，［i］元音在统一平台中共出现 177 次（M）和 120 次（F）。其中，在 V 和 VC 音节中所出现的频率较高。说明词首音节 ［i］元音主要在 V 和 VC 音节中出现。

表 2.25　在不同音节类型中出现的 ［i］元音频率统计

发音人	音节类型	V	VC	CVC	CV	VCC	共计
M	N	60	50	29	38		177

续表

发音人	音节类型	V	VC	CVC	CV	VCC	共计
F	N	55	32	13	19	1	120
M	%	34	28	16	22		100
F	%	46	26	11	16	1	100

表 2.26~2.27 为在不同音节类型中出现的词首音节［i］元音声学参数统计表，图 2.37~2.39 为根据表 2.26~2.27 所画的在不同音节类型中出现的词首音节［i］元音音长、音强和第一、第二共振峰频率均值比较图。从图 2.37~2.39 可以看出，元音声学参数与音节类型之间具有一定的相关性，在 V 和 CV 中出现的词首音节［i］元音的音长和第一共振峰频率之间具有一定的相关性。

表 2.26 在不同音节类型中出现的［i］元音声学参数统计（M）

		VD	VA	F1	F2	F3
V	平均值	98	61.43	298	2119	2667
	标准差	0.02	2.9	34.9	94.8	294.3
	变异系数	23%	5%	12%	4%	11%
VC	平均值	94	63.02	318	2055	2541
	标准差	0.02	3.4	29.4	125.4	182.2
	变异系数	21%	5%	9%	6%	7%
CV	平均值	77	63.05	321	2073	2624
	标准差	0.02	3.3	35.2	150.3	337.6
	变异系数	23%	5%	11%	7%	13%
CVC	平均值	81	64.41	328	2028	2599
	标准差	0.02	2.9	29.7	119.2	423.5
	变异系数	20%	5%	9%	6%	16%

表 2.27 在不同音节类型中出现的［i］元音声学参数统计（F）

		VD	VA	F1	F2	F3
V	平均值	80	66.85	334	2359	2894
	标准差	0.02	2.5	35.5	196.9	224.6
	变异系数	24%	4%	11%	8%	8%

续表

		VD	VA	F1	F2	F3
VC	平均值	72	68.78	350	2251	2806
	标准差	0.02	2.4	37.5	228	164.1
	变异系数	24%	3%	11%	10%	6%
CV	平均值	64	66.05	362	2351	2973
	标准差	0.02	2.7	39.7	218.5	193.8
	变异系数	24%	4%	11%	9%	7%
CVC	平均值	75	67.92	354	2224	2839
	标准差	0.02	2.3	31.3	212.5	168.6
	变异系数	32%	3%	9%	10%	6%
VCC	平均值	78	66	307	2414	3079
	标准差					
	变异系数					

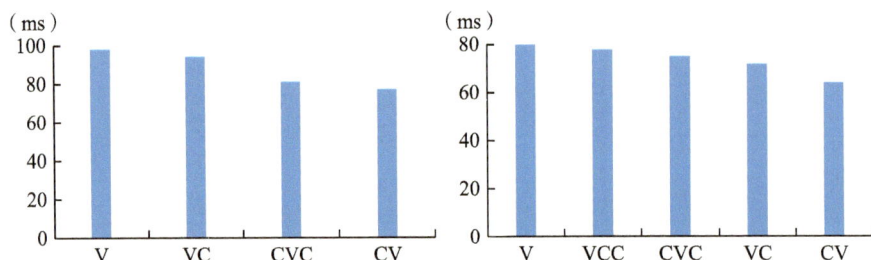

图 2.37　在不同音节类型中出现的［i］元音音长均值比较（M&F）

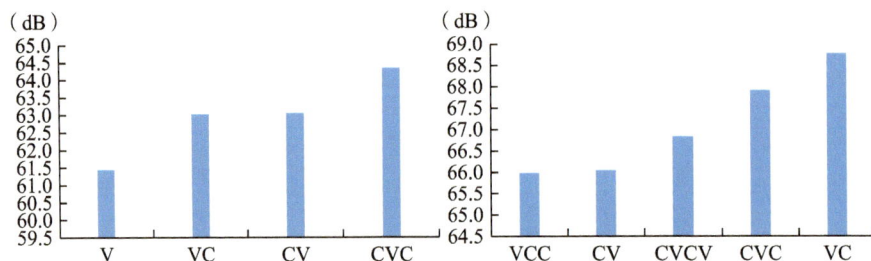

图 2.38　在不同音节类型中出现的［i］元音音强均值比较（M&F）

　　表 2.28 为用 sig（显著性）系数进行验证的［i］元音第一、第二共振峰频率和音长与其所出现的单词音节类型之间的相关性检验结果。表 2.28 显示，在 V 和 CV 中出现的词首音节［i］元音音长和第一共振峰频率之间具有显著性差异。

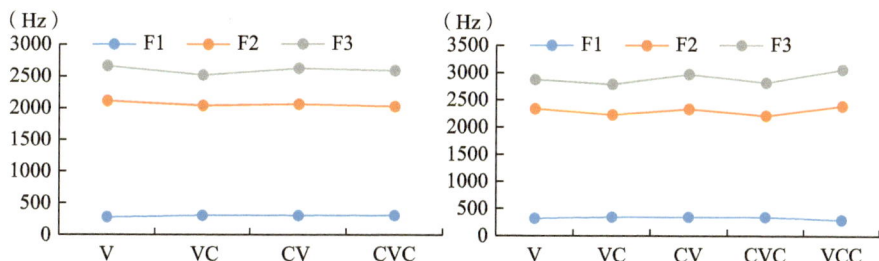

图 2.39　在不同音节类型中出现的［i］元音第一、第二共振峰频率均值比较（M&F）

表 2.28　检验结果

		M					F		
		sig（显著性）					sig（显著性）		
		VD	F1	F2			VD	F1	F2
V	VC	.786	.010	.021	V	VC	.207	.189	.125
	CV	.000	.014	.356		CV	.004	.043	.999
	CVC	.001	.000	.004		CVC	.879	.205	.194
VC	CV	.001	.972	.931	VC	CV	.305	.704	.416
	CVC	.013	.444	.771		CVC	.985	.986	.980
CV	CVC	.793	.796	.516	CV	CVC	.498	.907	.370

（4）元音声学参数与其前置辅音音质之间的相关性

图 2.40 为在词首音节［ʒ-，x-，n-，ʃ-，d-，z-，j-，t-，b-，m-，h-］等辅音之后出现的（包括单音节词）［i］元音音长比较图。从图 2.40 中可以看出，辅音音质与［i］元音有些声学参数之间具有较好的相关性。如，总体上看出现在辅音［h-，m-，b］之后［i］元音的音长长于其他辅音之后的音长。

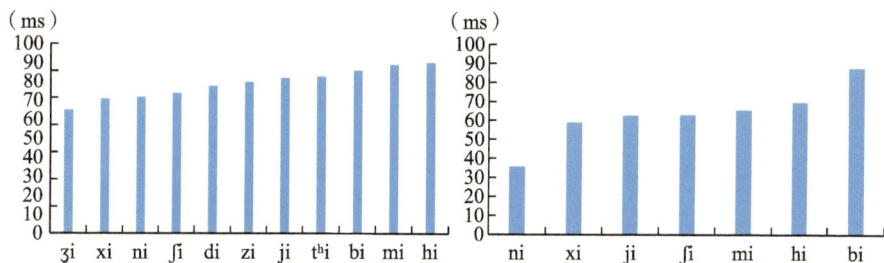

图 2.40　在词首音节不同辅音之后出现的［i］元音音长比较（M&F）

图 2.41 为在词首音节（包括单音节词）［ʒ-，x-，n-，ʃ-，d-，z-，j-，t-，b-，m-，h-］等不同（音质）辅音之后出现的［i］元音第一、

第二和第三共振峰前过渡段频率（TF1、TF2、TF3）的变化示意图，以 TF2 的上升为顺序排列的，即以舌位自后至顺序前排列的示意图。从图 2.41 中可以看到，[i] 元音第二共振峰频率与其前置辅音音质之间具有一定的相关性，在［x–，tʰ，j–，ʃ–］等辅音之后出现的 [i] 元音第二共振峰频率相对高。

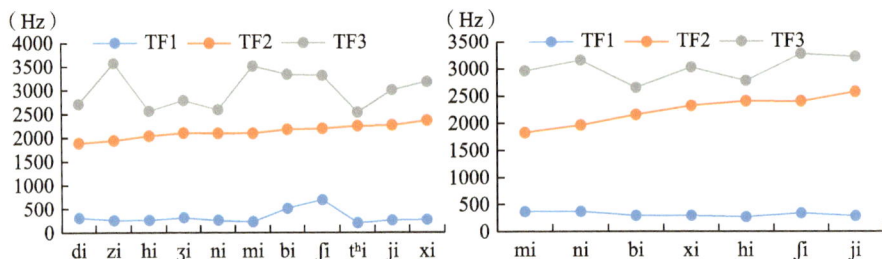

图 2.41　在不同辅音之后出现的 [i] 元音三个共振峰前过渡段频率
（TF1、TF2、TF3）的变化示意（M&F）

（四）[ɪ] 元音

И. Д. 布拉耶夫等人（И. Д. Бураев，1975）把布里亚特语词首音节 [i] 认为是次闭（次高）元音，并用 [ɪ（ɪ）] 音标标注了该元音。以下是我们的分析结果。

1. 参数平均值及其音质定位

表 2.29 为布里亚特语 [ɪ] 元音参数统计总表，图 2.42 为男发音人 [ɪɣʀɪ]"掀起"一词的三维语图、波形图和三层标注图，图 2.43 为男、女发音人 [ɪ] 元音在声学空间中的分布模式图。该元音的出现频率较低，在男发音人的语料中共出现 23 次，女发音人语料中共出现 34 次。表 2.29 显示，男、女发音人 [ɪ] 元音平均音长，平均音强分别为 M = 90ms，F = 76ms；M = 62.43dB，F = 68.21dB。该元音 F1 和 F2 的频率均值分别为 M：F1 = 383Hz，F2 = 1908Hz；F：F1 = 409Hz，F2 = 2073Hz。

表 2.29　[ɪ] 元音声学参数统计总表

	M					F				
	VD	VA	F1	F2	F3	VD	VA	F1	F2	F3
平均值	90	62.43	383	1908	2411	76	68.21	409	2073	2791

续表

	M					F				
	VD	VA	F1	F2	F3	VD	VA	F1	F2	F3
标准差	0.03	3.2	42.6	131.6	141.1	0.02	2.4	25.4	230.3	147.5
变异系数	30%	5%	11%	7%	6%	25%	3%	6%	11%	5%

根据表 2.29、图 2.42 和图 2.43 以及国际音标的标记规则，我们认为用 [ɪ] 音标标记该元音接近其实际音值。图 2.42 是 [ɪ] 元音比较典型的声学语图。从图 2.42 上测量到的词首元音 [ɪ] 的目标位置的 F1~F4 共振峰分别为 389Hz、1899Hz、2426Hz、3541Hz。我们认为布里亚特语词首 [ɪ] 元音为次高、前、展唇、紧元音。图 2.43 显示，词首音节 [ɪ] 元音在声学空间中的分布特点因人而异。从整体上看，在舌位前后维度上比 [i] 元音相对靠后，在舌位高、低维度上与 [i] 元音部分叠加（叠加范围较大），说明布里亚特语 [i] 与 [ɪ] 两个元音的音质比较接近。

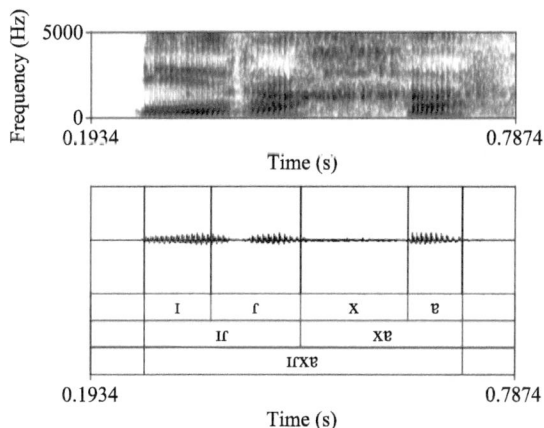

图 2.42 男发音人 [ɪɾxɐ]"掀起"一词的三维语图和三层标注实例

图 2.44~2.45 为 [ɪ] 元音目标位置共振峰及其前，后过渡段共振峰比较图。其中，图 2.44 为目标位置共振峰 F1/F2 和前过渡 TF1/TF2 比较图，图 2.45 为目标位置共振峰 F1/F2 和后过渡 TP1/TP2 比较图。从图 2.44~2.45 中可以看出，与目标位置共振峰频率相比，[ɪ] 元音前、后过渡段共振峰频率都有所变化，总体上"后段变化大于前段"。其中，前过渡段 TF1 的频率有所上升，前移（开口度相对变小），与目标位置共振峰相比

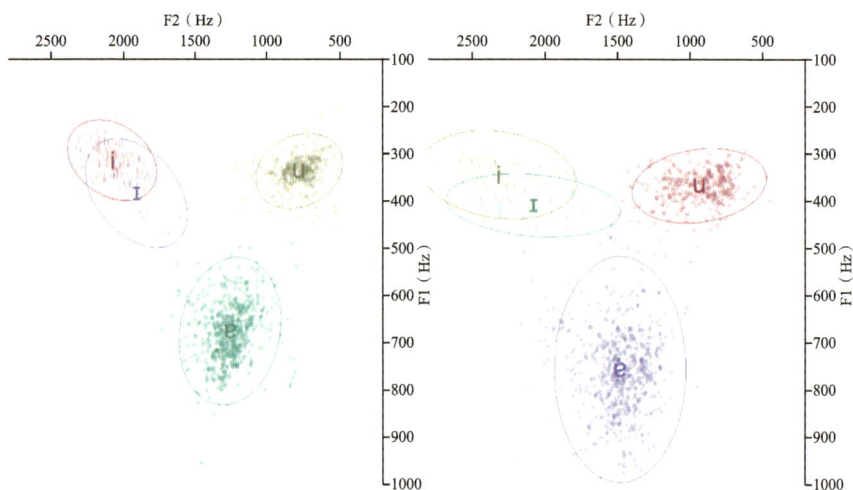

图 2.43 [I] 元音在声学空间中的分布模式 (M&F)

趋向于"高，前"。后过渡段 TF1 的频率有所后移，与目标位置共振峰相比趋向于"后"。

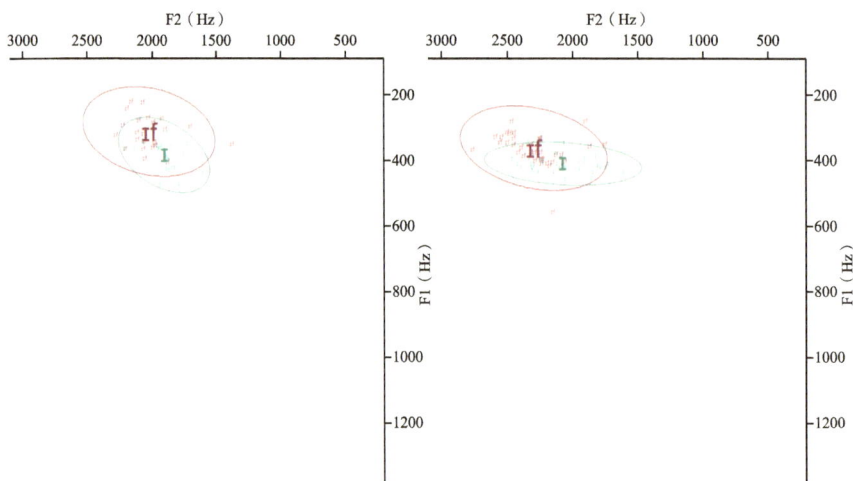

图 2.44 [I] 元音目标位置共振峰 (F1/F2) 与其前过渡段共振峰 (TF1/TF2) 频率比较 (M&F)

2. 元音声学参数与其所处语境之间的相关性问题

表 2.30 为布里亚特语 [I] 元音目标位置第一、第二共振峰 (F1/F2) 频率与其前过渡段 (TF1/TF2) 和后过渡段 (TP1/TP2) 共振峰频率之间的

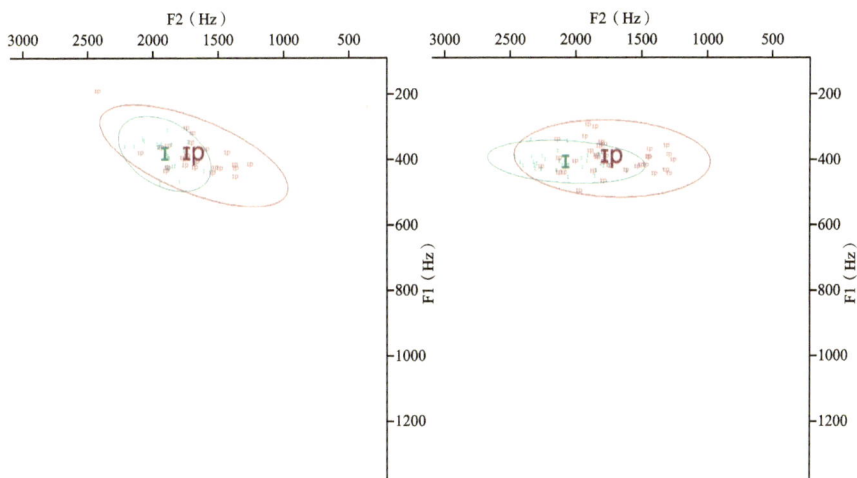

图 2.45　[ɪ] 元音目标位置共振峰（F1/F2）与其后过渡段共振峰（TP1/TP2）频率比较（M&F）

单因素方差分析，即以 sig（显著性）系数来验证的结果统计表。从该表中可以看到，词首音节 [ɪ] 元音目标位置第一、第二共振峰频率与其前过渡段和后过渡段共振峰频率之间有一定的相关性，目标位置第一共振峰频率与其前过渡段共振峰频率之间具有显著差异，目标位置第二共振峰频率与其后过渡段共振峰频率之间也有显著差异。

表 2.30　检验结果

	sig（显著性）			
	M		F	
	F1	F2	F1	F2
目标元音—前过渡元音	.000	.055	.000	.000
目标元音—后过渡元音	.931	.003	.494	.000
前过渡元音—后过渡元音	.000	.000	.005	.000

（五）[ɔ] 元音

1. 参数平均值及其音质定位

表 2.31 为布里亚特语 [ɔ] 元音声学参数统计总表，图 2.46 为男发音人 [ɔrɔŋ]"地区"一词的三维语图、波形图和三层标注图，图 2.47 为男、女发

音人 [ɔ] 元音在声学空间中的分布模式图。表 2.31 显示，男女发音人 [ɔ] 元音的平均音长和平均音强分别为 M = 99ms，F = 87ms；M = 62.5dB，F = 66.5dB。F1 和 F2 的频率均值分别为 M：F1 = 547Hz，F2 = 940Hz；F：F1 = 602Hz，F2 = 1143Hz。

表 2.31　[ɔ] 元音声学参数统计总表

	M					F				
	VD	VA	F1	F2	F3	VD	VA	F1	F2	F3
平均值	99	62.5	547	940	2517	87	66.5	602	1143	2770
标准差	0.02	3	52.6	100.9	614.4	0.02	3.3	59.5	195.5	277.9
变异系数	25%	5%	10%	11%	24%	25%	5%	10%	17%	10%

根据表 2.31、图 2.46～2.47 以及国际音标的标记规则，我们认为用 [ɔ] 音标标记该元音接近其实际音值。图 2.46 是 [ɔ] 元音比较典型的声学语图。从图 2.46 上测量到的词首 [ɔ] 元音目标位置上的 F1~F4 共振峰分别为 532Hz、881Hz、2463Hz、3591Hz。布里亚特语词首 [ɔ] 元音为次低、后、圆唇、紧元音。图 2.47 显示，[ɔ] 元音在声学空间中的分布特点因人而异，男发音人的 [ɔ] 元音在舌位高、低维度和前、后维度上的变化都比较大，而女发音人的 [ɔ] 元音在舌位高、低维度上的变化明显大于其在前、后维度上的变化。

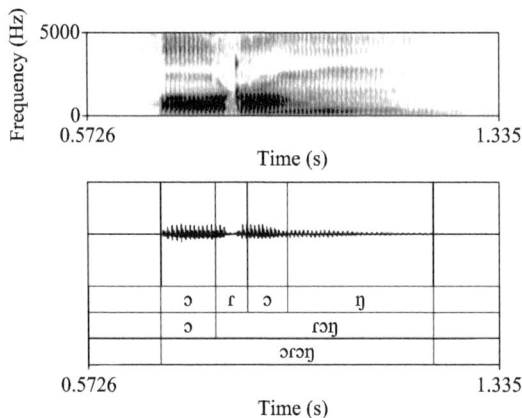

图 2.46　男发音人 [ɔrɔŋ]"地区"一词的三维语图和三层标注实例

图 2.48~2.49 为 [ɔ] 元首目标位置共振峰（F1/F2）与其前、后过渡

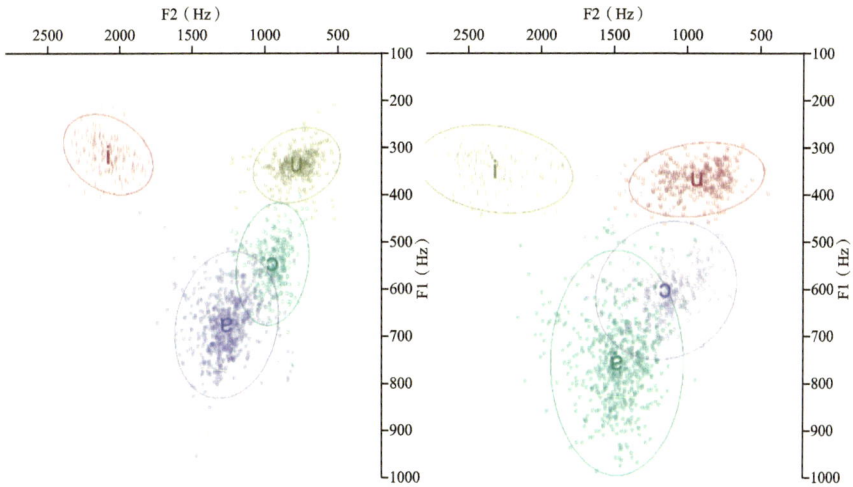

图 2.47 [ɔ] 元音在声学空间中的分布模式（M&F）

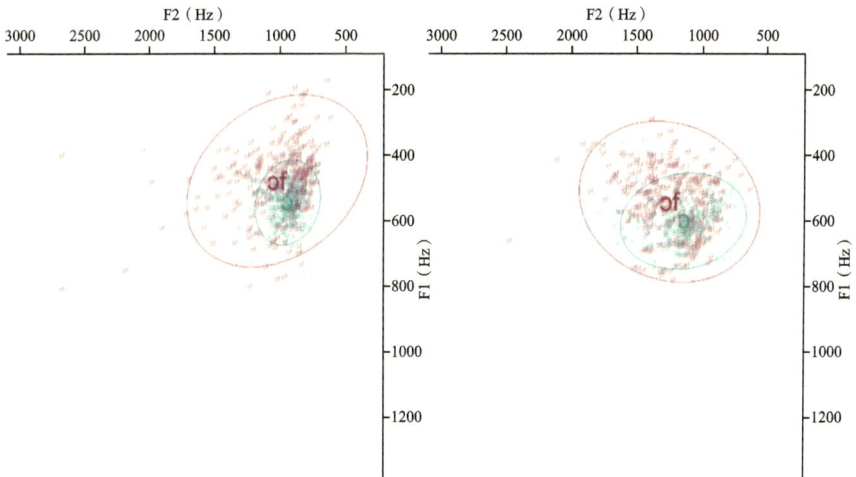

图 2.48 [ɔ] 元音目标位置共振峰（F1/F2）与其前过渡段共振峰
（TF1/TF2）频率比较（M&F）

段共振峰频率比较图。其中，图 2.48 为目标位置共振峰 F1/F2 与其前过渡频率（TF1/TF2）比较图，图 2.49 为目标位置共振峰 F1/F2 与其后过渡频率（TP1/TP2）比较图。从图 2.48~2.49 中可以看出，与目标位置共振峰频率相比，[ɔ] 元音前、后过渡段共振峰频率都有较大变化。说明该元音的舌位容易受到其前、后语境的影响。

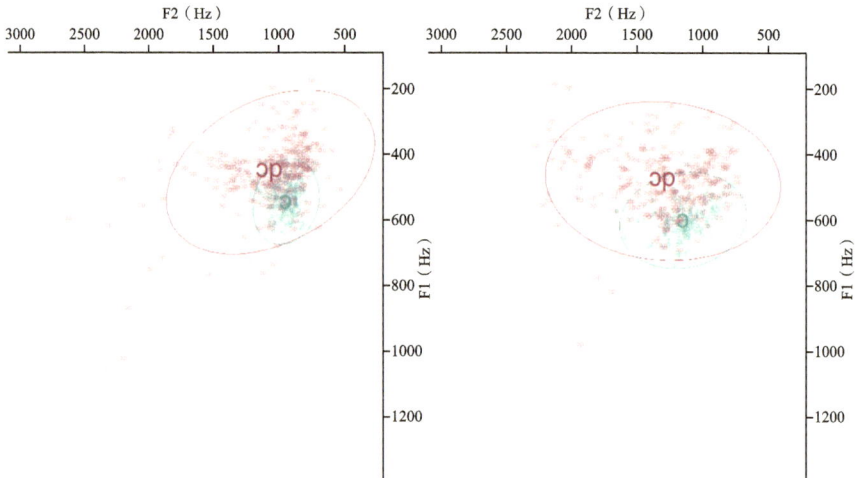

图 2.49 ［ɔ］元音目标位置共振峰（F1/F2）与其后过渡段共振峰（TP1/TP2）频率比较

2. 元音声学参数与其所处语境之间的相关性问题

（1）元音目标位置第一、第二共振峰频率与其前、后过渡段共振峰频率之间的相关性

表 2.32 为布里亚特语［ɔ］元音目标位置第一、第二共振峰（F1/F2）频率与其前过渡段（TF1/TF2）和后过渡段（TP1/TP2）共振峰频率之间的单因素方差分析，即以 sig（显著性）系数来验证的结果统计表。从表 2.32 中可以看到，［ɔ］元音目标位置第一、第二共振峰频率与其前过渡段和后过渡段共振峰频率之间的差异性较显著。说明该元音的舌位容易受到其前后语境的影响。

表 2.32　检验结果

	sig（显著性）			
	M		F	
	F1	F2	F1	F2
目标元音—前过渡元音	.000	.000	.000	.000
目标元音—后过渡元音	.000	.000	.000	.000
前过渡元音—后过渡元音	.031	.254	.000	.218

（2）元音声学参数与其所出现的单词音节数量之间的相关性

为了解《布里亚特语音声学参数库》中［ɔ］元音在不同音节词中出

现的频率，我们进行了以下统计。表 2.33 为 [ɔ] 元音在单音节词、双音节词、三音节词和多音节词中所出现的频率统计表。该表显示，[ɔ] 元音在双音节词中的出现次数和比例都较高，分别为 148 次（M）和 158 次（F），约占 56%（M）和 60%（F）。

表 2.34 为在不同音节词中出现的 [ɔ] 元音音长（VD）、音强（VA）、共振峰目标值（F）统计表，图 2.50 为在不同音节词中出现的 [ɔ] 元音音长均值比较图，即音节数量与音长关系示意图，图 2.58 在不同音节词中出现的 [ɔ] 元音音强均值比较图，即音节数量与音强关系示意图，图 2.52 为在不同音节词中出现的 [ɔ] 元音第一、第二共振峰频率均值比较图，即音节数量与共振峰关系示意图。从表 2.34 和图 2.50~2.52 可以看出，该元音声学参数与音节数量之间没有相关性。

M：106ms →100ms →96ms →106ms；M：66.70dB →62.27dB →62.36dB→63.07dB

F：100ms →90ms→81ms →80ms；F：67dB →66.39dB →66.45dB→67.83dB

表 2.33 [ɔ] 元音出现频率统计

发音人	单音节词		双音节词		三音节词		多音节词		共计	
	M	F	M	F	M	F	M	F	M	F
出现次数	10	9	148	158	90	86	15	12	263	265
百分比	4	3	56	60	34	32	6	5	100%	100%

表 2.34 在不同音节词中出现的 [ɔ] 元音声学参数统计

发音人 统计项		M					F				
		VD	VA	F1	F2	F3	VD	VA	F1	F2	F3
单音节词	平均值	106	66.70	556	932	2785	100	67	582	1029	2909
	标准差	0.03	1.8	57.8	73	968.8	0.03	2.7	55.4	184	218
	变异系数	28%	3%	10%	8%	35%	28%	4%	10%	18%	7%
双音节词	平均值	100	62.27	553	940	2555	90	66.39	604	1124	2759
	标准差	0.02	3	54.8	104.3	655.1	0.02	3.3	60.6	180	305.3
	变异系数	24%	5%	10%	11%	26%	24%	5%	10%	16%	11%
三音节词	平均值	96	62.36	538	944	2404	81	66.45	599	1196	2766
	标准差	0.03	2.7	48.9	96.5	469.7	0.02	3.3	60.1	221.2	235.9
	变异系数	26%	4%	9%	10%	20%	27%	5%	10%	18%	9%

续表

发音人 统计项		M					F				
		VD	VA	F1	F2	F3	VD	VA	F1	F2	F3
多音 节词	平均值	109	63.07	531	899	2667	80	67.83	614	1091	2847
	标准差	0.02	4	38.8	82.7	633.2	0.02	2.6	40.8	106.1	183.7
	变异系数	21%	6%	7%	9%	24%	19%	4%	7%	10%	6%

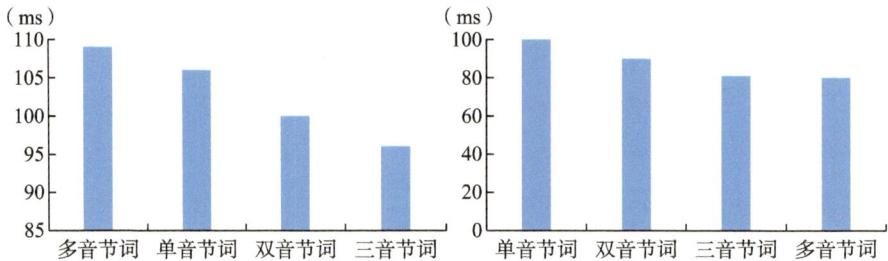

图 2.50　在不同音节词中出现的［ɔ］元音音长均值比较（M&F）

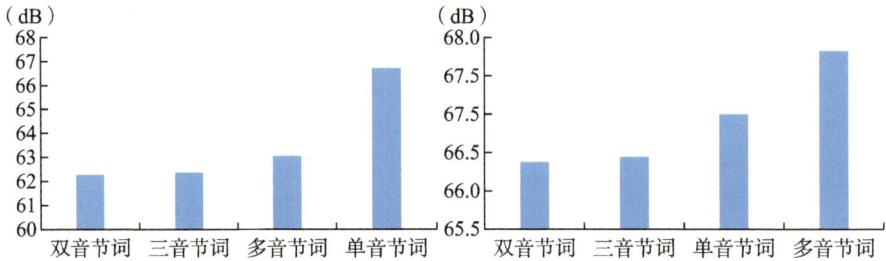

图 2.51　在不同音节词中出现的［ɔ］元音音强均值比较（M&F）

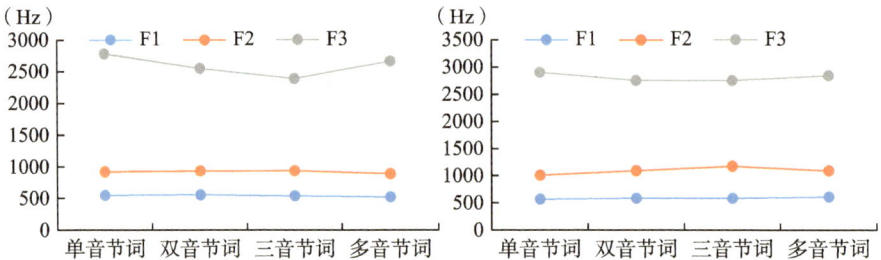

图 2.52　在不同音节词中出现的［ɔ］元音第一、第二共振峰频率均值比较（M&F）

表 2.35 为用 sig（显著性）系数进行验证的［ɔ］元音第一、第二共振峰频率（F1/F2）和音长（VD）与其所出现的单词音节数量之间的相关性检验结果。结果显示，［ɔ］元音声学参数与音节数量之间没有相关性。

表 2.35　检验结果

	sig（显著性）					
	M		F		M	F
	F1	F2	F1	F2	VD	VD
单音节词—双音节词	.998	.988	.622	.495	.915	.749
单音节词—三音节词	.786	.963	.749	.122	.701	.265
单音节词—多音节词	.634	.726	.492	.804	.994	.273
双音节词—三音节词	.145	.990	.955	.062	.527	.009
双音节词—多音节词	.222	.317	.913	.806	.487	.179
三音节词—多音节词	.916	.260	.795	.069	.190	.999

（3）元音声学参数与其所出现的音节类型之间的相关性

表 2.36 为词首音节 ［ɔ］ 元音在不同音节类型中所出现的频率统计表。该表显示，［ɔ］ 元音在 CV 和 CVC 音节中所出现的频率最高，说明词首音节 ［ɔ］ 元音主要在 CV 和 CVC 音节中出现。

表 2.36　在不同音节类型中出现的 ［ɔ］ 元音频率统计

发音人	音节类型	V	VC	CV	CVC	CjV	CjVC	CVCC	共计
M	N	30	19	134	74	1	4	1	263
F	N	32	22	142	65	3	1		265
M	%	12	7	51	28		2		100
F	%	12	8	54	25	1			100

表 2.37~2.38 为在不同音节类型中出现的 ［ɔ］ 元音声学参数统计表，图 2.53~2.55 为根据表 2.37~2.38 绘制的在不同音节类型中出现的 ［ɔ］ 元音的音长、音强和第一、第二共振峰均值比较图。从图表中可以看出，［ɔ］ 元音声学参数与其所出现的音节类型之间具有一定的相关性，在 V 与 CV、CVC 音节中出现的 ［ɔ］ 元音音长和第二共振峰频率，在 VC 与 CV 音节中出现的 ［ɔ］ 元音第二共振峰频率，在 CV 与 CVC 音节中出现的 ［ɔ］ 元音第二共振峰频率之间都具有一定的相关性。

表 2.37　在不同音节类型中出现的 [ɔ] 元音声学参数统计 （M）

		VD	VA	F1	F2	F3
V	平均值	120	62.27	557	906	2308
	标准差	0.03	3.6	36.9	80.1	394.2
	变异系数	22%	6%	7%	9%	17%
CjV	平均值	74	57	513	1129	2284
	标准差					
	变异系数					
VC	平均值	106	61.89	550	888	2211
	标准差	0.02	4.3	75.7	71	399.6
	变异系数	20%	7%	14%	8%	18%
CjVC	平均值	81	63.75	567	957	2358
	标准差	0.02	1.5	53.4	69	469.1
	变异系数	28%	2%	9%	7%	20%
CV	平均值	97	62.63	547	965	2548
	标准差	0.02	2.8	50.5	108.7	631.7
	变异系数	23%	4%	9%	11%	25%
CVC	平均值	95	62.55	541	915	2640
	标准差	0.02	2.8	55	80.7	674.1
	变异系数	25%	5%	10%	9%	26%
CVCC	平均值	103	59	475	1217	2167
	标准差					
	变异系数					

表 2.38　在不同音节类型中出现的 [ɔ] 元音声学参数统计 （F）

		VD	VA	F1	F2	F3
V	平均值	102	67.50	609	1020	2603
	标准差	0.02	2.1	58.2	142.9	225.1
	变异系数	19%	3%	10%	14%	9%
CjV	平均值	63	65	453	1453	3074
	标准差	0.02	4.4	164.6	161.5	188
	变异系数	29%	7%	36%	11%	6%
VC	平均值	84	66.73	602	1078	2753
	标准差	0.02	3.6	51.2	149	213.5
	变异系数	26%	5%	9%	14%	8%

续表

		VD	VA	F1	F2	F3
CjVC	平均值	79	65	607	1140	3122
	标准差					
	变异系数					
CV	平均值	85	66.10	606	1190	2778
	标准差	0.02	3.3	57.8	209.5	299.6
	变异系数	24%	5%	10%	18%	11%
CVC	平均值	85	66.89	598	1106	2822
	标准差	0.02	3.5	52.6	151.6	238.3
	变异系数	28%	5%	9%	14%	8%

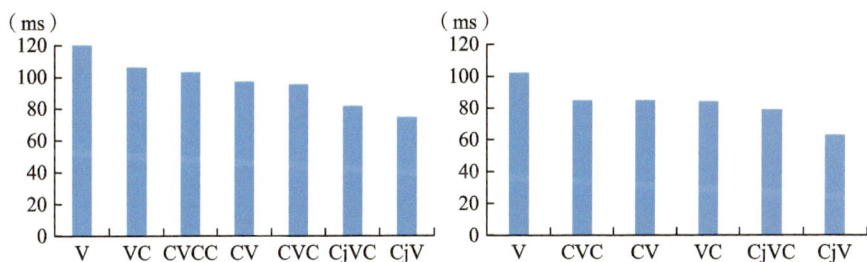

图 2.53　在不同音节类型中出现的［ɔ］元音音长均值比较（M&F）

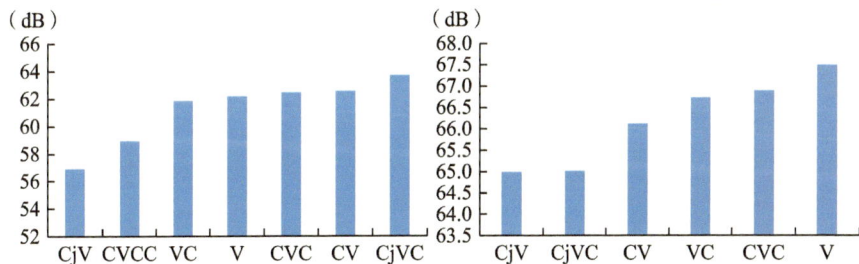

图 2.54　在不同音节类型中出现的［ɔ］元音音强均值比较（M&F）

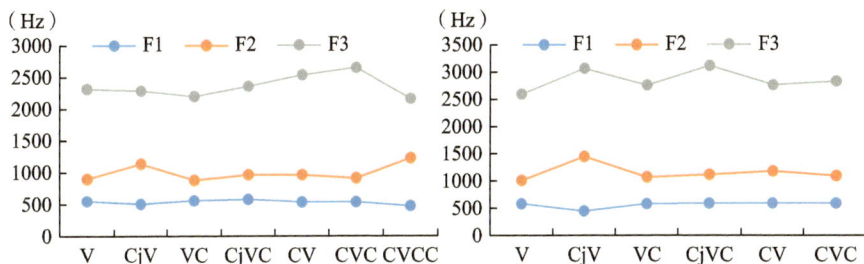

图 2.55　在不同音节类型中出现的［ɔ］元音第一、第二共振峰均值比较（M&F）

表 2.39 为用 sig（显著性）系数进行验证的 [ɔ] 元音第一、第二共振峰频率和音长与其所出现的单词音节类型之间的相关性检验结果。从图表中可以看出，[ɔ] 元音声学参数与其所出现的音节类型之间具有一定的相关性，在 V 与 CV、CVC 音节中出现的 [ɔ] 元音音长和第二共振峰频率，在 VC 与 CV 音节中出现的 [ɔ] 元音第二共振峰频率，在 CV 与 CVC 音节中出现的 [ɔ] 元音第二共振峰频率之间都有显著性差异。

表 2.39 检验结果

		M					F		
		sig（显著性）					sig（显著性）		
		VD	F1	F2			VD	F1	F2
V	VC	.190	.987	.846	V	VC	.022	.968	.494
	CV	.001	.614	.007		CV	.001	.988	.000
	CVC	.000	.348	.942		CVC	.003	.769	.039
VC	CV	.355	.997	.001	VC	CV	.997	.994	.019
	CVC	.213	.959	.466		CVC	.998	.980	.866
CV	CVC	.902	.885	.001	CV	CVC	1.000	.756	.007

（4）元音声学参数与其前置辅音音质之间的相关性

图 2.56 为词首 [x-、tʰ-、ʃ-、s-、j-、h-、b-、n-、g-、l-、m-、z-、d-、ʒ-] 等不同（音质）辅音之后出现的（包括单音节词）[ɔ] 元音音长比较图，图 2.57 为词首 [x-、tʰ-、ʃ-、s-、j-、h-、b-、n-、g-、l-、m-、z-、d-、ʒ-] 等不同（音质）辅音之后出现的（包括单音节词）[ɔ] 元音目标位置第一、第二和第三共振峰的前过渡（TF1、TF2、TF3）的变化示意图。其中，图 2.57 为以 TF2 的上升顺序排列的，即以舌位自后至前顺序排列的示意图。

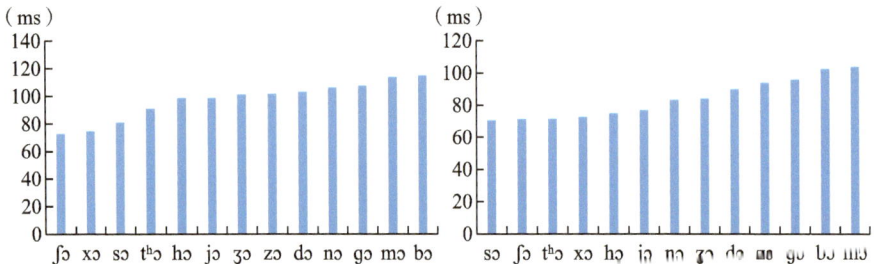

图 2.56 在词首音节不同辅音之后出现的 [ɔ] 元音音长比较（M&F）

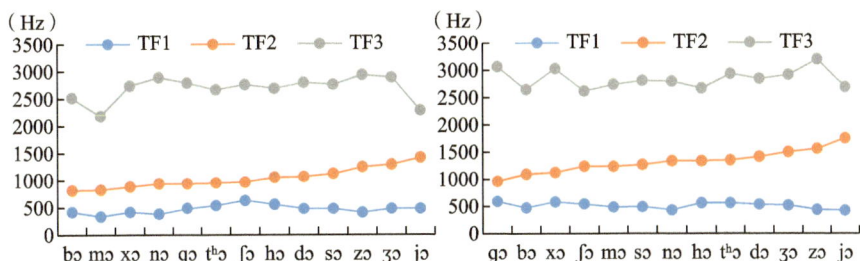

图 2.57 在词首不同辅音之后出现的 [ɔ] 元音三个共振峰前过渡段频率
变化示意 (M&F)

从图 2.56~2.57 中可以看出，[ɔ] 元音声学参数与其前置辅音音质之间具有一定的相关性，在浊辅音之后出现的 [ɔ] 元音音长比其在清辅音之后出现的音长相对长，在 [z-，s-，ʒ-，j-] 等辅音之后出现的 [ɔ] 元音第二共振峰的前过渡段频率 (TF2) 明显比在其他辅音之后出现的第二共振峰前过渡段频率 (TF2) 相对高。

(六) [ʊ] 元音

1. 参数平均值及其音质定位

表 2.40 为布里亚特语 [ʊ] 元音参数统计总表，图 2.58 为男发音人的 [ʊlʊs] "国家" 一词的三维语图、波形图和三层标注图，图 2.59 为男女发音人 [ɐ] 元音在声学空间中的分布模式图。表 2.40 显示，男女发音人 [ɐ] 元音的平均音长和平均音强分别为 M = 99ms，F = 86ms；M = 63.06dB，F = 66.07dB. 该元音 F1 和 F2 的频率均值分别为 M：F1 = 423Hz，F2 = 778Hz；F：F1 = 481Hz，F2 = 920Hz。

表 2.40 [ʊ] 元音声学参数统计总表

	M					F				
	VD	VA	F1	F2	F3	VD	VA	F1	F2	F3
平均值	99	63.06	423	778	2507	86	66.07	436	920	2983
标准差	0.03	3.2	35.2	95.5	336.2	0.03	2.5	41.8	159.4	307.9
变异系数	25%	5%	8%	12%	13%	29%	4%	10%	17%	10%

根据表 2.40、图 2.58 和图 2.59 以及国际音标的标记规则，我们认为用 [ʊ] 音标标记该元音接近其实际音值。图 2.58 是 [ʊ] 元音比较典型的声

学语图。从图 2.58 上测量到的词首［ʊ］元音目标位置上的 F1～F4 共振峰分别为 435Hz、810Hz、2499Hz、3486Hz。布里亚特语词首［ʊ］元音为次高、后、圆唇、紧元音。图 2.59 显示，［ʊ］元音在声学空间中的分布特点因人而异，男发音人［ʊ］元音的离散度较小，而女发音人的［ʊ］元音的离散度较大。

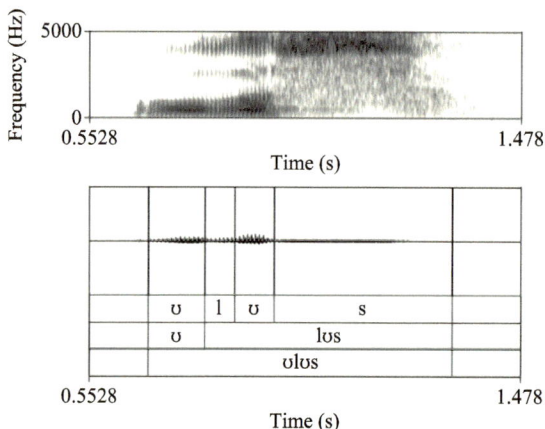

图 2.58　男发音人［ʊlʊs］"国家"一词的三维语图和三层标注实例

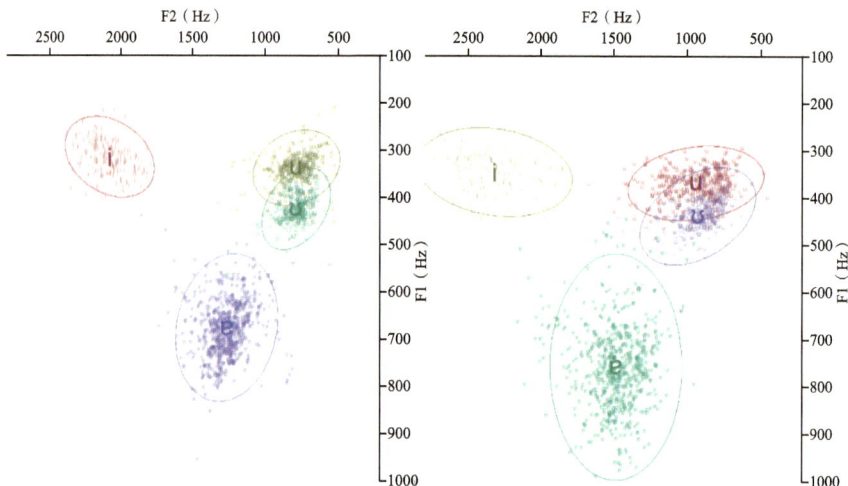

图 2.59　［ʊ］元音在声学空间中的分布模式（M&F）

图 2.60～2.61 为［ʊ］元音目标位置共振峰（F1/F2）与其前、后过渡段共振峰比较图。其中，图 2.60 为目标位置共振峰 F1/F2 和前过渡 TF1/TF2

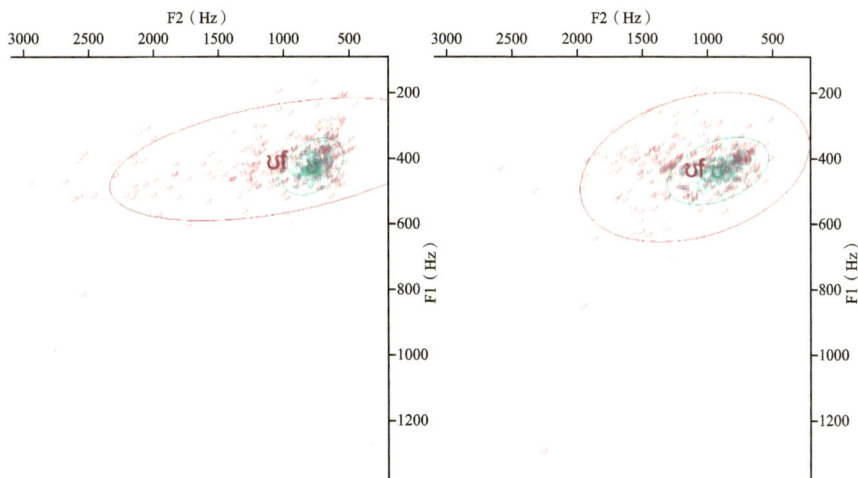

图 2.60 ［ʊ］元音目标位置共振峰（F1/F2）及其前过渡段共振峰（TF1/TF2）比较（M&F）

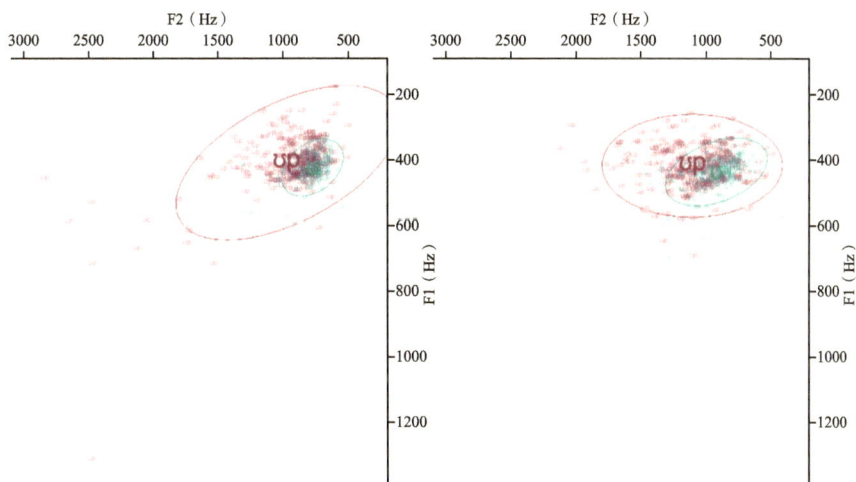

图 2.61 ［ʊ］元音目标位置共振峰（F1/F2）及其后过渡段共振峰（TP1/TP2）频率比较（M&F）

比较图，图 2.61 为目标位置共振峰 F1/F2 和后过渡 TP1/TP2 比较图。从图 2.60~2.61 中可以看出，与目标位置共振峰频率相比，［ʊ］元音前、后过渡段共振峰频率都有所变化。一方面，从总体上看，"前过渡段频率变化大于其后过渡段频率变化"，说明［ʊ］元音受其前置语音的影响大于受其后置语音的影响；另一方面，［ʊ］元音目标位置第二共振峰的前、后过渡段共振峰的频率变化大于其第一共振峰的前、后过渡段共振峰的频率变化，即"TF2、TP2大于TF1、TP1"，也就是说，[ʊ] 元音舌位的前、后较容易受语境的影响。

2. 元音声学参数与其所处语境之间的相关性问题

（1）元音目标位置第一、第二共振峰频率与其前、后过渡段共振峰频率之间的相关性

表 2.41 为布里亚特语 [ʊ] 元音目标位置第一、第二共振峰（F1/F2）频率与其前过渡段（TF1/TF2）和后过渡段（TP1/TP2）共振峰频率之间的单因素方差分析，即以 sig（显著性）系数来验证的结果统计表。从该表中可以看到，元音目标位置第一、第二共振峰频率与其前、后过渡段共振峰频率之间具有一定的相关性，目标位置第二共振峰频率与其前、后过渡段共振峰频率之间具有显著性差异。说明 [ʊ] 元音舌位的前、后较容易受语境的影响。

表 2.41　检验结果

	sig（显著性）			
	M		F	
	F1	F2	F1	F2
目标元音—前过渡元音	.000	.000	.186	.000
目标元音—后过渡元音	.075	.000	.000	.000
前过渡元音—后过渡元音	.595	.167	.520	.954

（2）元音声学参数与其所出现的单词音节数量之间的相关性

为了解《布里亚特语语音声学参数库》中 [ʊ] 元音在由不同音节数量组成的单词中的出现频率，我们进行了以下统计。表 2.42 为 [ʊ] 元音在单音节词、双音节词、三音节词和多音节词中所出现的频率统计表。表 2.42 显示，[ʊ] 元音在双音节词中的出现次数和比例都较高，分别为 52%（M）和 58%（F）。

表 2.43 为在单、双、三和多节词中出现的 [ʊ] 元音音长（VD）、音强（VA）和共振峰目标位置频率统计表，图 2.62 在不同音节词中出现的 [ʊ] 元音音长比较图，图 2.63 在不同音节词中出现的 [ʊ] 元音音强比较图，图 2.64 在不同音节词中出现的 [ʊ] 元音共振峰比较图。从表 2.43 和

图 2.62~2.64 中可以看出，该元音音长和音强与音节数量之间具有一定的相关性，随着音节数量的增加 [ʊ] 元音音长相对缩短（M）。

M：109ms →102ms →94ms →92ms；M：68dB →62.71dB →63.24dB→62.76dB

F：87ms →89ms→80ms →75ms；F：67.80dB →65.83dB →66.20dB→66.46dB

表 2.42　[ʊ] 元音出现频率统计

发音人	单音节词		双音节词		三音节词		多音节词		共计	
	M	F	M	F	M	F	M	F	M	F
出现次数	7	10	120	140	83	79	21	13	231	242
百分比	4	3	52	58	36	33	9	5	100%	100%

表 2.43　在不同音节词中出现的 [ʊ] 元音声学参数统计

发音人 统计项		M					F				
		VD	VA	F1	F2	F3	VD	VA	F1	F2	F3
单音节词	平均值	109	68	438	737	2733	87	67.80	429	848	2999
	标准差	0.02	3.5	42.2	56.7	253.9	0.03	2.9	42.7	127.7	411.4
	变异系数	17%	5%	10%	8%	9%	36%	4%	10%	15%	14%
双音节词	平均值	102	62.71	419	760	2464	89	65.83	433	904	2959
	标准差	0.03	3.3	34.7	102.1	305	0.03	2.6	40.9	157.2	325.9
	变异系数	26%	5%	8%	13%	12%	29%	4%	9%	17%	11%
三音节词	平均值	94	63.24	427	803	2555	80	66.20	445	953	3020
	标准差	0.02	2.7	31.2	83.6	381.2	0.02	2.4	43.2	163.7	274.8
	变异系数	26%	4%	7%	10%	15%	28%	4%	10%	17%	9%
多音节词	平均值	92	62.76	427	801	2493	75	66.46	425	934	3009
	标准差	0.02	2.8	48.1	87.9	304	0.02	2.4	39.2	151.9	197.2
	变异系数	19%	4%	11%	11%	12%	31%	4%	9%	16%	7%

表 2.44 为用 sig（显著性）系数进行验证的 [ʊ] 元音第一、第二共振峰频率（F1/F2）和音长（VD）与其所出现的单词音节数量之间的相关性检验结果。检验结果显示，[ʊ] 元音声学参数与其所出现的单词音节数量之间没有显著差异。

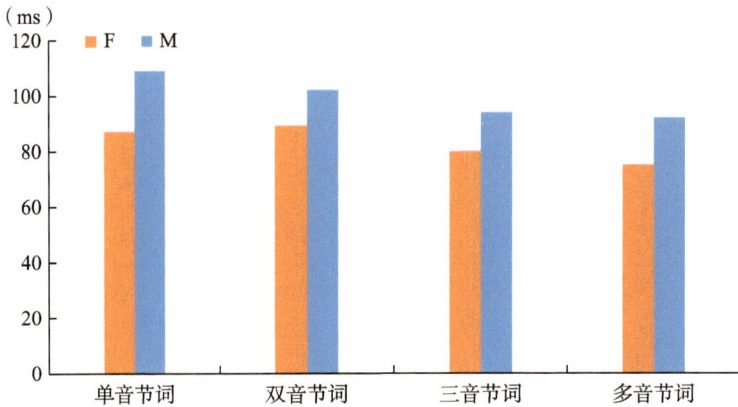

图 2.62　在不同音节词中出现的 [ʊ] 元音音长比较（M&F）

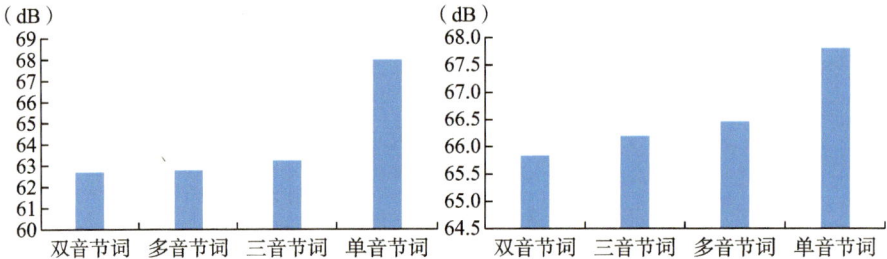

图 2.63　在不同音节词中出现的 [ʊ] 元音音强比较（M&F）

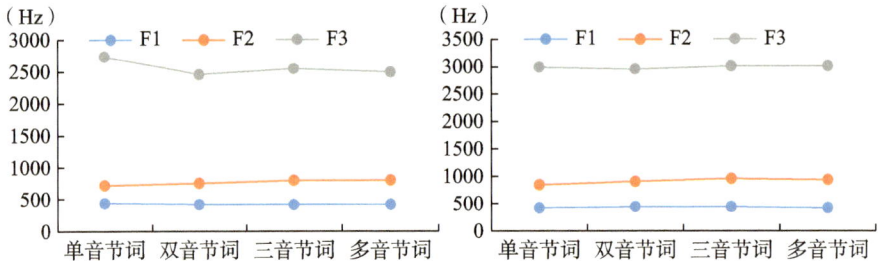

图 2.64　在不同音节词中出现的 [ʊ] 元音共振峰频率比较（M&F）

表 2.44　检验结果

	sig（显著性）					
	M		F		M	F
	F1	F2	F1	F2	CD	CD
单音节词—双音节词	.675	.753	1.000	.720	.841	.947
单音节词—三音节词	.900	.084	.935	.258	.286	.988
双音节词—多音节词	.934	.162	.973	.580	.221	.889

	sig（显著性）					
	M		F		M	F
	F1	F2	F1	F2	CD	CD
双音节词—三音节词	.372	.008	.360	.191	.081	.034
双音节词—多音节词	.903	.257	.898	.905	.104	.189
三音节词—多音节词	1.000	1.000	.511	.986	.965	.863

（3）元音声学参数与其所出现的音节类型之间的相关性

表 2.45 为词首音节 [ʊ] 元音在不同音节类型中所出现的频率统计表。该表显示，[ʊ] 元音在 CV 和 CVC 音节中所出现的频率较高，达到了 69%。说明词首音节 [ʊ] 元音主要在以辅音开头的音节中（辅音后）出现。

表 2.45　在不同音节类型中出现的 [ʊ] 元音统计

发音人	音节类型	V	VC	CV	CVC	CjV	CjVC	共计
M	N	51	18	103	57	2		231
F	N	52	19	110	58		3	242
M	%	22	8	44	25	1		100
F	%	22	8	45	24		1	100

表 2.46~2.47 为在不同音节类型中出现的 [ʊ] 元音的声学参数统计表，图 2.65~2.67 为根据表 2.46~2.47 绘制的在不同音节类型中出现的 [ʊ] 元音的音长、音强和第一、第二共振峰频率比较图。从图表中可以看出，音节类型与 [ʊ] 元音声学参数之间具有一定的相关性，在以元音开头的音节中出现的 [ʊ] 元音的音长比其他音节中音长相对长。该元音共振峰与音节类型之间有一定的相关性，CjV、CjVC 音节类型与 [ʊ] 元音共振峰前过渡之间具有一定的相关性，[ʊ] 元音在 CjV、CjVC 音节中 TF2 略高的趋势。从表 2.46~2.47 和图 2.65~2.67 中可以看出，音节类型与 [ʊ] 元音声学参数之间具有一定的相关性，在以元音开头的音节中出现的 [ʊ] 元音音长比其在以辅音开头的音节中出现的元音音长相对长，说明 [ʊ] 元音音长受其所处音节类型的影响；在 V-CV 和 V-CVC 音节中出现的 [ʊ] 元音第二共振峰频率之间具有一定的相关性，即只有以元音构成的音节（V）中出现的 [ʊ] 元音第二共振峰频率明显比以辅音开头的音节（CV、CVC）

中出现的元音第二共振峰频率低。

表 2.46　在不同音节类型中出现的 [ʊ] 元音的声学参数统计 （M）

		VD	VA	F1	F2	F3
V	平均值	117	62.37	419	720	2458
	标准差	0.02	3.1	41.2	68.8	208
	变异系数	21%	5%	10%	10%	8%
CjV	平均值	81	64	435	1174	2360
	标准差	0.01	5.7	35.4	191.6	111
	变异系数	8%	9%	8%	16%	5%
VC	平均值	119	63.5	416	719	2464
	标准差	0.02	1.9	32.4	51.6	268.8
	变异系数	17%	3%	8%	7%	11%
CV	平均值	91	62.96	420	803	2508
	标准差	0.02	3.4	32.9	95.2	357.1
	变异系数	24%	5%	8%	12%	14%
CVC	平均值	91	63.7	435	792	2570
	标准差	0.02	3	32.6	64.8	404.3
	变异系数	22%	5%	7%	8%	16%

表 2.47　在不同音节类型中出现的 [ʊ] 元音的声学参数统计 （F）

		VD	VA	F1	F2	F3
V	平均值	96	66.31	424	811	3008
	标准差	0.02	2.2	31.6	109.3	221.5
	变异系数	19%	3%	7%	13%	7%
CjVC	平均值	78	67	511	1006	2478
	标准差	0.03	2.6	163.1	248.5	229.1
	变异系数	41%	4%	32%	25%	9%
VC	平均值	100	66.21	423	909	3010
	标准差	0.02	2.3	38.2	231.9	236.5
	变异系数	23%	3%	9%	26%	8%
CV	平均值	83	65.63	435	949	2963
	标准差	0.02	2.6	36.9	155.3	322.7
	变异系数	30%	4%	8%	16%	11%

续表

		VD	VA	F1	F2	F3
CVC	平均值	76	66.59	452	961	3016
	标准差	0.03	2.8	42.2	130	349.4
	变异系数	35%	4%	9%	14%	12%

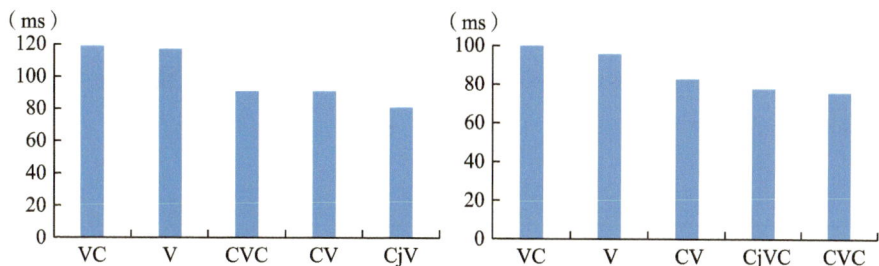

图 2.65　不同音节中［ʊ］元音的音长均值比较（M&F）

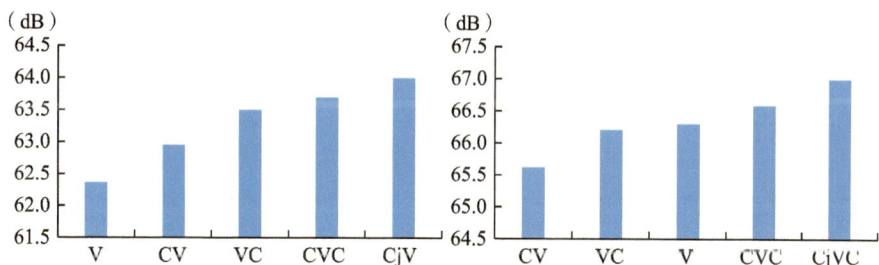

图 2.66　不同音节中［ʊ］元音的音长音强均值比较（M&F）

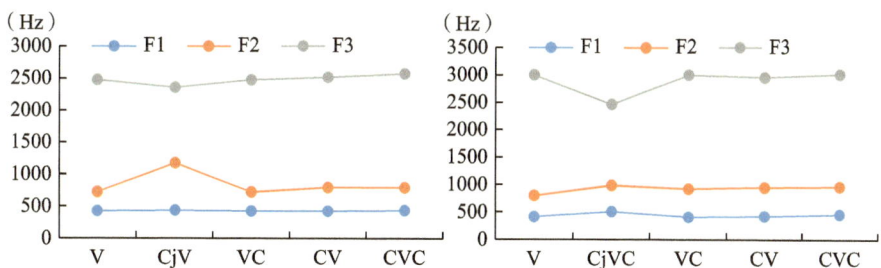

图 2.67　不同音节中［ʊ］元音的第一、第二共振峰频率均值比较（M&F）

　　表 2.48 为用 sig（显著性）系数进行验证的［ʊ］元音第一、第二共振峰频率和音长与其所出现的单词音节类型之间的相关性检验结果。检验结果显示，在音长方面，男、女发音人词首音节［ʊ］元音的音长与其出现的音节类型之间具有一定的相关性，在 V-CV 与 V-CVC、VC-CV 与 VC-CVC 音节中出现的［ʊ］元音音长之间具有显著性差异，即在以元音开头的音

中出现的［ʊ］元音音长比其在以辅音开头的音节中出现的元音音长相对长。在共振峰频率方面，男、女发音人词首音节［ʊ］元音的第二共振峰频率与其出现的音节类型之间有一定的相关性，在 VC-CV 与 VC-CVC 音节中出现的［ʊ］元音第二共振峰频率之间具有显著性差异，即在以元音开头的音节（VC）中出现的［ʊ］元音第二共振峰频率明显比以辅音开头的音节（CV、CVC）中出现的元音第二共振峰频率低。

根据上述分析结果，能否得出词首音节辅音会缩短其后置元音的音长，前移其后置元音的舌位（靠前）的结论？这是不是普遍规律？有待进一步研究。

表 2.48　检验结果

		M					F		
		sig（显著性）					sig（显著性）		
		VD	F1	F2			VD	F1	F2
V	VC	.961	.986	1.000	V	VC	.843	1.000	.311
	CV	.000	.999	.000		CV	.003	.233	.000
	CVC	.000	.139	.000		CVC	.000	.001	.000
VC	CV	.000	.956	.000	VC	CV	.034	.638	.888
	CVC	.000	.158	.000		CVC	.003	.048	.794
CV	CVC	.998	.036	.818	CV	CVC	.355	.053	.955

（4）元音声学参数与其前置辅音音质之间的相关性

图 2.68 为词首［x-，tʰ-，ʃ-，s-，j-，h-，b-，n-，g-，l-，m-，z-，d-，ʒ-］等不同（音质）辅音之后出现的（包括单音节词）［ʊ］元音音长比较图，图 2.69 为词首［x-，tʰ-，ʃ-，s-，j-，h-，b-，n-，g-，l-，m-，z-，d-，ʒ-］等不同（音质）辅音之后出现的（包括单音节词）［ʊ］元音目标位置第一、第二和第三共振峰的前过渡频率（TF1、TF2、

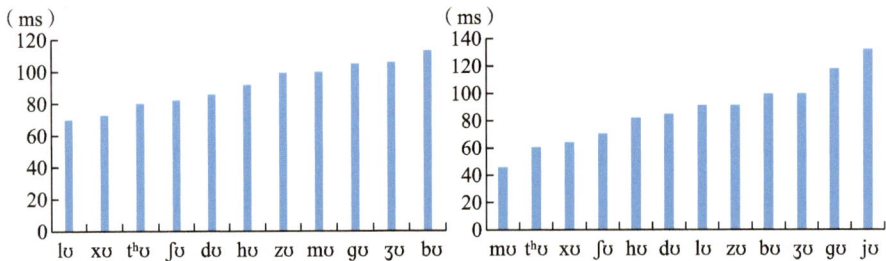

图 2.68　在词首音节不同辅音之后出现的［ʊ］元音音长比较（M&F）

TF3）比较图。其中，右图为以 TF2 的上升顺序排列的，即以舌位自后至前顺序排列的示意图。从图 2.68~2.69 中可以看出，［ʊ］元音第二共振峰频率与其前置辅音音质之间具有一定的相关性，在［ʃ，z，ʒ］等辅音之后出现的［ʊ］元音第二共振峰前过渡段频率比其在其他辅音之后出现的第二共振峰前过渡段频率相对高。

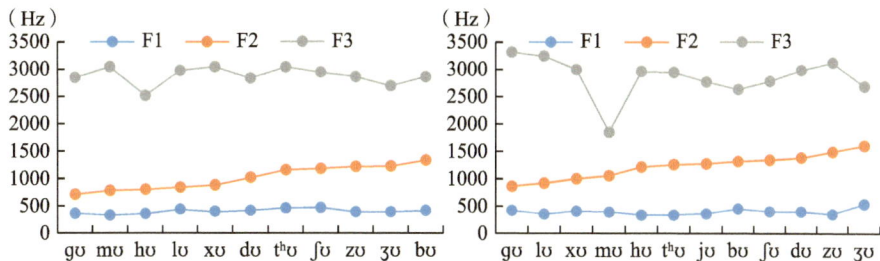

图 2.69　在不同辅音之后出现的［ʊ］元音三个共振峰前过渡段（TF1、TF2、TF3）频率比较（M&F）

（七）［u］元音

1. 参数平均值及其音质定位

表 2.49 为布里亚特语［u］元音参数统计总表，图 2.70 为男发音人的［unər］"味道"一词的三维语图和三层标注实例，图 2.71 为男女发音人［u］元音在声学空间中的分布模式图。表 2.49 显示，男女发音人［u］元音平均音长，平均音强分别为 M = 89ms，F = 80ms；M = 62.55dB，F = 66.33dB。该元音 F1 和 F2 的频率均值分别为 M: F1 = 337Hz，F2 = 777Hz；F: F1 = 367Hz，F2 = 933Hz。

表 2.49　［u］元音声学参数统计总表

	M					F				
	VD	VA	F1	F2	F3	VD	VA	F1	F2	F3
平均值	89	62.55	337	777	2557	80	66.33	367	933	2776
标准差	0.03	3.4	32.2	121.2	268.4	0.02	2.6	32.1	187.8	399.9
变异系数	29%	6%	10%	16%	10%	28%	4%	9%	20%	14%

根据表 2.49、图 2.70 和图 2.71 以及国际音标的标记规则，我们认为用［u］音标标记该元音接近其实际音值。图 2.70 是［u］元音比较典型的声学

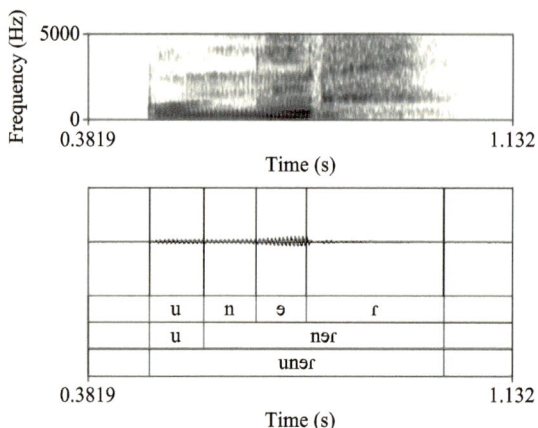

图 2.70　男发音人［unɘɹ］"味道"一词的三维语图和三层标注实例

语图。从图 2.70 上测量到的词首［u］元音目标位置上的 F1~F4 共振峰分别为 348Hz、762Hz、2522Hz、3589Hz。根据上述数据和语图以及布里亚特语词首音节元音的整体分布模式，我们认为布里亚特语［u］元音为高、后、圆唇唇、松元音。图 2.71 显示，［u］在元音声学空间中的分布相对集中，即离散度相对小。说明该元音目标位置共振峰频率不轻易受前后语境的影响。

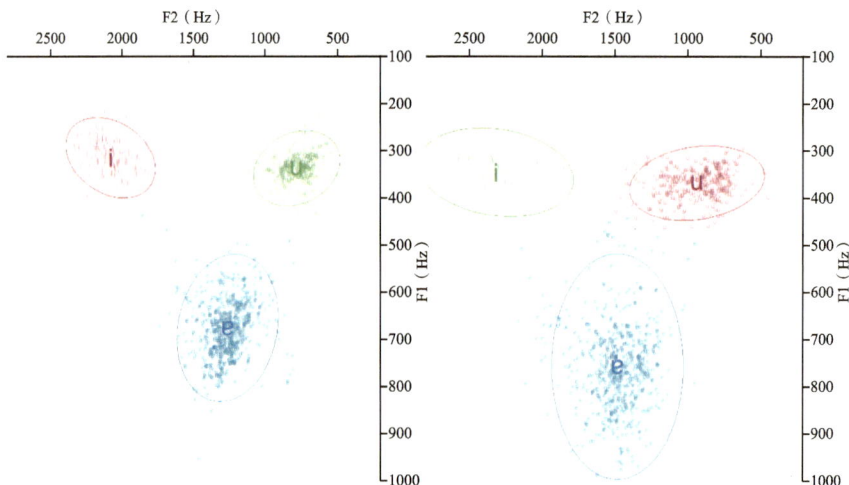

图 2.71　［u］元音在声学空间中的分布模式（M&F）

图 2.72~2.73 为［u］元音目标位置共振峰与其前、后过渡段共振峰频率比较图。其中，图 2.72 为目标位置共振峰 F1/F2 与前过渡段频率（TF1/TF2）比较图，图 2.73 为目标位置共振峰 F1/F2 与后过渡频率（TP1/TP2）

比较图。从图 2.72～2.73 中可以看出：第一，与目标位置共振峰频率相比，[u] 元音目标位置第一、第二共振峰的前、后过渡段共振峰的频率变化都较大。说明前、后置辅音对词首音节 [u] 元音舌位高低和前后的影响度都较大。第二，[u] 元音目标位置第二共振峰的前、后过渡段共振峰的频率变化比其第一共振峰的前、后过渡段共振峰的频率变化明显大，即"TF2、TP2 大于 TF1、TP1"。也就是说，[u] 元音舌位的前后较容易受语境的影响。第三，目标位置第一、第二共振峰的前过渡段频率变化明显大于其后过渡段频率变化，即"前过渡段变化大于后过渡段变化"。说明词首音节 [u] 元音共振峰频率较容易受其前置语音（辅音）的影响。

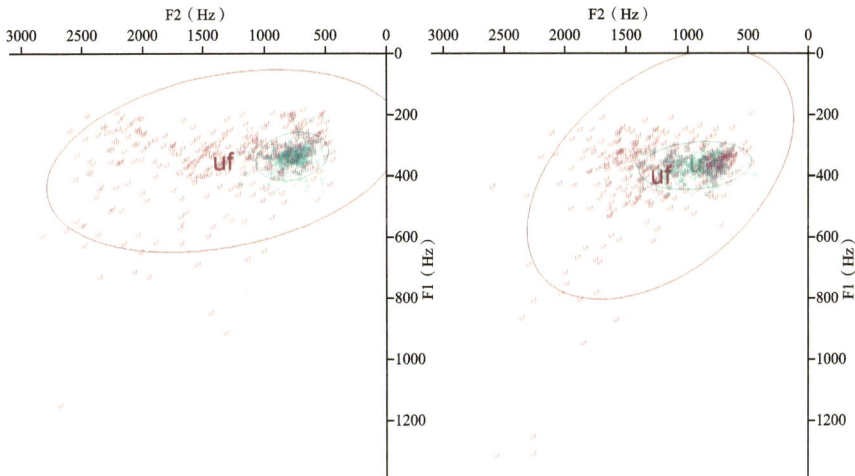

图 2.72　[u] 元音目标位置共振峰（F1/F2）与其前过渡段共振峰（TF1/TF2）频率比较（M&F）

2. 元音声学参数与其所处语境之间的相关性问题

（1）元音目标位置第一、第二共振峰频率与其前、后过渡段共振峰频率之间的相关性

表 2.50 为布里亚特语 [u] 元音目标位置第一、第二共振峰（F1/F2）频率与其前过渡段（TF1/TF2）和后过渡段（TP1/TP2）共振峰频率之间的单因素方差分析，即以 sig（显著性）系数来验证的结果统计表。

表 2.50 显示，男女发音人 [u] 元音的目标位置第二共振峰频率（F2）与其前、后过渡段共振峰之间具有显著性差异。说明词首音节 [u] 元音也就是说，在舌位前后维度（F2）上受其前、后置语境的影响较显著。

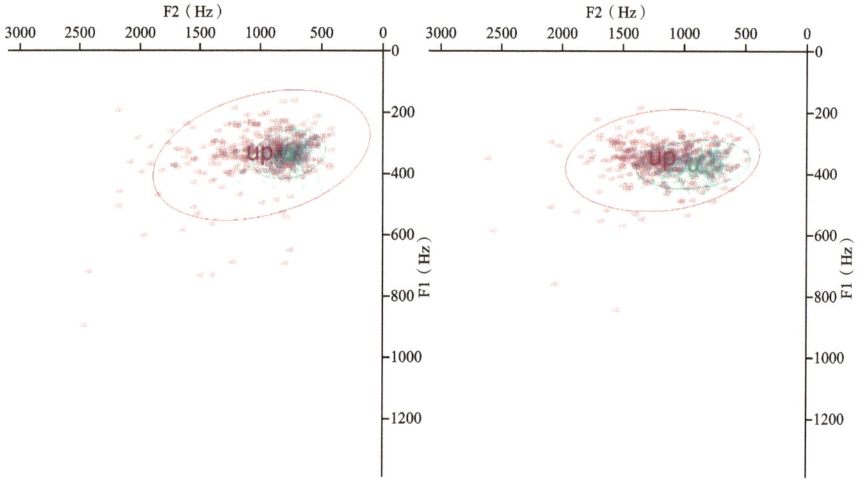

图 2.73 ［u］元音目标位置共振峰（F1/F2）与其后过渡段共振峰（TP1/TP2）频率比较（M&F）

表 2.50　检验结果

	sig（显著性）			
	M		F	
	F1	F2	F1	F2
目标元音—前过渡元音	.126	.000	.005	.000
目标元音—后过渡元音	.854	.000	.005	.000
前过渡元音—后过渡元音	.387	.000	.000	.550

（2）元音声学参数与其所出现的单词音节数量之间的相关性

为了解《布里亚特语语音声学参数库》中［u］元音在由不同音节数量组成的单词（简称不同音节词，下同）中的出现频率，我们进行了以下统计。表 2.51 为［u］元音在单音节词、双音节词、三音节词和多音节词中所出现的频率统计表。表 2.51 显示，［u］元音在双音节词中的出现次数和比例都较高，分别为 51%（M）和 53%（F1）。

表 2.51　在不同音节词中出现的［u］元音频率统计

发音人	单音节词		双音节词		三音节词		多音节词		共计	
	M	F	M	F	M	F	M	F	M	F

续表

	单音节词		双音节词		三音节词		多音节词		共计	
出现次数	23	20	163	175	113	112	24	23	323	330
百分比	7	6	51	53	35	34	7	7	100%	100%

表 2.52 为在单、双、三和多节词中出现的 ［u］元音音长（VD）、音强（VA）和共振峰目标值（F）参数统计表，图 2.74 为在不同音节中出现的 ［u］元音音长比较图，图 2.75 为在不同音节中出现的 ［u］元音音强比较图，图 2.76 为在不同音节中出现的 ［u］元音共振峰频率比较图。从表 2.52 和图 2.74~2.76 中可以看出，男发音人音节数量与 ［u］元音音长和音强之间具有一定的相关性，该元音音长随着音节数量的增加而相对缩短，而其音强随着音节数量的增多而相对变弱。如：

M：103ms→92ms →85ms →79ms；M：67.30dB →62.23dB→62.15dB→62dB

F：83ms →83ms→76ms →70ms；F：69.60dB →66.05dB→66.09dB→66.74dB

表 2.52　在不同音节词中出现的 ［u］元音的声学参数统计（M）

发音人统计项		M					F				
		VD	VA	F1	F2	F3	VD	VA	F1	F2	F3
单音节词	平均值	103	67.30	347	761	2497	83	69.60	361	964	2792
	标准差	0.05	2.8	37.6	102.1	219.5	0.02	2.5	30.8	151	347.4
	变异系数	49%	4%	11%	13%	9%	29%	4%	9%	16%	12%
双音节词	平均值	92	62.23	335	773	2546	83	66.05	368	911	2761
	标准差	0.02	3.4	33.1	130.3	264.7	0.02	2.4	32	182.5	404.7
	变异系数	26%	5%	10%	17%	10%	27%	4%	9%	20%	15%
三音节词	平均值	85	62.15	339	781	2594	76	66.09	366	961	2763
	标准差	0.02	3	29.3	111.2	288.8	0.02	2.4	32.5	200.8	425.3
	变异系数	26%	5%	9%	14%	11%	28%	4%	9%	21%	15%
多音节词	平均值	79	62	323	805	2518	70	66.74	365	943	2935
	标准差	0.02	3.2	30.4	120.2	222.8	0.02	2.7	32.5	178.3	223.6
	变异系数	30%	5%	9%	15%	9%	29%	4%	9%	19%	8%

表 2.53 为用 sig（显著性）系数进行验证的 ［u］元音第一、第二共振峰频率和音长与其所出现的单词音节类型之间的相关性检验结果。从表中可以

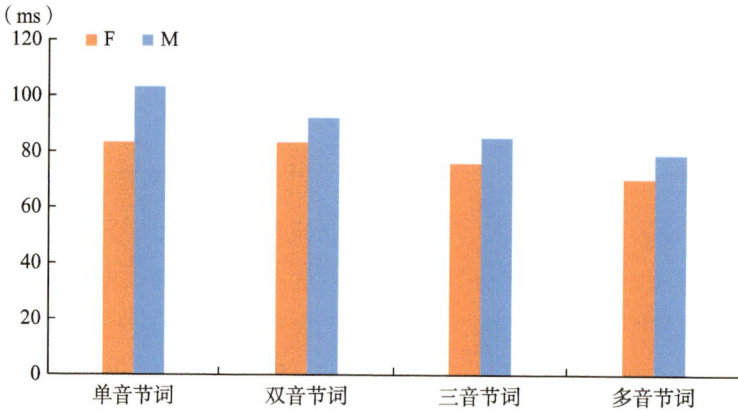

图 2.74　在不同音节中出现的 [u] 元音音长比较 （M&F）

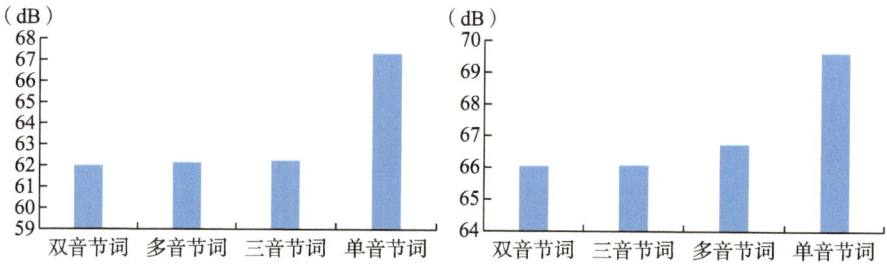

图 2.75　在不同音节中出现的 [u] 元音音强比较 （M&F）

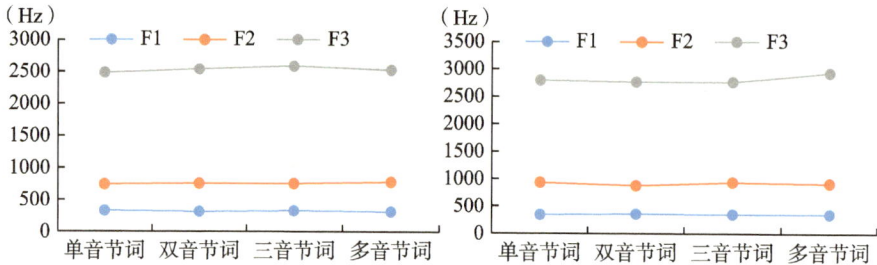

图 2.76　在不同音节中出现的 [u] 元音共振峰频率比较 （M&F）

看出，[u] 元音声学参数与其所出现的单词音节数量之间没有显著性差异。

表 2.53　检验结果

	sig （显著性）					
	M		F		M	F
	F1	F2	F1	F2	CD	CD
单音节词—双音节词	.457	.960	.769	.464	.731	1.000

续表

	sig（显著性）					
	M		F		M	F
	F1	F2	F1	F2	CD	CD
单音节词—三音节词	.774	.836	.925	1.000	.378	.606
单音节词—多音节词	.078	.526	.983	.975	.188	.219
双音节词—三音节词	.658	.942	.928	.136	.095	.039
双音节词—多音节词	.269	.610	.961	.841	.087	.031
三音节词—多音节词	.083	.794	.999	.973	.632	.540

（3）元音声学参数与其所出现的音节类型之间的相关性

表 2.54 为词首音节［u］元音在不同音节类型中所出现的频率统计表。该表显示，［u］元音在 CV 和 CVC 音节中所出现的频率相对高。其中，在 CV 音节中所出现的百分比均为 43%（M、F），在 CVC 音节中所出现百分比为 28%（M）、25%（F）。说明词首音节［u］元音主要在 CV 和 CVC 音节在出现。

表 2.54　在不同音节类型中出现的［u］元音的频率统计

发音人	音节类型	V	VC	CV	CVC	CjV	共计
M	N	55	38	140	89	1	323
F	N	65	38	143	84		330
M	%	17	12	43	28		100
F	%	20	12	43	25		100

表 2.55~2.56 为在不同音节类型中出现的［u］元音声学参数统计表，图 2.77~2.79 为根据表 2.55~2.56 所画的在不同音节类型出现的［u］元音的音长、音强和第一、第二共振峰频率均值比较图。表 2.55~2.56 和图 2.77~2.79 显示，音节类型与元音有些声学参数之间具有一定的相关性，在 V、VC 等以元音开头的音节中出现的［u］元音音长比其在以辅音开头的音节中出现的音长相对长；在 V、VC 等以元音开头的音节中出现的［u］元音第二共振峰频率（F2）比其在以辅音开头的音节中出现的第二共振峰频率相对低。

表 2.55　在不同音节类型中出现的 ［u］元音声学参数统计（M）

		VD	VA	F1	F2	F3
V	平均值	106	61.42	322	700	2622
	标准差	0.02	3	23.9	90.7	309
	变异系数	20%	5%	7%	13%	12%
VC	平均值	108	62.32	322	682	2656
	标准差	0.04	2.8	31.9	78.7	251.1
	变异系数	40%	4%	10%	12%	9%
CV	平均值	81	62.21	340	813	2517
	标准差	0.02	3.5	29	105.6	249
	变异系数	25%	6%	9%	13%	10%
CVC	平均值	84	63.88	347	805	2540
	标准差	0.02	3.6	36.5	129.8	265.4
	变异系数	21%	6%	11%	16%	10%
CjV	平均值	83	63	316	1094	2367
	标准差					
	变异系数					

表 2.56　在不同音节类型中出现的 ［u］元音声学参数统计（F）

		VD	VA	F1	F2	F3
V	平均值	92	65.78	357	791	2766
	标准差	0.02	2.8	32.6	97	354.9
	变异系数	22%	4%	9%	12%	13%
VC	平均值	85	65.29	358	823	2661
	标准差	0.02	2	36.3	199.8	479.6
	变异系数	23%	3%	10%	24%	18%
CV	平均值	73	66.3	372	998	2825
	标准差	0.02	2.3	30.8	172.6	361.9
	变异系数	29%	4%	8%	17%	13%
CVC	平均值	81	67.26	370	984	2751
	标准差	0.02	2.7	29.6	180.5	446.3
	变异系数	29%	4%	8%	18%	16%

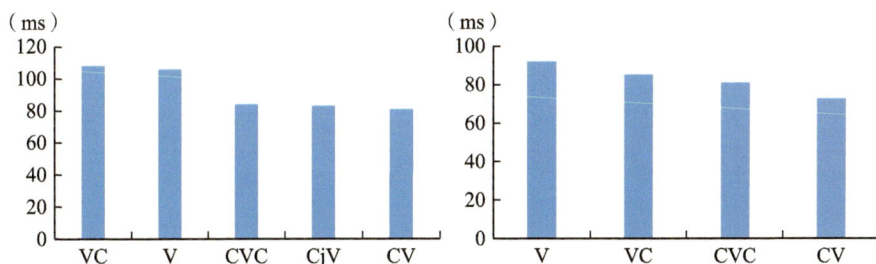

图 2.77　在不同音节类型中出现的 ［u］元音音长均值比较 （M&F）

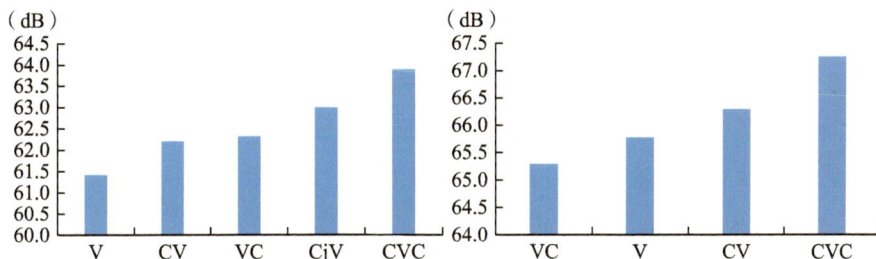

图 2.78　在不同音节类型中出现的 ［u］元音音强均值比较 （M&F）

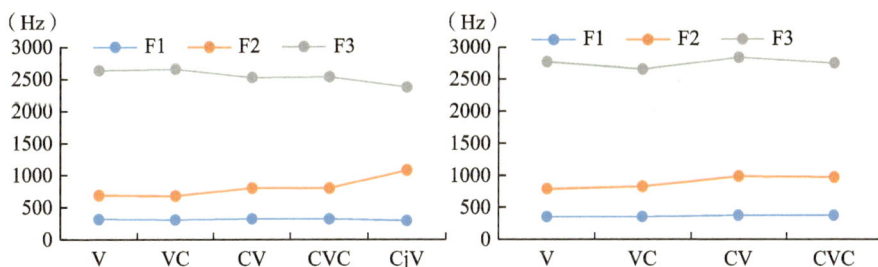

图 2.79　在不同音节类型中出现的 ［u］元音第一、第二共振峰频率均值比较 （M&F）

表 2.57 为用 sig（显著性）系数进行验证的 ［u］元音第一、第二共振峰频率和音长与其所出现的单词音节类型之间的相关性检验结果。

表 2.57　检验结果

		M					F		
		sig （显著性）					sig （显著性）		
		VD	F1	F2			VD	F1	F2
V	VC	.993	.999	.720	V	VC	.391	.998	.798
	CV	.000	.000	.000		CV	.000	.011	.000
	CVC	.000	.000	.000		CVC	.022	.081	.000

续表

		M					F		
		sig（显著性）					sig（显著性）		
		VD	F1	F2			VD	F1	F2
VC	CV	.002	.017	.000	VC	CV	.006	.150	.000
	CVC	.010	.002	.000		CVC	.767	.348	.000
CV	CVC	.517	.435	.955	CV	CVC	.038	.921	.934

表 2.57 显示，在 V、VC 等以元音开头的音节中出现的 ［u］元音音长和第二共振峰频率与其在以辅音开头的音节中出现的音长和共振峰频率（包括 V 和 CV 中出现的第一共振峰频率）之间存在显著性差异。可以看出，词首音节前置辅音不但缩短其后置元音音长，而且还能够把其后置元音的舌位前移。所以有专家提出：布里亚特语，包括蒙古语的 ［u］元音有［u₊］（舌位前移）和 ［ü］（央化）变体的说法是有发音机制依据的。

（4）元音声学参数与其前置辅音音质之间的相关性

图 2.80 为词首 ［x-，tʰ-，ʃ-，s-，j-，h-，b-，n-，g-，l-，m-，z-，d-，ʒ-］等不同（音质）辅音之后出现的（包括单音节词）［u］元音音长比较图，图 2.81 为词首 ［x-，tʰ-，ʃ-，s-，j-，h-，b-，n-，g-，

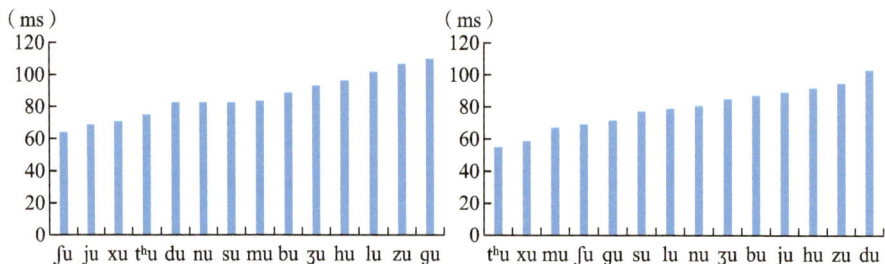

图 2.80　词首音节不同辅音之后出现的 ［u］元音音长比较（M&F）

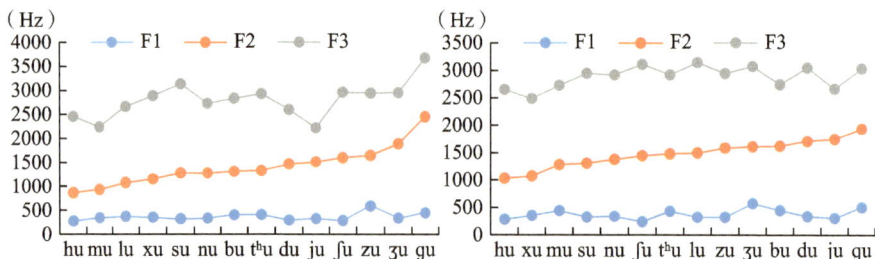

图 2.81　在不同辅音之后出现的 ［u］元音共振峰前过渡段（TF1、TF2、TF3）频率比较（M&F）

l-，m-，z-，d-，ʒ-] 等不同（音质）辅音之后出现的（包括单音节词）[u] 元音目标位置第一、第二和第三共振峰的前过渡频率（TF1、TF2、TF3）比较图。其中，图 2.81 为以 TF2 的上升顺序排列的，即以舌位自后至前顺序排列的示意图。从图 2.80～2.81 中可以看出，元音声学参数与其前置辅音音质之间没有相关性。

四　关于布里亚特语非词首音节短元音的央化问题

（一）"词腹音节短元音"和"词尾音节短元音"

在以往的研究中我们把短元音只分为词首短元音和非词首短元音两种。为了进一步了解布里亚特语词中各位置上的短元音特点，本卷把布里亚特语非词首音节短元音进一步分为"词腹音节短元音"和"词尾音节短元音"。其中，"词腹音节短元音"只涉及由三音节及三音节以上音节构成的词，而"词尾音节短元音"涉及除单音节词（一音节词）以外的所有多音节词，即双音节（二音节）和双音节以上的词。在"布里亚特语语音声学参数数据库"中双音节词较多，三音节及三音节以上的词较少（这是整个"统一平台"的特点）。为此，"词尾音节短元音"比"词腹音节短元音"相对多。

（二）关于词腹音节和词尾音节短元音的央化问题

从总体上看，布里亚特语非词首音节短元音（词腹音节短元音和词尾音节短元音）的央化（[ə] 化）程度比蒙古语察哈尔土语非词首音节短元音的央化程度相对小。但布里亚特语非词首音节短元音已有了央化趋势，即词首音节短元音与词腹音节、词尾音节短元音之间已有了音质差异。其中，词尾音节短元音的央化程度相对显著。布里亚特语非词首音节短元音的央化程度因元音而异，词腹音节 [ɐ] 元音的央化主要表现在其舌位高度上，即舌位明显上升，而词尾音节 [ɐ] 元音的央化是全方位的，即舌位既前移，又上升，趋向央元音位置；词腹、词尾音节 [ə] 元音的央化较显著、较彻底，其舌位既后移，又下降，趋向央元音位置；词腹音节和词尾音节 [i] 和 [ɪ] 元音的央化程度相对小，不显著；词腹、词尾音节 [ɔ]

元音的央化主要表现在其舌位高度上，即其舌位明显上升，趋向央元音位置；词腹音节 [ʊ] 元音的央化程度不显著，而词尾音节 [ʊ] 元音的央化主要表现在其舌位高度上，即舌位明显下降。该元音的舌位高度较靠近 [u] 元音，甚至与 [u] 元音部分叠加，说明该两个元音的音质较接近；词腹音节 [u] 元音的央化程度相对小，不显著。显然，与蒙古语察哈尔土语非词首音节短元音全方位、明显央化相比，布里亚特语非词首音节短元音的央化程度相对不显著（[ə] 元音除外。[ə] 元音的央化较显著、较彻底是与其音质有关，即布里亚特语的词首音节 [ə] 元音不是央元音）。

从整体上看，虽然布里亚特语非词首音节短元音已有了央化趋势，但词尾音节短元音的央化程度比词腹音节短元音的央化程度相对大，较显著。也就是说，词首音节短元音与词腹音节短元音之间的音质差异相对小，不显著。而词首音节短元音与词尾音节短元音之间的音质差异相对大，较显著。为此，本项研究只分析词尾音节短元音的声学特征，暂时忽略词腹音节短元音的声学特征。

请比较以下布里亚特语词首音节、词腹音节和词尾音节短元音的声学参数统计表和声学元音图，为避免本书中图、表序号的相互混淆，本部分的图表不进行编号。

词首音节 [ɐ] 元音声学参数统计总表

单位：VD 为 ms，VA 为 dB，F 为 Hz，下同

	M					F				
	VD	VA	F1	F2	F3	VD	VA	F1	F2	F3
平均值	99	62.26	674	1257	2488	84	66.69	755	1478	2642
标准差	0.03	3	63.4	144.7	858.6	0.02	3.2	97.2	184.7	260.7
变异系数	26%	5%	9%	12%	35%	26%	5%	13%	12%	10%

词腹音节 [ɐ] 元音声学参数统计总表

	M					F				
	VD	VA	F1	F2	F3	VD	VA	F1	F2	F3
平均值	64	64.01	514	1081	2359	60	64.7	583	1347	3001
标准差	0.02	2.6	51.6	134.9	526.9	0.02	2.9	62.3	176.4	211.7
变异系数	25%	4%	10%	12%	22%	26%	5%	11%	13%	7%

词尾音节［ɐ］元音声学参数统计总表

	M					F				
	VD	VA	F1	F2	F3	VD	VA	F1	F2	F3
平均值	100	66.58	553	1208	2391	89	64.31	621	1579	3016
标准差	0.02	2.7	68.5	145.5	495.7	0.02	3.2	85.3	161.4	243.3
变异系数	23%	4%	12%	12%	21%	24%	5%	14%	10%	8%

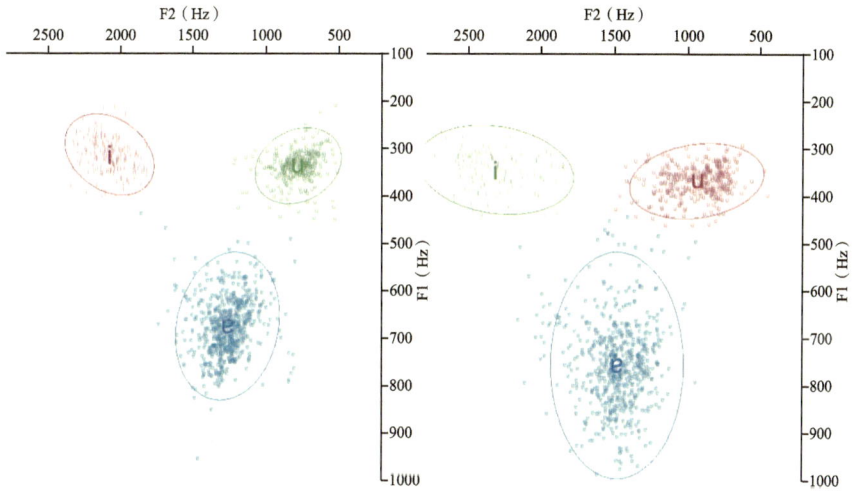

词首音节［ɐ］元音在声学空间中的分布模式（M&F）

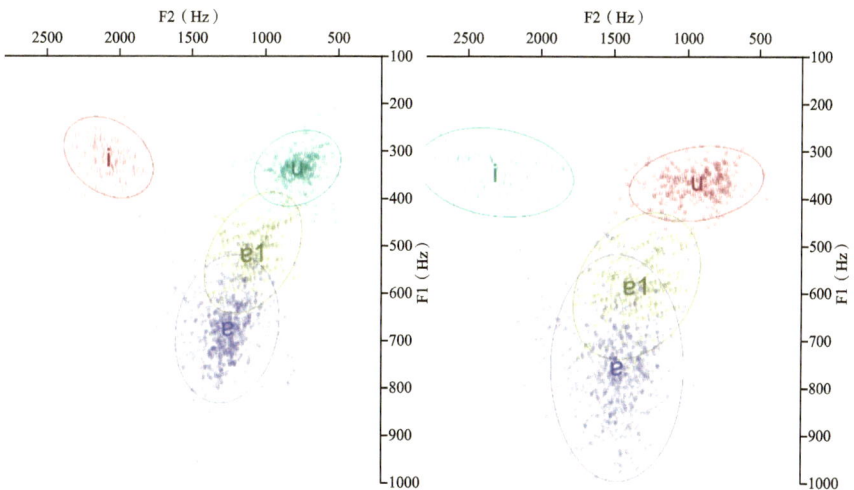

词腹音节［ɐ］元音在声学空间中的分布模式（M&F）

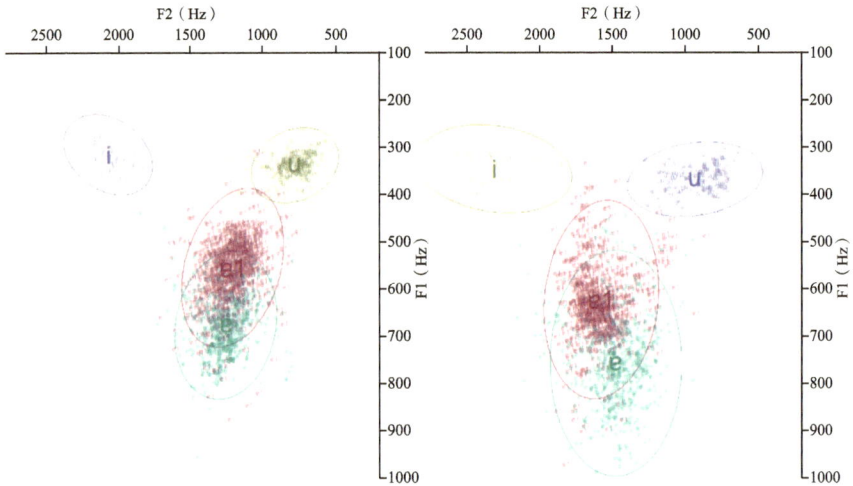

词尾音节 [ɘ] 元音在声学空间中的分布模式 （M&F）

词首音节 [ɘ] 元音统计总表

	M					F				
	VD	VA	F1	F2	F3	VD	VA	F1	F2	F3
平均值	74	63.63	336	1771	2435	73	67.41	381	1731	2833
标准差	0.02	3.3	29.9	303.5	259.2	0.02	2.8	38.4	301.4	222
变异系数	27%	5%	9%	17%	11%	25%	4%	10%	17%	8%

词腹音节 [ɘ] 元音统计总表

	M					F				
	VD	VA	F1	F2	F3	VD	VA	F1	F2	F3
平均值	74	63.63	336	1771	2435	73	67.41	381	1731	2833
标准差	0.02	3.3	29.9	303.5	259.2	0.02	2.8	38.4	301.4	222
变异系数	27%	5%	9%	17%	11%	25%	4%	10%	17%	8%

词尾音节 [ɘ] 元音统计总表

	M					F				
	VD	VA	F1	F2	F3	VD	VA	F1	F2	F3
平均值	86	68.12	407	1332	2522	76	65.45	441	1542	2919
标准差	0.03	3.1	72.5	299.1	325.7	0.02	3.4	65.6	270.2	351.3

	M					F				
	VD	VA	F1	F2	F3	VD	VA	F1	F2	F3
变异系数	36%	5%	18%	22%	13%	30%	5%	15%	18%	12%

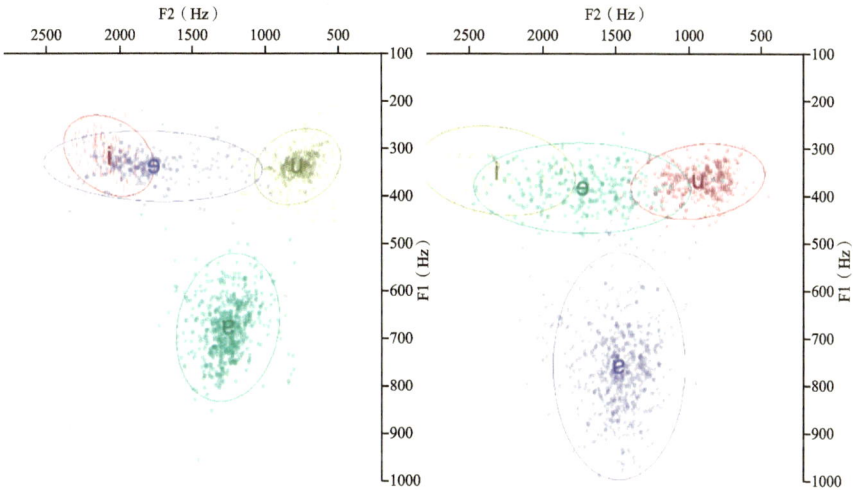

词首音节［ə］元音在声学空间中的分布模式（M&F）

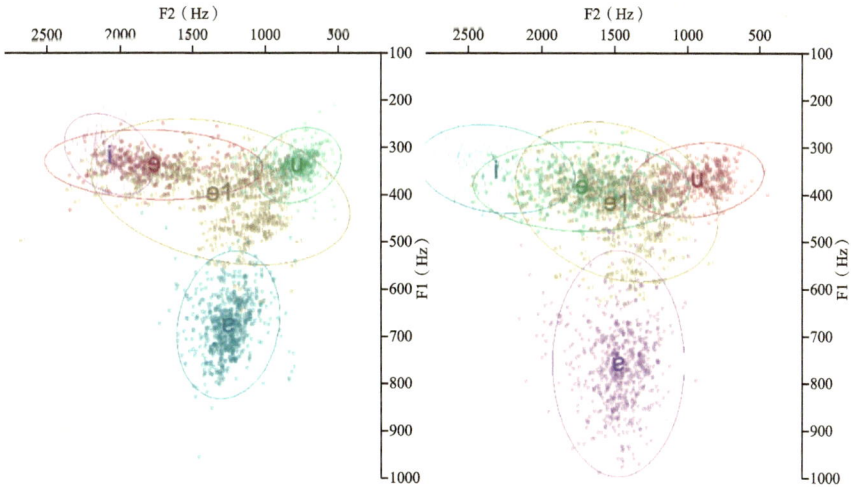

词腹音节［ə］元音在声学空间中的分布模式（M&F）

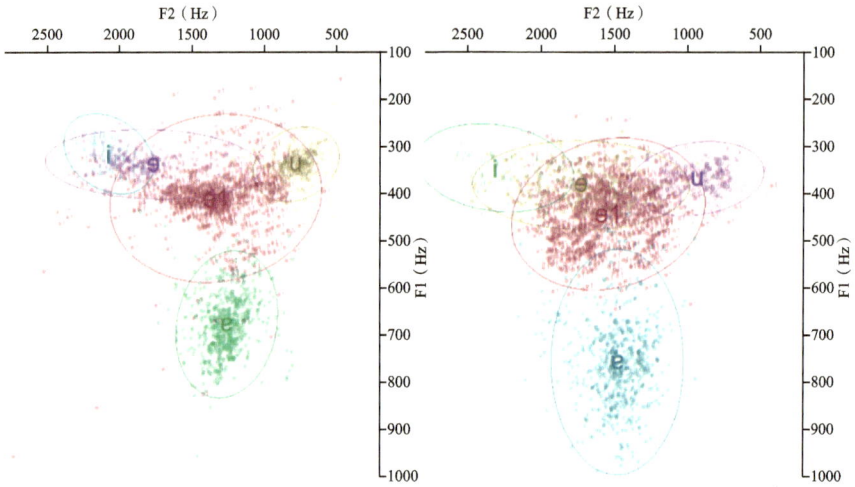

词尾音节［ə］元音在声学空间中的分布模式（M&F）

词首音节［i］元音声学参数统计总表

	M					F				
	VD	VA	F1	F2	F3	VD	VA	F1	F2	F3
平均值	89	62.72	313	2076	2879	75	67.35	345	2315	2879
标准差	0.02	3.3	34.3	124.6	124.6	0.02	2.6	37.6	37.6	204.7
变异系数	24%	5%	11%	6%	6%	26%	4%	11%	11%	7%

词腹音节［i］元音声学参数统计总表

	M					F				
	VD	VA	F1	F2	F3	VD	VA	F1	F2	F3
平均值	59	64.58	331	1977	2641	62	65.18	369	2109	2872
标准差	0.02	2.8	38.5	166.1	418.6	0.01	3	35	223.6	149.4
变异系数	28%	4%	12%	8%	16%	23%	5%	9%	11%	5%

词尾音节［i］元音声学参数统计总表

	M					F				
	VD	VA	F1	F2	F3	VD	VA	F1	F2	F3
平均值	69	67.28	374	1960	2528	59	66.5	377	2163	2841
标准差	0.02	2.4	35.5	222.1	342.7	0.02	3.6	38.8	315.6	282.2
变异系数	34%	4%	9%	11%	14%	36%	5%	10%	15%	10%

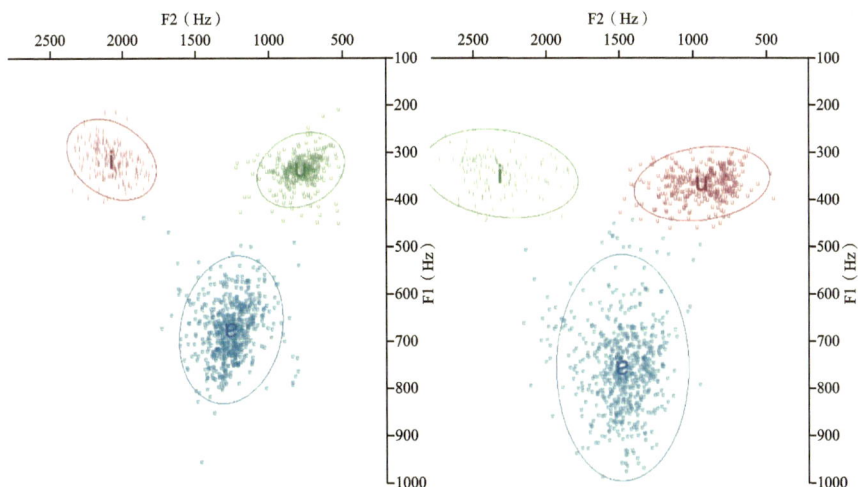

词首音节 ［i］ 元音在声学空间中的分布模式 （M&F）

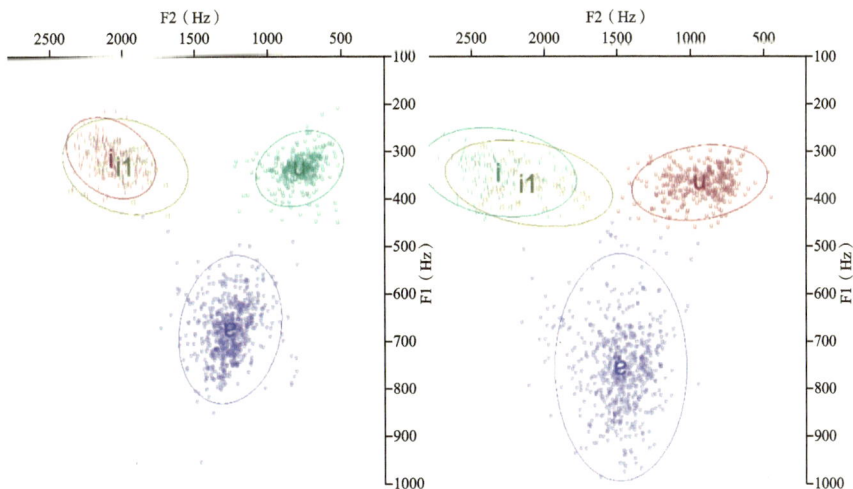

词腹音节 ［i］ 元音在声学空间中的分布模式 （M&F）

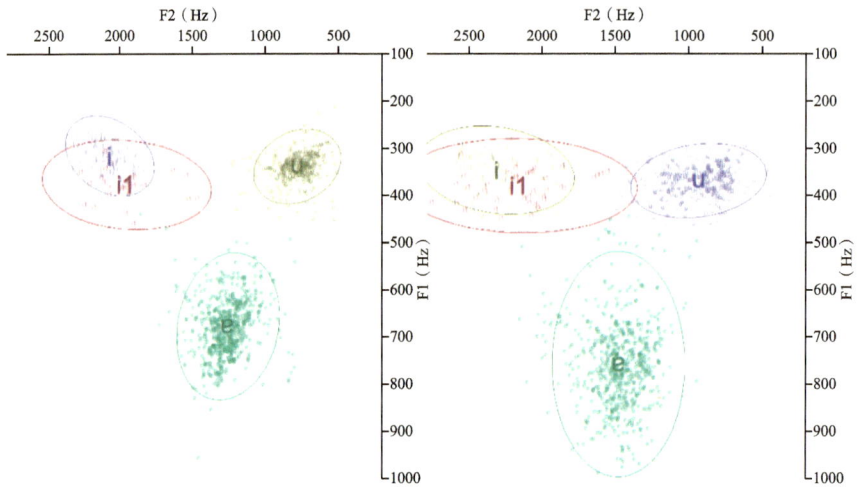

词尾音节［i］元音在声学空间中的分布模式（M&F）

词首音节［ɪ］元音声学参数统计总表

	M					F				
	VD	VA	F1	F2	F3	VD	VA	F1	F2	F3
平均值	90	62.43	383	1908	2477	76	68.21	409	2073	2791
标准差	0.03	3.2	42.6	131.6	141.1	0.02	2.4	25.4	230.3	147.5
变异系数	30%	5%	11%	7%	6%	25%	3%	6%	11%	5%

词腹音节［ɪ］元音声学参数统计总表

	M					F				
	VD	VA	F1	F2	F3	VD	VA	F1	F2	F3
平均值	58	62.98	403	1783	2561	63	65.65	439	1968	2847
标准差	0.01	3.4	47.8	150.3	487	0.01	2.6	53.2	190.5	182
变异系数	26%	5%	12%	8%	19%	18%	4%	12%	10%	6%

词尾音节［ɪ］元音声学参数统计总表

	M					F				
	VD	VA	F1	F2	F3	VD	VA	F1	F2	F3
平均值	101	67.43	415	1819	2494	94	65.85	458	2159	2916
标准差	0.03	3.2	47.9	151.7	199.6	0.02	3.1	56	172.2	133.2
变异系数	25%	5%	12%	8%	8%	22%	5%	12%	8%	5%

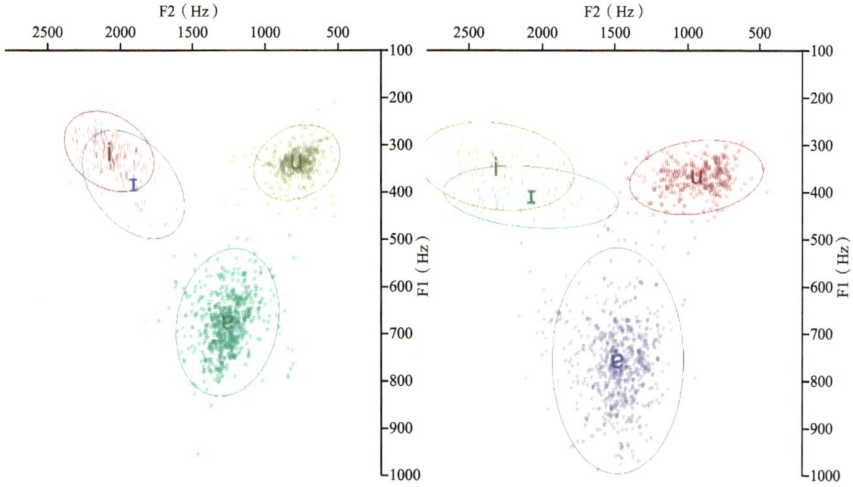

词首音节［ɪ］元音在声学空间中的分布模式（M&F）

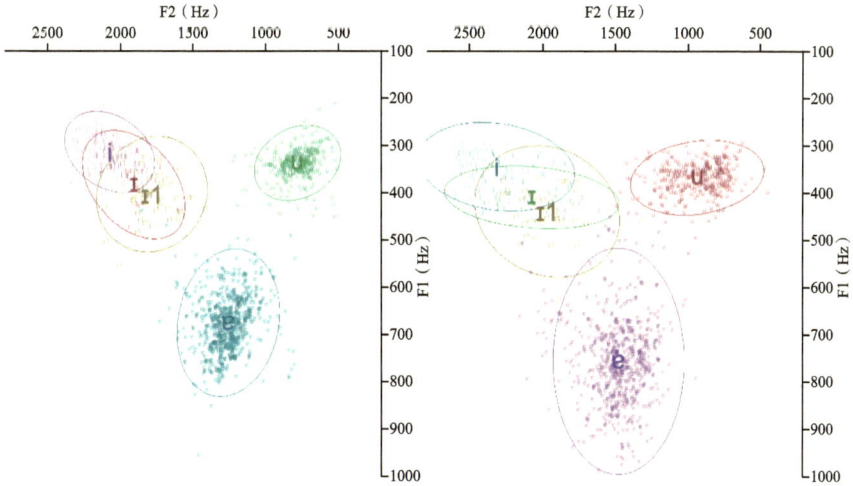

词腹音节［ɪ］元音在声学空间中的分布模式

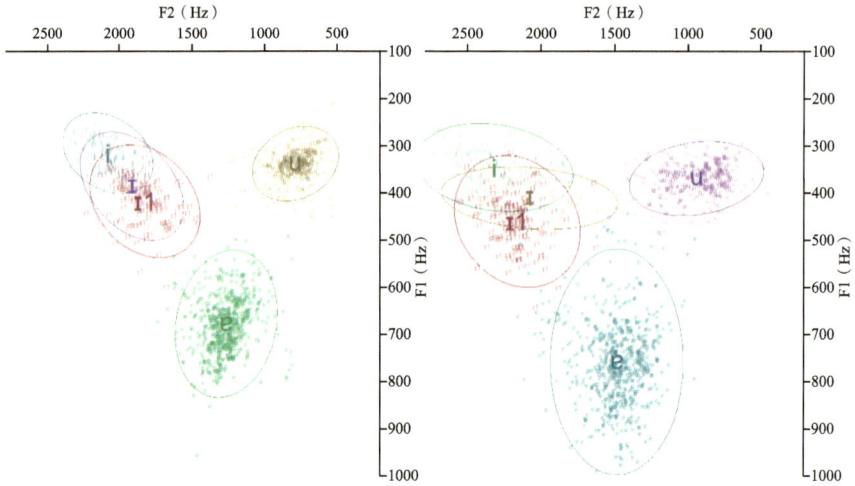

词尾音节 ［ɪ］ 元音在声学空间中的分布模式（M&F）

词首音节 ［ɔ］ 元音声学参数统计总表

	M					F				
	VD	VA	F1	F2	F3	VD	VA	F1	F2	F3
平均值	99	62.5	547	940	2517	87	66.5	602	1143	2770
标准差	0.02	3	52.6	100.9	614.4	0.02	3.3	59.5	195.5	277.9
变异系数	25%	5%	10%	11%	24%	25%	5%	10%	17%	10%

词腹音节 ［ɔ］ 元音声学参数统计总表

	M					F				
	VD	VA	F1	F2	F3	VD	VA	F1	F2	F3
平均值	65	63.98	458	943	2560	65	64.31	492	1086	2993
标准差	0.02	2.4	38.4	119.3	427.9	0.02	2.4	54.4	146.4	330.1
变异系数	29%	4%	8%	13%	17%	25%	4%	11%	13%	11%

词尾音节 ［ɔ］ 元音声学参数统计总表

	M					F				
	VD	VA	F1	F2	F3	VD	VA	F1	F2	F3
平均值	90	67.25	508	1045	2392	79	65.28	528	1135	2972
标准差	0.03	2.9	63.4	182.6	403.3	0.02	2.5	71.1	121.8	228.7
变异系数	30%	4%	12%	17%	17%	27%	4%	13%	11%	8%

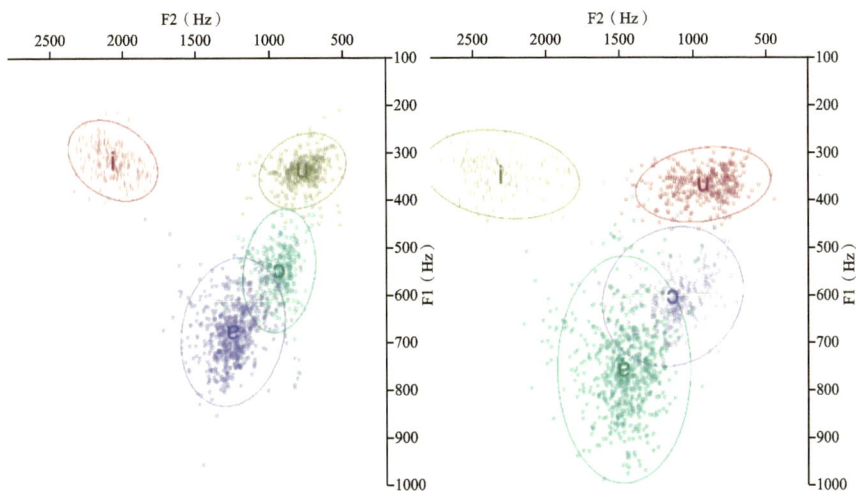

词首音节〔ɔ〕元音在声学空间中的分布模式（M&F）

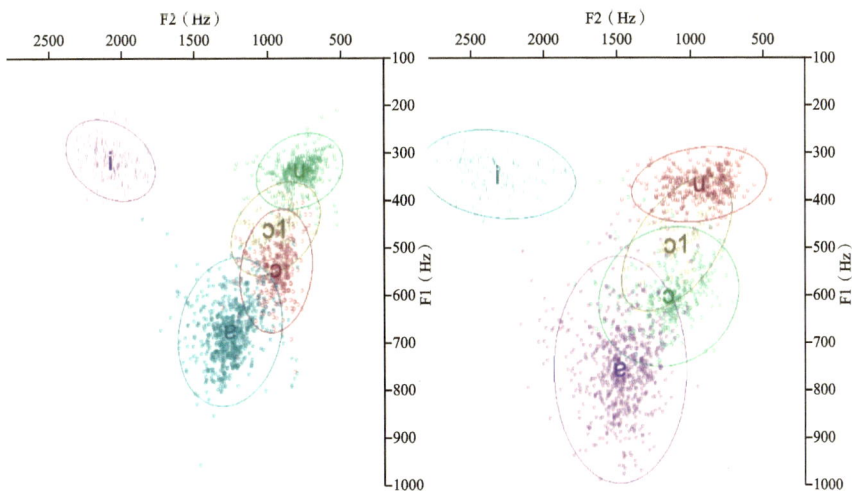

词腹音节〔ɔ〕元音在声学空间中的分布模式

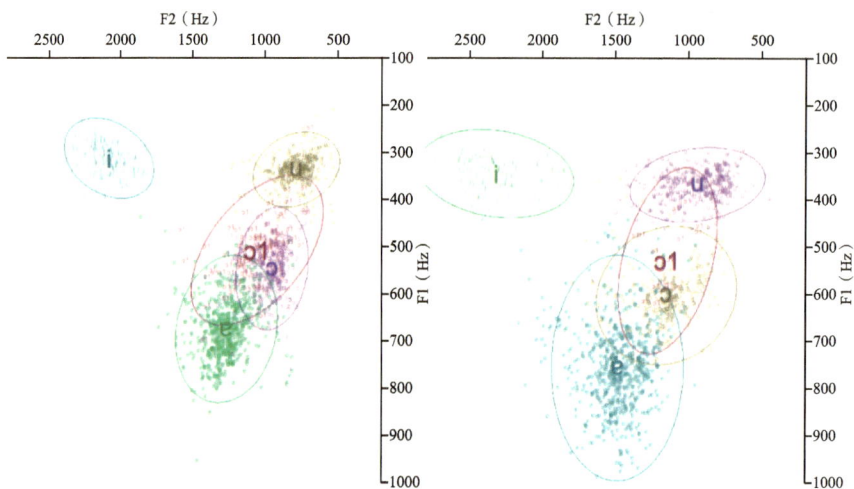

词尾音节 [ɔ] 元音在声学空间中的分布模式

词首音节 [ʊ] 元音声学参数统计总表

	M					F				
	VD	VA	F1	F2	F3	VD	VA	F1	F2	F3
平均值	99	63.06	423	778	2507	86	66.07	436	920	2983
标准差	0.03	3.2	35.2	95.5	336.2	0.03	2.5	41.8	159.4	307.9
变异系数	25%	5%	8%	12%	13%	29%	4%	10%	17%	10%

词腹音节音节 [ʊ] 元音声学参数统计总表

	M					F				
	VD	VA	F1	F2	F3	VD	VA	F1	F2	F3
平均值	69	64.26	450	905	2438	66	65.03	434	1046	3007
标准差	0.01	2.7	32.2	89	326.8	0.01	2.8	39.8	142.4	359
变异系数	20%	4%	7%	10%	13%	20%	4%	9%	14%	12%

词尾音节 [ʊ] 元音声学参数统计总表

	M					F				
	VD	VA	F1	F2	F3	VD	VA	F1	F2	F3
平均值	76	66.66	452	894	2542	68	65.13	432	1020	2814
标准差	0.02	2.8	69.1	92.4	478.2	0.02	2.7	63.1	160.6	474.3
变异系数	28%	4%	15%	10%	19%	27%	4%	15%	16%	17%

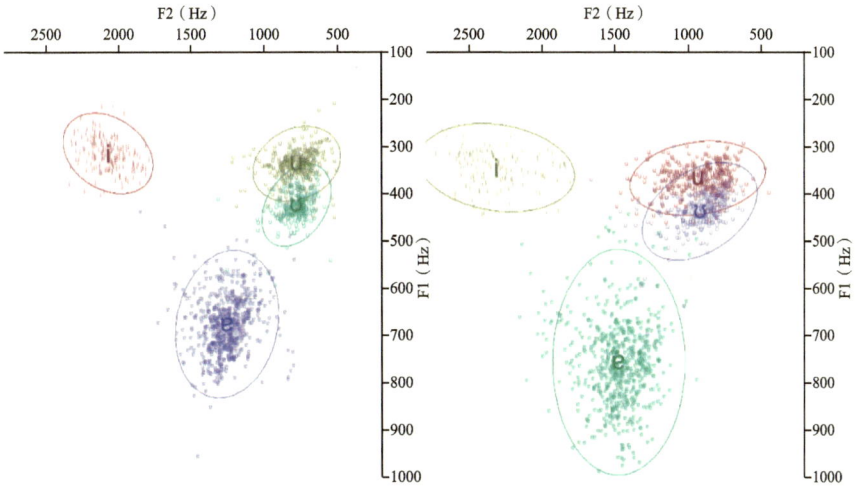

词首音节［ʊ］元音在声学空间中的分布模式（M&F）

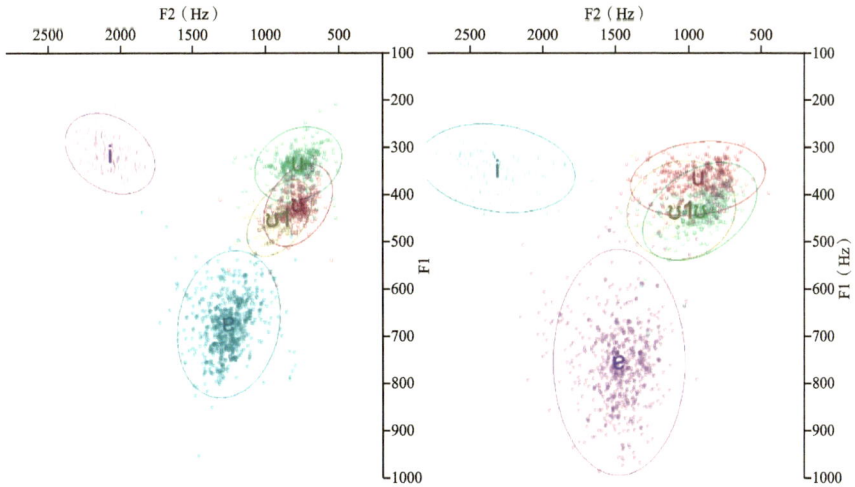

词腹音节［ʊ］元音在声学空间中的分布模式

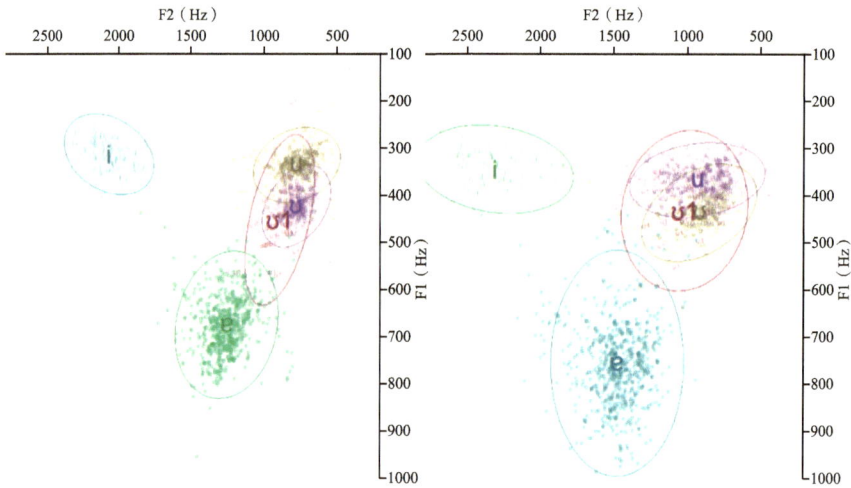

词尾音节［ʊ］元音在声学空间中的分布模式（M&F）

词首音节［u］元音声学参数统计总表

	M					F				
	VD	VA	F1	F2	F3	VD	VA	F1	F2	F3
平均值	89	62.55	337	777	2557	80	66.33	367	933	2776
标准差	0.03	3.4	32.2	121.2	268.4	0.02	2.6	32.1	187.8	399.9
变异系数	29%	6%	10%	16%	10%	28%	4%	9%	20%	14%

词腹音节［u］元音声学参数统计总表

	M					F				
	VD	VA	F1	F2	F3	VD	VA	F1	F2	F3
平均值	57	62.43	338	913	2406	72	66.36	375	1035	2818
标准差	0.01	1.8	32.8	120.2	93.2	0.01	1.8	19.9	140.9	254.3
变异系数	20%	3%	10%	13%	4%	19%	3%	5%	14%	9%

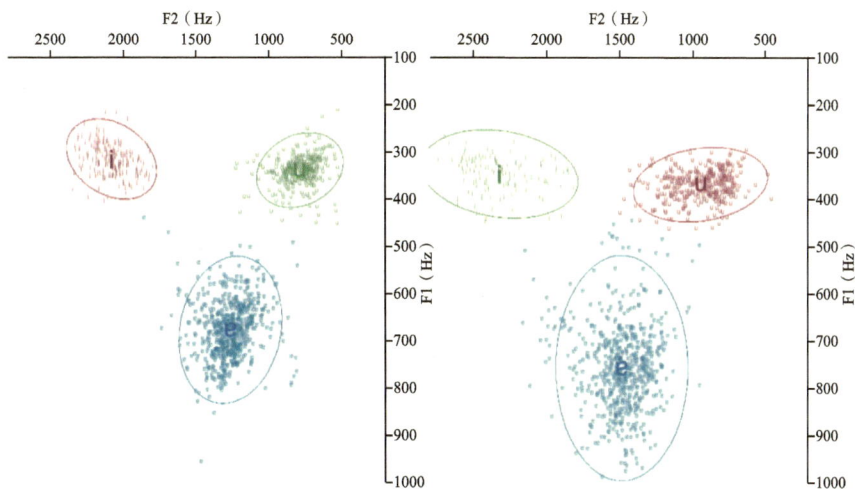

词首音节［u］元音在声学空间中的分布模式（M&F）

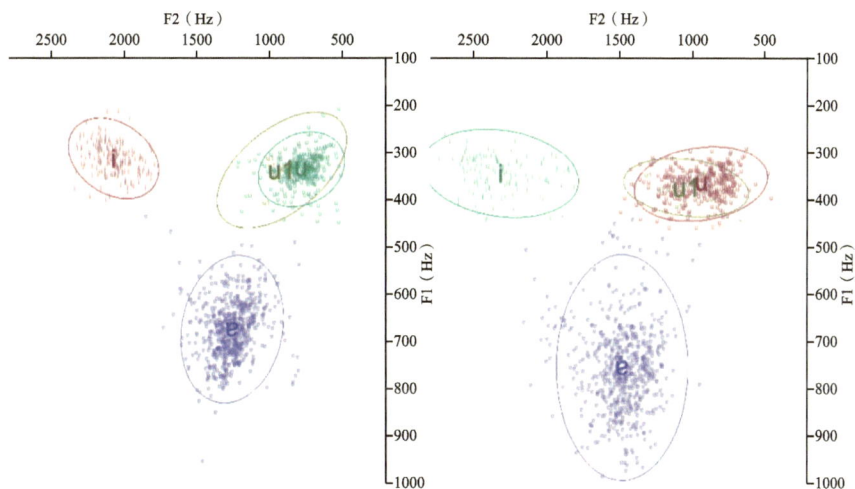

词腹音节［u］元音在声学空间中的分布模式（M&F）

（三）词首与非词首音节短元音的声学参数差异性分析

为消除上述直观数据和语图对比所得结果的局限性，我们采用单因素方差分析，以 sig（显著性）系数进一步验证了布里亚特语词首音节、词腹音节和词尾音节短元音声学参数均值（第一、第二共振峰和音长均值）之间的显著性差异（详见表 2.58~2.63）。

表 2.58　词首音节、词腹音节和词尾音节 [ɐ] 元音声学参数之间的显著性差异检验结果

	sig（显著性）*					
	M		F		M	F
	F1	F2	F1	F2	VD	VD
词首音节—词腹音节	.000	.000	.000	.000	.000	.000
词首音节—词尾音节	.000	.000	.000	.000	.539	.000
词腹音节—词尾音节	.000	.000	.000	.000	.000	.000

表 2.59　词首音节、词腹音节和词尾音节 [ə] 元音声学参数之间的显著性差异检验结果

	sig（显著性）					
	M		F		M	F
	F1	F2	F1	F2	VD	VD
词首音节—词腹音节	.000	.000	.000	.000	.000	.000
词首音节—词尾音节	.000	.000	.000	.000	.000	.255
词腹音节—词尾音节	.002	.614	.000	.003	.000	.000

表 2.60　词首音节、词腹音节和词尾音节 [i] 元音声学参数之间的显著性差异检验结果

	sig（显著性）					
	M		F		M	F
	F1	F2	F1	F2	VD	VD
词首音节—词腹音节	.043	.007	.002	.000	.000	.000
词首音节—词尾音节	.000	.043	.000	.016	.001	.000
词腹音节—词尾音节	.000	.943	.555	.643	.165	.678

表 2.61　词首音节、词腹音节和词尾音节 [ɪ] 元音声学参数之间的显著性差异检验结果

	sig（显著性）					
	M		F		M	F
	F1	F2	F1	F2	VD	VD
词首音节—词腹音节	.170	.002	.012	.107	.000	.002
词首音节—词尾音节	.008	.018	.000	.114	.196	.000
词腹音节—词尾音节	.363	.361	.183	.000	.000	.000

表 2.62 词首音节、词腹音节和词尾音节［ɔ］元音声学参数之间的显著性差异检验结果

	sig（显著性）					
	M		F		M	F
	F1	F2	F1	F2	VD	VD
词首音节—词腹音节	.000	.974	.000	.137	.000	.000
词首音节—词尾音节	.000	.000	.001	.989	.016	.313
词腹音节—词尾音节	.000	.000	.148	.411	.000	.062

表 2.63 词首音节、词腹音节和词尾音节［ʊ］元音声学参数之间的显著性差异检验结果

	sig（显著性）					
	M		F		M	F
	F1	F2	F1	F2	VD	VD
词首音节—词腹音节	.000	.000	.984	.000	.000	.000
词首音节—词尾音节	.065	.000	.964	.019	.000	.001
词腹音节—词尾音节	.986	.827	.989	.810	.202	.871

　　布里亚特语［ɤ、ə、i、ɪ、ɔ、ʊ］等 6 个短元音在词首音、词腹和词尾等音节位置上声学参数之间的显著性差异检验结果（见表 2.58～2.63）显示：在词首音节—词腹音节和词首音节—词尾音节上出现的上述 6 个元音的第一、第二共振峰频率（F1、F2）均值之间基本上都存在显著性差异，即词首音节和非词首音节短元音之间除［ɪ］元音之外，都存在显著性差异；而词腹音节—词尾音节短元音之间，即非词首音节短元音之间除［ɤ］元音之外，基本上不存在显著性差异。

　　基于上述分析，本书中我们只分析词首音节和词尾音节短元音之间的声学特征差异，暂时忽略词腹音节和词尾音节短元音之间的声学特征差异。为此，本书只讨论词首音节和词尾音节短元音的声学特征，不专门阐述词腹音节短元音的声学特征。

五　词尾音节短元音

　　在"统一平台"中，词尾位置上共出现了［ɪ、e、i、ɔ、ʊ、u、ɿ］等短元音。其中，［u］元音的出现频率较少（在男发音人语料中出现 3 次，女发音语料中出现 6 次），本次研究暂不分析。

（一）［ɐ］元音

1. 参数平均值及其音质定位

表 2.64 为词尾音节［ɐ］元音参数统计表，图 2.82 为男发音人［ɐjɐ］"旋律"一词的三维语图和三层标注图，图 2.83 为男、女发音人词尾音节［ɐ］元音在声学空间中的分布模式图（国际音标位置为其总均值。左图为男发音人，右图为女发音人，下同）。表 2.64 显示男、女发音人词尾音节［ɐ］元音的音长、音强和第一、第二共振峰（F1、F2）的频率均值分别为 M = 100ms，F = 89ms；M = 66.58dB，F = 64.31dB；M：F1 = 553Hz，F2 = 1208Hz；F：F1 = 621Hz，F2 = 1579Hz。

表 2.64　词尾音节［ɐ］元音声学参数统计

单位：VD 为 ms，VA 为 dB，F 为 Hz

	M					F				
	VD	VA	F1	F2	F3	VD	VA	F1	F2	F3
平均值	100	66.58	553	1208	2391	89	64.31	621	1579	3016
标准差	0.02	2.7	68.5	145.5	495.7	0.02	3.2	85.3	161.4	243.3
变异系数	23%	4%	12%	12%	21%	24%	5%	14%	10%	8%

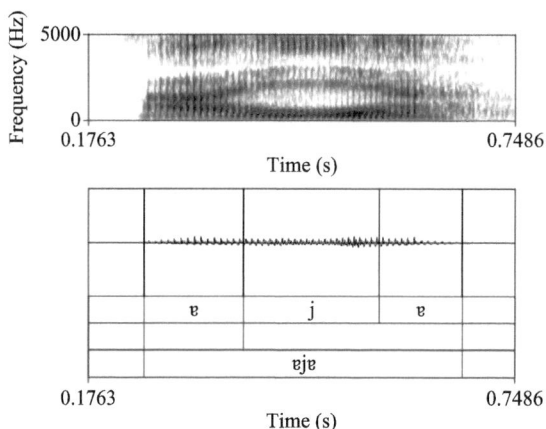

图 2.82　男发音人［ɐjɐ］"旋律"一词的三维语图和三层标注实例

根据表 2.64、图 2.82 ~ 2.83 可以看出，与布里亚特语词首音节［ɐ］

元音相比，词尾音节 [ɐ] 元音的舌位明显上升趋于央元音位置，国际音标的标记规则本应标记为 [ɐ] 音标接近其实际音值，但是为了标记方便，本书暂时未使用该标记法，仍用 [ɐ] 音标标记词尾音节元音（绘图时为避免与词首音节 [ɐ] 元音混淆，在图中用 [ɐ1] 表示词尾音节 [ɐ] 元音，下同；其余词尾元音在图中均按此例处理）。图 2.82 为词尾音节 [ɐ] 元音比较典型的声学语图。从图 2.82 上测量到的词尾音节 [ɐ] 元音目标位置上的 F1~F4 共振峰分别为 600Hz、1212Hz、2422Hz、3526Hz。根据上述数据和语图以及布里亚特语词尾音节元音的整体分布模式，我们认为布里亚特语词尾音节 [ɐ] 元音与词首音节 [ɐ] 元音相比，其舌位既前移，又上升，趋向央元音位置，可以认为是央、展唇、紧元音。图 2.83 显示，词尾音节 [ɐ] 元音在声学空间中的分布方向（趋势）为：舌位在高、低维度上的变化大，前、后维度上的变化相对小。

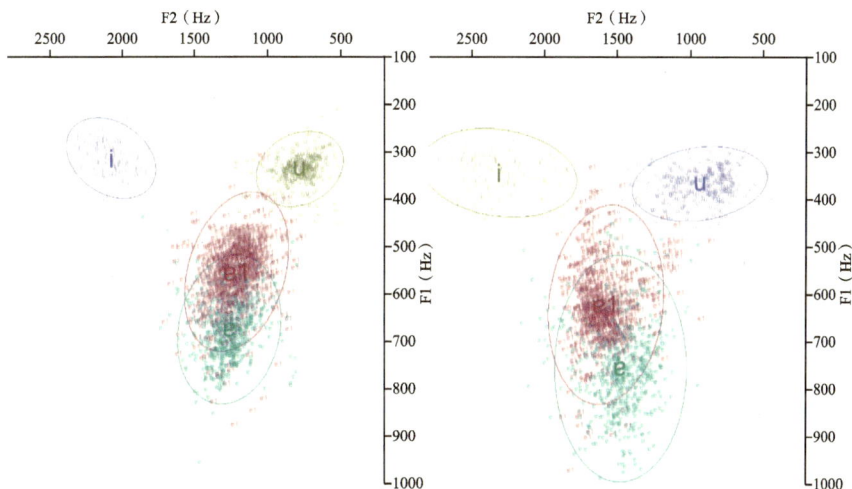

图 2.83　词尾音节 [ɐ] 元音在声学空间中的分布模式（M&F）

　　图 2.84~2.85 为词尾音节 [ɐ] 元音目标位置第一、第二共振峰（F1/F2）及其前过渡（TF1/TF2）和后过渡（TP1/TP2）共振峰比较图。其中，图 2.84 为目标位置共振峰和前过渡共振峰比较图，图 2.85 为目标位置共振峰和后过渡共振峰比较图（图中的左图为男发音人的，右图为女发音人的，下同）。从图 2.84~2.85 中可以看出，与目标位置共振峰频率相比，词尾音节 [ɐ] 元音前、后过渡段共振峰频率都有所变化，并且它们的变化有以下两个特点。

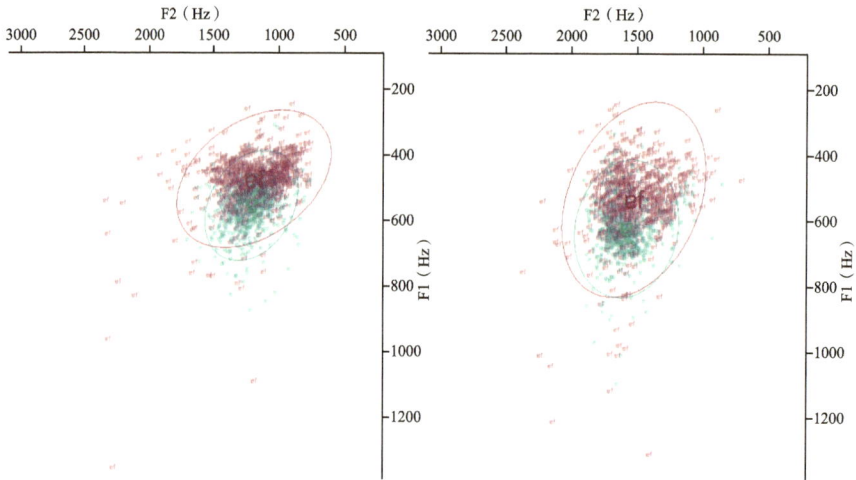

图 2.84 词尾 [ɐ] 元音目标位置共振峰（F1/F2）及其前过渡段共振峰（TF1/TF2）频率比较（M&F）

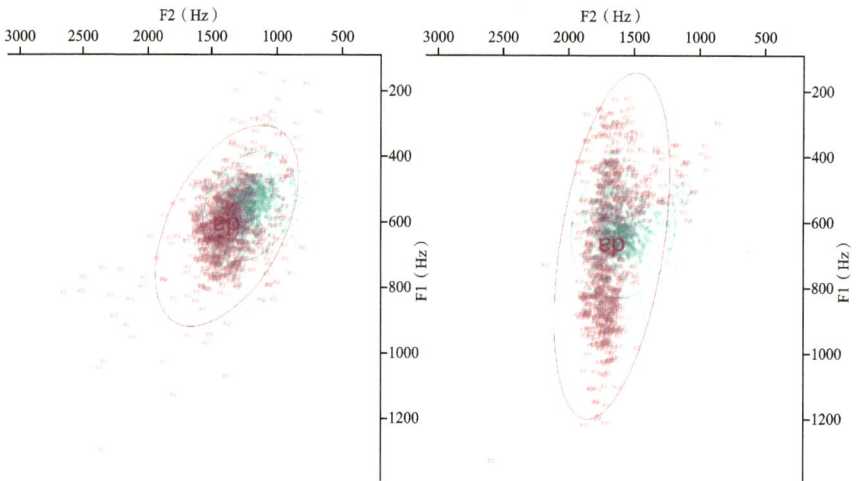

图 2.85 词尾音节 [ɐ] 元音目标位置共振峰（F1/F2）及其后过渡段共振峰（TP1/TP2）频率比较（M&F）

第一，词尾音节 [ɐ] 元音的后过渡段共振峰频率变化比其前过渡段共振峰变化相对大，也就是说，词尾音节 [ɐ] 元音的后过渡段的舌位变化明显大于其前过渡段，即"后过渡段变化大于前过渡段变化"。说明词尾音节 [ɐ] 元音共振峰频率较容易受其后置语音（辅音）的影响。

第二，"后过渡段变化大于前过渡段变化"主要表现在其舌位高、低维

度上，即高、低维度上的变化大于其前、后维度上的变化，说明词尾音节
[ɐ] 元音的舌位高低较容易受语境的影响。

2. 元音声学参数与其所处语境之间的相关性问题

（1）元音声学参数与其所出现的单词音节数量之间的相关性

表 2.65 为词尾音节 [ɐ] 元音在双音节、三音节和多音节词中出现的
频率统计表。表 2.65 显示，词尾音节 [ɐ] 元音在双音节词和三音节词出
现的比例都较高，合计约为 88%（M）和 91%（F），在三音节以上词中的
出现频率相对低。说明我们的语音声学参数数据库中多音节词的比例相
对少。

表 2.65　在双、三和多音节词中出现的词尾音节 [ɐ] 元音统计

发音人	双音节词		三音节词		多音节词		共计	
	M	F	M	F	M	F	M	F
出现次数	269	322	299	220	77	56	645	598
百分比	42%	54%	46%	37%	12%	9%	100%	100%

表 2.66 为在双、三和多音节词中出现的词尾音节 [ɐ] 元音的音长
（VD）、音强（VA）和目标位置第一至第三共振峰频率（F1~F3）均值统
计表，图 2.86~2.88 为音节数量与词尾音节 [ɐ] 元音音长、音强和元音目
标位置第一至第三共振峰频率（F1~F3）均值之间的关系示意图。从表
2.66 和图 2.86~2.88 中可以看出，词尾音节 [ɐ] 元音的音长、音强及其
目标位置第一至第三共振峰频率均值与其所出现的词的音节数量之间没有
相关性。显然，音节数量的多或少对该元音声学参数的影响不显著。

表 2.66　在不同音节词中出现的词尾音节 [ɐ] 元音声学参数统计

单位：VD 为 ms，VA 为 dB，F 为 Hz，下同

发音人统计项		M					F				
		VD	VA	F1	F2	F3	VD	VA	F1	F2	F3
双音节词	平均值	101	66.8	556	1224	2388	91	64.97	629	1560	3000
	标准差	0.02	2.6	68	160.7	534.9	0.02	2.9	84.9	159.8	262.6
	变异系数	24%	4%	12%	13%	22%	26%	5%	13%	10%	9%

续表

发音人 统计项		M					F				
		VD	VA	F1	F2	F3	VD	VA	F1	F2	F3
三音 节词	平均值	99	66.48	554	1193	2394	86	63.64	611	1595	3037
	标准差	0.02	2.7	70.2	133.9	484.2	0.02	3.5	89.6	170.2	225.5
	变异系数	24%	4%	13%	11%	20%	21%	5%	15%	11%	7%
多音 节词	平均值	100	66.19	540	1208	2391	90	63.12	619	1619	3020
	标准差	0.02	3	63	127	392.3	0.02	3	64.7	116.2	184.8
	变异系数	17%	4%	12%	11%	16%	19%	5%	10%	7%	6%

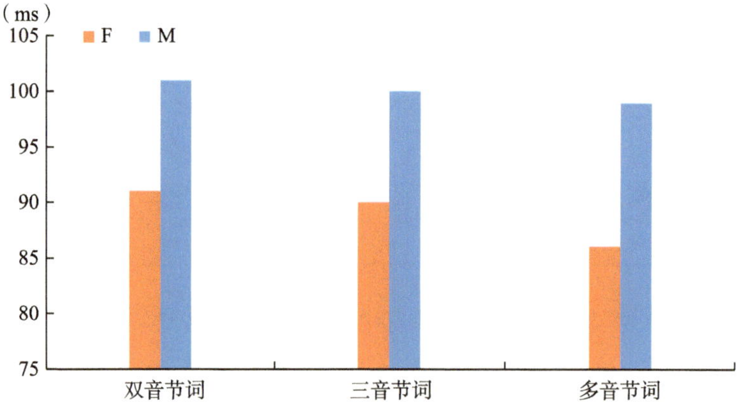

图 2.86　音节数量与词尾音节 [ɐ] 元音音长之间的关系示意 （M&F）

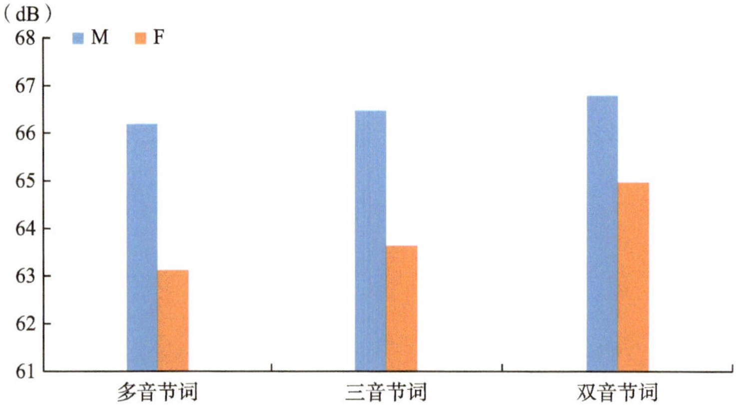

图 2.87　音节数量与词尾音节 [ɐ] 元音音强之间的关系示意 （M&F）

　　为消除上述直观数据和语图对比所得结果的局限性，我们采用单因素方差分析，以 sig（显著性）系数进一步验证元音声学参数与其所出现的不

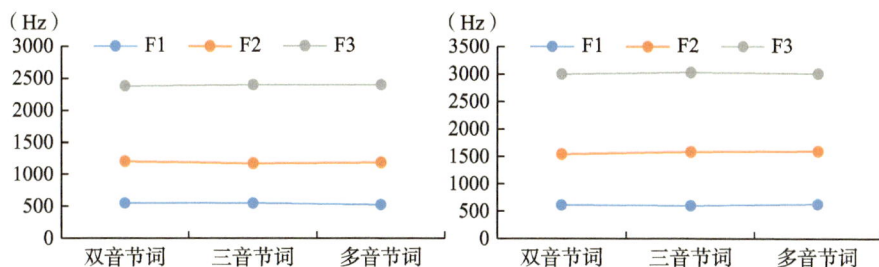

图 2.88 音节数量与词尾音节 [ɐ] 元音第一、第二和第三共振峰频率均值之间的关系示意 （M&F）

同语境之间的相关性问题。表 2.67 为用 sig（显著性）系数进行验证的词尾音节 [ɐ] 元音第一、第二共振峰频率（F1/F2）和音长（VD）与其所出现的单词音节数量之间的相关性检验结果。检验结果显示，布里亚特语词尾音节 [ɐ] 元音的音长及其目标位置第一和第二共振峰频率均值与其所出现的音节数量之间几乎没有相关性。

表 2.67 词尾音节 [ɐ] 元音第一、第二共振峰频率、音长与其所出现的单词音节数量之间的相关性检验结果

	sig（显著性）					
	M		F		M	F
	F1	F2	F1	F2	VD	VD
双音节词—三音节词	.957	.032	.046	.043	.665	.006
双音节词—多音节词	.156	.618	.580	.004	.817	.838
三音节词—多音节词	.223	.625	.702	.448	.995	.265

（2）元音声学参数与其所出现的音节类型之间的相关性

表 2.68 是在不同音节类型中出现的词尾音节 [ɐ] 元音统计表。该表显示，词尾音节 [ɐ] 元音在 CV 音节中的出现比例最高。可以认为 CV 是布里亚特语的主要音节类型。

表 2.68 在不同音节类型中出现的词尾音节 [ɐ] 元音统计

发音人	音节类型	CV	CjV	CVC	CjVC	共计
M	出现次数	557	3	84	1	645
F	出现次数	490	4	103	1	598
M	百分比	86%	1%	13%		100%

发音人	音节类型	CV	CjV	CVC	CjVC	共计
F	百分比	82%	1%	17%		100%

表 2.69~2.70 为在不同音节类型中出现的词尾音节 ［ɐ］元音的声学参数统计表，图 2.89~2.91 为在不同音节类型中出现的词尾音节 ［ɐ］元音音长、音强和元音目标位置第一至第三共振峰频率（F1~F3）均值之间的关系示意图。从表 2.69~2.70 和图 2.89~2.91 中可以看出，在开音节（CV）中出现的词尾音节 ［ɐ］元音的音长比在闭音节中出现的音长相对长。说明词尾音节 ［ɐ］元音的音长受其所处音节类型的影响。词尾音节 ［ɐ］元音在开音节中的音长比其闭音节中的音长相对长。

表 2.69 在不同音节类型中出现的词尾音节 ［ɐ］元音声学参数统计（M）

		VD	VA	F1	F2	F3
V	平均值	106	66.69	552	1218	2380
	标准差	0.02	2.7	61.6	138	473.3
	变异系数	17%	4%	11%	11%	20%
CjV	平均值	82	65.33	542	1527	2628
	标准差	0.01	1.5	124.2	61.7	683.4
	变异系数	18%	2%	23%	4%	26%
CVC	平均值	63	65.86	559	1123	2464
	标准差	0.02	2.5	102.5	154.3	619.5
	变异系数	27%	4%	18%	14%	25%
CjVC	平均值	58	68	649	1509	1905
	标准差					
	变异系数					

表 2.70 在不同音节类型中出现的词尾音节 ［ɐ］元音声学参数统计（F）

		VD	VA	F1	F2	F3
V	平均值	95	63.95	623	1619	3019
	标准差	0.02	3.2	83.7	119.3	220.2
	变异系数	20%	5%	13%	7%	7%
CjV	平均值	92	66.25	818	1694	2776
	标准差	0.02	3	166.9	251.8	81.8
	变异系数	17%	5%	20%	15%	3%

续表

		VD	VA	F1	F2	F3
CVC	平均值	63	65.94	604	1381	3010
	标准差	0.01	2.8	79.2	185.5	333.5
	变异系数	23%	4%	13%	13%	11%
CjVC	平均值	98	65	694	1608	2815
	标准差					
	变异系数					

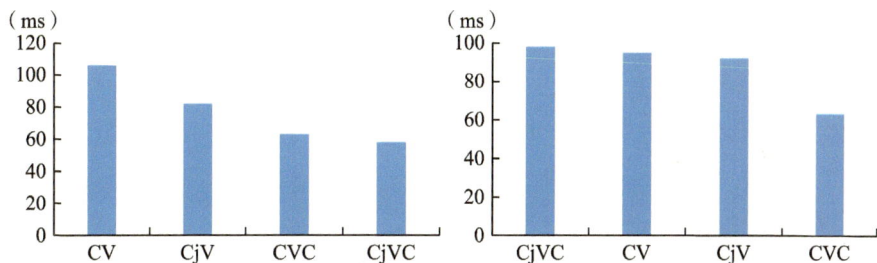

图 2.89　在不同音节类型中出现的词尾音节［ɐ］元音音长比较（M&F）

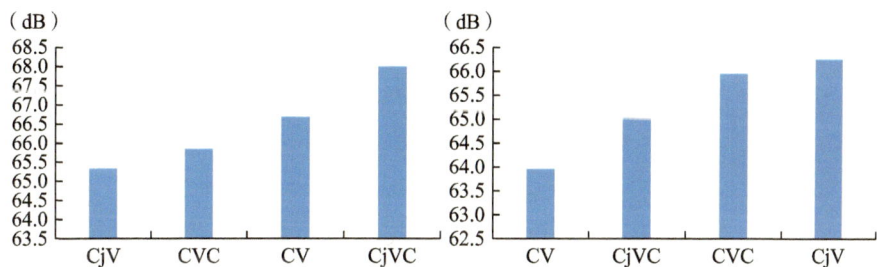

图 2.90　在不同音节类型中出现的词尾音节［ɐ］元音音强比较（M&F）

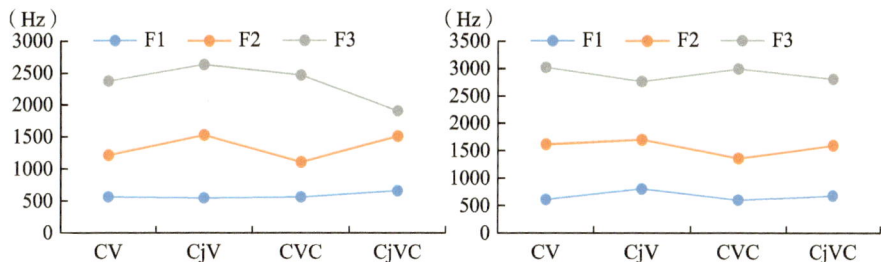

图 2.91　在不同音节类型中出现的词尾音节［ɐ］元音第一、第二和第三共振峰
（F1、F2、F3）频率均值比较（M&F）

表 2.71 为用 sig（显著性）系数进行验证的在 CV 和 CVC 音节中出现

的词尾音节 [ɐ] 元音第一、第二共振峰频率（F1/F2）均值和音长（VD）之间的相关性检验结果。

表 2.71　检验结果

	sig（显著性）					
	M		F		M	F
	F1	F2	F1	F2	VD	VD
CV-CVC	.369	.000	.037	.000	.000	.000

　　检验结果显示，在 CV 和 CVC 音节中出现的词尾音节 [ɐ] 元音的音长（VD）具有显著性差异，即在开音节中出现的音长比在其闭音节中出现的音长相对长。说明词尾音节 [ɐ] 元音的音长受其所处音节类型（开、闭）的影响。

　　（3）元音声学参数与其前置辅音音质之间的相关性

　　以上我们探讨了词尾音节元音声学参数与其所出现的单词音节数量和音节类型之间的相关性问题。下面分析词尾音节元音声学参数与其前置辅音音质之间的相关性问题，即词尾音节元音声学参数与其前置辅音音质之间的相关性问题。

　　图 2.92~2.93 为在 [g-，n-，ʃ-，m-，x-，s-，d-，l-，j-，tʰ-，r-，ʒ-，h-，z-，b-] 等辅音之后出现的词尾音节 [ɐ] 元音的音长及其目标位置第一、第二和第三共振峰的前过渡段频率（TF1、TF2、TF3）的变化示意图。其中，图 2.93 为以 TF2 的上升为准排列的，即以舌位自后至前排列的示意图（左图为男发音人示意图，右图为女发音人示意图）。

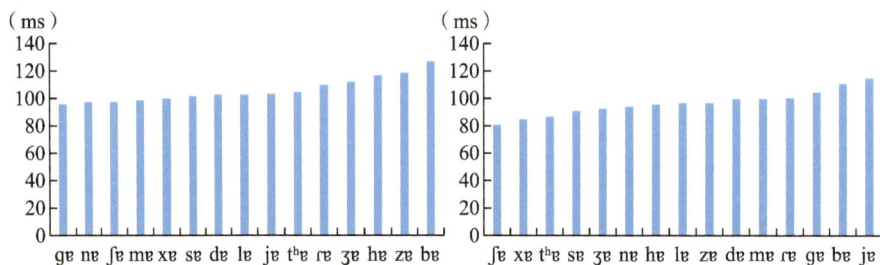

图 2.92　在不同辅音之后出现的词尾音节 [ɐ] 元音音长比较（M&F）

　　图 2.92 显示，词尾音节 [ɐ] 元音的音长与其前置辅音音质之间几乎没有相关性。而其第二共振峰频率均值与其前置辅音音质之间却有一定的

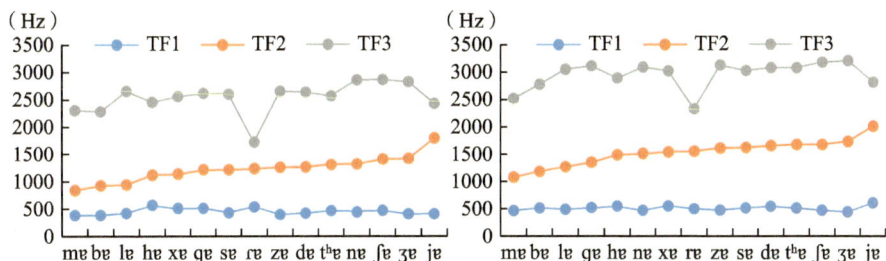

图 2.93 在不同辅音之后出现的词尾音节 [ɐ] 元音目标位置三个共振峰的前过渡段频率变化示意（M&F）

相关性。如，在 [ɾ-，z-，s-，d-，tʰ-，ʃ-，ʒ-，j-] 等舌尖和舌叶辅音之后出现的词尾音节 [ɐ] 元音的第二共振峰前过渡段频率比在其他辅音 [g-，m-，x-，h-，b-] 之后出现的频率相对高（[n-，l-] 除外）。说明该元音的舌位受其前置辅音舌位的影响较明显。

（二）[ə] 元音

1. 参数平均值及其音质定位

表 2.72 为词尾音节 [ə] 元音声学参数统计表，图 2.94 为男发音人 [unər]"味道"一词的三维语图和三层标注实例，图 2.95 为男女发音人词尾音节 [ə] 元音在声学空间中的分布模式图。表 2.72 显示男女发音人词尾音节 [ə] 元音的音长、音强和第一、第二共振峰（F1、F2）的频率的均值分别为 M = 86ms，F = 76ms；M = 68.12dB，F = 65.45 dB；M：F1 = 407Hz，F2 = 1332Hz；F：F1 = 441Hz，F2 = 1542Hz。

表 2.72 词尾音节 [ə] 元音声学参数统计

	M					F				
	VD	VA	F1	F2	F3	VD	VA	F1	F2	F3
平均值	86	68.12	407	1332	2522	76	65.45	441	1542	2919
标准差	0.03	3.1	72.5	299.1	325.7	0.02	3.4	65.6	270.2	351.3
变异系数	36%	5%	18%	22%	13%	30%	5%	15%	18%	12%

根据表 2.72、图 2.94 和图 2.95 可以看出，与布里亚特语词首音节 [ə] 元音相比，词尾音节 [ə] 元音的舌位明显趋向了央元音位置，国际音标的标记规则本应标记为 [ə] 音标接近其实际音值，但是为了标记方便，

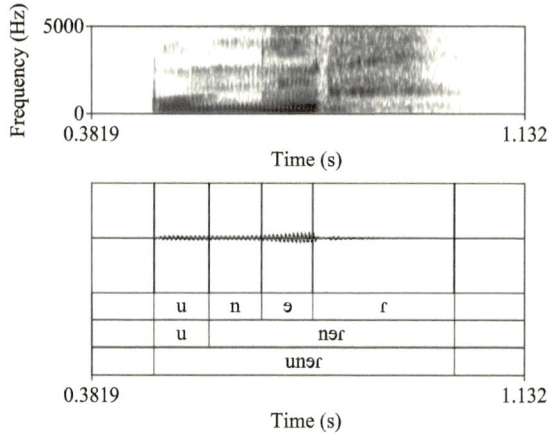

图 2.94　男发音人 [unər] "味道" 一词的三维语图和三层标注实例

本书暂时未使用该标记法，仍用 [ə] 音标标记词尾音节元音。图 2.94 为词尾音节 [ə] 元音比较典型的声学语图。从图 2.94 上测量到的词尾音节 [ə] 元音目标位置上的 F1 ~ F4 共振峰分别为 411Hz、1411Hz、2466Hz、3816Hz。根据上述数据和语图以及布里亚特语词尾音节元音的整体分布模式，我们认为布里亚特语词尾音节 [ə] 元音与词首音节 [ə] 元音相比，其舌位已趋向了央元音位置。可以认为是典型的展唇央元音。图 2.95 显示，词尾音节 [ə] 元音在声学空间中的分布方向（趋势）为：在高、低维度和前、后维度上都发生了显著变化，占据了典型央元音位置。

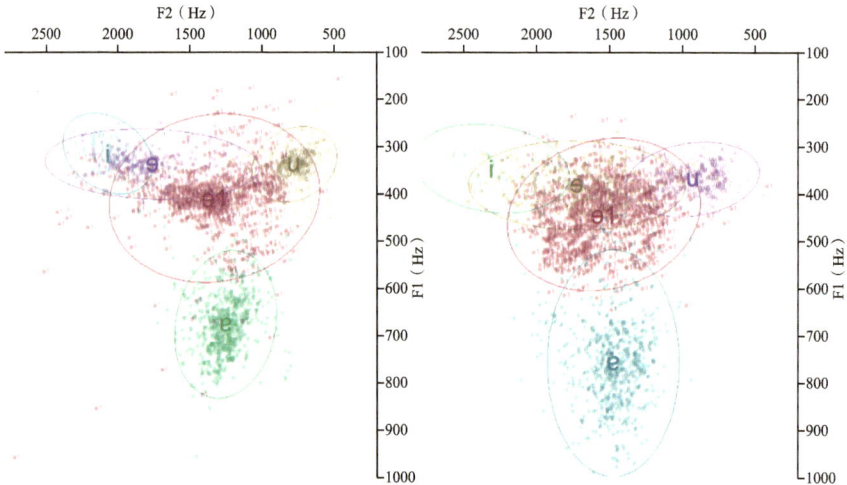

图 2.95　词尾音节 [ə] 元音在声学空间中的分布模式（M&F）

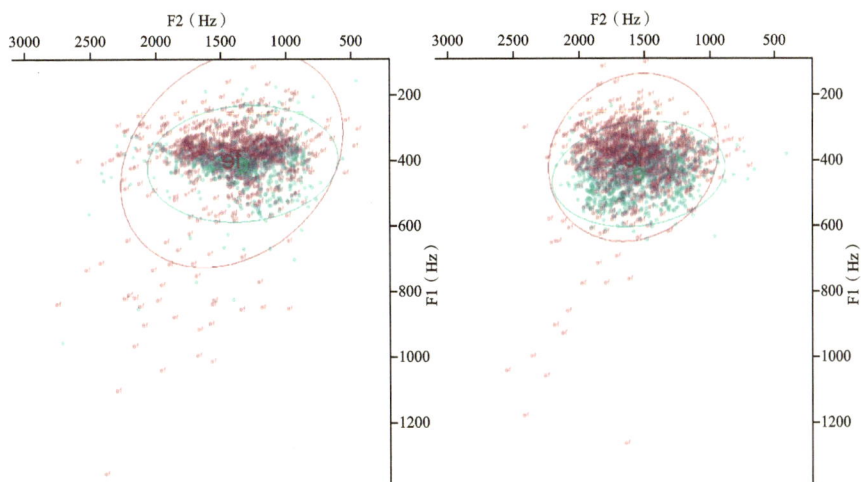

图 2.96　词尾音节［ə］元音目标位置共振峰（F1/F2）及其前过渡段共振峰（TF1/TF2）频率比较（M&F）

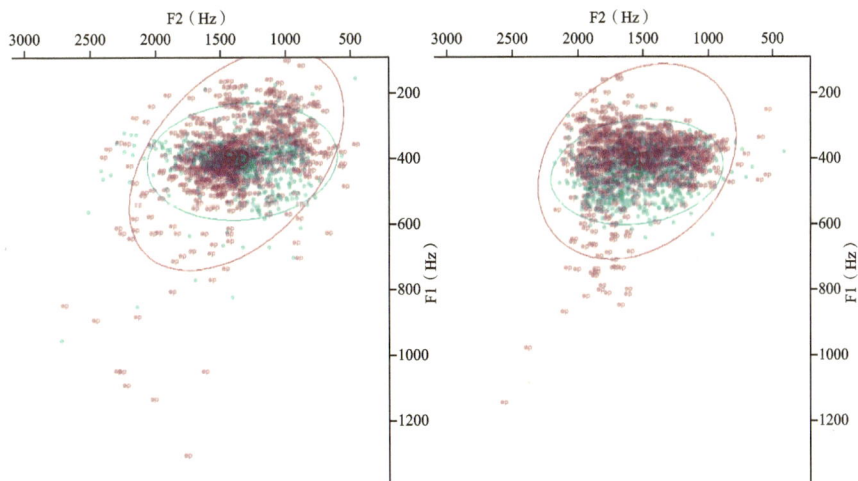

图 2.97　词尾音节［ə］元音目标位置共振峰（F1/F2）及其后过渡段共振峰（TP1/TP2）频率比较（M&F）

图 2.96～2.97 为词尾音节［ə］元音目标位置第一、第二共振峰（F1/F2）及其前过渡（TF1/TF2）和后过渡（TP1/TP2）共振峰比较图。其中，图 2.96 为目标位置共振峰和前过渡共振峰比较图，图 2.97 为目标位置共振峰和后过渡共振峰比较图。从图 2.96～2.97 中可以看出，与目标位置共振峰频率相比，词尾音节［ə］元音前、后过渡段共振峰频率都有所变化，并

且它们的变化有以下两个特点。

第一，词尾音节［ə］元音的后过渡段共振峰频率变化比其前过渡段共振峰变化相对大，也就是说，词尾音节［ə］元音的后过渡段的舌位变化明显大于其前过渡段，即"后过渡段变化大于前过渡段变化"。说明词尾音节［ə］元音共振峰频率较容易受其后置语音（辅音）的影响。

第二，"后过渡段变化大于前过渡段变化"主要表现在其舌位高、低维度上，即高、低维度上的变化大于其前、后维度上的变化，说明词尾音节［ə］元音的舌位高低较容易受语境的影响。

词尾音节［ə］元音的上述特点与词尾音节［ɐ］元音相似。

2. 元音声学参数与其所处语境之间的相关性问题

（1）元音声学参数与其所出现的单词音节数量之间的相关性

表 2.73 为在双音节、三音节和多音节词中出现的词尾音节［ə］元音统计表。表 2.73 显示，词尾音节［ə］元音在双音节词中出现的比例较高，分别为 56%（M）和 60%（F）。这一特点与词尾音节［ɐ］元音不同。

表 2.73　在双、三和多音节词中出现的词尾音节［ə］元音统计

发音人	双音节词		三音节词		多音节词		共计	
	M	F	M	F	M	F	M	F
出现次数	379	465	262	281	41	32	682	778
百分比	56%	60%	38%	36%	6%	4%	100%	100%

表 2.74 为在双、三和多音节词中出现的词尾音节［ə］元音的音长（VD）、音强（VA）和目标位置第一至第三共振峰频率（F1~F3）均值统计表，图 2.98~2.100 为音节数量与词尾音节［ə］元音音长、音强和元音目标位置第一至第三共振峰频率（F1~F3）均值之间的关系示意图。从表 2.74 和图 2.98~2.100 中可以看出，［ə］元音的音长、音强与其所出现的词的音节数量之间几乎没有相关性。但其目标位置第一、第二和第三共振峰频率均值与其所出现的词的音节数量之间具有一定的相关性，词尾音节［ə］元音的第二共振峰频率随着音节数量的增多而相对上升。其中，在双音节词和多音节词中的第二共振峰频率均值的差异较显著。

表 2.74　在双、三和多音节词中出现的 [ə] 元音声学参数统计

发音人 统计项		M					F				
		VD	VA	F1	F2	F3	VD	VA	F1	F2	F3
双音 节词	平均值	82	67.92	411	1318	2505	76	66.08	440	1497	2878
	标准差	0.03	3.2	75.3	317.9	350.2	0.02	3.4	64.9	265	387.7
	变异系数	38%	5%	18%	24%	14%	32%	5%	15%	18%	13%
三音 节词	平均值	91	68.55	403	1339	2543	76	64.57	442	1596	2973
	标准差	0.03	3	69.1	278	300.8	0.02	3.2	67	269.4	285
	变异系数	33%	4%	17%	21%	12%	27%	5%	15%	17%	10%
多音 节词	平均值	85	67.2	405	1421	2549	82	64.12	458	1732	3039
	标准差	0.03	3.2	67.9	230	225	0.02	3.6	61.7	168.5	203.6
	变异系数	37%	5%	17%	16%	9%	23%	6%	13%	10%	7%

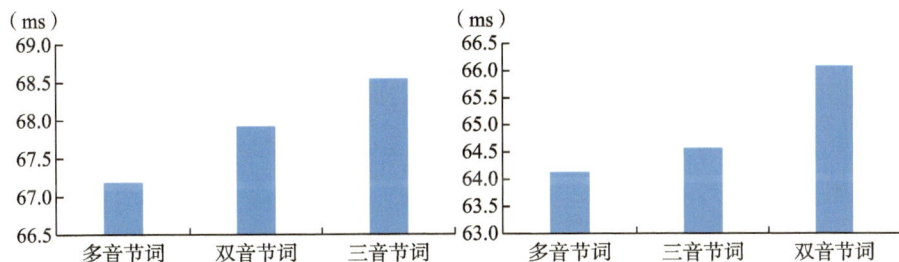

图 2.98　音节数量与词尾音节 [ə] 元音音长之间的关系示意（M&F）

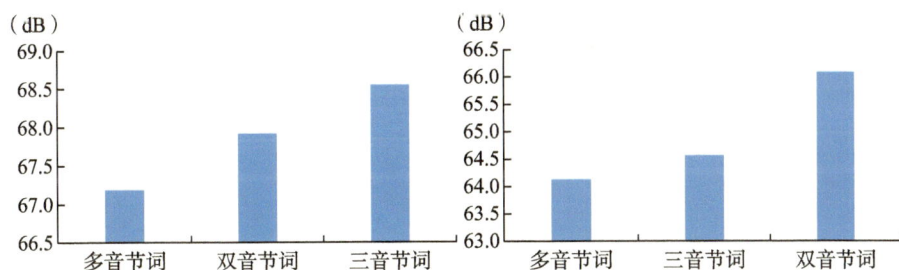

图 2.99　音节数量与词尾音节 [ə] 元音音强之间的关系示意（M&F）

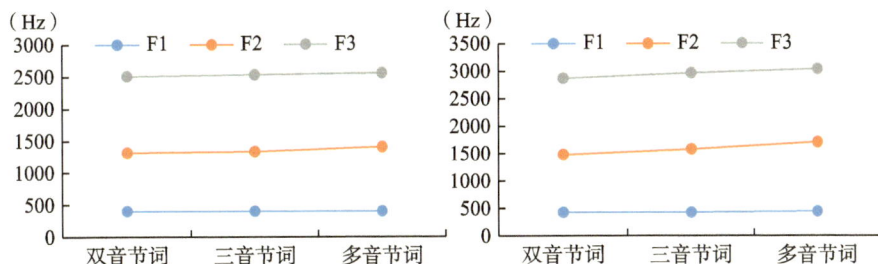

图 2.100　音节数量与词尾音节 [ə] 元音第一、第二和第三共振峰频率均值之间的关系示意（M&F）

表 2.75 为用 sig（显著性）系数进行验证的词尾音节［ə］元音第一、第二共振峰频率（F1/F2）和音长（VD）与其所出现的单词音节数量之间的相关性检验结果。检验结果显示，布里亚特语词尾音节［ə］元音的第二共振峰频率均值与其所出现的音节数量之间具有一定的相关性，即词尾音节［ə］元音的第二共振峰频率随着音节数量的增多而相对上升。

表 2.75　检验结果

	sig（显著性）					
	M		F		M	F
	F1	F2	F1	F2	VD	VD
双音节词—三音节词	.348	.654	.934	.000	.003	1.000
双音节词—多音节词	.846	.032	.248	.000	.887	.192
三音节词—多音节词	.987	.109	.334	.001	.536	.200

（2）元音声学参数与其所出现的音节类型之间的相关性

统一平台统计结果显示，词尾音节［ə］元音共出现 682 次（男）和 778 次（女）。其中，大部分都在 CVC 和 CV 等两种音节中出现的（见表 2.76）。

表 2.76　在不同音节类型中出现的词尾音节［ə］元音统计

发音人	音节类型	CV	CjV	CVC	CjVC	CVCC	共计
M	出现次数	328	2	351	1		682
F	出现次数	269		507	1	1	778
M	百分比	52%		48%			100%
F	百分比	65%		35%			100%

表 2.77　出现在不同音节类型中词尾音节［ə］元音的声学参数统计（M）

		VD	VA	F1	F2	F3
V	平均值	206	73.05	427	1318	2704
	标准差	0.04	5.7	45.6	160	201.3
	变异系数	19%	7.8%	10.7%	12.1%	7.4%
CjV	平均值	175	73.1	450	1404	2609
	标准差	0.03	6.2	38.1	99.8	211.4
	变异系数	20.2%	8.5%	8.4%	7.1%	8.1%

续表

		VD	VA	F1	F2	F3
CVC	平均值	91	73.61	435	1358	2656
	标准差	0.02	4.9	40.6	144.8	302.7
	变异系数	30.6%	6.7%	9.3%	10.6%	11.4%
CjVC	平均值	69	74.6	415	1442	2438
	标准差	0.01	2.3	22.4	155.3	135.4
	变异系数	18.8%	3%	5.4%	10.7%	5.5%

表 2.78 出现在不同音节类型中词尾音节 [ə] 元音的声学参数统计 （F）

		VD	VA	F1	F2	F3
CV	平均值	196	69.71	491	1500	2992
	标准差	0.04	5.1	60.6	221.6	215.5
	变异系数	24.1%	7.4%	12.3%	14.7%	7.2%
CjV	平均值	156	70	563	1679	3028
	标准差	0.05	5.2	103.4	39	41.7
	变异系数	36.6%	7.5%	18.3%	2.3%	1.3%
CVC	平均值	59	70.33	451	1607	2890
	标准差	0.02	4.6	97.7	215.8	333.5
	变异系数	36.6%	6.6%	21.6%	13.4%	11.5%
CjVC	平均值	60	70	369	1868	2635
	标准差					
	变异系数					
CVCC	平均值	50	65	614	1747	3374
	标准差					
	变异系数					

　　表 2.77～2.78 为在不同音节类型中出现的词尾音节 [ə] 元音的声学参数统计表，图 2.101～2.103 为在不同音节类型中出现的词尾音节 [ə] 元音音长、音强和元音目标位置第一至第三共振峰频率（F1～F3）均值之间的关系示意图。从表 2.77～2.78 和图 2.101～2.103 中可以看出，在开音节（CV）中出现的词尾音节 [ə] 元音的音长比在闭音节中出现的音长相对长。说明词尾音节 [ə] 元音的音长受其所处音节类型的影响。

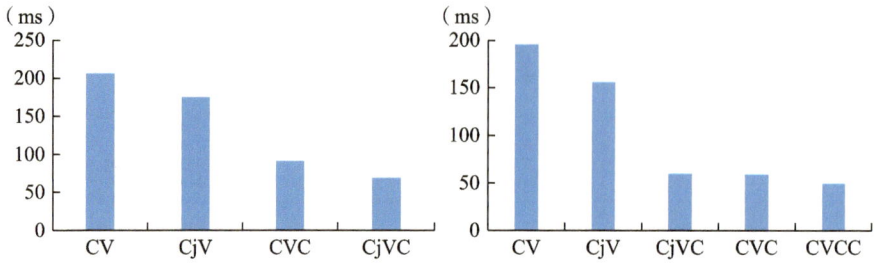

图 2.101　在不同音节类型中出现词尾音节［ə］元音音长均值比较（M&F）

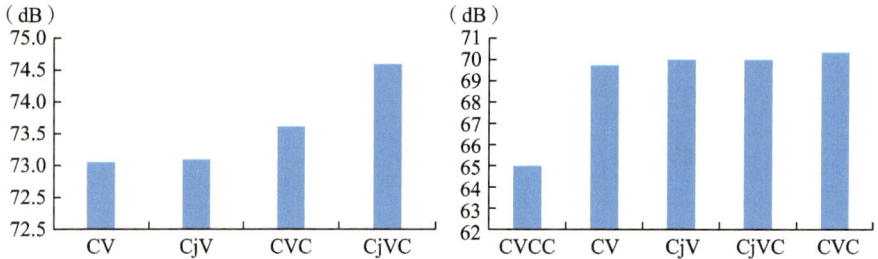

图 2.102　在不同音节类型中出现词尾音节［ə］元音音强均值比较（M&F）

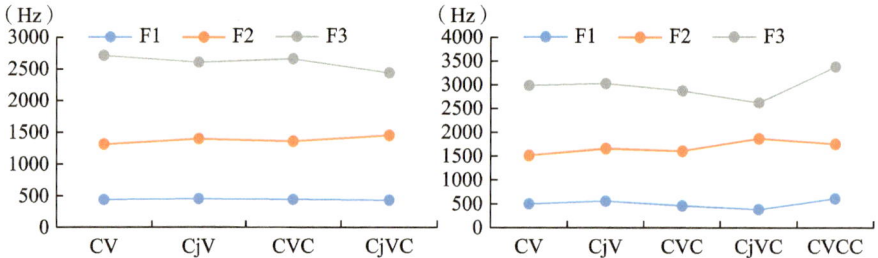

图 2.103　在不同音节类型中出现词尾音节［ə］元音第一、第二和第三共振峰
频率均值比较（M&F）

表 2.79 为用 sig（显著性）系数进行验证的在 CV 和 CVC 音节中出现的词尾音节［ə］元音第一、第二共振峰频率（F1/F2）均值和音长（VD）之间的相关性检验结果。检验结果显示，在 CV 和 CVC 音节中出现的词尾音节［ə］元音的音长（VD）具有显著性差异。说明词尾音节［ə］元音的

表 2.79　检验结果

	sig（显著性）					
	M		F		M	F
	F1	F2	F1	F2	VD	VD
CV-CVC	.730	.000	.000	.000	.000	.000

音长受其所处音节类型（开、闭）的影响。词尾音节［ə］元音在开音节中的音长比其闭音节中的音长相对长。

（3）元音声学参数与其前置辅音音质之间的相关性

图 2.104~2.105 为在［g-，n-，ʃ-，m-，x-，s-，d-，l-，j-，tʰ-，r-，ʒ-，h-，z-，b-］等辅音之后出现的词尾音节［ə］元音音长及其目标位置第一、第二和第三共振峰的前过渡段频率（TF1、TF2、TF3）的变化示意图。其中，图 2.105 为以 TF2 的上升为准排列的，即以舌位自后至前排列的示意图（左图为女发音人示意图，右图为男发音人示意图）。

图 2.104 显示，词尾音节［ə］元音的音长与其前置辅音音质之间几乎没有相关性。而其第二共振峰频率均值与其前置辅音音质之间却有一定的相关性，在［r-，z-，s-，d-，tʰ-，ʃ-，ʒ-，j-］等舌尖和舌叶辅音之后出现的词尾音节［ə］元音的第二共振峰前过渡段频率比在其他辅音［g-，m-，x-，h-，b-］之后出现的频率相对高（［l-］除外）。说明该元音的舌位受其前置辅音舌位的影响较明显。

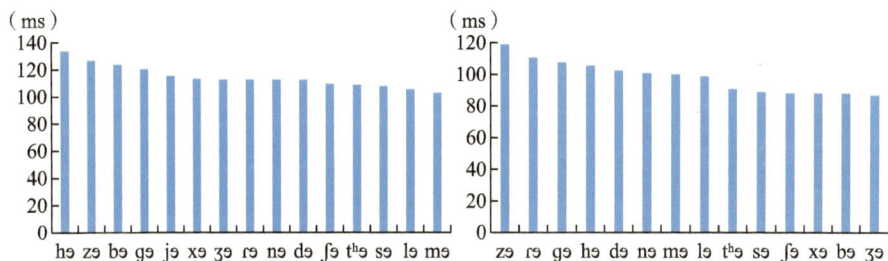

图 2.104　在不同辅音之后出现的词尾音节［ə］元音音长比较（M&F）

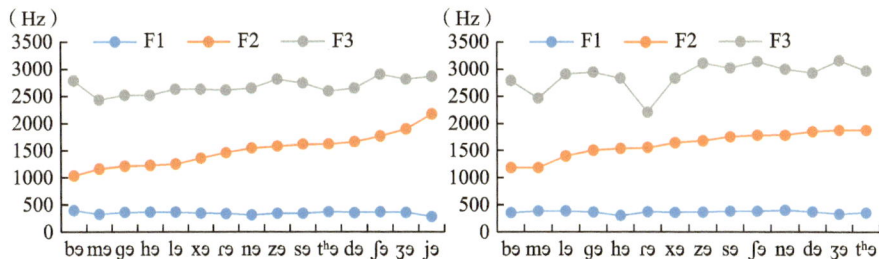

图 2.105　在不同辅音之后出现的词尾音节［ə］元音目标位置三个共振峰的前过渡段频率变化示意（M&F）

（三）［i］元音

1. 参数平均值及其音质定位

表 2.80 为词尾音节［i］元音声学参数统计表，图 2.106 男发音人［xɐɾiŋ］"但是"一词的三维语图和三层标注实例，图 2.107 为男、女发音人词尾音节［i］元音在声学空间中的分布模式图。表 2.64 显示男、女发音人词尾音节［i］元音的音长、音强和第一、第二共振峰（F1，F2）的频率的均值分别为 M = 69ms，F = 59ms；M = 67.28dB，F = 66.50dB；M：F1 = 374Hz，F2 = 1960Hz；F：F1 = 377Hz，F2 = 2163Hz。

表 2.80　词尾音节［i］元音声学参数统计

	M					F				
	VD	VA	F1	F2	F3	VD	VA	F1	F2	F3
平均值	69	67.28	374	1960	2528	59	66.50	377	2163	2841
标准差	0.02	2.4	35.5	222.1	342.7	0.02	3.6	38.8	315.6	282.2
变异系数	34%	4%	9%	11%	14%	36%	5%	10%	15%	10%

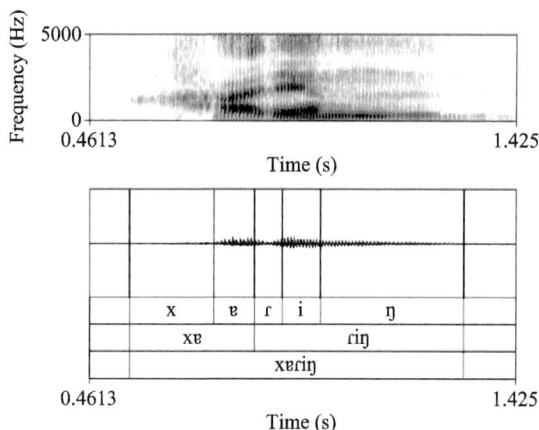

图 2.106　男发音人［xɐɾiŋ］"但是"一词的三维语图和三层标注实例

根据表 2.80、图 2.106～2.107 可以看出，与布里亚特语词首音节［i］元音相比，词尾音节［i］元音的舌位明显下降、靠后，趋于央元音位置。国际音标的标记规则本应标记为［i̞］或［ɪ］，接近其实际音值，但是为了标记方便，本书暂时未使用该标记法，仍用［i］音标标记词尾音节元音。

图 2.106 为词尾音节［i］元音比较典型的声学语图。从图 2.106 上测量到的词尾音节［i］元音目标位置上的 F1~F4 共振峰分别为 366Hz、2001Hz、2521Hz、3695Hz。根据上述数据和语图以及布里亚特语词尾音节元音的整体分布模式，我们认为布里亚特语词尾音节［i］元音与词首音节［i］元音相比，其舌位既后移，又下降，趋向了央元音位置，可以认为是次高、展唇、松元音。图 2.107 显示，词尾音节［i］元音在声学空间中的分布方向（趋势）为：舌位在高低维度上的变化相对小，在前后维度上的变化相对大。

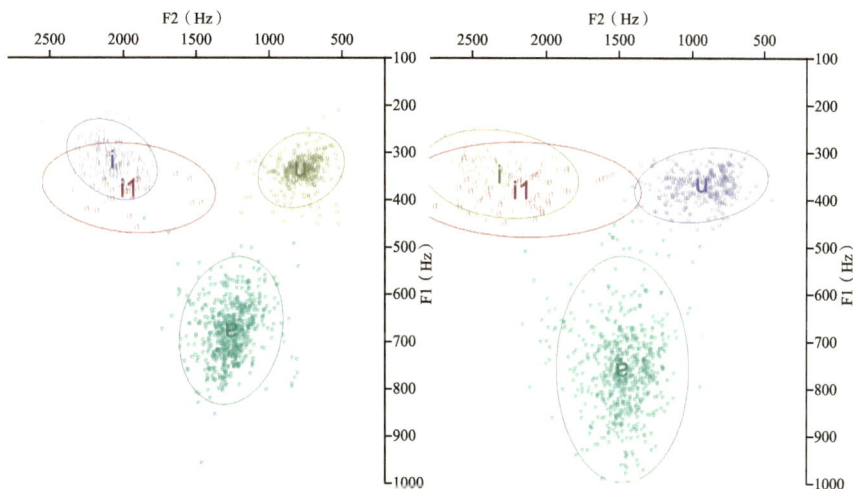

图 2.107　词尾音节［i］元音在声学空间中的分布模式（M&F）

2. 元音声学参数与其所处语境之间的相关性问题

（1）元音声学参数与其所出现的单词音节数量之间的相关性

表 2.81 为词尾音节［i］元音在双音节、三音节和多音节词中出现的频率统计表。表 2.81 显示，词尾音节［i］元音在双音节词中的出现频率相对高，分别为 80%（M）和 83%（F），在多音节词中的出现频率较低，没有统计学意义。

表 2.81　词尾音节［i］元音出现频率统计

	双音节词		三音节词		多音节词		共计	
发音人	M	F	M	F	M	F	M	F
出现次数	20	35	5	6		1	25	42
百分比	80%	83%	20%	14%		3%	100%	100%

表 2.82　在不同音节词中出现的词尾音节 [i] 元音的声学参数统计

发音人 统计项		M					F				
		VD	VA	F1	F2	F3	VD	VA	F1	F2	F3
双音 节词	平均值	71	67.3	379	1955	2544	58	66.34	376	2193	2848
	标准差	0.02	2.7	37.2	231.5	379.6	0.02	3.4	40.8	324.1	308.1
	变异系数	35%	4%	10%	12%	15%	35%	5%	11%	15%	11%
三音 节词	平均值	62	67.2	355	1980	2463	63	67	390	2019	2810
	标准差	0.02	1.1	20.6	202.3	116.4	0.03	4.7	27.3	252.7	70.1
	变异系数	29%	2%	6%	10%	5%	47%	7%	7%	13%	2%
多音 节词	平均值						46	69	360	1972	2777
	标准差										
	变异系数										

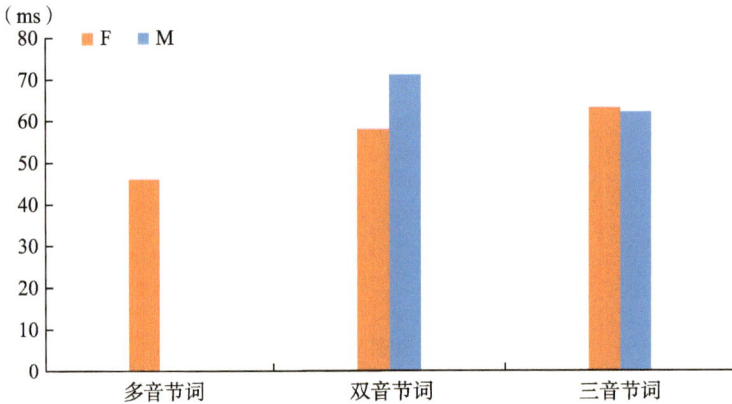

图 2.108　音节数量与词尾音节 [i] 元音音长之间的关系示意 （M&F）

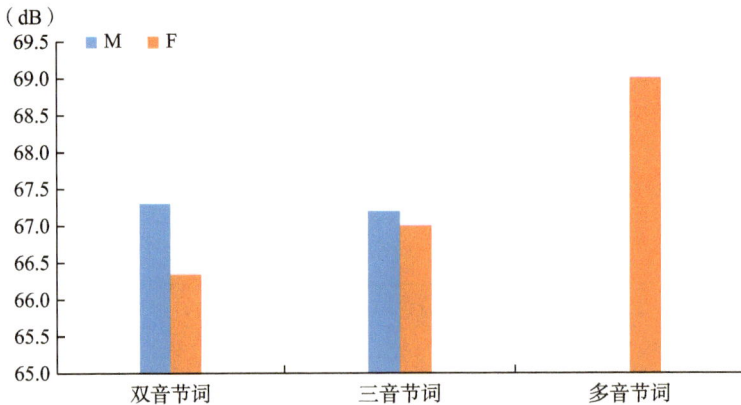

图 2.109　音节数量与词尾音节 [i] 元音音强之间的关系示意 （M&F）

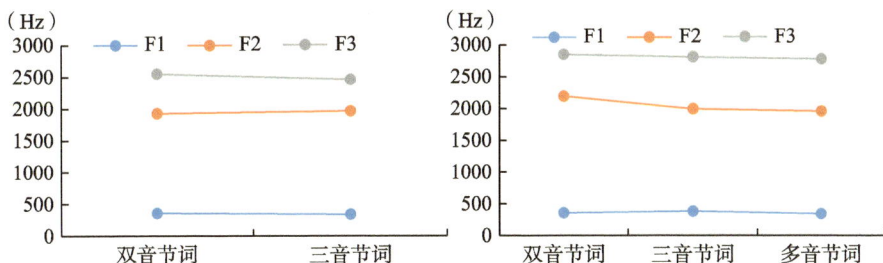

图 2.110　音节数量与词尾音节［i］元音第一、第二和第三共振峰频率均值之间的关系示意（M&F）

表 2.82 为在双、三和多音节词中出现的词尾音节［i］元音的音长（VD）、音强（VA）和目标位置第一至第三共振峰频率（F1~F3）均值统计表，图 2.108~2.110 为音节数量与词尾音节［i］元音音长、音强和元音目标位置第一至第三共振峰频率（F1~F3）均值之间的关系示意图。从表 2.82 和图 2.108~2.110 中可以看出，词尾音节［i］元音的音长、音强及其目标位置第一至第三共振峰频率均值与其所出现的词的音节数量之间几乎没有相关性。

（2）元音声学参数与其所出现的音节类型之间的相关性

表 2.83 为在不同音节类型中出现的词尾音节［i］元音统计表。该表显示，词尾音节［i］元音在"统一平台"中共出现 25 次（M）和 42 次（F）。其中，主要在 CVC 音节中出现的。

表 2.83　在不同音节类型中出现的词尾音节［i］元音频率统计

发音人	音节类型	CV	CVC	共计
M	出现次数	1	24	25
F	出现次数	3	39	42

表 2.84~2.85 为在不同音节类型中出现的词尾音节［i］元音声学参数统计表，图 2.111~2.113 为根据表 2.84~2.85 绘制的在不同音节类型中出现的词尾音节［i］元音音长、音强和元音目标位置第一至第三共振峰频率（F1~F3）均值之间的关系示意图。从表 2.84~2.85 和图 2.111~2.113 中可以看出，第一，在开音节（CV）中出现的词尾音节［i］元音的音长比在闭音节（CVC）中出现的音长相对长；第二，在开音节（CV）中出现的词

尾音节［i］元音的共振峰频率均值比在闭音节（CVC）中出现的共振峰频率相对低。说明词尾音节［i］元音的音长和共振峰频率受其所处音节类型的影响。

表 2.84　在不同音节类型中出现的词尾音节［i］元音声学参数统计（M）

		VD	VA	F1	F2	F3
CV	平均值	123	67	354	1906	2463
	标准差					
	变异系数					
CVC	平均值	67	67.29	375	1962	2531
	标准差	0.02	2.5	36	226.6	349.8
	变异系数	32%	4%	10%	12%	14%

表 2.85　在不同音节类型中出现的词尾音节［i］元音声学参数统计（F）

		VD	VA	F1	F2	F3
CV	平均值	117	67.33	360	2054	2763
	标准差	0	3.5	11	391.9	156.7
	变异系数	2%	5%	3%	19%	6%
CVC	平均值	54	66.44	379	2171	2847
	标准差	0.01	3.6	40	313.7	290
	变异系数	26%	5%	11%	14%	10%

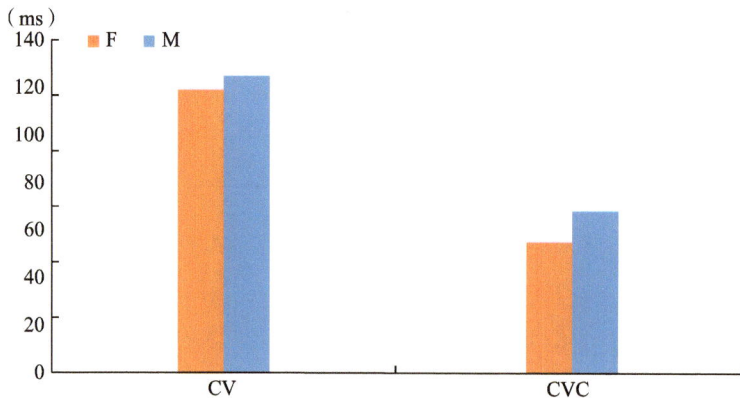

图 2.111　在不同音节类型中出现的词尾音节［i］元音音长均值比较（M&F）

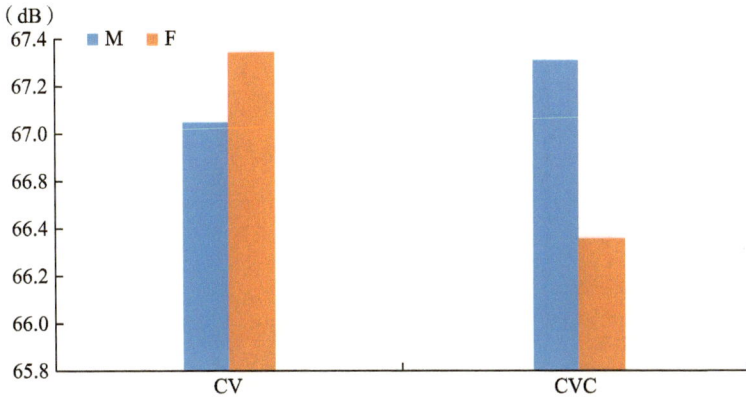

图 2.112　在不同音节类型中出现的词尾音节 [i] 元音音强均值比较（M&F）

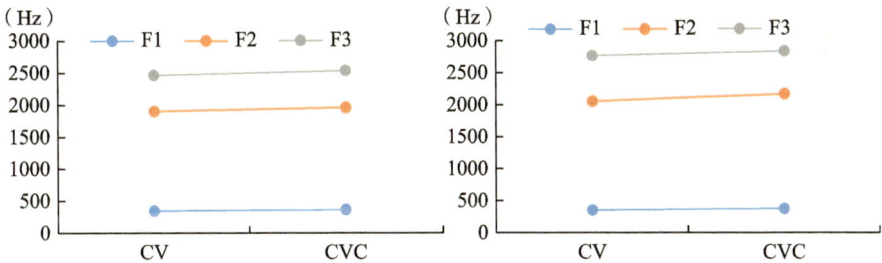

图 2.113　在不同音节类型中出现的词尾音节 [i] 元音第一、第二和第三共振峰
（F1、F2、F3）频率均值比较（M&F）

（四）[ɪ] 元音

1. 参数平均值及其音质定位

表 2.86 为词尾音节 [ɪ] 元音参数统计表，图 2.114 为男发音人 [mɔrɪŋ]"马"一词的三维语图和三层标注实例，图 2.115 为男、女发音人词尾音节 [ɪ] 元音在声学空间中的分布模式图。表 2.86 显示男、女发音人词尾音节 [ɪ] 元音的音长、音强和第一、第二共振峰（F1、F2）的频率均值分别为 M = 101ms，F = 94ms；M = 67.43dB，F = 65.85dB；M：F1 = 415Hz，F2 = 1819Hz；F：F1 = 458Hz，F2 = 2159Hz。

表 2.86　词尾音节 [ɪ] 元音声学参数统计

	M					F				
	VD	VA	F1	F2	F3	VD	VA	F1	F2	F3
平均值	101	67.43	415	1819	2494	94	65.85	458	2159	2916

	M					F				
	VD	VA	F1	F2	F3	VD	VA	F1	F2	F3
标准差	0.03	3.2	47.9	151.7	199.6	0.02	3.1	56	172.2	133.2
变异系数	25%	5%	12%	8%	8%	22%	5%	12%	8%	5%

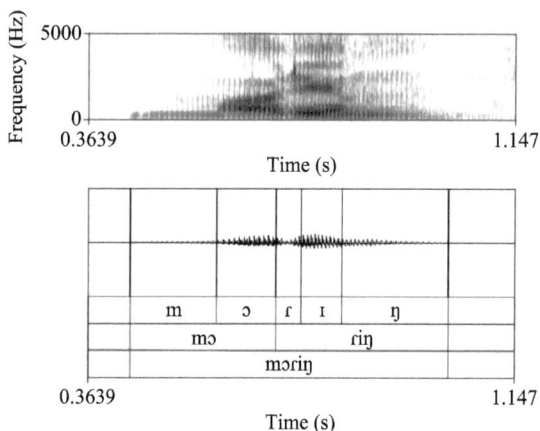

图 2.114　男发音人［mɔɾɪŋ］"马"一词的三维语图和三层标注实例

　　表 2.86、图 2.114~115 显示，与词首音节［ɪ］元音相比，词尾音节［ɪ］元音的舌位明显下降，国际音标的标记规则本应标记为［ɪ］接近其实际音值，但是为了标记方便，本书暂时未使用该标记法，仍用［ɪ］音标标记词尾音节元音。图 2.114 为词尾音节［ɪ］元音比较典型的声学语图。从图 2.114 上测量到的词尾音节［ɪ］元音目标位置上的 F1~F4 共振峰分别为 401Hz、1855Hz、2521Hz、3444Hz。根据上述数据和语图以及布里亚特语词尾音节元音的整体分布模式，我们认为布里亚特语词尾音节［ɪ］元音与词首音节［ɪ］相对下降，可以认为是次高、展唇、紧元音。图 2.115 显示，词尾音节［ɪ］元音在声学空间中的分布方向（趋势）为：舌位在高低维度上的变化较大。

　　图 2.116~2.117 为词尾音节［ɪ］元音目标位置第一、第二共振峰（F1/F2）及其前过渡（TF1/TF2）和后过渡（TP1/TP2）共振峰比较图。其中，图 2.116 为目标位置共振峰和前过渡共振峰比较图，图 2.117 为目标位置共振峰和后过渡共振峰比较图。从图 2.116~2.117 中可以看出，与目标

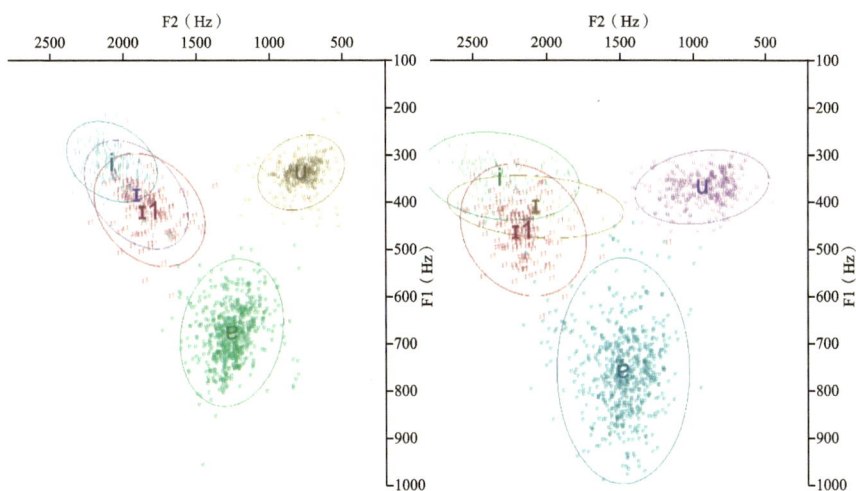

图 2.115 词尾音节 [ɪ] 元音在声学空间中的分布模式 （M&F）

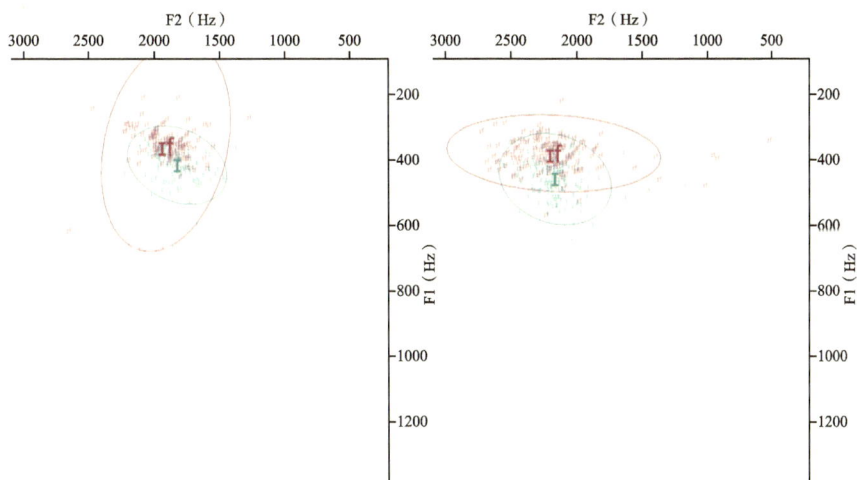

图 2.116 词尾音节 [ɪ] 元音目标位置共振峰 （F1/F2） 及其前过渡段共振峰
（TF1/TF2） 频率比较 （M&F）

位置共振峰频率相比，词尾音节 [ɪ] 元音前、后过渡段共振峰频率都有所
变化，并且它们的变化有以下两个特点。

第一，词尾音节 [ɪ] 元音的前、后过渡段共振峰频率变化都比较大，
说明词尾音节 [ɪ] 元音共振峰频率较容易受其前、后置语音 （辅音） 的
影响。

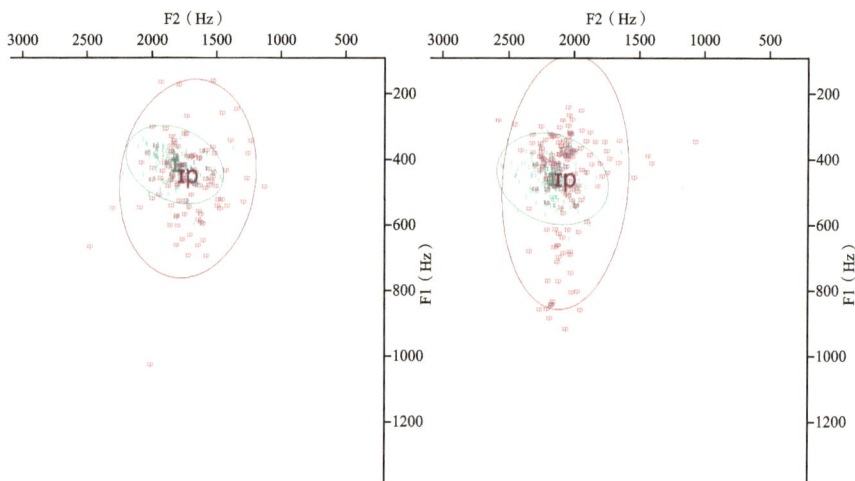

图 2.117　词尾音节 ［ɪ］元音目标位置共振峰 （F1/F2）及其后过渡段共振峰
（TP1/TP2）频率比较 （M&F）

第二，后过渡段的变化主要表现在其舌位高、低维度上，即高、低维度上的变化大于其前、后维度上的变化，说明词尾音节 ［ɪ］元音的舌位在高、低维度上较容易受语境的影响。

2. 元音声学参数与其所处语境之间的相关性问题

（1）元音声学参数与其所出现的单词音节数量之间的相关性

表 2.87 为词尾音节 ［ɪ］元音在双音节、三音节和多音节词中出现的频率统计表。表 2.87 显示，65%（M）和 66%（F）的 ［ɪ］元音都是在双音节词中出现的。表 2.88 为音节数量与词尾音节 ［ɪ］元音音长 （VD）、音强（VA）和目标位置第一至第三共振峰频率 （F1~F3）均值统计表，图 2.118~2.120 为音节数量与 ［ɪ］元音音长、音强和元音目标位置第一至第三共振峰频率 （F1~F3）均值之间的关系。从表 2.88 和图 2.118~2.120 中可以看出，音节数量与词尾音节 ［ɪ］元音声学参数之间几乎没有相关性。

表 2.87　在双、三和多音节词中出现的词尾音节 ［ɪ］元音统计

发音人	双音节词		三音节词		多音节词		共计	
	M	F	M	F	M	F	M	F
出现次数	70	92	26	35	12	12	108	139
百分比	65%	66%	24%	25%	11%	9%	100%	100%

表 2.88　在双、三和多音节词中出现的词尾音节［ɪ］元音的声学参数统计

发音人 统计项		M					F				
		VD	VA	F1	F2	F3	VD	VA	F1	F2	F3
双音 节词	平均值	99	67.56	417	1823	2508	93	66.49	455	2165	2907
	标准差	0.03	2.8	45.4	156.6	216.1	0.02	3	56.8	189.2	153.7
	变异系数	27%	4%	11%	9%	9%	25%	5%	12%	9%	5%
三音 节词	平均值	106	67.73	420	1797	2453	96	64.69	463	2143	2942
	标准差	0.02	2.8	56.9	153	188.8	0.02	2.6	47.3	145.6	85.1
	变异系数	22%	4%	14%	9%	8%	17%	4%	10%	7%	3%
多音 节词	平均值	105	66	393	1839	2498	94	64.33	468	2159	2906
	标准差	0.01	5.4	38	123.3	91.2	0.01	3.6	74.4	95.9	44.6
	变异系数	14%	8%	10%	7%	4%	13%	6%	16%	4%	2%

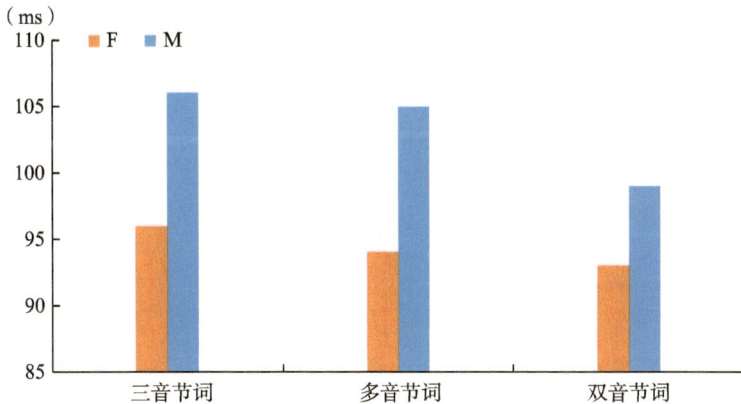

图 2.118　音节数量与词尾音节［ɪ］元音音长之间的关系示意（M&F）

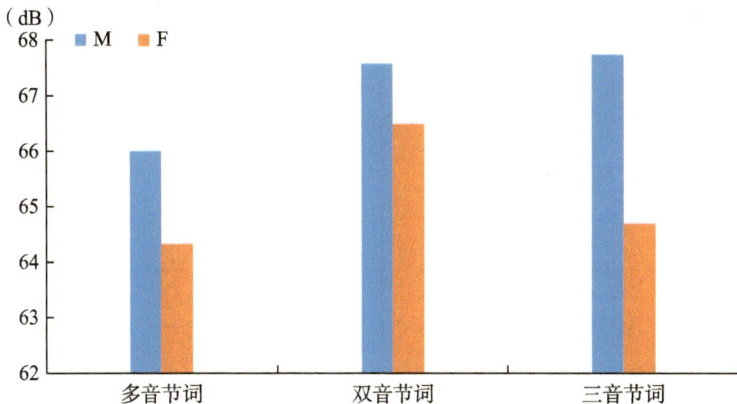

图 2.119　音节数量与词尾音节［ɪ］元音音强之间的关系示意（M&F）

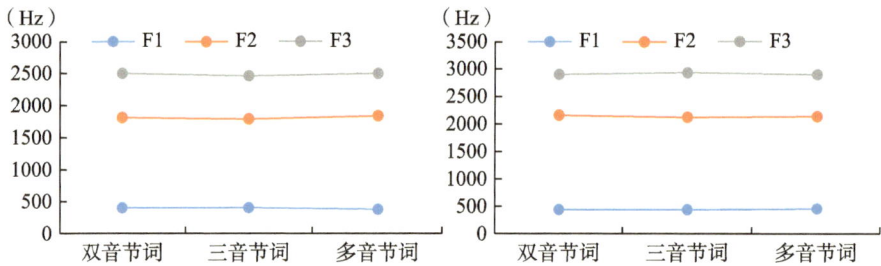

图 2.120　音节数量与词尾音节 [ɪ] 元音共振峰频率均值之间的关系示意 （M&F）

表 2.89 为用 sig（显著性）系数进行验证的 [ɪ] 元音第一、第二共振峰频率（F1/F2）和音长（VD）与其所出现的单词音节数量之间的相关性检验结果。检验结果显示，布里亚特语词尾音节 [ɪ] 元音的音长、音强及其目标位置第一和第二共振峰频率均值与其所出现的音节数量之间没有相关性。

表 2.89　检验结果

	sig（显著性）					
	M		F		M	F
	F1	F2	F1	F2	VD	VD
双音节词—三音节词	.971	.732	.710	.759	.486	.653
双音节词—多音节词	.167	.919	.830	.978	.510	.984
三音节词—多音节词	.229	.637	.972	.908	.995	.850

（2）元音声学参数与其所出现的音节类型之间的相关性

表 2.90 是在不同音节类型中出现的词尾音节 [ɪ] 元音统计表。该表显示，[ɪ] 元音在 CV 音节中的出现比例最高。可以认为，对于词尾音节 [ɪ] 元音来说，CV 是主要出现的音节类型。

表 2.90　不同音节类型中出现的词尾音节 [ɪ] 元音统计

发音人	音节类型	CV	CjV	CVC	共计
M	出现次数	84	1	23	108
F	出现次数	118	2	19	139

表 2.91~2.92 为在不同音节类型中出现的 [ɪ] 元音声学参数统计表，图 2.121~2.123 为在不同音节类型中出现的词尾音节 [ɪ] 元音音长、音强和元音目标位置第一至第三共振峰频率（F1~F3）均值之间的关系示意图。

从图表中可以看出，在开音节（CV）中出现的词尾音节 [ɪ] 元音的音长比在闭音节（CVC）中出现的音长相对长。说明词尾音节 [ɪ] 元音的音长受其所处音节类型的影响。

表 2.91　在不同音节类型中出现的词尾音节 [ɪ] 元音声学参数统计（M）

		VD	VA	F1	F2	F3
CV	平均值	111	67.71	416	1819	2470
	标准差	0.02	3.4	49.1	134.1	162.1
	变异系数	16%	5%	12%	7%	7%
CjV	平均值	89	69	377	1960	2729
	标准差					
	变异系数					
CVC	平均值	66	66.3	414	1812	2569
	标准差	0.02	2.1	44.6	207.8	289.9
	变异系数	25%	3%	11%	11%	11%

表 2.92　在不同音节类型中出现的词尾音节 [ɪ] 元音声学参数统计（F）

		VD	VA	F1	F2	F3
CV	平均值	99	65.81	464	2162	2924
	标准差	0.02	3.2	54.8	165	106.8
	变异系数	17%	5%	12%	8%	4%
CjV	平均值	103	66.5	400	2302	3060
	标准差	0	4.9	19.1	352.1	113.1
	变异系数	4%	7%	5%	15%	4%
CVC	平均值	62	66.05	425	2127	2853
	标准差	0.02	2.4	52.8	200	233
	变异系数	26%	4%	12%	9%	8%

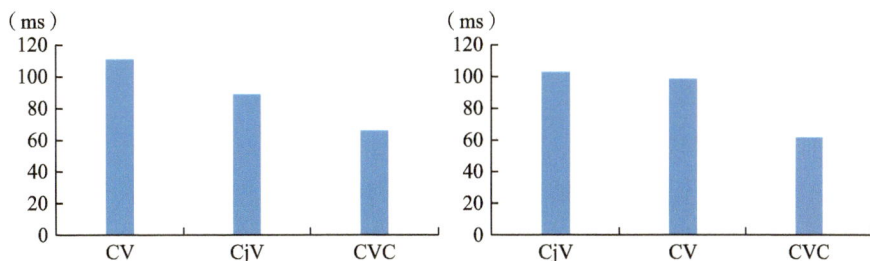

图 2.121　在不同音节类型中出现的词尾音节 [ɪ] 元音音长均值比较（M&F）

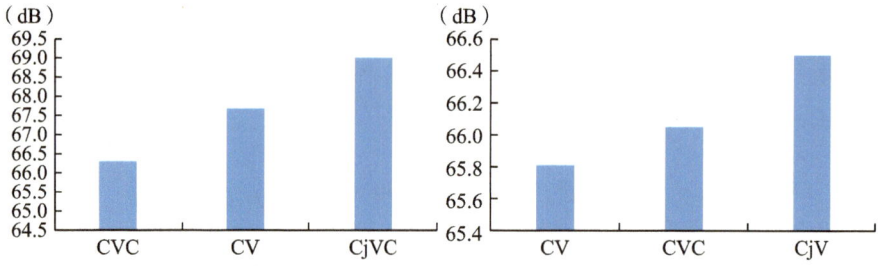

图 2.122　在不同音节类型中出现的词尾音节 [ɪ] 元音音强均值比较（M&F）

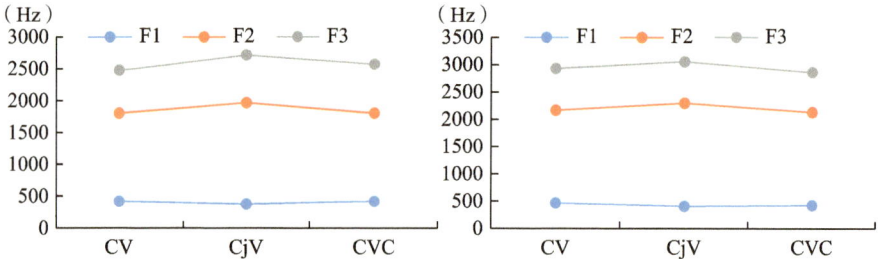

图 2.123　在不同音节类型中出现的词尾音节 [ɪ] 元音第一、第二和第三共振峰频率均值比较（M&F）

表 2.93 为用 sig（显著性）系数进行验证的在 CV 和 CVC 音节中出现的词尾音节 [ɪ] 元音第一、第二共振峰频率（F1/F2）均值和音长（VD）之间的相关性检验结果。

表 2.93　检验结果

	sig（显著性）					
	M		F		M	F
	F1	F2	F1	F2	VD	VD
CV－CVC	.877	.839	.004	.410	.000	.000

检验结果显示，在 CV 和 CVC 音节中出现的词尾音节 [ɪ] 元音的音长（VD）具有显著性差异，即在开音节中出现的音长比在其闭音节中出现的音长相对长。说明词尾音节 [ɪ] 元音的音长受其所处音节类型（开、闭）的影响。

（3）元音声学参数与其前置辅音音质之间的相关性

图 2.124～2.125 为在 [g-，n-，ʃ-，m-，x-，s-，d-，l-，j-，tʰ-，ɾ-，ʒ-，h-，z-，b-] 等辅音之后出现的词尾音节 [ɪ] 元音的音长及其目标位置第一、第二和第三共振峰的前过渡段频率（TF1、TF2、TF3）的变化示意图。其中，图 2.125 为以 TF2 的上升为准排列的，即以舌位自后至

前排列的示意图（左图为男发音人示意图，右图为女发音人示意图）。

图 2.124～2.125 显示，词尾音节 [ɪ] 元音的元音声学参数与其前置辅音音质之间几乎没有相关性。

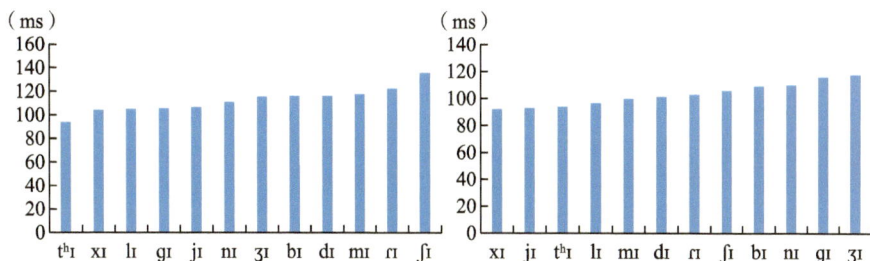

图 2.124　在不同辅音之后出现的词尾音节 [ɪ] 元音音长比较（M&F）

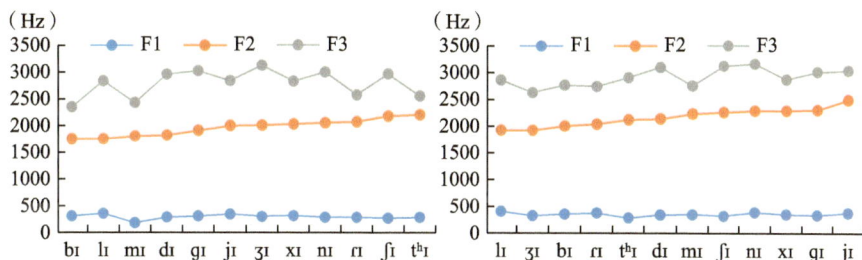

图 2.125　在不同辅音之后出现的词尾音节 [ɪ] 元音目标位置三个共振峰的前过渡段频率变化示意（M&F）

（五）[ɔ] 元音

1. 参数平均值及其音质定位

表 2.94 为词尾音节 [ɔ] 元音参数统计表，图 2.126 为男发音人 [ɔlɔu]"很多"一词的三维语图和三层标注实例，图 2.127 为男、女发音人词尾音节 [ɔ] 元音在声学空间中的分布模式图。表 2.94 显示男、女发音人词尾音节 [ɔ] 元音的音长、音强和第一、第二共振峰（F1、F2）的频率的均值分别为 M=90ms，F=79ms；M=67.25dB，F=65.28dB；M：F1=508Hz，F2=1045Hz；F：F1=528Hz，F2=1135Hz。

表 2.94　词尾音节 [ɔ] 元音声学参数统计

	M					F				
	VD	VA	F1	F2	F3	VD	VA	F1	F2	F3
平均值	90	67.25	508	1045	2392	79	65.28	528	1135	2972

续表

	M					F				
	VD	VA	F1	F2	F3	VD	VA	F1	F2	F3
标准差	0.03	2.9	63.4	182.6	403.3	0.02	2.5	71.1	121.8	228.7
变异系数	30%	4%	12%	17%	17%	27%	4%	13%	11%	8%

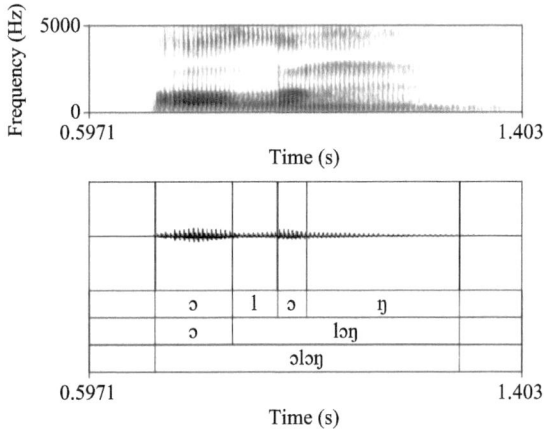

图 2.126　男发音人［ɔlɔŋ］"很多"一词的三维语图和三层标注实例

　　根据表 2.94、图 2.126 和图 2.127 可以看出，与布里亚特语词首音节［ɔ］元音相比，词尾音节［ɔ］元音的舌位明显上升趋于央元音位置，国际音标的标记规则本应标记为［ɞ］，接近其实际音值，但是为了标记方便，本文暂时未使用该标记法，仍用［ɔ］音标标记词尾音节元音。图 2.126 为词尾音节［ɔ］元音比较典型的声学语图。从图 2.126 上测量到的词尾音节［ɔ］元音目标位置上的 F1～F4 共振峰分别为 511Hz、993Hz、2411Hz、3325Hz。根据上述数据和语图以及该元音的整体分布模式，我们认为布里亚特语词尾音节［ɔ］元音与词首音节［ɔ］元音相比，其舌位明显上升，趋向了央元音位置。可以认为是次低、后圆唇、紧元音。图 2.127 显示，词尾音节［ɔ］元音在声学空间中的分布方向（趋势）为：舌位在高、低维度上的变化明显，即该元音在舌位高、低维度上受影响较显著。因受圆唇度的影响其在舌位前、后维度的变化不显著。

　　图 2.128～2.129 为词尾音节［ɔ］元音目标位置第一、第二共振峰（F1/F2）及其前过渡（TF1/TF2）和后过渡（TP1/TP2）共振峰比较图。其

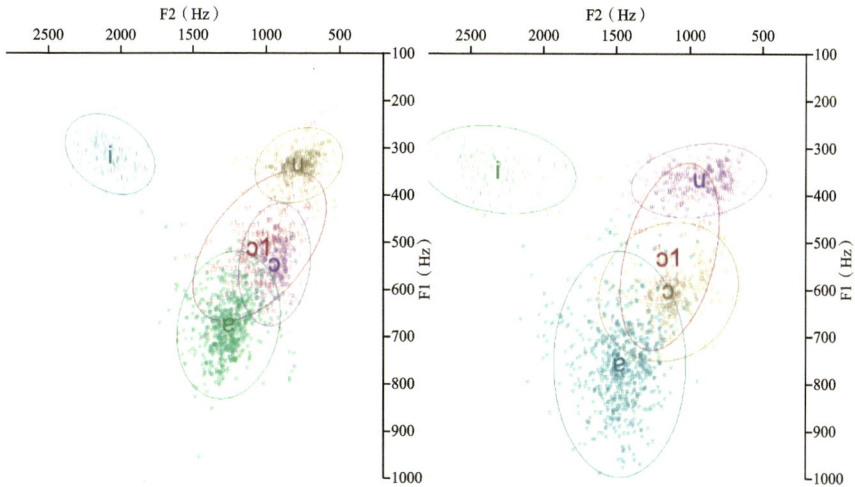

图 2.127 词尾音节［ɔ］元音在声学空间中的分布模式（M&F）

中，图 2.200 为目标位置共振峰和前过渡共振峰比较图，图 2.129 为目标位置共振峰和后过渡共振峰比较图。从图 2.128～2.129 中可以看出，与目标位置共振峰频率相比，词尾音节［ɔ］元音前、后过渡段共振峰频率变化都较明显。其中，女发音人词尾音节［ɔ］元音后过渡段频率变化有点特殊，即离散度过大，有待进一步核实。

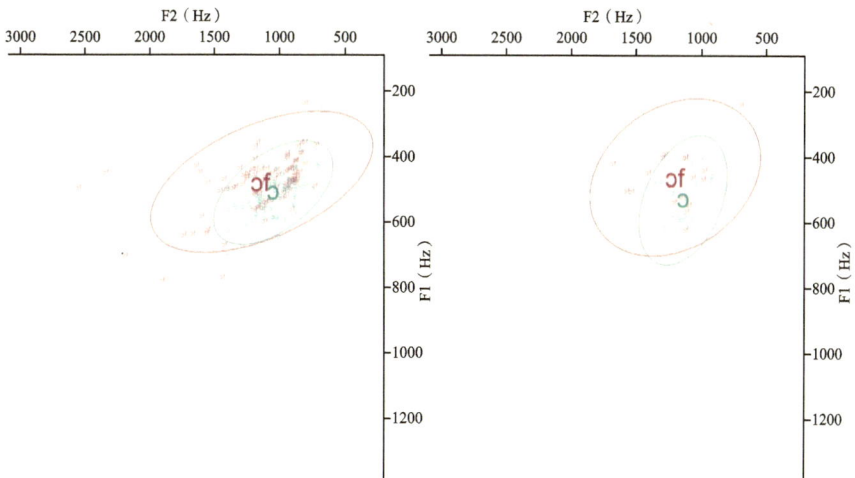

图 2.128 词尾音节［ɔ］元音目标位置共振峰（F1/F2）及其前过渡段共振峰（TF1/TF2）频率比较（M&F）

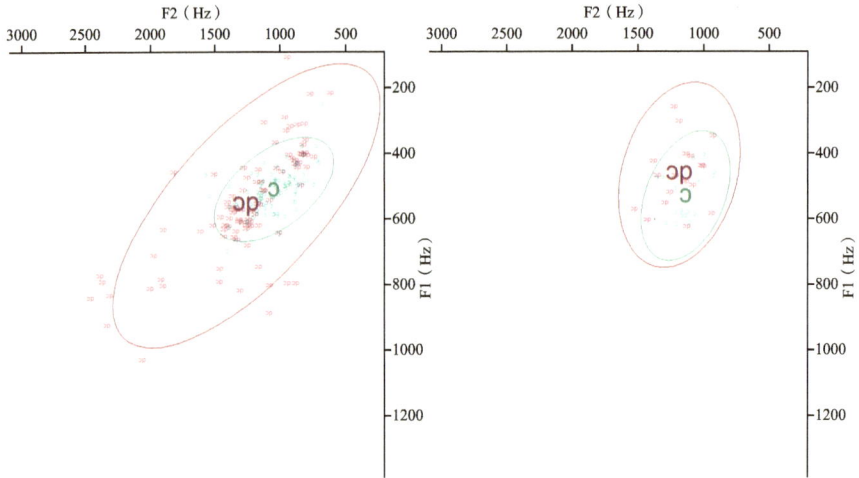

图 2.129　词尾音节［ɔ］元音目标位置共振峰（F1/F2）及其后过渡段共振峰（TP1/TP2）频率比较（M&F）

2. 元音声学参数与其所处语境之间的相关性问题

（1）元音声学参数与其所出现的单词音节数量之间的相关性

表 2.95 为词尾音节［ɔ］元音在双音节、三音节和多音节词中出现的频率统计表。表 2.95 显示，词尾音节［ɔ］元音在双音节、三音节和多音节词中的出现频率失衡，不易统计。

表 2.95　词尾音节［ɔ］元音出现频率统计

发音人	双音节词		三音节词		多音节词		共计	
	M	F	M	F	M	F	M	F
出现次数	65	18	25		1		91	18

表 2.96　在不同音节词中出现的词尾音节［ɔ］元音声学参数统计

发音人 统计项		M					F				
		VD	VA	F1	F2	F3	VD	VA	F1	F2	F3
双音节词	平均值	90	67.38	510	1069	2354	79	65.28	528	1135	2972
	标准差	0.03	2.6	63.7	183.8	399.6	0.02	2.5	71.1	121.8	228.7
	变异系数	31%	4%	12%	17%	17%	27%	4%	13%	11%	8%
三音节词	平均值	93	67.04	503	990	2495					
	标准差	0.03	3.6	64.9	168.6	410.4					
	变异系数	29%	5%	13%	17%	16%					

续表

发音人		M					F				
统计项		VD	VA	F1	F2	F3	VD	VA	F1	F2	F3
多音节词	平均值	66	64	490	842	2275					
	标准差										
	变异系数										

表 2.96 为出现在双音节词、三音节词和多音节词中的［ɔ］元音音长（VD）、音强（VA）和目标位置第一至第三共振峰频率（F1～F3）均值统计表。词尾音节［ɔ］元音在三音节和多音节词中的出现频率和男、女发音人的数据失衡，不易统计。为此，这里只展示该元音的图表（见表 2.96 及图 2.130～2.132）。

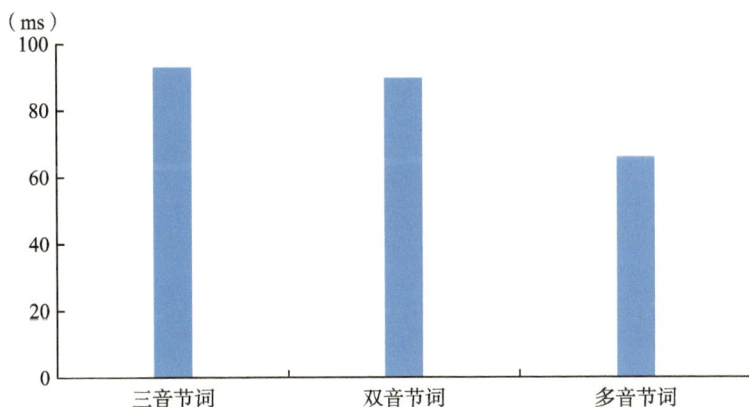

图 2.130　音节数量与词尾音节［ɔ］元音音长之间的关系示意（M&F）

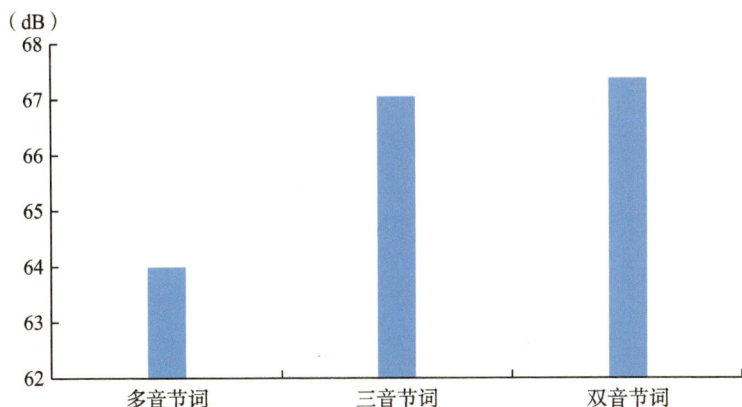

图 2.131　音节数量与词尾音节［ɔ］元音音强之间的关系示意（M&F）

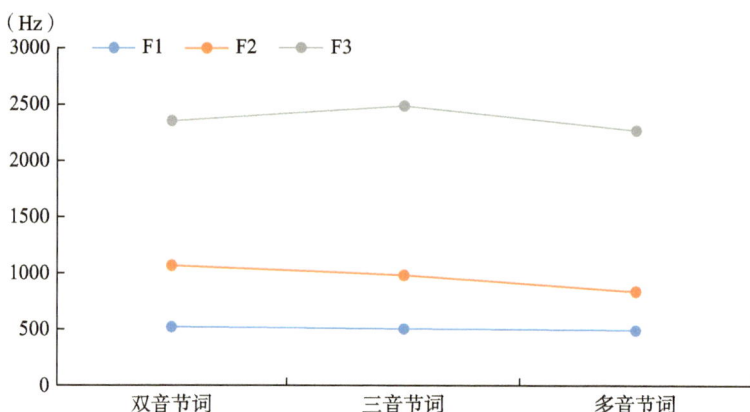

图 2.132　音节数量与词尾音节［ɔ］元音共振峰频率均值之间的关系示意（M&F）

（2）元音声学参数与其所出现的音节类型之间的相关性

表 2.97 是在不同音节类型中出现的词尾音节［ɔ］元音统计表。因男女发音人的数据失衡，不易统计。这里只展示该元音的图表。

表 2.97　在不同音节类型中出现的词尾音节［ɔ］元音统计

发音人	音节类型	CV	CjV	CVC	共计
M	出现次数	48	2	41	91
F	出现次数	1	2	15	18

表 2.98~2.99 为不同音节类型中词尾音节［ɔ］元音的声学参数统计表，图 2.133~2.135 为在不同音节类型中出现的词尾音节［ɔ］元音音长、音强和元音目标位置第一至第三共振峰频率（F1~F3）均值之间的关系示意图。从表 2.98~2.99 和图 2.133~2.135 中可以看出，在开音节（CV）中出现的词尾音节［ɔ］元音的音长比在闭音节（CVC）中出现的音长相对长。说明词尾音节［ɔ］元音的音长受其所处音节类型的影响

表 2.98　在不同音节类型中出现的词尾音节［ɔ］元音的声学参数统计（M）

		VD	VA	F1	F2	F3
CV	平均值	109	67.02	525	1125	2349
	标准差	0.02	3	50.6	154	395.8
	变异系数	16%	5%	10%	14%	17%

		VD	VA	F1	F2	F3
CjV	平均值	63	67.5	480	1478	2198
	标准差	0.02	6.4	24.7	125.9	231.2
	变异系数	39%	9%	5%	9%	11%
CVC	平均值	70	67.51	490	929	2450
	标准差	0.02	2.7	73	125.5	415.9
	变异系数	29%	4%	15%	14%	17%

表 2.99　在不同音节类型中出现的词尾音节 ［ɔ］元音的声学参数统计（F）

		VD	VA	F1	F2	F3
CV	平均值	120	64	609	1109	3137
	标准差					
	变异系数					
CjV	平均值	85	65	476	1197	2775
	标准差	0.01	1.4	4.9	222	110.3
	变异系数	9%	2%	1%	19%	4%
CVC	平均值	76	65.4	530	1128	2987
	标准差	0.02	85	72.7	117.7	234.3
	变异系数	27%	4%	14%	10%	8%

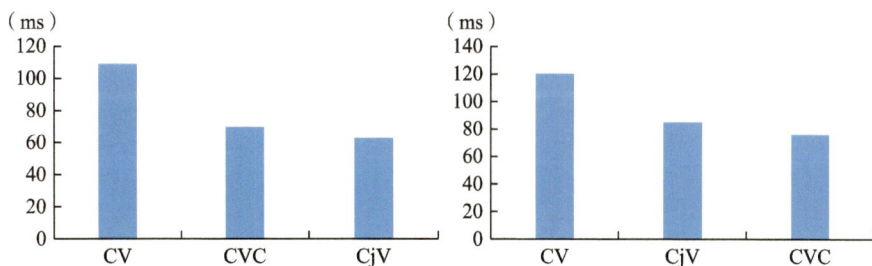

图 2.133　在不同音节类型中出现的词尾音节 ［ɔ］元音音长均值比较

（3）元音声学参数与其前置辅音音质之间的相关性

图 2.136~2.137 为在 ［ɡ-，n-，ʃ-，x-，s-，d-，l-，tʰ-，ɾ-，β-］等辅音之后出现的词尾音节 ［ɔ］元音的音长及其目标位置第一、第二和第三共振峰的前过渡段频率（TF1、TF2、TF3）的变化示意图。其中，图 2.137 为以 TF2 的上升为准排列的，即以舌位自后至前排列的示意图。

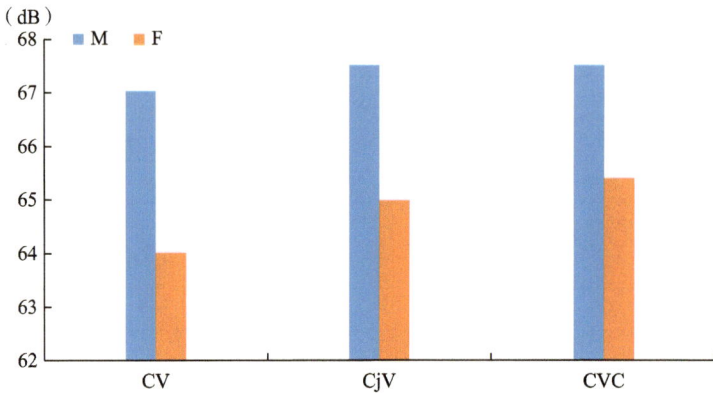

图 2.134 在不同音节类型中出现的词尾音节〔ɔ〕元音音强均值比较

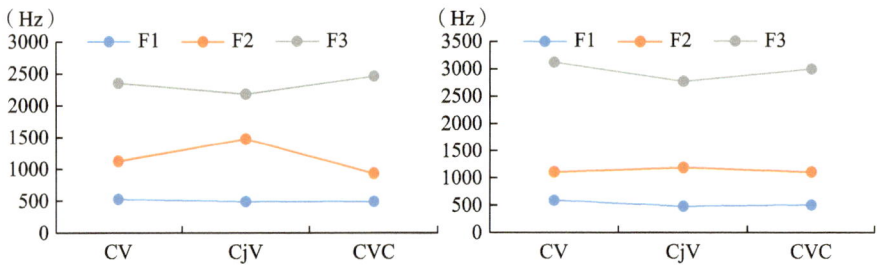

图 2.135 在不同音节类型中出现的词尾音节〔ɔ〕元音第一、第二和第三共振峰频率均值比较

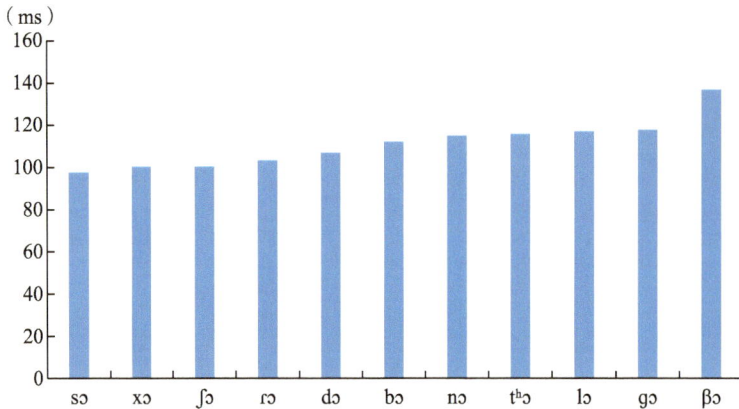

图 2.136 在不同辅音之后出现的和无前置辅音音节中词尾音节〔ɔ〕元音音长比较（M）

（六）〔ʊ〕元音

1. 参数平均值及其音质定位

表 2.100 为词尾音节〔ʊ〕元音参数统计表，图 2.138 为男发音人〔ʊlʊs〕

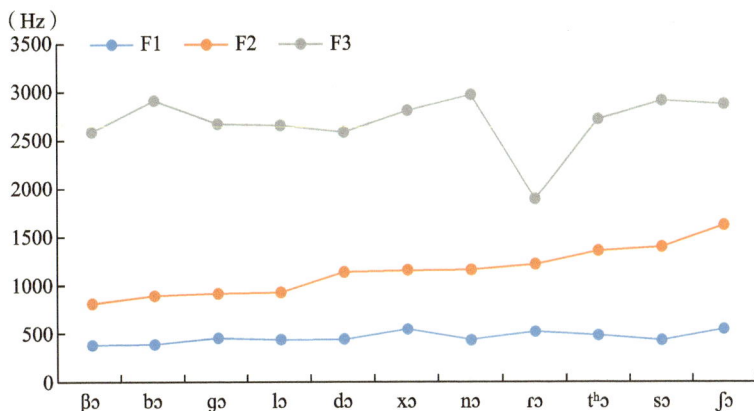

图 2.137　词尾音节 ［ɔ］元音三个共振峰前过渡 TF1、TF2、TF3 的变化示意（M）

"国家"一词的三维语图和三层标注实例，图 2.139 为男、女发音人词尾音节 ［ʊ］元音在声学空间中的分布模式图。表 2.100 显示男、女发音人词尾音节 ［ʊ］元音的音长、音强和第一、第二共振峰（F1、F2）的频率的均值分别为 M = 76ms，F = 68ms；M = 66.66dB，F = 65.13dB；M：F1 = 452Hz，F2 = 894Hz；F：F1 = 432Hz，F2 = 1020Hz。

表 2.100　词尾音节 ［ʊ］元音声学参数统计

	M					Γ				
	VD	VA	F1	F2	F3	VD	VA	F1	F2	F3
平均值	76	66.66	452	894	2542	68	65.13	432	1020	2814
标准差	0.02	2.8	69.1	92.4	478.2	0.02	2.7	63.1	160.6	474.3
变异系数	28%	4%	15%	10%	19%	27%	4%	15%	16%	17%

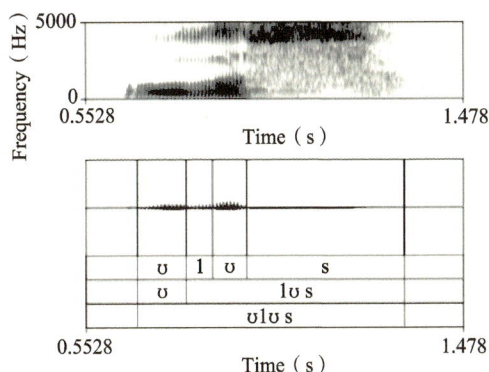

图 2.138　男发音人 ［ʊlʊs］"国家"一词的三维语图和三层标注实例

根据表 2.100 和图 2.139~2.141 可以看出，与布里亚特语词首音节 [ʊ] 元音相比，词尾音节 [ʊ] 元音在舌位高低维度上的变化过于大，跨越了 [u] 元音。说明词尾音节 [ʊ] 元音的音质摇摆在词首音节 [ʊ] 和 [u] 元音之间，也就是说从音系层面看，词尾音节 [ʊ1] 元音是典型的中性元音。从图 2.138 上测量到的词尾音节 [ʊ] 元音目标位置上的 F1~F4 共振峰分别为 447Hz、901Hz、2512Hz、3389Hz。词尾音节 [ʊ] 元音的第一、第二共振峰（F1、F2）的频率均值与词首音节 [ʊ] 元音相近。

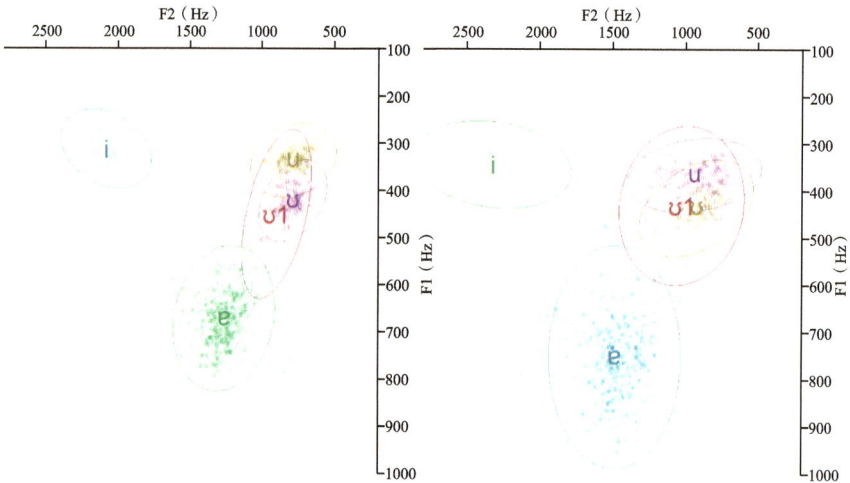

图 2.139　词尾音节 [ʊ] 元音在声学空间中的分布模式（M&F）

图 2.140~2.141 为词尾音节 [ʊ] 元音目标位置第一、第二共振峰（F1/F2）及其前过渡（TF1/TF2）和后过渡（TP1/TP2）共振峰比较图。其中，图 2.140 为目标位置共振峰和前过渡共振峰比较图，图 2.141 为目标位置共振峰和后过渡共振峰比较图。从图 2.140~2.141 中可以看出，与目标位置共振峰频率相比，词尾音节 [ʊ] 元音前、后过渡段共振峰频率变化都比较大，说明词尾音节 [ʊ] 元音共振峰频率较容易受其前、后置语音（辅音）的影响。

2. 元音声学参数与其所处语境之间的相关性问题

（1）元音声学参数与其所出现的单词音节数量之间的相关性

表 2.101 为词尾音节 [ʊ] 元音在双音节、三音节和多音节词中出现的频率统计表。表 2.101 显示，词尾音节 [ʊ] 元音在双音节词、三音节词和多音节词中出现的比例都较少。

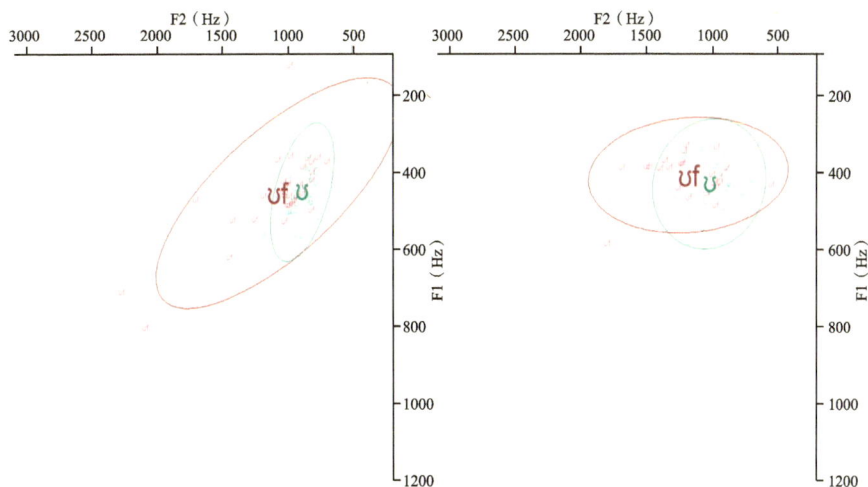

图 2.140 词尾音节 ［ʊ］元音目标位置共振峰（F1/F2）及其前过渡段共振峰
（TF1/TF2）频率比较（M&F）

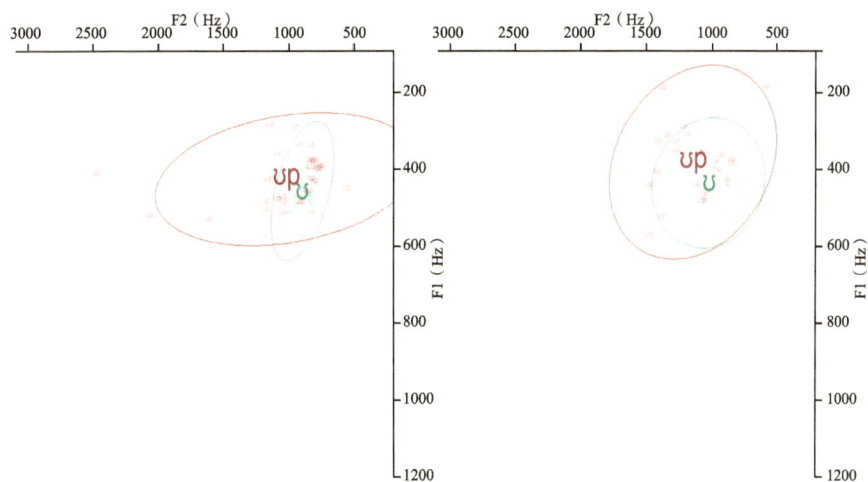

图 2.141 词尾音节 ［ʊ］元音目标位置共振峰（F1/F2）及其后过渡段共振峰
（TP1/TP2）频率比较（M&F）

表 2.101 在双、三和多音节词中出现的词尾音节 ［ʊ］元音统计

	双音节词		三音节词		多音节词		共计	
发音人	M	F	M	F	M	F	M	F
出现次数	21	19	10	5	1		32	24
百分比							100%	100%

表 2.102 为在双音节词、三音节词和多音节词中出现的词尾音节 [ʊ] 的音长（VD）、音强（VA）和目标位置第一至第三共振峰频率（F1~F3）均值统计表，图 2.142~2.144 为音节数量与 [ʊ] 元音音长、音强和元音目标位置第一至第三共振峰频率（F1~F3）均值之间的关系示意图。因词尾音节 [ʊ] 元音在双音节词、三音节词和多音节词中出现的比例都较少，不做进一步阐述。

表 2.102 在双、三和多音节词中出现的词尾音节 [ʊ] 元音的声学参数统计

发音人 统计项		M					F				
		VD	VA	F1	F2	F3	VD	VA	F1	F2	F3
双音 节词	平均值	74	66.48	451	909	2482	69	65.11	432	1039	2722
	标准差	0.02	3.3	79.8	100.4	342.6	0.02	2.9	69.2	169.2	469.3
	变异系数	33%	5%	18%	11%	14%	29%	4%	16%	16%	17%
三音 节词	平均值	77	67.1	458	873	2669	68	65.25	432	931	3249
	标准差	0.01	2	46.8	68.7	707.5	0.01	2.1	21.5	66.6	150.2
	变异系数	19%	3%	10%	8%	27%	13%	3%	5%	7%	5%
多音 节词	平均值	96	66	429	787	2505					
	标准差										
	变异系数										

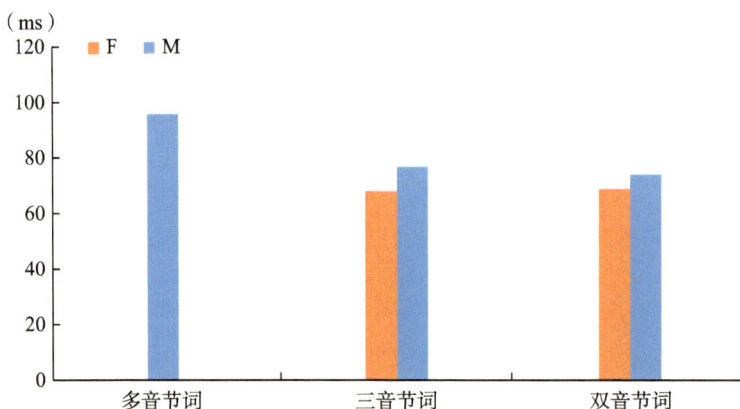

图 2.142 音节数量与词尾音节 [ʊ] 元音音长之间的关系示意（M&F）

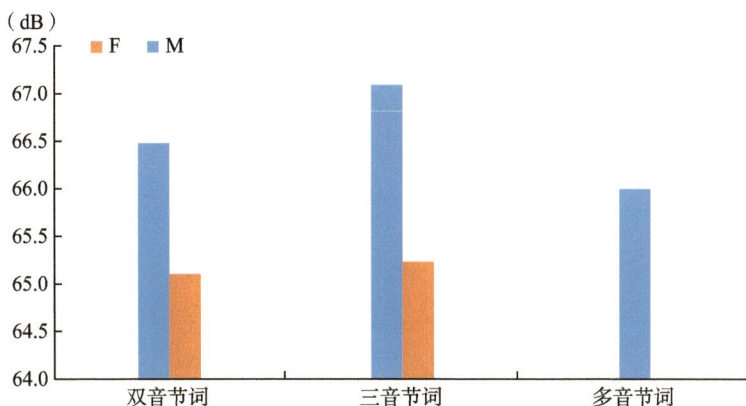

图 2.143　音节数量与词尾音节［ʊ］元音音强之间的关系示意（M&F）

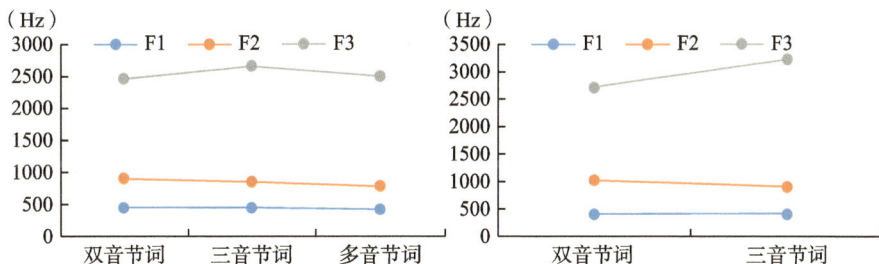

图 2.144　音节数量与词尾音节［ʊ］元音共振峰频率均值之间的关系示意（M&F）

六　长元音

在"布里亚特语语音声学参数数据库"中共出现［iʊ，ɪ，ie，iɪ，ɔɪ，ʊɪ，oɪ，uɪ］等长元音。其中，［oɪ］元音为［uɪ］的变体。图 2.145 为词首音节长元音在声学空间中的分布模式图，图 2.146 为词首音节长元音和短元音的舌位三角形图比较图，图 2.147 为词首音节长元音和非词首音节长元音的舌位三角形图。图 2.145 显示了布里亚特语词首音节全部长元音在声学空间中的分布模式。从图 2.145~2.147 中可以看到，与蒙古语标准音相比，布里亚特语词首音节长元音、非词首音节长元音和词首音节短元音的元音舌位三角形之间的大小变化不显著。这与布里亚特语非词首音节短元音（词腹音节短元音和词尾音节短元音）的央化（［ə］化）程度比蒙古语察哈尔土语非词首音节短元音的央化程度相对小有关。

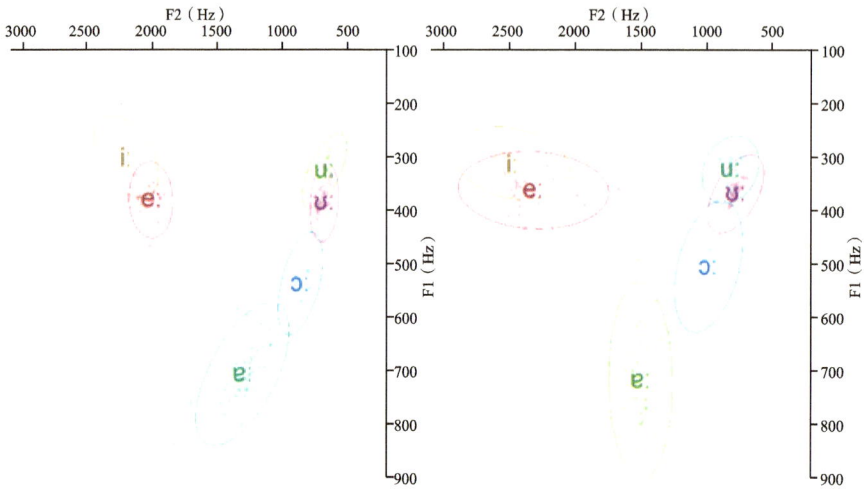

图 2.145　词首音节长元音在声学空间中的分布模式（M&F）

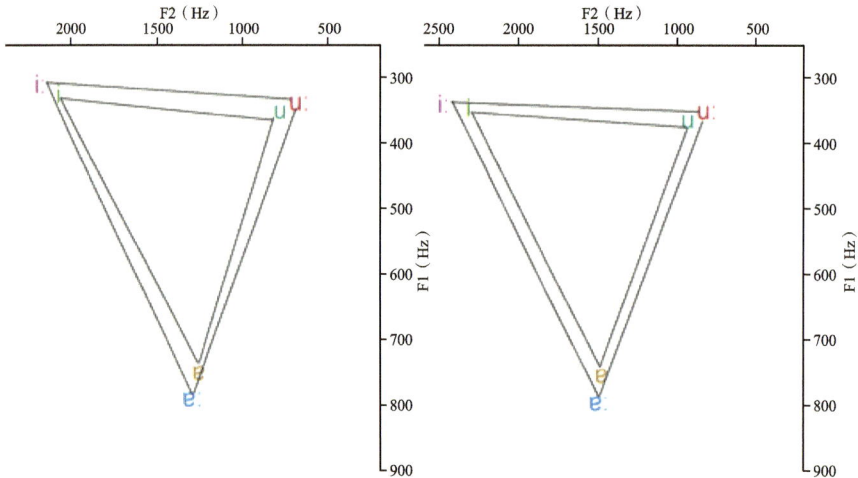

图 2.146　词首音节长元音和短元音的舌位三角形图比较（M&F）

（一）［ɐː］元音

1. 参数平均值及其音质定位

表 2.103～2.104 为词首和非词首音节［ɐː］元音参数统计表。该两个表显示，词首音节男、女发音人［ɐː］元音音长、音强和共振峰均值分别为：M = 297ms，F = 213ms；M = 65.64dB，F = 67.39 dB；M：F1 = 708Hz，F2 = 1296Hz；F：F1 = 797Hz，F2 = 1494Hz；非词首音节男、女发音人［ɐː］

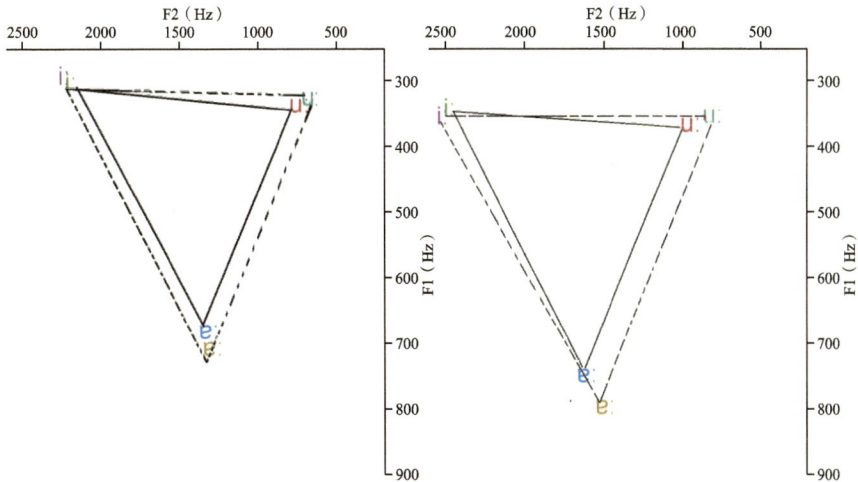

图 2.147　词首音节长元音和非词首音节长元音的舌位三角形（M&F）

元音音长、音强和共振峰均值分别为：M＝256ms，F＝158ms；M＝67.41dB，F＝66.72dB；F1 和 F2 的频率均值分别为 M：F1＝678Hz，F2＝1277Hz；F：F1＝745Hz，F2＝1567Hz。通过比较可以看出，词首和非词首音节［ɐː］元音声学参数具有一定的差异，在音长、音强和共振峰均值方面的差异分别为：M：＋41ms，F：＋55ms；M：－1.77dB，F：＋0.67dB；MF1：＋30Hz，MF2：＋19Hz；FF1：＋52Hz，FF2：－73Hz。其中，"＋"表示词首大于非词首；"－"表示词首小于非词首，下同。

表 2.103　词首音节［ɐː］元音声学参数统计

单位：VD 为 ms，VA 为 dB，F 为 Hz，下同

	M					F				
	VD	VA	F1	F2	F3	VD	VA	F1	F2	F3
平均值	297	65.64	708	1296	2583	213	67.39	797	1494	2660
标准差	0.06	2.8	52.8	141.6	1143.6	0.04	2.6	81.5	95.3	198.4
变异系数	19%	4%	7%	11%	44%	20%	4%	10%	6%	7%

表 2.104　非词首音节［ɐː］元音声学参数统计

单位：VD 为 ms，VA 为 dB，F 为 Hz，下同

	M					F				
	VD	VA	F1	F2	F3	VD	VA	F1	F2	F3
平均值	256	67.41	678	1277	2287	158	66.72	745	1567	2733

续表

	M					F				
	VD	VA	F1	F2	F3	VD	VA	F1	F2	F3
标准差	0.06	2.5	49.8	111.3	908	0.03	3	74.7	131.7	261
变异系数	24%	4%	7%	9%	40%	21%	5%	10%	8%	10%

我们认为该元音为中、央、展唇、紧元音。图 2.148 为男发音人 [ɐːʃɐ]"特征"一词的三维语图和三层标注实例。其中，词首元音 [ɐː] 的目标位置 F1~F4 共振峰分别为 714Hz、1322Hz、2602Hz、3433Hz。这是 [ɐː] 元音比较典型的声学语图。图 2.149 为词首和非词首音节长元音 [ɐː] 在声学空间中所处位置及其分布模式比较图。图中，[ɐː] 为词首音节长元音，[ɐː1]（元音+1）为非词首音节长元音，下同；左图为男发音人的，右图为女发音人的，下同。从图 2.149 中可以看出，男、女发音人的非词首音节 [ɐː] 元音的舌位比词首音节 [ɐː] 元音的舌位相对高。

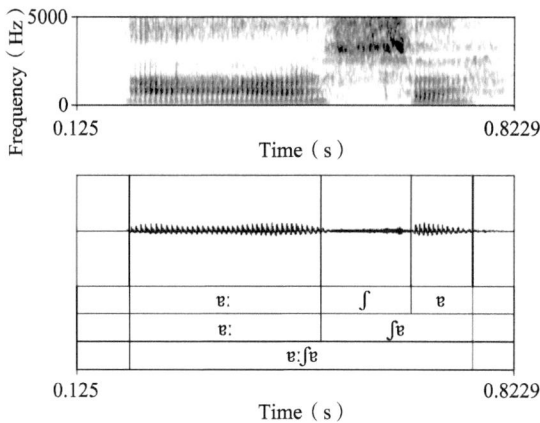

图 2.148　男发音人 [ɐːʃɐ]"特征"一词的三维语图和三层标注实例

2. 元音声学参数与其所处语境之间的相关性问题

（1）元音声学参数与其前置辅音音质之间的相关性

图 2.150~2.153 为在 [n-，b-，x-，h-，g-，m-，l-，s-，ʃ-，tʰ-，d-，ʒ-，z-，j-，ɾ-] 等辅音之后出现的词首和非词首音节 [ɐː] 元音的音长及其目标位置第一、第二和第三共振峰的前过渡段频率（TF1、TF2、TF3）的变化示意图。其中，图 2.152~2.153 为以 TF2 的上升为准排列的，即以舌位自后至前排列的示意图（左图为男发音人示意图，右图为女发音

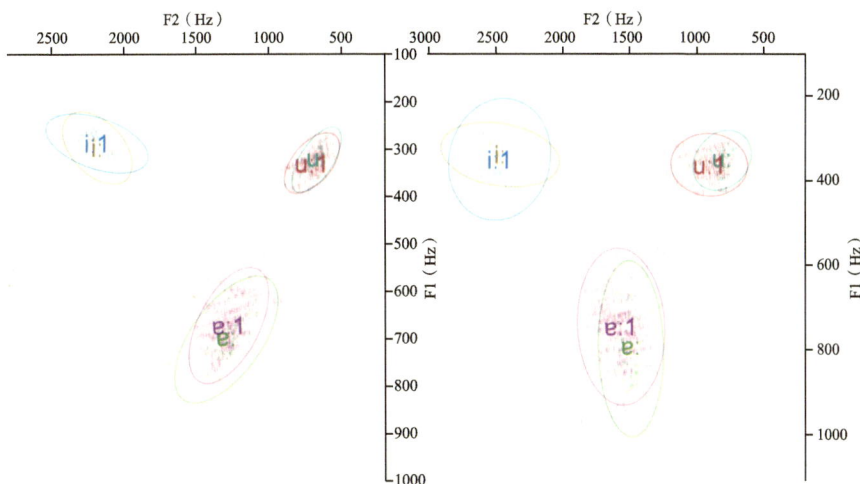

**图 2.149　词首和非词首音节长元音 [eː] 在声学空间中所处位置及其
分布模式比较 （M&F）**

人示意图）。这些图显示，词首和非词首音节 [eː] 元音的音长与其前置辅
音音质之间没有相关性，而它们的第二共振峰频率均值与其前置辅音音质
之间具有一定的相关性，在 [j] 辅音之后的词首音节 [eː] 元音的第二共
振峰频率均值最高。

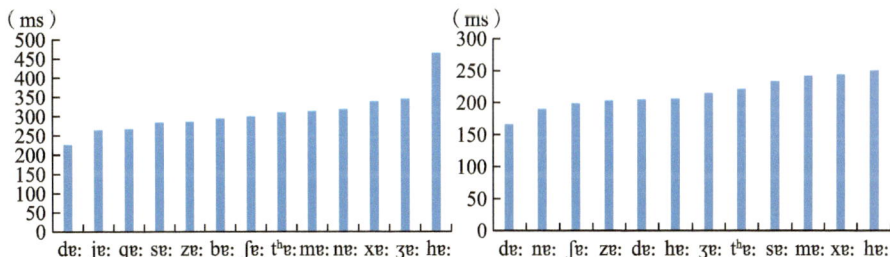

图 2.150　在不同辅音之后出现的词首音节 [eː] 元音的音长比较 （M&F）

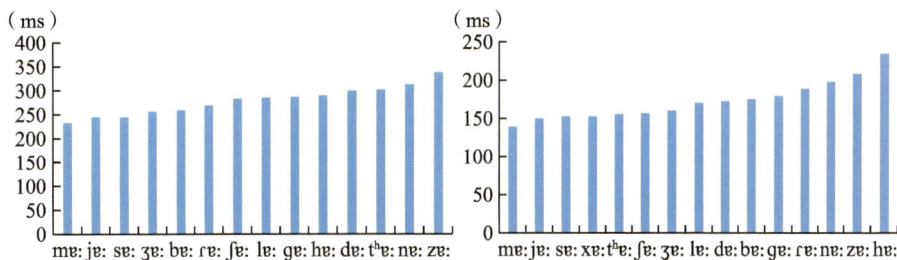

图 2.151　在不同辅音之后出现的非词首音节 [eː] 元音的音长比较 （M&F）

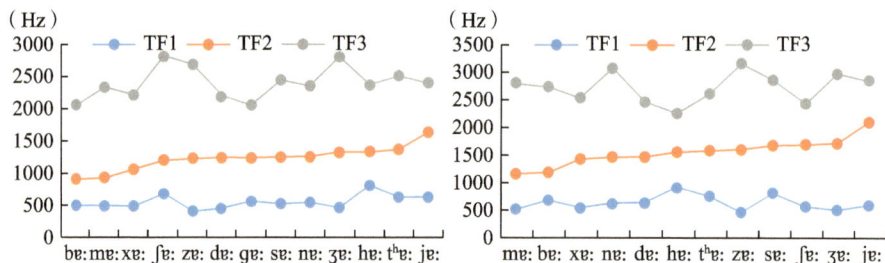

图 2.152　在不同辅音之后出现的词首音节［ɐː］元音的第一至第三共振峰
前过渡段频率比较（M&F）

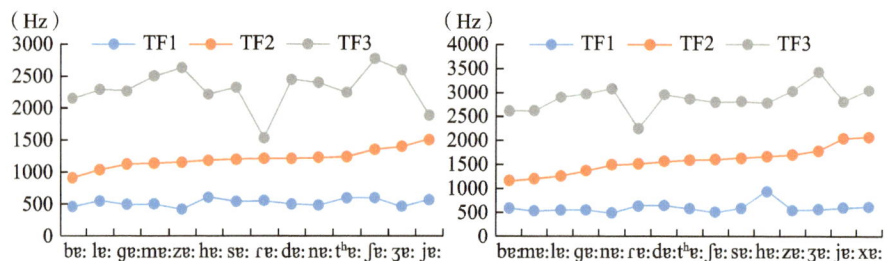

图 2.153　在不同辅音之后出现的非词首音节［ɐ］元音的第一至第三共振峰
前过渡段频率比较（M&F）

（2）元音声学参数与其所出现的单词音节数量之间的相关性

表 2.105 为在单音节词、双音节词和多音节词（简称"不同数量音节词"）中出现的词首音节［ɐː］元音频率统计表。可以看出，在双音节词中出现的比例较高，分别达到 58%（M）、57%（F）。表 2.106 为在不同数量音节词中出现的词首音节［ɐː］元音的音长（VD）、音强（VA）和目标位置第一至第三共振峰频率（F1～F3）均值统计表，图 2.154～2.156 为音节数量与词首音节［ɐː］元音音长、音强和元音目标位置第一至第三共振峰频率（F1～F3）均值之间的关系示意图。从图表中可以看出，词首音节［ɐː］元音声学参数与其所出现的单词音节数量之间没有相关性。

表 2.105　在不同数量音节词中出现的［ɐː］元音统计

	单音节词		双音节词		多音节词		共计	
发音人	M	F	M	F	M	F	M	F
出现次数	13	14	31	29	9	8	53	51
百分比	25	27	58	57	17	16	100%	100%

表 2.106　在不同数量音节词中出现的 [ɐː] 元音声学参数统计

发音人 统计项		M					F				
		VD	VA	F1	F2	F3	VD	VA	F1	F2	F3
单音 节词	平均值	316	66.77	723	1338	2490	201	68.29	786	1545	2710
	标准差	0.07	3.3	62.9	156.7	1229.6	0.04	3.4	65.1	84.8	229.7
	变异系数	23%	5%	9%	12%	49%	20%	5%	8%	5%	8%
双音 节词	平均值	300	65.52	707	1297	2616	225	66.79	804	1462	2637
	标准差	0.05	2.4	51.1	139.2	1146.4	0.04	2.1	96.1	86.5	202.9
	变异系数	16%	4%	7%	11%	44%	19%	3%	12%	6%	8%
多音 节词	平均值	260	64.44	688	1235	2602	189	68	793	1518	2658
	标准差	0.03	3.2	39.9	116.9	1133.8	0.04	2.3	47.4	106.6	106.3
	变异系数	13%	5%	6%	9%	44%	19%	3%	6%	7%	4%

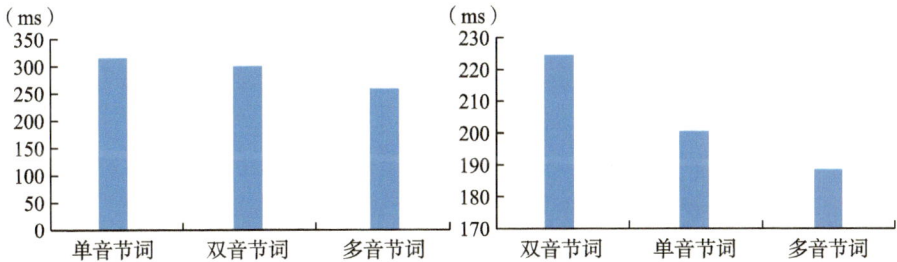

图 2.154　音节数量与 [ɐː] 元音音长之间的关系示意 （M&F）

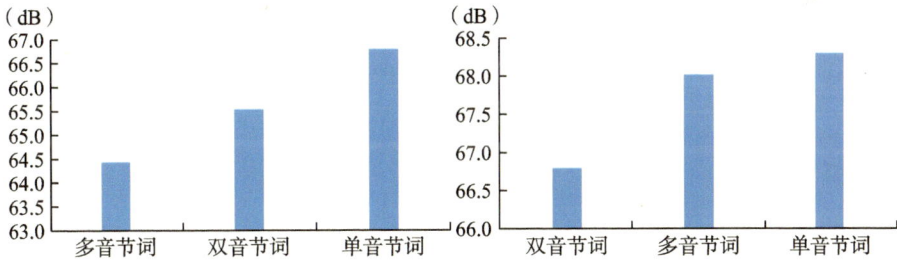

图 2.155　音节数量与 [ɐː] 元音音强之间的关系示意 （M&F）

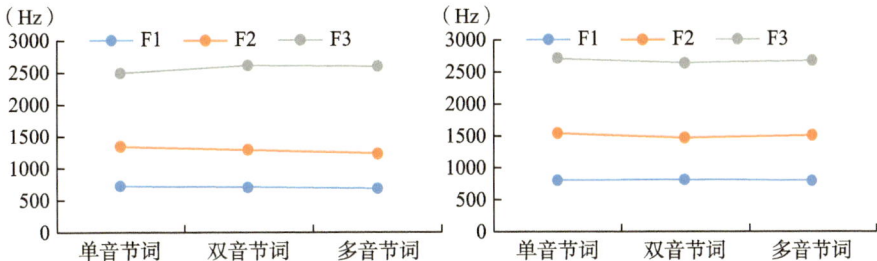

图 2.156　音节数量与 [ɐː] 元音目标位置共振峰频率均值之间的关系示意 （M&F）

为消除上述直观数据和语图对比所得结果的局限性，我们采用单因素方差分析，以 sig（显著性）系数进一步验证元音声学参数与其所出现的不同语境之间的相关性问题。表 2.107 为用 sig（显著性）系数进行验证的词首音节［ɐ:］元音第一、第二共振峰频率（F1/F2）和音长（VD）与其所出现的单词音节数量之间的相关性检验结果。检验结果显示，布里亚特语词首音节［ɐ:］元音的音长及其目标位置第一和第二共振峰频率均值与其所出现的单词音节数量之间没有相关性。

表 2.107　检验结果

	sig（显著性）					
	M		F		M	F
	F1	F2	F1	F2	VD	VD
单音节词—双音节词	.688	.697	.770	.015	.752	.195
单音节词—多音节词	.264	.206	.961	.817	.072	.730
双音节词—多音节词	.485	.394	.900	.387	.036	.070

另外，为了解［ɐ:］元音第一、第二共振峰频率（F1/F2）和音长（VD）与其所出现的词首和非词首音节位置之间的相关性，我们还用 sig（显著性）系数检验了布里亚特语［ɐ:］元音的第一、第二共振峰频率（F1/F2）和音长（VD）与其所出现的词首位置（词首音节和非词首音节）之间的相关性（见表 2.108）。表 2.108 显示，［ɐ:］元音的第一共振峰频率均值和音长（VD）均值与其词中位置之间具有一定的相关性，即非词首音节［ɐ:］元音的第一共振峰频率均值比词首音节［ɐ:］元音的第一共振峰频率均值明显低，其音长比词首音节［ɐ:］元音的音长明显短。

表 2.108　检验结果

	Sig.（双侧）					
	M		F		M	F
	F1	F2	F1	F2	VD	VD
词首音节—非词首音节	.000	.331	.000	.000	.000	.000

（二）［e:］元音

1. 参数平均值及其音质定位

表 2.109~2.110 为词首和非词首音节［e:］元音参数统计表。这两个

表显示，词首音节男、女发音人〔eː〕元音音长、音强和共振峰均值分别为：M＝298ms，F＝212ms；M＝68.78dB，F＝69.74 dB；M：F1＝381Hz，F2＝2002Hz；F：F1＝396Hz，F2＝2310Hz；非词首音节男、女发音人〔eː〕元音音长，音强和共振峰均值分别为：M＝268ms，F＝158ms；M＝70.33dB，F＝68.14dB；F1 和 F2 的频率均值分别为 M：F1＝396Hz，F2＝2007Hz；F：F1＝422Hz，F2＝2248Hz。可以看出，词首和非词首音节〔eː〕元音声学参数具有一定的差异。如，在音长、音强和共振峰均值方面的差异分别为：M：＋30ms，F：＋54ms；M：－1.55dB，F：＋1.6dB；MF1：－15Hz，MF2：－5Hz；FF1：－26Hz，FF2：＋62Hz。其中，"＋"表示词首大于非词首；"－"表示词首小于非词首，下同。

表 2.109　词首音节〔eː〕元音声学参数统计

	M					F				
	VD	VA	F1	F2	F3	VD	VA	F1	F2	F3
平均值	298	68.78	381	2002	2598	212	69.74	396	2310	2881
标准差	0.05	3.4	26.7	61.7	211.4	0.06	2.4	30.3	212	201.5
变异系数	16%	5%	7%	3%	8%	28%	3%	8%	9%	7%

表 2.110　非词首音节〔eː〕元音声学参数统计

	M					F				
	VD	VA	F1	F2	F3	VD	VA	F1	F2	F3
平均值	268	70.33	396	2007	2609	158	68.14	422	2248	2936
标准差	0.08	3.1	29.9	116.8	221.6	0.03	2.7	44.9	250.8	164.6
变异系数	29%	4%	8%	6%	8%	21%	4%	11%	11%	6%

我们认为该元音为次高、前、展唇、松元音。图 2.157 为男性发音人〔eːlʒeːŋ〕"轮换"一词的三维语图和三层标注实例。其中，词首元音〔eː〕的目标位置的 F1～F4 共振峰分别为 387Hz、2002Hz、2588Hz、3429Hz。这是〔eː〕元音比较典型的声学语图。

图 2.158 为词首和非词首音节长元音〔eː〕在声学空间中所处位置及其分布模式比较图。从图 2.158 中可以看出，男、女发音人中的非词首音节〔eː〕元音舌位比词首音节〔eː〕相对低。

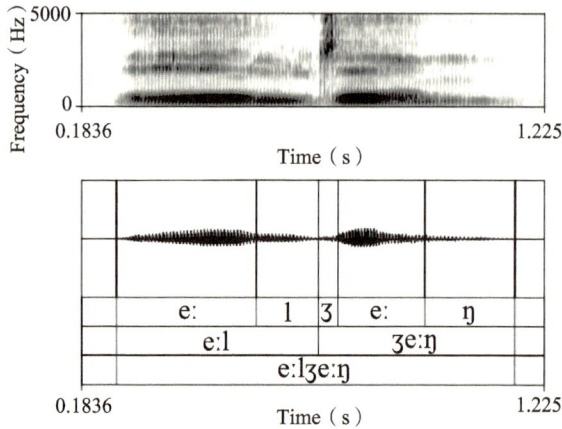

图 2.157　男发音人［eːlʒeːŋ］"轮换"一词的三维语图和三层标注实例

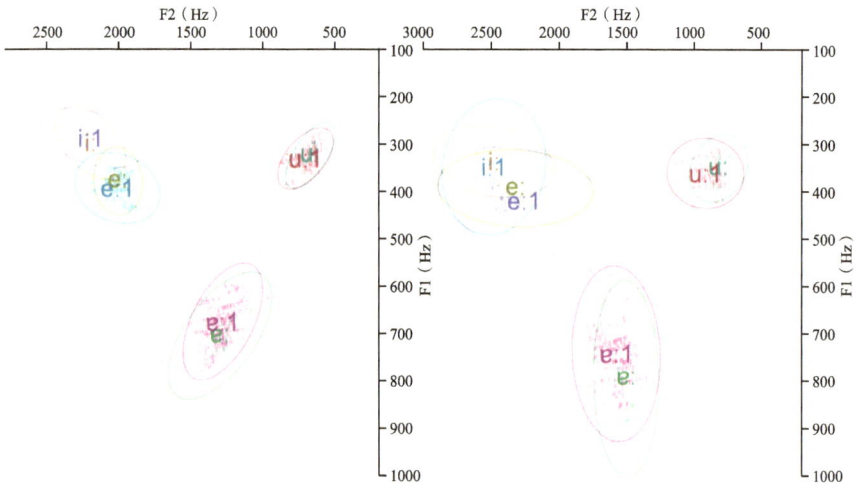

图 2.158　词首和非词首音节长元音［eː］在声学空间中所处位置
及其分布模式比较（M&F）

2. 元音声学参数与其所处语境之间的相关性问题

（1）元音声学参数与其前置辅音音质之间的相关性

图 2.159~2.162 为在［n-，b-，x-，h-，g-，m-，l-，s-，ʃ-，tʰ-，d-，ʒ-，z-，j-，ɾ-］等辅音之后出现的词首和非词首音节［eː］元音的音长及其目标位置第一、第二和第三共振峰的前过渡段频率（TF1、TF2、TF3）的变化示意图。其中，图 2.161~2.162 为以 TF2 的上升为准排列的，

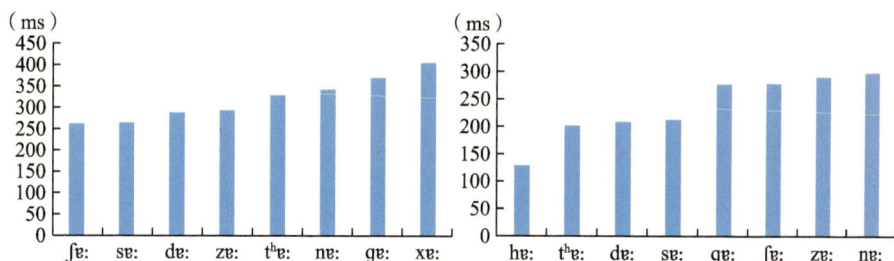

图 2.159 在不同辅音之后出现的词首音节［eː］元音音长比较（M&F）

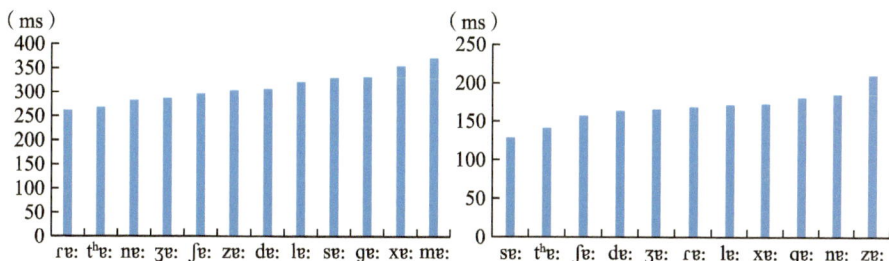

图 2.160 在不同辅音之后出现的非词首音节［eː］元音音长比较（M&F）

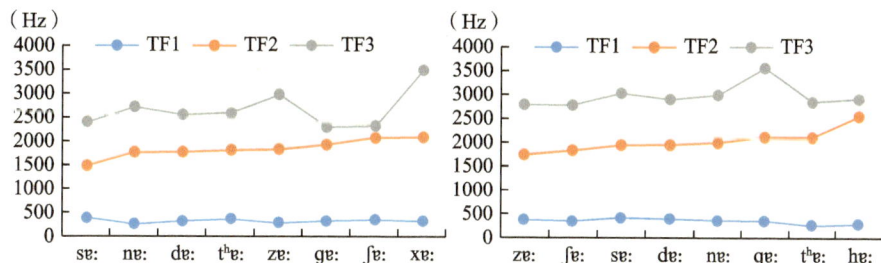

图 2.161 在不同辅音之后出现的词首音节［eː］元音第一、第二和第三共振峰前过渡段频率比较（M&F）

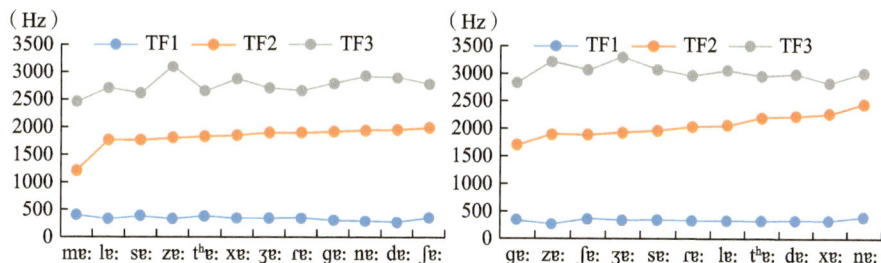

图 2.162 在不同辅音之后出现的非词首音节［eː］元音第一、第二和第三共振峰前过渡段频率比较（M&F）

即以舌位自后至前排列的示意图（左图为男发音人示意图，右图为女发音人示意图）。这些图显示，词首和非词首音节［eː］元音的声学参数与其前置辅音音质之间没有相关性。

（2）元音声学参数与其所出现的单词音节数量之间的相关性

表 2.111 为在不同数量音节词中出现的词首音节［eː］元音频率统计表。可以看出，该元音的出现频率较低，并且在双音节词中出现的比例较高。表 2.111 为在不同数量音节词中出现的词首音节［eː］元音的音长（VD）、音强（VA）和目标位置第一至第三共振峰频率（F1~F3）均值统计表，图 2.163~2.165 为音节数量与词首音节［eː］元音音长、音强和元音目标位置第一至第三共振峰频率（F1~F3）均值之间的关系示意图。从图表中可以看出，词首音节［eː］元音声学参数与其所出现的单词音节数量之间没有相关性（除音长之外）。

表 2.111　不同数量音节词中［eː］元音出现频率统计

发音人	单音节词		双音节词		多音节词		共计	
	M	F	M	F	M	F	M	F
出现次数	5	4	14	14	4	5	23	23

表 2.112　不同数量音节词中［eː］元音声学参数统计

发音人 统计项		M					F				
		VD	VA	F1	F2	F3	VD	VA	F1	F2	F3
单音节词	平均值	304	72	397	1989	2738	241	71.75	428	2328	2875
	标准差	0.07	3.2	17.3	62.5	346.7	0.07	1.9	24.3	240.2	224
	变异系数	23%	4%	4%	3%	13%	29%	3%	6%	10%	8%
双音节词	平均值	309	67.57	377	2006	2560	208	68.93	388	2385	2926
	标准差	0.04	3	31.2	58.6	132.5	0.06	2.4	27.4	98.1	194.6
	变异系数	13%	4%	8%	3%	5%	27%	3%	7%	4%	7%
多音节词	平均值	253	69	372	2002	2557	201	70.4	393	2085	2762
	标准差	0.01	3.2	4.3	86.6	223.2	0.07	1.5	30.6	299.2	194.3
	变异系数	5%	5%	1%	4%	9%	36%	2%	8%	14%	7%

表 2.113 为用 sig（显著性）系数检验的［eː］元音的第一、第二共振峰频率（F1/F2）和音长（VD）与其所出现的词中音节位置（词首音节和

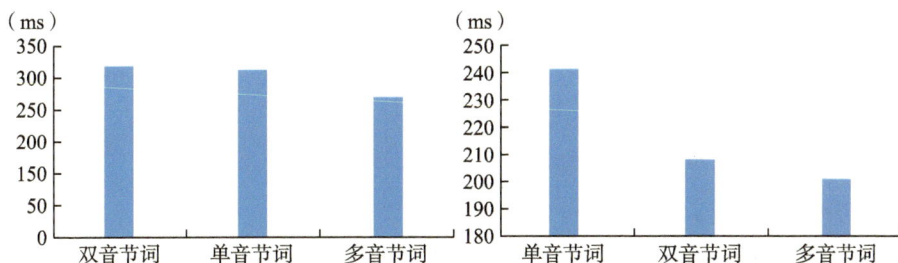

图 2.163　音节数量与［eː］元音音长之间的关系示意（M&F）

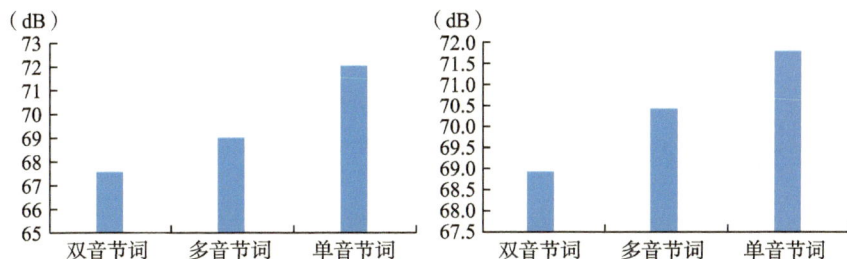

图 2.164　音节数量与［eː］元音音强之间的关系示意（M&F）

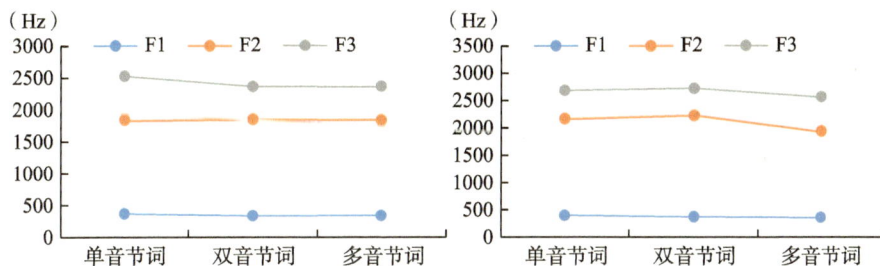

图 2.165　音节数量与［eː］元音目标位置共振峰频率均值之间的关系示意（M&F）

非词首音节）之间的相关性检验结果。表 2.12 显示，［eː］元音第一共振峰频率与其所出现的词中位置之间具有显著性差异，即非词首音节［eː］元音的第一共振峰频率均值明显比词首音节［eː］元音的第一共振峰频率均值低。

表 2.113　检验结果

	sig（双侧）					
	M		F		M	F
	F1	F2	F1	F2	VD	VD
词首—非词首	.031	.852	.011	.283	.080	.000

（三）［iː］元音

1. 参数平均值及其音质定位

表 2.114~2.115 为词首和非词首音节［iː］元音参数统计表。可以看出，词首和非词首音节［iː］元音声学参数具有一定的差异，词首音节［iː］元音音长，音强和共振峰均值分别为：M＝249ms，F＝207ms；M＝65.50dB，F＝68.75dB；M：F1＝300Hz，F2＝2190Hz；F：F1＝339Hz，F2＝2470Hz；非词首音节［iː］元音音长，音强和共振峰均值分别为：M＝288ms，F＝175ms；M＝68.08dB，F＝68.36dB；F1 和 F2 的频率均值分别为 M：F1＝290Hz，F2＝2190Hz；F：F1＝351Hz，F2＝2471Hz。差异分别为：M：−39ms，F：32ms；M：−2.58dB，F：0.39dB。共振峰之间的差异可以忽略不计。

表 2.114　词首音节［iː］元音声学参数统计

	M					F				
	VD	VA	F1	F2	F3	VD	VA	F1	F2	F3
平均值	249	65.50	300	2190	2982	207	68.75	339	2470	3075
标准差	0.06	2.5	29.5	93.7	292.9	0.06	2.3	29.4	169.9	255.7
变异系数	22%	4%	10%	4%	10%	28%	3%	9%	7%	8%

表 2.115　非词首音节［iː］元音声学参数统计

	M					F				
	VD	VA	F1	F2	F3	VD	VA	F1	F2	F3
平均值	288	68.08	290	2190	2785	175	68.36	351	2471	2980
标准差	0.05	3.3	23.5	133.8	315.3	0.02	2.9	53.1	141.1	217.9
变异系数	17%	5%	8%	6%	11%	13%	4%	15%	6%	7%

我们认为该元音为高、前、展唇、松元音。图 2.166 为男发音人［iːmə］"这样的"一词的三维语图和三层标注实例。其中，词首元音［iː］的目标位置的 F1~F4 共振峰分别为 299Hz、2201Hz、2899Hz、3322Hz。这是［iː］元音比较典型的声学语图。

图 2.167 为词首和非词首音节长元音［iː］在声学空间中所处位置及其分布模式比较图。可以看出，男、女发音人的非词首音节［iː］元音的舌位比词首音节［iː］元音的舌位高。

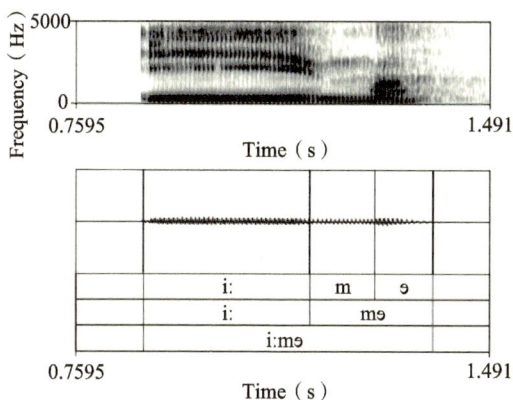

图 2.166　男发音人［iːmə］"这样的"一词的三维语图和三层标注实例

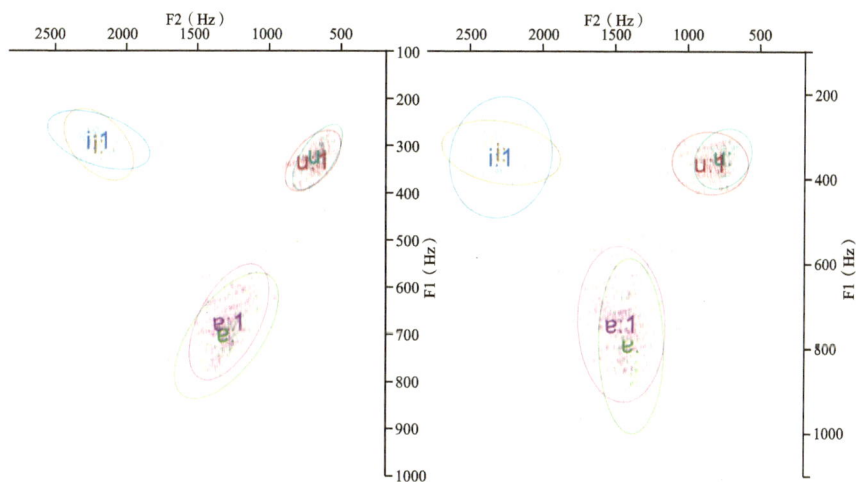

图 2.167　词首和非词首音节长元音［iː］在声学空间所处位置
及其分布模式比较（M&F）

　　图 2.168 为非词首音节长元音［iː］的目标位置共振峰（F1/F2）及其前过渡段共振峰（TF1/TF2）和后过渡段共振峰（TP1/TP）比较图。可以看出，与目标位置共振峰频率相比，男、女发音人的非词首音节［iː］的前、后过渡段频率都有变化。总体变化趋势为舌位相对后移，趋于央元音位置。

　　2. 元音声学参数与其所处语境之间的相关性问题

　　（1）元音声学参数与其前置辅音音质之间的相关性

　　图 2.169～2.172 为在［n-，b-，x-，h-，g-，m-，l-，s-，ʃ-，tʰ-，d-，ʒ-，z-，j-，ɾ-］等辅音之后出现的词首和非词首音节［iː］元音的

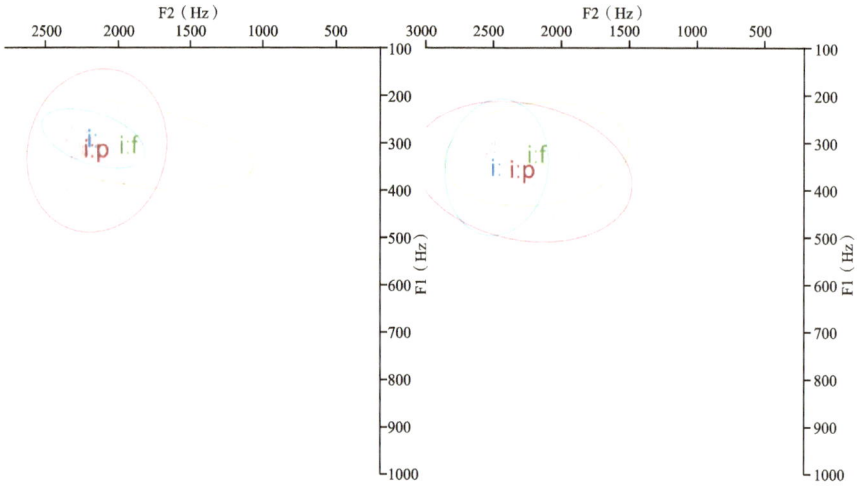

图 2.168　非词首音节［iː］元音目标位置共振峰及其前、后过渡
段共振峰比较（M&F）

音长及其目标位置第一、第二和第三共振峰的前过渡段频率（TF1、TF2、
TF3）的变化示意图。其中，图 2.171～2.172 为以 TF2 的上升为准排列的，
即以舌位自后至前排列的示意图。这些图显示，词首和非词首音节［iː］元
音声学参数与其前置辅音音质之间的没有相关性。

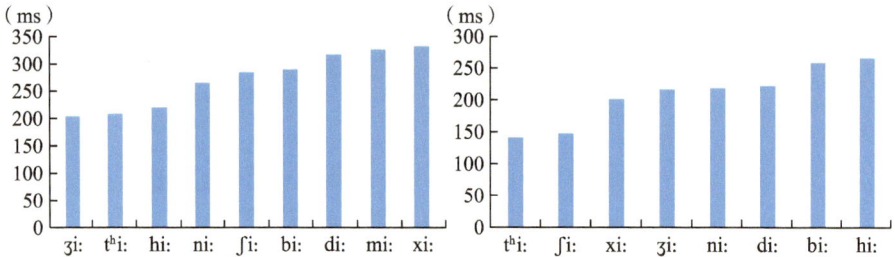

图 2.169　在不同辅音之后出现的词首音节［iː］元音的音长比较（M&F）

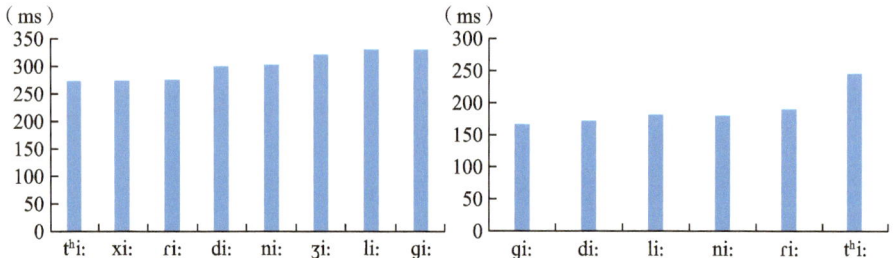

图 2.170　在不同辅音之后出现的非词首音节［iː］元音的音长比较（M&F）

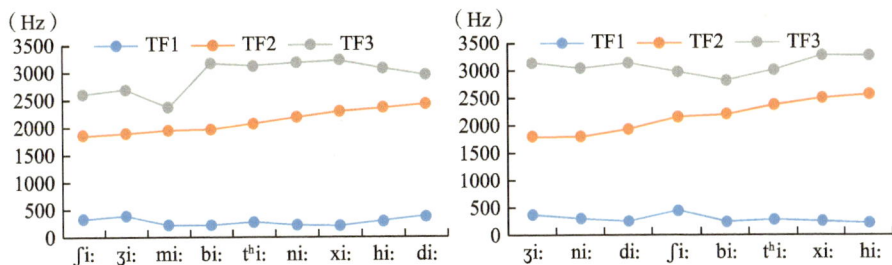

图 2.171　在不同辅音之后出现的词首音节 ［iː］元音的第一至第三共振峰
前过渡段频率比较（M&F）

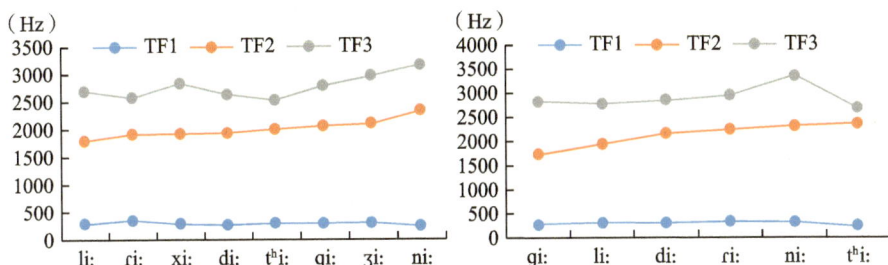

图 2.172　在不同辅音之后出现的非词首音节 ［iː］元音的第一至第三共振峰
前过渡段频率比较（M&F）

（2）元音声学参数与其所出现的单词音节数量之间的相关性

表 2.116 为不同数量音节词中出现的词首音节 ［iː］元音频率统计表。可以看出，词首音节 ［iː］出现的频率较低。表 2.117 为在不同数量音节词中出现的词首音节 ［iː］元音的音长（VD）、音强（VA）和目标位置第一至第三共振峰频率（F1~F3）均值统计表，图 2.173~2.175 为音节数量与词首音节 ［iː］元音音长、音强和元音目标位置第一至第三共振峰频率（F1~F3）均值之间的关系示意图。从图表中可以看出，词首音节 ［iː］元音声学参数与其所出现的单词音节数量之间没有相关性。

表 2.116　在不同数量音节词出现的 ［iː］ 出现频率统计

	单音节词		双音节词		多音节词		共计	
发音人	M	F	M	F	M	F	M	F
出现次数	8	8	16	17	14	11	38	36

表 2.117　在不同数量音节词出现的［iː］元音声学参数统计

发音人 统计项		M					F				
		VD	VA	F1	F2	F3	VD	VA	F1	F2	F3
单音 节词	平均值	286	66.75	288	2160	2987	189	70.12	347	2471	3058
	标准差	0.05	3.4	18.3	99.3	394.6	0.06	2.2	26.2	215.1	353.4
	变异系数	18%	5%	6%	5%	13%	32%	3%	8%	9%	12%
双音 节词	平均值	264	65.69	291	2227	3084	206	67.88	335	2507	3142
	标准差	0.05	2.3	21.8	82.4	249.6	0.06	2.1	25	140.6	198.7
	变异系数	20%	4%	7%	4%	8%	27%	3%	7%	6%	6%
多音 节词	平均值	210	64.57	316	2166	2862	222	69.09	338	2412	2985
	标准差	0.04	1.8	35.9	94.5	245	0.06	2.2	38.2	176.2	248.3
	变异系数	19%	3%	11%	4%	9%	28%	3%	11%	7%	8%

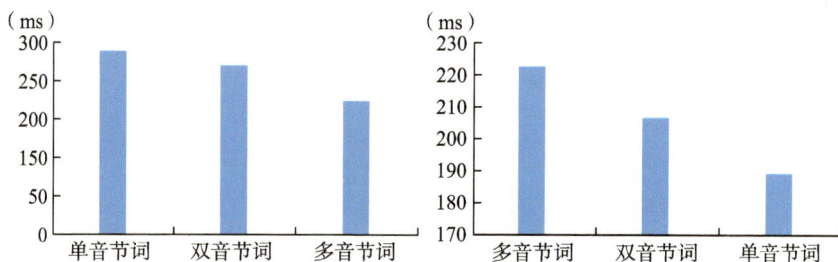

图 2.173　音节数量与［iː］元音音长之间的关系示意 （M&F）

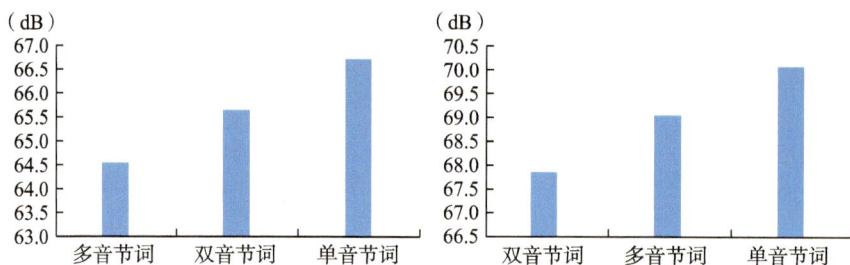

图 2.174　音节数量与［iː］元音音强之间的关系示意 （M&F）

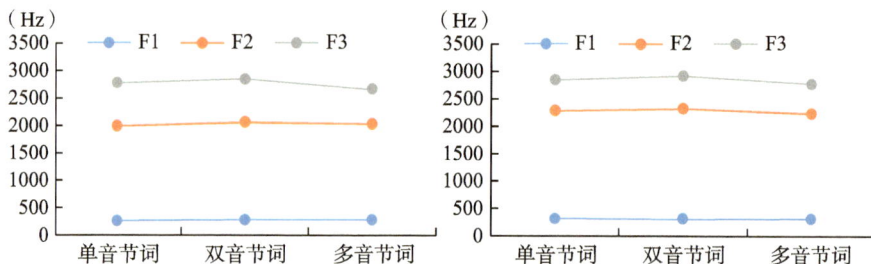

图 2.175　音节数量与［iː］元音共振峰频率均值之间的关系示意 （M&F）

表 2.118 为用 sig（显著性）系数进行验证的词首音节［iː］元音第一、第二共振峰频率（F1/F2）和音长（VD）与其所出现的单词音节数量之间的相关性检验结果。检验结果显示，布里亚特语词首音节［iː］元音的声学参数与其所出现的单词音节数量之间没有相关性。

表 2.118　检验结果

	sig（显著性）					
	M		F		M	F
	F1	F2	F1	F2	VD	VD
单音节词—双音节词	.891	.261	.530	.906	.591	.790
单音节词—多音节词	.060	.990	.810	.800	.009	.488
双音节词—多音节词	.094	.162	.971	.313	.009	755

表 2.119 为用 sig（显著性）系数检验的词首和非词首音节［iː］元音的第一、第二共振峰频率（F1/F2）和音长（VD）与其所出现的词中音节位置（词首音节和非词首音节）之间的相关性检验结果。表 2.119 显示，［iː］元音的音长（VD）与其所出现的词中音节位置之间具有显著性差异，即非词首音节［iː］元音的音长明显比词首音节［iː］元音的音长短。

表 2.119　检验结果

	sig（双侧）					
	M		F		M	F
	F1	F2	F1	F2	VD	VD
词首—非词首	.185	.993	.270	.974	.006	.018

（四）［ɔː］元音

1. 参数平均值及其音质定位

表 2.120~2.121 为［ɔː］词首和非词首音节元音参数统计表。可以看出，词首音节［ɔː］元音音长、音强和共振峰均值分别为：M＝293ms，F＝222ms；M＝68.69dB，F＝67.65dB；M：F1＝538Hz，F2＝850Hz；F：F1＝558Hz，F2＝977Hz；非词首音节［ɔː］元音音长、音强和共振峰均值分别为：M＝259ms，F＝167ms；M＝68.76dB，F＝65.77dB；F1 和 F2 的频率均

值分别为 M：F1＝551Hz，F2＝892Hz；F：F1＝556Hz，F2＝1020Hz。词首
和非词首音节［ɔː］元音声学参数之间的差异是：M：+34 ms，F：+55ms；
M：－0.07dB（可忽略），F：+1.88dB；MF1：－13Hz，MF2：－42Hz；
FF1：+2Hz（可忽略），FF2：-43Hz。

表 2.120　词首音节［ɔː］元音声学参数统计

	M					F				
	VD	VA	F1	F2	F3	VD	VA	F1	F2	F3
平均值	293	68.69	538	850	2526	222	67.65	558	977	2946
标准差	0.06	2.9	36.2	64.8	453.2	0.06	3.3	52.1	97.7	147.4
变异系数	21%	4%	7%	8%	18%	25%	5%	9%	10%	5%

表 2.121　非词首音节［ɔː］元音声学参数统计

	M					F				
	VD	VA	F1	F2	F3	VD	VA	F1	F2	F3
平均值	259	68.76	551	892	2444	167	65.77	556	1020	2901
标准差	0.06	2.5	38.6	93.7	564	0.04	2.8	61.2	108.9	350.4
变异系数	25%	4%	7%	11%	23%	25%	4%	11%	11%	12%

　　我们认为该元音为次低、后、圆唇、紧元音。图 2.176 为男发音人
［dɔːʃɔː］"往下"一词的三维语图和三层标注实例。其中，词首元音［ɔː］

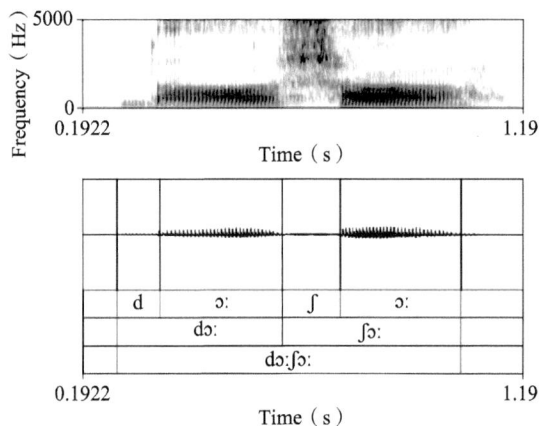

图 2.176　男发音人［dɔːʃɔː］"往下"一词的三维语图和三层标注实例

的目标位置的 F1～F4 共振峰分别为 533Hz、821Hz、2533Hz、3322Hz。这是词首音节 [ɔː] 元音比较典型的声学语图。

图 2.177 为词首和非词首音节长元音 [ɔː] 在声学空间中所处位置及其分布模式比较图。可以看出，词首和非词首音节长元音 [ɔː] 的舌位差异较小。

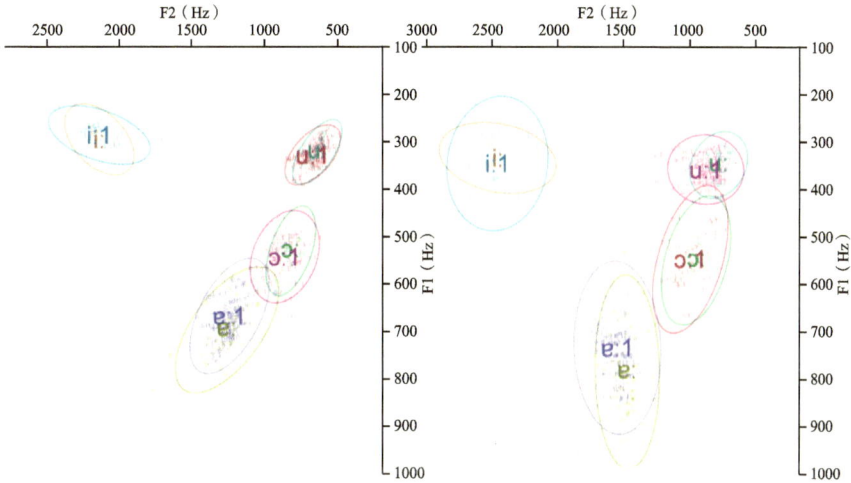

图 2.177　词首和非词首音节长元音 [ɔː] 在声学空间中所处位置及其分布模式比较 （M&F）

图 2.178～2.179 为词首音节和非词首音节长元音 [ɔː] 的目标位置共

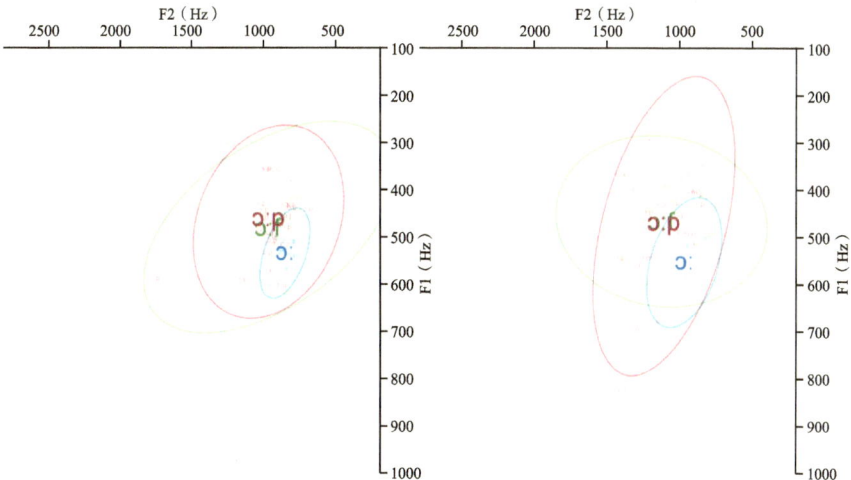

图 2.178　词首音节 [ɔː] 元音目标位置共振峰及其前、后过渡段共振峰频率比较 （M&F）

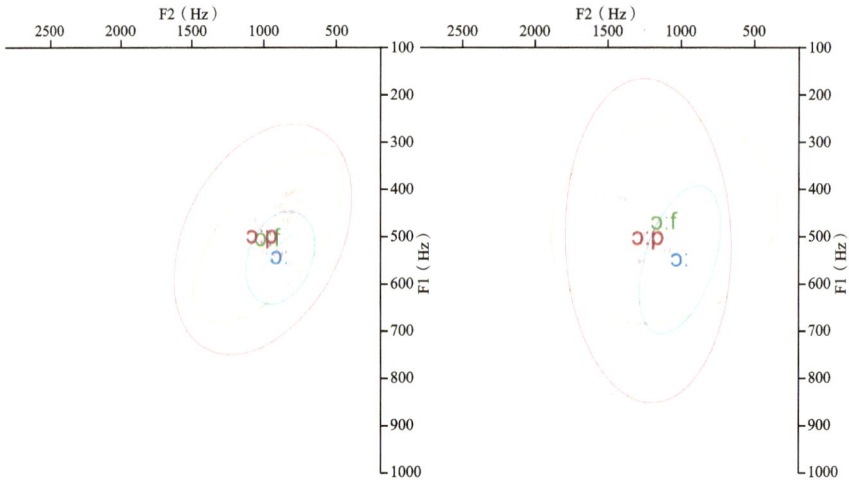

图 2.179　非词首音节 [ɔ:] 元音目标位置共振峰及其前、后过渡段
共振峰频率比较（M&F）

振峰（F1/F2）及其前过渡段共振峰（TF1/TF2）和后过渡段共振峰（TP1/
TP）比较图。可以看出，与目标位置共振峰频率相比，词首和非词首音节
[ɔ:] 元音前、后过渡段共振峰频率都有明显变化。说明该元音的舌位较容
易受其前后音段的影响。

2. 元音声学参数与其所处语境之间的相关性问题

元音声学参数与其所出现的单词音节数量之间存在相关性。表 2.122 为
在不同数量音节词中出现的词首音节 [ɔ:] 元音统计表。可以看出，[ɔ:]
元音的出现频率较低。表 2.123 为在不同数量音节词中出现的词首音节
[ɔ:] 元音的音长（VD）、音强（VA）和目标位置第一至第三共振峰频率
（F1~F3）均值统计表，图 2.180~2.182 为音节数量与词首音节 [ɔ:] 元音
音长、音强和元音目标位置第一至第三共振峰频率（F1~F3）均值之间的
关系示意图。从图表中可以看出，词首音节 [ɔ:] 元音声学参数与其所出
现的单词音节数量之间没有相关性。

表 2.122　在不同数量音节词中出现的 [ɔ:] 元音出现频率统计

发音人	单音节词		双音节词		多音节词		共计	
	M	F	M	F	M	F	M	F
出现次数	9	9	13	14	4	3	26	26

表 2.123　在不同数量音节词中出现的［ɔ:］元音声学参数统计

发音人 统计项		M					F				
		VD	VA	F1	F2	F3	VD	VA	F1	F2	F3
单音节词	平均值	298	69.22	553	876	2660	213	67.67	534	985	2913
	标准差	0.07	2.6	39.7	64	374.5	0.05	3	44.6	107.6	116.6
	变异系数	24%	4%	7%	7%	14%	25%	4%	8%	11%	4%
双音节词	平均值	310	68.54	532	840	2478	233	67.36	563	948	2963
	标准差	0.04	3.2	36.5	65.1	555.7	0.05	3.8	54.8	76.4	178.2
	变异系数	13%	5%	7%	8%	22%	22%	6%	10%	8%	6%
多音节词	平均值	227	68	526	822	2379	197	69	604	1094	2964
	标准差	0.07	3.4	19.2	60.2	99.3	0.1	1.7	23.1	90.6	56.3
	变异系数	31%	5%	4%	7%	4%	50%	3%	4%	8%	2%

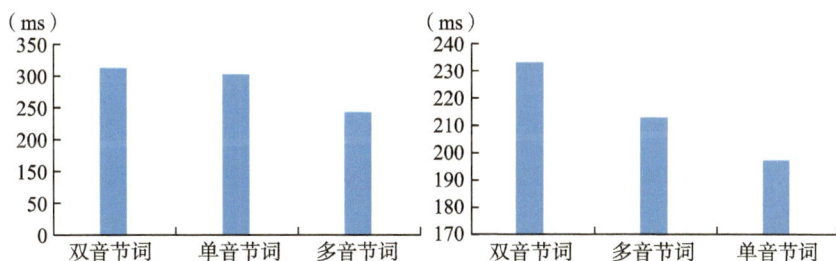

图 2.180　音节数量与［ɔ:］元音音长之间的关系示意（M&F）

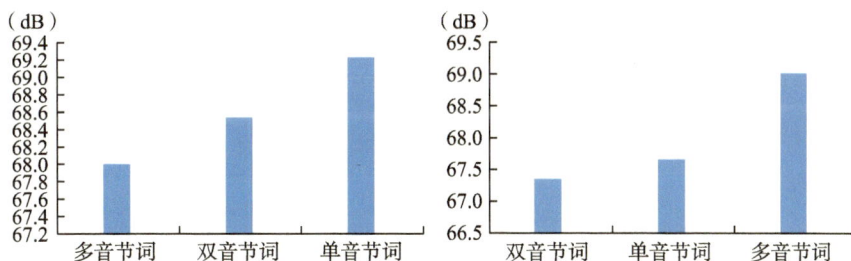

图 2.181　音节数量与［ɔ:］元音音强之间的关系示意（M&F）

表 2.124 为用 sig（显著性）系数检验的词首和非词首音节［ɔ:］元音的第一、第二共振峰频率（F1/F2）和音长（VD）与其所出现的词首音节和非词首音节之间的相关性检验结果。表 2.124 显示，［ɔ:］元音的音长（VD）与其所出现的词中音节位置之间具有显著性差异，即非词首音节［ɔ:］元音的音长明显比词首音节［ɔ:］元音的音长短。

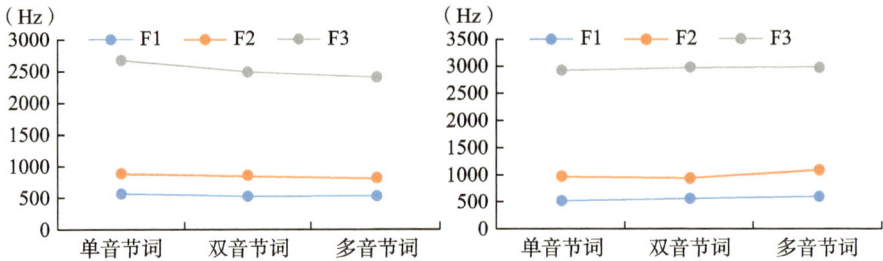

图 2.182　音节数量与 [ɔ:] 元音共振峰之间的关系示意 （M&F）

表 2.124　检验结果

	sig（双侧）					
	M		F		M	F
	F1	F2	F1	F2	VD	VD
词首—非词首	.180	.045	.885	.111	.031	.000

（五）[ʊ:] 元音

1. 参数平均值及其音质定位

表 2.125～2.126 为词首和非词首音节 [ʊ:] 元音参数统计表。该两个表显示，词首音节男、女发音人 [ʊ:] 元音音长、音强和共振峰均值分别为 M = 300ms，F = 245ms；M = 67.57dB，F = 68.67dB；M：F1 = 386Hz，F2 = 666Hz；F：F1 = 404Hz，F2 = 769Hz；非词首音节男、女发音人 [ʊ:] 元音音长、音强和共振峰均值分别为：M = 222ms，F = 144ms；M = 67.77dB，F = 65.97dB；F1 和 F2 的频率均值分别为 M：F1 = 397Hz，F2 = 735Hz；F：F1 = 415Hz，F2 = 866Hz。

表 2.125　词首音节 [ʊ:] 元音声学参数统计

	M					F				
	VD	VA	F1	F2	F3	VD	VA	F1	F2	F3
平均值	300	67.57	386	666	2591	245	68.67	404	769	3109
标准差	0.06	3.9	29.1	42.7	199.4	0.06	2.7	33	84.7	272.5
变异系数	21%	6%	8%	6%	8%	26%	4%	8%	11%	9%

表 2.126　非词首音节 [ʊ:] 元音声学参数统计

	M					F				
	VD	VA	F1	F2	F3	VD	VA	F1	F2	F3
平均值	222	67.77	397	735	2519	144	65.97	415	866	2942

续表

	M					F				
	VD	VA	F1	F2	F3	VD	VA	F1	F2	F3
标准差	0.06	3.1	27.7	53.1	327.8	0.04	2.6	35.7	104.5	470.6
变异系数	28%	5%	7%	7%	13%	28%	4%	9%	12%	16%

图 2.183 为男发音人［ʊːɐ］"山"一词的三维语图和三层标注实例。其中，词首音节元音［ʊː］的目标位置 F1～F4 共振峰分别为 411Hz、680Hz、2499Hz、3541Hz。这是［ʊː］元音比较典型的声学语图。我们认为该元音为中低、后、圆唇、紧元音。

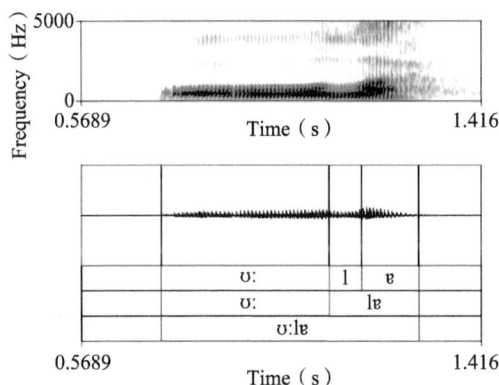

图 2.183　男发音人［ʊːlɐ］"山"一词的三维语图和三层标注实例

图 2.184 为词首和非词首音节长元音［ʊː］在声学空间中所处位置及其分布模式比较图。显然，非词首音节［ʊː］元音舌位比词首音节［ʊː］元音的舌位略靠前，不显著。

图 2.185～2.186 为词首音节和非词首音节长元音［ʊː］的目标位置共振峰（F1/F2）及其前过渡段共振峰（TF1/TF2）和后过渡段共振峰（TP1/TP）比较图。可以看出，与词首和非词首音节［ʊː］元音的目标位置共振峰频率相比，它们的前、后过渡段共振峰频率无论在舌位前、后维度，还是在舌位高、低维度上都有显著变化。说明该元音受其前、后音段的影响较大。

2. 元音声学参数与其所处语境之间的相关性问题

（1）元音声学参数与其前置辅音音质之间的相关性

图 2.187～2.190 为在［n-，b-，x-，h-，g-，m-，l-，s-，ʃ-，tʰ-，d-，ʒ-，z-，j-，ɾ-］等辅音之后出现的词首和非词首音节［ʊː］元音的

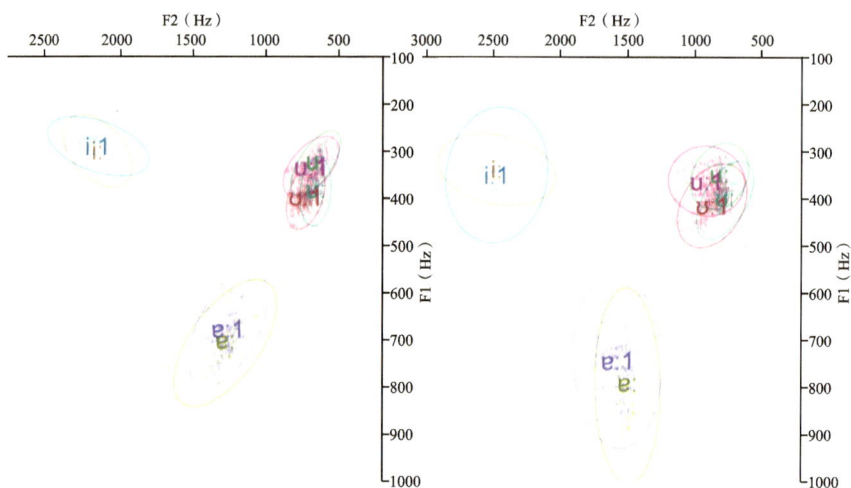

图 2.184　词首和非词首音节长元音［ʊː］在声学空间中所处位置
及其分布模式比较（M&F）

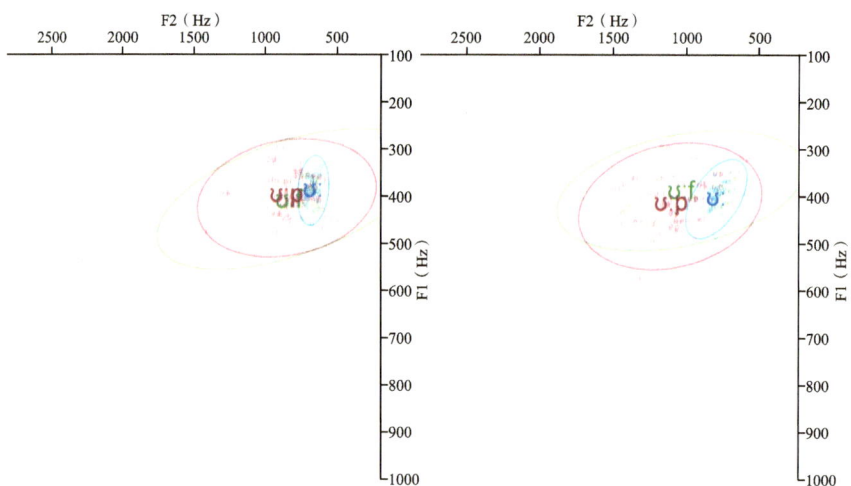

图 2.185　词首音节［ʊː］元音目标位置共振峰及其前、后过渡段共振峰频率比较（M&F）

音长及其目标位置第一、第二和第三共振峰的前过渡段频率（TF1、TF2、TF3）的变化示意图。其中，图 2.189～2.190 为以 TF2 的上升为准排列的，即以舌位自后至前排列的示意图。这些图显示，［ʊː］元音声学参数与其前置辅音音质之间没有相关性。

（2）元音声学参数与其所出现的单词音节数量之间的相关性

表 2.127 为在不同数量音节词中出现的词首音节［ʊː］元音出现频率统

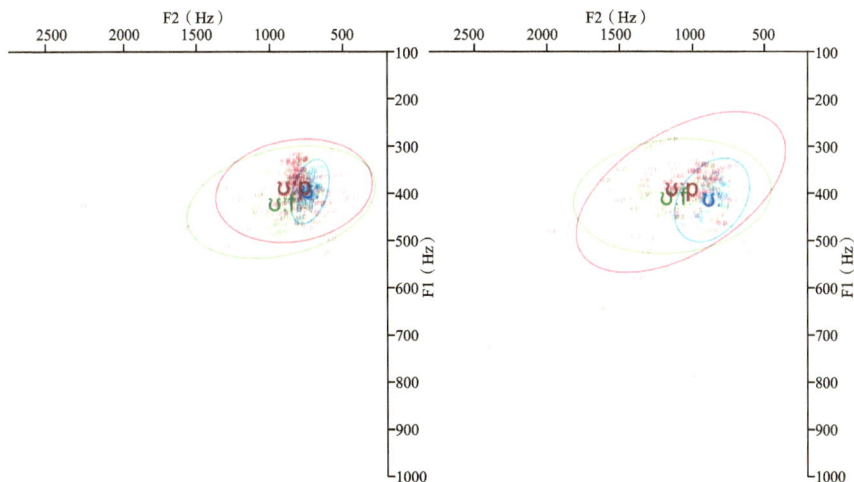

图 2.186　非词首音节 ［ʊ:］元音目标位置共振峰及其前、后过渡段共振峰比较（M&F）

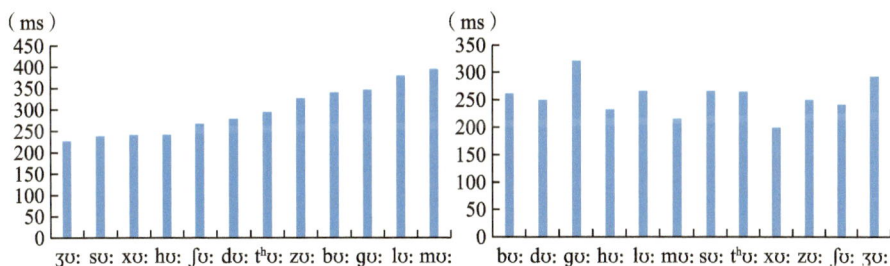

图 2.187　在不同辅音之后出现的词首音节 ［ʊ:］元音的音长比较（M&F）

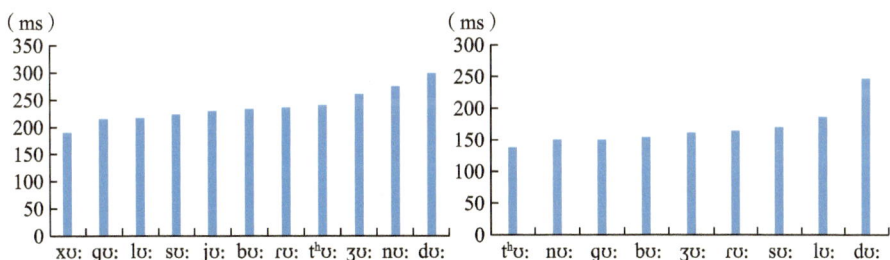

图 2.188　在不同辅音之后出现的非词首音节 ［ʊ:］元音的音长比较（M&F）

计表。可以看出，在双音节词中出现的比例较高。表 2.128 为在不同数量音节词中出现的词首音节 ［ʊ:］元音的音长（VD）、音强（VA）和目标位置第一至第三共振峰频率（F1～F3）均值统计表，图 2.191～2.193 为音节数量与词首音节 ［ʊ:］元音音长、音强和元音目标位置第一至第三共振峰频率（F1～F3）均值之间的关系示意图。从图表中可以看出，［ʊ:］元音音长

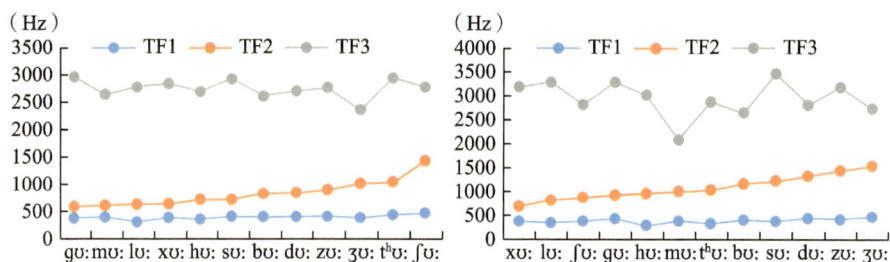

图 2.189　在不同辅音之后出现的词首音节［ʊː］元音的第一至第三共振峰前过渡段频率比较（M&F）

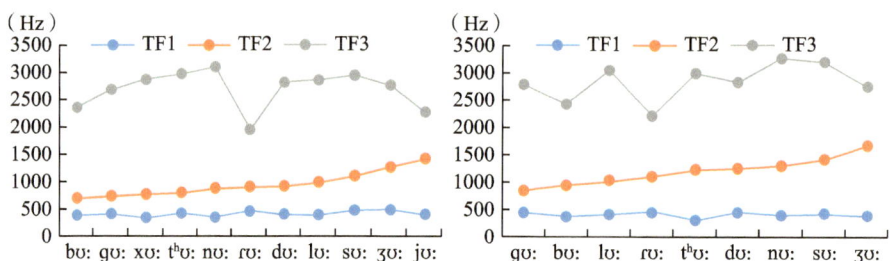

图 2.190　在不同辅音之后出现的非词首音节［ʊː］元音的第一至第三共振峰前过渡段频率比较（M&F）

与其所出现的单词音节数量之间具有一定的相关性，即随着音节数量的增多该元音的音长相对缩短。

表 2.127　在不同数量词首音节词中出现的［ʊː］元音出现频率统计

发音人	单音节词		双音节词		多音节词		共计	
	M	F	M	F	M	F	M	F
出现次数	19	16	37	43	7	4	63	63

表 2.128　在不同数量音节词中出现的［ʊː］元音声学参数统计

发音人 统计项		M					F				
		VD	VA	F1	F2	F3	VD	VA	F1	F2	F3
单音节词	平均值	285	76.04	354	814	2648	248	73.47	380	861	2706
	标准差	0.06	2.9	21.9	71	190.7	0.07	2.5	34.8	79.5	233.4
	变异系数	24.4%	3.8%	6.2%	8.7%	7.2%	28.6%	3.4%	9.1%	9.2%	8.6%

续表

发音人 统计项		M					F				
		VD	VA	F1	F2	F3	VD	VA	F1	F2	F3
双音 节词	平均值	145	73.30	354	874	2687	131	73.51	376	927	2779
	标准差	0.04	3.4	19.3	73.5	131.1	0.03	2.7	36.1	81.1	208.6
	变异系数	28.4%	4.7%	5.4%	8.4%	4.8%	28.2%	3.7%	9.6%	8.7%	7.5%
三音 节词	平均值	127	74.88	362	840	2622	114	72.37	379	949	2744
	标准差	0.03	1.9	19.8	62	166.3	0.02	3.5	30.7	89.9	221.7
	变异系数	30.5%	2.5%	5.4%	7.3%	6.3%	19.6%	4.8%	8.1%	9.4%	8%

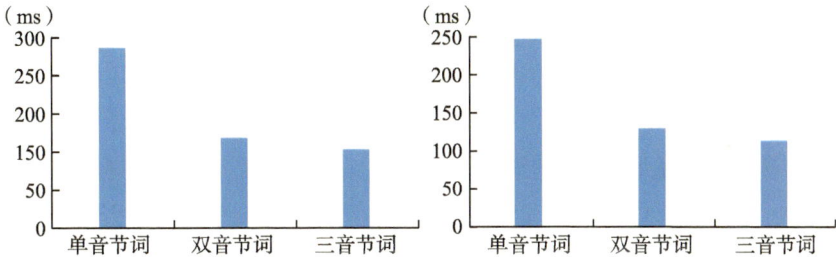

图 2.191　音节数量与 [ʊː] 元音音长之间的关系示意（M&F）

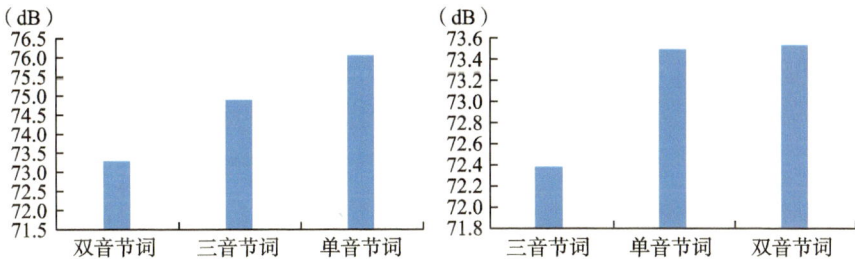

图 2.192　音节数量与 [ʊː] 元音音强之间的关系示意（M&F）

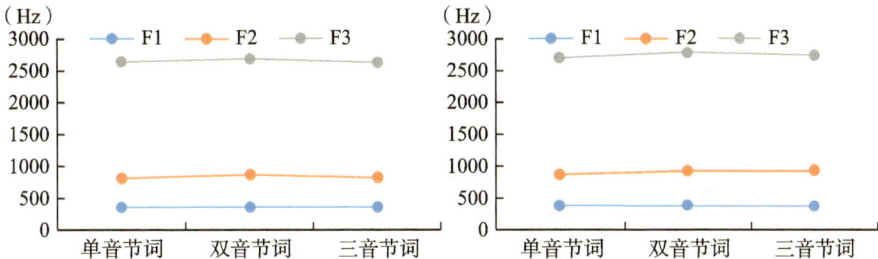

图 2.193　音节数量与 [ʊː] 元音共振峰频率之间的关系示意（M&F）

表 2.129 为用 sig（显著性）系数检验的词首和非词首音节［ʊ］元音的第一、第二共振峰频率（F1/F2）和音长（VD）与其所出现的词首音节和非词首音节之间的相关性检验结果。表 2.129 显示，［ʊ］元音的声学参数与其所出现的词中音节位置之间具有显著性差异。

表 2.129　检验结果

	sig（双侧）					
	M		F		M	F
	F1	F2	F1	F2	VD	VD
词首—非词首	.017	.000	.042	.000	.000	.000

（六）［uː］元音

1. 参数平均值及其音质定位

表 2.130~2.131 为词首和非词首音节［uː］元音声学参数统计表。统计表显示，词首音节［uː］元音音长、音强和共振峰均值分别为：M = 279ms，F = 219ms；M = 66.82dB，F = 68.11dB；M：F1 = 326Hz，F2 = 665Hz；F：F1 = 353Hz，F2 = 811Hz；非词首音节［uː］元音音长，音强和共振峰均值分别为：M = 233ms，F = 151ms；M = 67.81dB，F = 67.46dB；F1 和 F2 的频率均值分别为 M：F1 = 333Hz，F2 = 697Hz；F：F1 = 363Hz，F2 = 907Hz。显然，词首和非词首音节［uː］元音声学参数具有一定的差异。如，在音长，音强和共振峰均值方面的差异分别为：M：+46ms，F：+68ms；M：−0.99dB，F：−0.65dB（可忽略）；MF1：−7Hz（可忽略），MF2：−32Hz；FF1：−10Hz（可忽略），FF2：−96Hz。

表 2.130　词首音节［uː］元音声学参数统计

	M					F				
	VD	VA	F1	F2	F3	VD	VA	F1	F2	F3
平均值	279	66.82	326	665	2615	219	68.11	353	811	2816
标准差	0.05	2.3	27.2	65.9	290.8	0.05	2.5	27.5	84.4	291.3
变异系数	19%	3%	8%	10%	11%	24%	4%	8%	10%	10%

表 2.131 非词首音节［uː］元音声学参数统计

	M					F				
	VD	VA	F1	F2	F3	VD	VA	F1	F2	F3
平均值	233	67.81	333	697	2722	151	67.46	363	907	2801
标准差	0.05	2.6	25.6	76.1	331.4	0.04	2.7	29.5	113.3	344.7
变异系数	21%	4%	8%	11%	12%	24%	4%	8%	12%	12%

我们认为该元音为高、后、圆唇、松元音。图 2.194 为男发音人［eːíu］"窝"一词的三维语图和三层标注实例。其中，词首元音［uː］的目标位置 F1~F4 共振峰分别为 321Hz、671Hz、2611Hz、3567Hz。这是［uː］元音比较典型的声学语图。

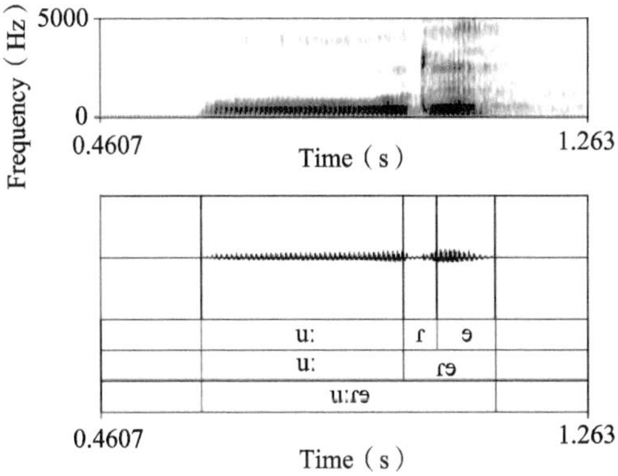

图 2.194 男发音人［uːɾə］"窝"一词的三维语图和三层标注实例

图 2.195 为词首和非词首音节长元音［uː］在声学空间中所处位置及其分布模式比较图。显然，非词首音节［uː］元音的舌位比词首音节［uː］元音的舌位相对高。

2. 元音声学参数与其所出现的单词音节数量之间的相关性

表 2.132 为［uː］元音在不同数量音节词中出现的频率统计表。表 2.133 为在不同数量音节词中出现的［uː］元音的音长（VD）、音强（VA）、目标位置共振峰目标值（F）均值统计表，图 2.196~2.198 为音节数量与［uː］元音音长、音强和目标位置共振峰之间的关系示意图。从图表中可以看出，元音声学参数与其所出现的单词音节数量之间的没有相关性。

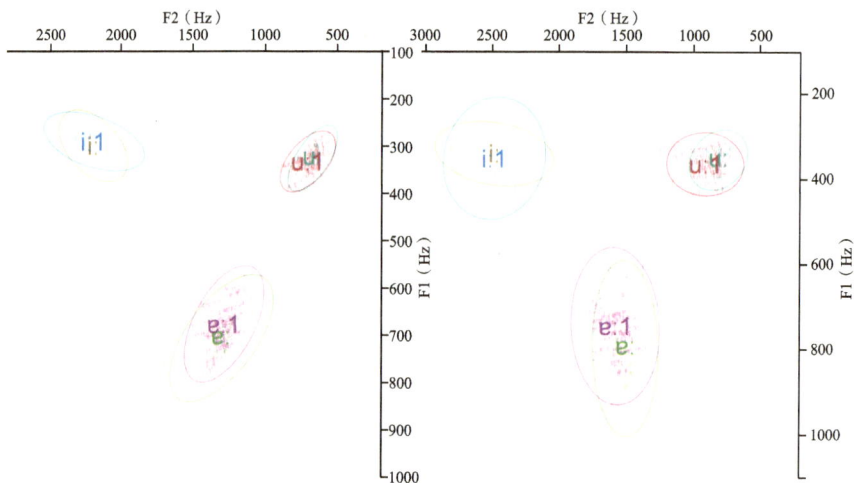

图 2.195　词首和非词首音节长元音［uː］在声学空间中所处位置及其分布模式比较（M&F）

表 2.132　在不同数量音节词中出现的［uː］元音出现频率统计

发音人	单音节词		双音节词		多音节词		共计	
	M	F	M	F	M	F	M	F
出现次数	12	10	21	25	6	3	39	38

表 2.133　在不同数量音节词中出现的［uː］元音声学参数统计

发音人 统计项		M					F				
		VD	VA	F1	F2	F3	VD	VA	F1	F2	F3
单音节词	平均值	281	68.25	332	669	2508	186	68.60	356	872	2803
	标准差	0.07	2.4	34.3	90.5	193.4	0.02	1.9	25.4	113.1	334.1
	变异系数	26%	4%	10%	14%	8%	12%	3%	7%	13%	12%
双音节词	平均值	283	66.05	322	656	2671	229	67.48	352	786	2840
	标准差	0.04	2.1	24.3	52.7	338.6	0.06	2.3	29.2	62.4	279.5
	变异系数	16%	3%	8%	8%	13%	24%	3%	8%	8%	10%
三音节词	平均值	259	66.67	330	684	2628	243	71.67	358	810	2658
	标准差	0.05	1.4	22	55.3	246.9	0.07	3.8	28	32.1	291.5
	变异系数	20%	2%	7%	8%	9%	29%	5%	8%	4%	11%

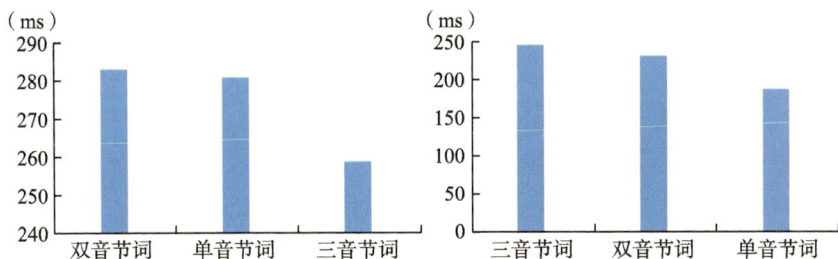

图 2.196　音节数量与［uː］元音音长之间的关系示意（M&F）

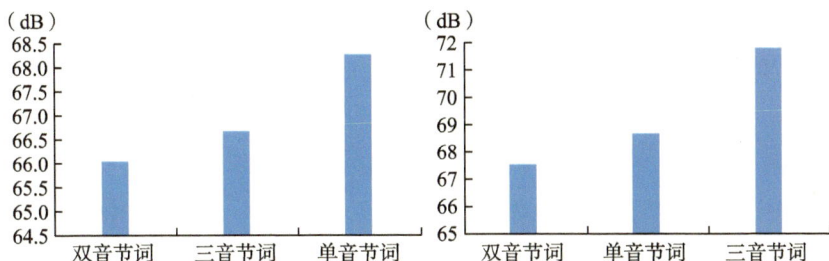

图 2.197　音节数量与［uː］元音音强之间的关系示意（M&F）

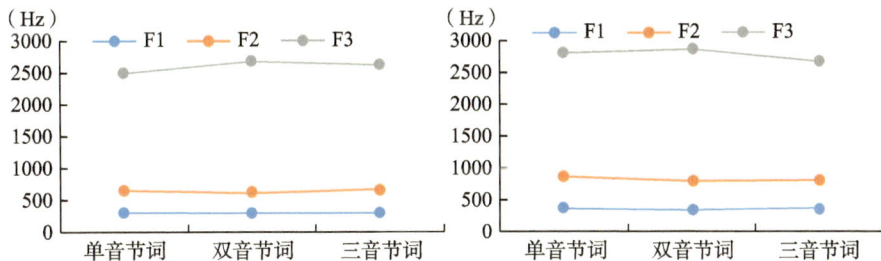

图 2.198　音节数量与［uː］元音共振峰频率之间的关系示意（M&F）

　　表 2.134 为用 sig（显著性）系数检验的词首和非词首音节［uː］元音的第一、第二共振峰频率（F1/F2）和音长（VD）与其所出现的词首音节和非词首音节之间的相关性检验结果。表 2.134 显示，［uː］元音的第二共振峰和音长均值与其所出现的词中音节位置之间具有显著性差异。

表 2.134　检验结果

	sig（双侧）					
	M		F		M	F
	F1	F2	F1	F2	VD	VD
词首—非词首	.205	.026	.088	.000	.000	.000

（七）［oː］元音

在"布里亚特语语音声学参数数据库"中［oː］元音的出现频率相对低，并且在非词首音节出现的频率比其在词首音节出现的频率相对高。如，在词首音节共出现 14 次（男、女），而在非词首音节共出现 69 次（在男发音人的语料中出现 32 次，在女发音人的语料中出现 37 次）。考虑到诸多因素，我们没有把该元音当作独立音位，而是把它归纳为/uː/元音的变体。有关这一问题，有待进一步研究。

1. 参数平均值及其音质定位

表 2.135～2.136 为词首和非词首音节［oː］元音参数统计表。统计表显示，词首音节［oː］元音音长、音强和共振峰均值分别为：M = 273ms，F = 233ms；M = 68.93dB，F = 68.79B；M：F1 = 388Hz，F2 = 839Hz；F：F1 = 402Hz，F2 = 855Hz；非词首音节男、女发音人［oː］元音音长、音强和共振峰均值分别为：M = 253ms，F = 171ms；M = 69.06dB，F = 68.22dB；F1 和 F2 的频率均值分别为 M：F1 = 406Hz，F2 = 897Hz；F：F1 = 413Hz，F2 = 969Hz。差异分别为：M：+20ms，F：+62ms；M：−0.13dB，F：+0.57dB（可忽略）；MF1：−18Hz（可忽略），MF2：−58Hz；FF1：−11Hz（可忽略），FF2：−114Hz。

表 2.135　词首音节［oː］元音声学参数统计

	M					F				
	VD	VA	F1	F2	F3	VD	VA	F1	F2	F3
平均值	273	68.93	388	839	2472	233	68.79	402	855	2713
标准差	0.07	2.9	21.5	33.9	136.8	0.05	2.6	25.3	103.7	517.3
变异系数	27%	4%	6%	4%	6%	23%	4%	6%	12%	19%

表 2.136　非词首音节［oː］元音声学参数统计

	M					F				
	VD	VA	F1	F2	F3	VD	VA	F1	F2	F3
平均值	253	69.06	406	897	2553	171	68.22	413	969	2913
标准差	0.06	2.9	23.2	51.7	202.1	0.04	2.7	25.7	82.5	400.9
变异系数	24%	4%	6%	6%	8%	22%	4%	6%	9%	14%

图 2.199 为男发音人［oːrtʰoː］"自己"一词的三维语图和三层标注实例。这是［oː］元音比较典型的声学语图。其中，词首元音［oː］的目标位置 F1~F4 共振峰分别为 416Hz、833Hz、2508Hz、3639Hz。我们认为该元音为次高（开）、前、展唇、松元音。

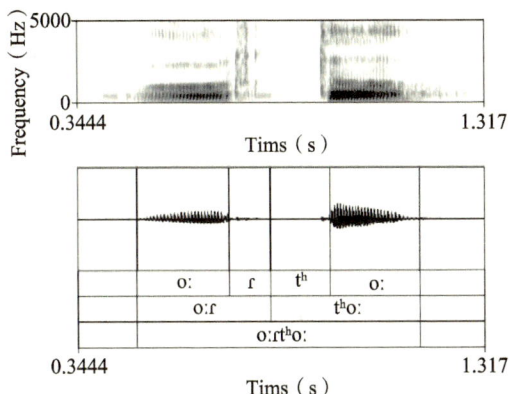

图 2.199　男发音人［oːrtʰoː］"自己"一词的三维语图和三层标注实例

图 2.200 为词首和非词首音节长元音［oː］在声学空间中所处位置及其分布模式比较图。显然，词首和非词首音节长元音［oː］的舌位基本相同。

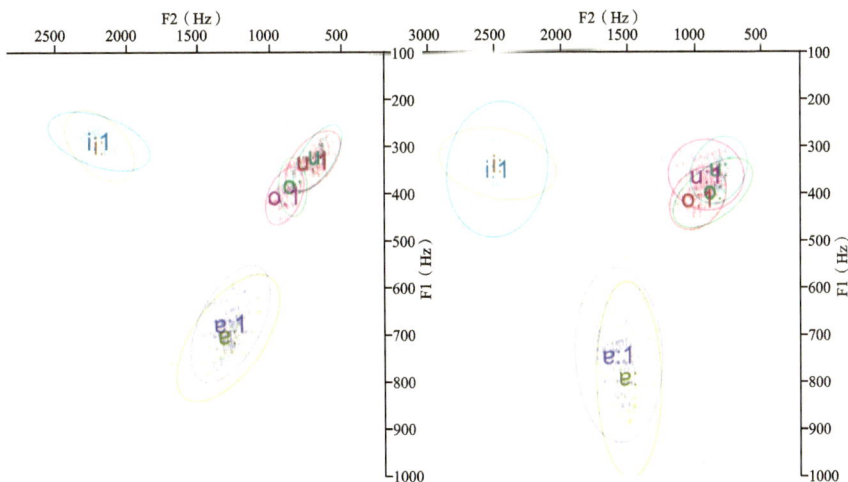

图 2.200　词首和非词首音节长元音［oː］在声学空间中所处位置及其分布模式比较（M&F）

2. 元音声学参数与其所处语境之间的相关性问题

（1）元音声学参数与其前置辅音音质之间的相关性

图 2.201~2.202 为在 [n-，b-，g-，l-，s-，ʃ-，tʰ-，d-，ɾ-] 等辅音之后出现的非词首音节 [oː] 元音的音长及其目标位置第一、第二和第三共振峰的前过渡段频率（TF1、TF2、TF3）的变化示意图。其中，图 2.201 为以 TF2 的上升为准排列的，即以舌位自后至前排列的示意图。这些图显示，词首音节 [oː] 元音的元音声学参数与其前置辅音音质之间没有相关性。

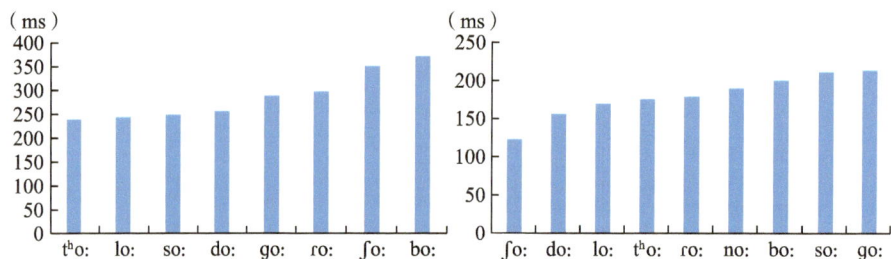

图 2.201　在不同辅音之后和无前置辅音音节中非词首音节 [oː] 元音音长比较（M&F）

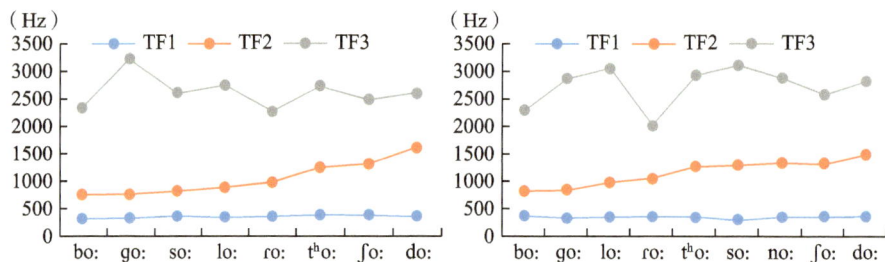

图 2.202　在不同辅音之后非词首音节 [oː] 元音第一、第二和第三共振峰前过渡段频率比较（M&F）

（2）元音声学参数与其所出现的单词音节数量之间的相关性

表 2.137 为在不同数量音节词中出现的词首音节 [oː] 元音出现频率统计表。可以看出，词首音节 [oː] 元音的出现频率较低。表 2.138 为在不同数量音节词中出现的词首音节 [oː] 元音的音长（VD）、音强（VA）和目标位置第一至第三共振峰频率（F1~F3）均值统计表，图 2.203~2.205 为音节数量与词首音节 [oː] 元音音长、音强和元音目标位置第一至第三共振峰频率（F1~F3）均值之间的关系示意图。从图表中可以看出，词首音节 [oː]

元音声学参数与其所出现的单词音节数量之间没有相关性。

表 2.137 在不同数量音节词中出现的〔oː〕元音出现频率统计

发音人	单音节词		双音节词		多音节词		共计	
	M	F	M	F	M	F	M	F
出现次数	5	4	7	7	2	3	14	14

表 2.138 在不同数量音节词中出现的〔oː〕元音声学参数统计

发音人 统计项		M					F				
		VD	VA	F1	F2	F3	VD	VA	F1	F2	F3
单音节词	平均值	306	71.60	405	830	2481	217	70	424	918	3060
	标准差	0.1	2.9	17.2	21.5	86.9	0.04	3.5	21.1	149.4	225
	变异系数	33%	4%	4%	3%	4%	17%	5%	5%	16%	7%
双音节词	平均值	250	67.71	379	834	2421	230	68.86	397	829	2633
	标准差	0.05	1.8	21.1	38	151.1	0.05	2.1	15.9	78.7	545.3
	变异系数	21%	3%	6%	5%	6%	20%	3%	4%	9%	21%
多音节词	平均值	272	66.50	378	880	2627	262	67	383	835	2436
	标准差	0.02	0.7	4.9	21.9	96.2	0.1	2	34.2	82.7	627.2
	变异系数	9%	1%	1%	2%	4%	36%	3%	9%	10%	26%

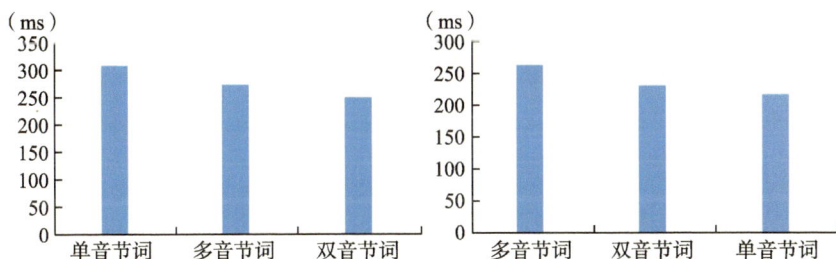

图 2.203 音节数量与〔oː〕元音音长之间的关系示意（M&F）

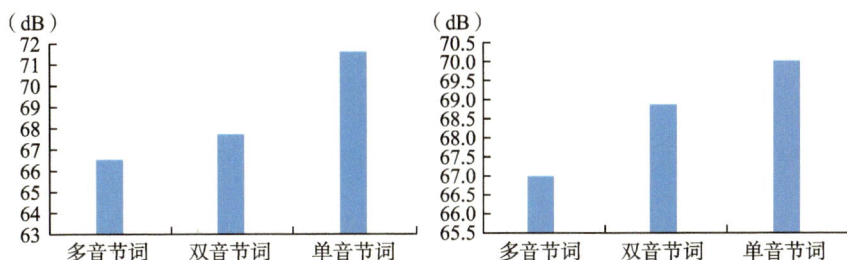

图 2.204 音节数量与〔oː〕元音音强之间的关系示意（M&F）

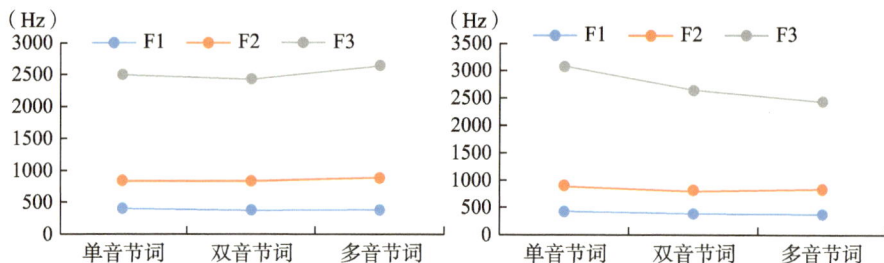

图 2.205　音节数量与 ［oː］元音共振峰频率之间的关系示意 （M&F）

七　复合元音

布里亚特语中复合元音相对多。"统一平台"中共出现 ［ɐi, ɔi, ie, ui, ʊɐ, ʊi］6 个复合元音。图 2.206 为男发音人 ［ui］ "非常"一词的三维语图和三层标注实例。这是 ［ui］复合元音比较典型的声学语图。

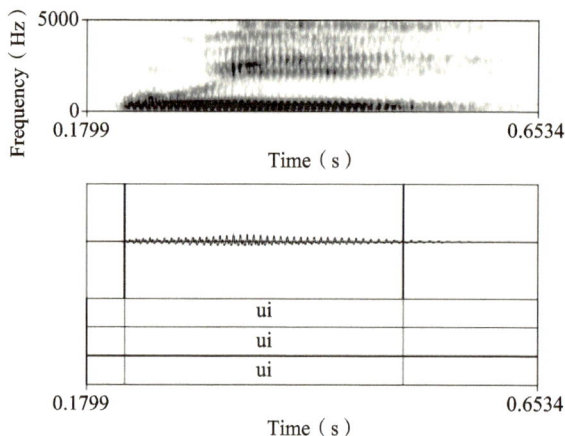

图 2.206　男发音人 ［ui］ "骒马"一词的三维语图和三层标注实例

我们对布里亚特语复合元音进行了以下 2 种统计分析：（1）复合元音第一、第二共振峰动态模式分析；（2）复合元音声学空间动态分布分析。

（一）复合元音第一、第二共振峰动态模式分析

为了观察布里亚特语复合元音共振峰的动态变化及其在动态变化过程中的连续性和不可分割性特点，我们绘制了复合元音第一、第二共振峰动态模式 （见图 2.207）。

从图 2.207 中可以看出，布里亚特语复合元音的第一、第二共振峰频率都有一个连续的、无间断的滑动过程（动态变化），即自"前稳定段"滑到"过渡段"，再从"过渡段"滑到"后稳定段"。显然，每个复合元音都是一个连续滑动变化的音段，而不是两个音段的简单直接黏合。例如，复合元音 [ui] 的 [u] 与 [i] 之间有一段 [u-i] 的过渡段。其中，因 [u] 的 F1 频率大于 [i] 频率的缘故，其 F1 自 [u] 至 [i] 向下滑动；而因 [u] 的 F2 频率小于 [i] 频率的缘故，F2 自 [u] 至 [i] 向上滑动。显然，[ui] 的共振峰走势显现出自窄变宽的滑移模式（趋势）。

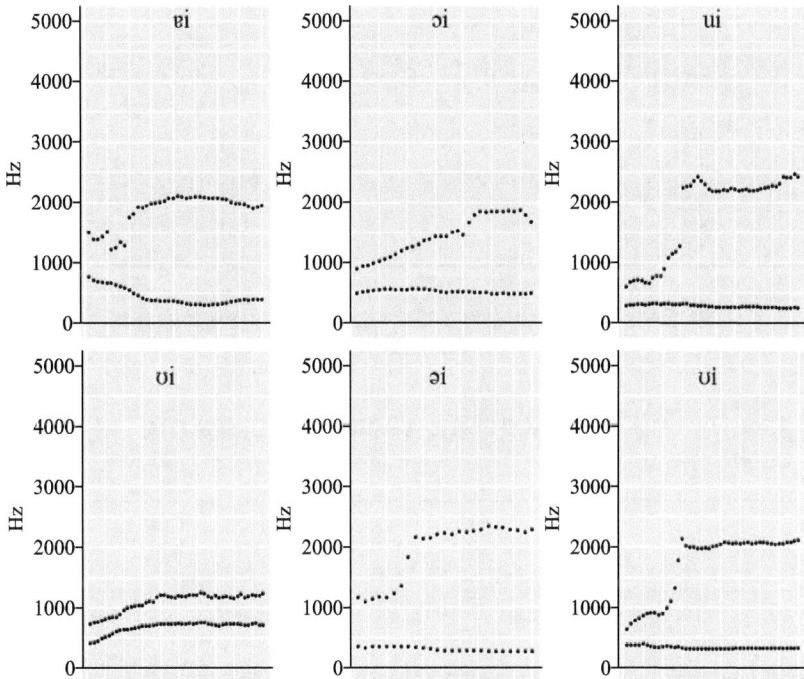

图 2.207　布里亚特语复合元音第一、第二共振峰（F1、F2）频率动态模式（M）

（二）复合元音声学空间动态分布模式分析

为了观察布里亚特语复合元音共振峰的动态变化及其在动态变化过程中的连续性和不可分割性特点，我们绘制了复合元音声学空间动态分布图（复合元音发音动程图见图 2.208）。从图 2.208 中可以看出，布里亚特语复合元音的舌位活动轨迹（发音动程）是由一个个连续不断的曲线组成（动态轨迹）。从整体上看，布里亚特语复合元音的前置元音（二合元音的起始元音）与其相应的词首音节单元音之间的音值差异较大。这些前置元音的舌位有的会前化，有的会央化，而后置元音（二合元音的目标元音）的舌位与其相应的词首音节单元音之间的音质基本相同（见表 2.139）。

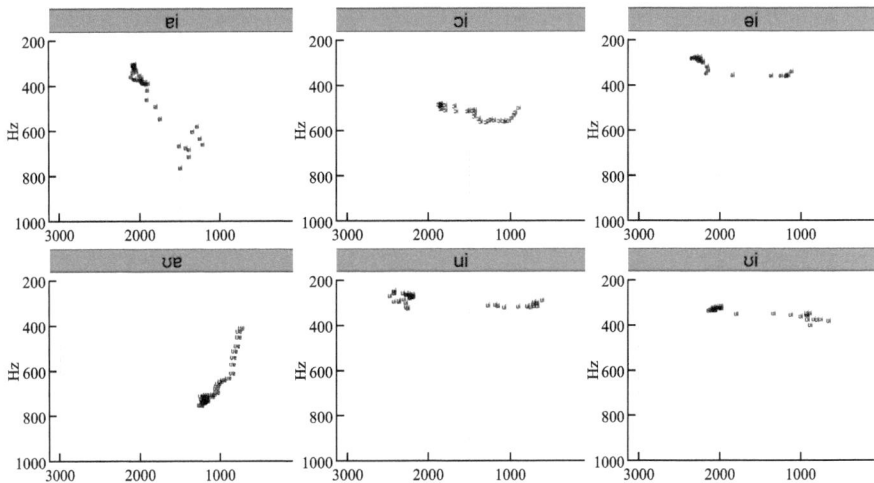

图 2.208　男发音人布里亚特语复合元音声学空间动态分布
（复合元音发音动程）（M）

表 2.139　词首音节单元音的第一、第二共振峰均值

单位：Hz

	M	
	F1	F2
ɐ	674	1257
i	313	2076
u	337	777

以下是布里亚特语复合元音的主要特点。

第一，布里亚特语复合元音的主要特征体现在其共振峰（F1 和 F2）的滑动过程上，是一个连续变化的元音。在其发音过程中要经过较长的过渡段，即自起始元音向目标元音滑移的过程中要经过较长的过渡音，这种过渡音在声学语图上表现为一段斜线。

第二，目标元音在复合元音中起主导作用，即处于核心的地位。起始元音的舌位则达不到其单元音实际音质位置，基本上失去了其独立音段的特点，处于滑音状态（变化状态）。布里亚特语复合元音的发音机制基本上是自后至前的滑动过程，其目标位置为后置元音。这是复合元音的演变方向为前长元音的主要原因，即前置后元音被后置前元音前引而变成前长元音的。这说明音变中后置音段的影响远大于前置音段对后置音段的影响。

第三，根据复合元音动态滑移曲线特征，可以把复合元音分为起始段、过渡段和目标段。复合元音的起始段最短，过渡段最长，目标段居第二。这说明发复合元音时，发音时间的一半都会用在音质的转换上（过渡段）。时长的非对称性特点是复合元音向长元音过渡的重要声学线索。

八　弱短元音

这里所说的弱短元音与蒙古语弱短元音相同，指不构成音节、不承担音位功能，只是因辅音破裂所需而在词末或音节末出现的，相对不稳定的短元音。布里亚特语的弱短元音主要出现在词中音节末和词末辅音之后。在"布里亚特语元音声学参数数据库"中，男发音人的语料中出现 102 次，女发音人语料中出现 113 次。我们可以用 [ə̥] 来标记布里亚特语弱短元音，图 2.209 为男发音人 [zeləɡə̥] "摔跤" 双音节词中出现的弱短元音 [ə̥]（VD = 37ms，VA = 61.9db，F1 = 493Hz，F2 = 960Hz，F3 = 3586Hz）。

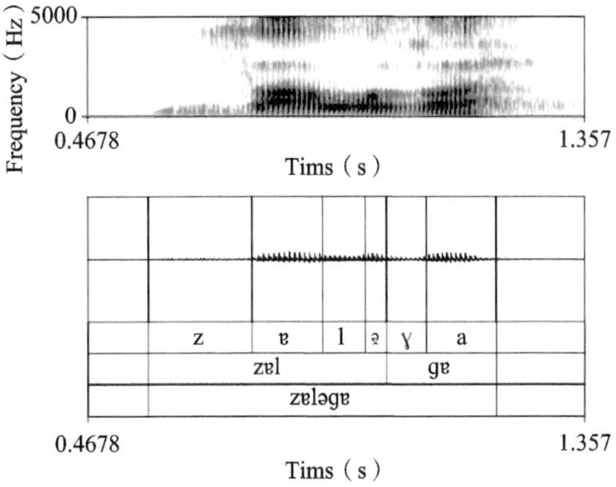

图 2.209　男发音人 [zeləɡə̥] "摔跤" 一词的三维语图和三层标注实例

九　元音和谐律

　　元音和谐律是阿尔泰语系诸语言的重要语音特征。蒙古语族语言中存在元音和谐是学界共识，但是学者们对元音和谐的语音学类型和内容方面意见有所不同。在传统布里亚特语语音学里，元音可分为相互对立的松元音和紧元音两类，即通常所说的阴性元音和阳性元音。这种松紧或阴阳对立现象是元音和谐律的基础。按照元音和谐规律，阴性元音和阳性元音（除中性元音）互相排斥，不出现在同一个词里。除阴阳和谐外，还存在唇形和谐规则。

　　图 2.210~2.211 为用布里亚特语元音第一、第二共振峰（F1、F2）的均值绘制了 2 位发音人的短、长元音声学空间图（joos 型声学元音图）。这两张图是以 F1 为纵坐标（表示舌位的高低），线性刻度；以 F2 为横坐标（表示舌位的前后），对数刻度绘制的。这种二维声学元音图与元音舌位图之间具有较好的对应性，能够呈现每个元音声学空间及其声学空间中的分布区域和不同元音之间的相对关系以及布里亚特语元音系统在声学空间中的分布模式。

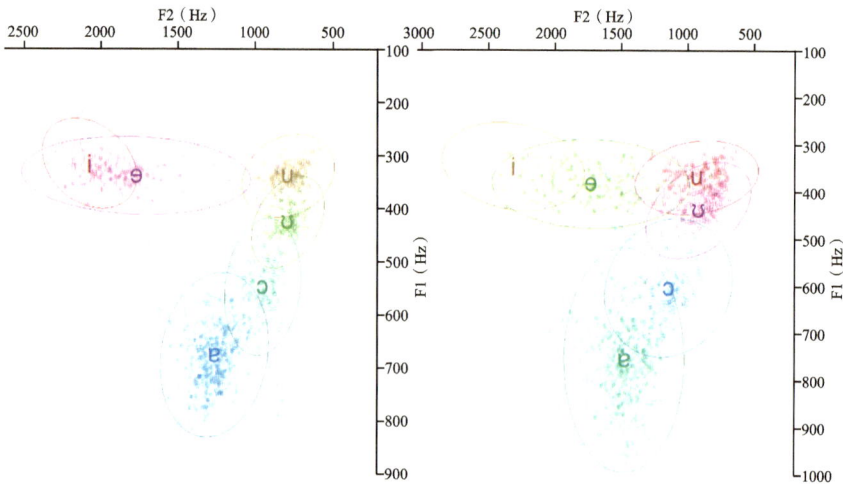

图 2.210　布里亚特语词首音节短元音松紧（阴阳）元音分隔

　　在元音属性层面上（元音自身发音机制），布里亚特语元音分可分为松

元音组 [i，ə，u，iː，eː，uː] 和紧元音组 [ɐ，ʊ，ɔ，ɪɐ，ɔː，ʊː]。元音
属性层面没有所谓的"中性元音"。但在元音和谐律层面，有些元音既可与
阳性词同处一个词，也可与阴性词同处一个词。传统布里亚特语语音学中
所说的"中性元音"就是这类元音。显然，这里所说的"中性"指元音和
谐律的和谐属性分类问题。布里亚特语的元音和谐律的中性元音是 [i，ə]
两个。

　　从图 2.210～2.211 中可以看出，布里亚特语松、紧元音在调音方面
（舌位前、后）较显著的差异性，即紧元音在下，松元音在上，互不重叠。
与蒙古语标准音一样，布里亚特语的"松紧界限"不是一条线（静态），而
是一条带或区域（动态）。

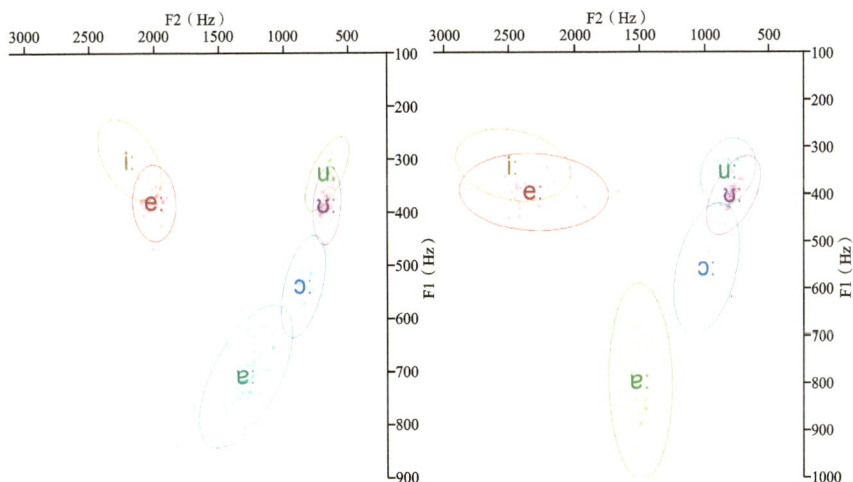

图 2.211　布里亚特语词首音节长元音松紧（阴阳）元音分隔

第三章

布里亚特语辅音声学特征

一 布里亚特语辅音基本特点

与元音相比辅音有以下几个重要特点：（1）声源：气流克服阻碍通过口腔时激发阻碍的各部位而形成声波，发浊辅音时在上述声源上加载声带振动波；（2）感知：噪声（除半元音外）；（3）时程：虽然相对短促，但不一定比元音短；（4）气流类型：脉冲波（塞音）和湍流（擦音）；（5）气流受阻方式：口腔中存在不同程度的阻塞（塞音）或阻碍（擦音）；（6）肌肉活动范围：发音成阻部位肌肉紧张。这是辅音的共性。下面从布里亚特语自身的特点总结其辅音系统的某些特点。①

（一）单辅音系统

从辅音自身结构的视角，可以把布里亚特语辅音分单辅音和辅音组合。其中，单辅音系统比较简单，有 [b, pʰ, tʰ, d, g, z, ʒ, s, ʃ, x, h, n, ŋ, m, l, r, j, w] 18 个基本辅音音位。按照发音方法，可以把布里亚特语基本辅音分为：（1）清塞音 [pʰ, tʰ]；（2）浊塞音 [b, d, t, g]；（3）擦音 [s, ʃ, x, h, z, ʒ]；（4）鼻音 [n, ŋ, m]；（5）边音 [l]；（6）颤音 [r]；（7）近音 [j, w]。其中，[n, ŋ, m, l, j, r, w, z, ʒ, b, d, g] 为浊辅音，其余为清辅音。表 3.1 为布里亚特语基本辅音发音表。

---

① 引自鲍怀翘《实验语音学讲义》手抄本，并做了一些修改。

表 3.1　布里亚特语基本辅音发音

发音部位 / 发音方法		双唇阻 上唇下唇	舌尖前阻 舌尖齿区	舌叶阻 舌叶齿龈前区	舌叶阻 舌叶齿龈后区	舌面阻 舌面前硬腭区	舌面阻 舌面后硬腭区	小舌阻 舌根和小舌	喉门阻 喉部声门处
塞音	不送气	b	d				g		
	送气	pʰ	tʰ						
塞擦音	不送气								
	送气								
擦音	清				s	∫	x		h
	浊	w			z	ʒ			
鼻音	清								
	浊	m	n				ŋ		
近音				j					
边音			l						
颤音				ɾ					

（二）辅音群问题

无论从词层面，还是从音节层面看，布里亚特语是辅音群比较丰富的语言之一。我们把词中跨音节和音节内的辅音组合统称辅音群。辅音群指出现在同一个音节（一起发音）或跨音节（有音节停顿）的由两或三个，甚至四个连续的辅音组合。其中，由两或三个，甚至四个辅音组成的一起发音（同一个音节）的辅音群叫作复辅音（consonantcluster），这是不可分割的音节单元，可以用#VCC 表示（#表示任何元音和辅音，下同）；而由两或三个，甚至四个辅音组成的不一起发音（跨音节，有音节停顿）的辅音群叫作辅音串，在音节层面上辅音串是跨音节的，而在词层面上它们属同一个单元，可以用#C/C#、#CC/C#、#C/CC#表示。复辅音分独立（单独构成音节）或非独立（与元音一起构成音节），辅音串分二辅音串、三辅音串、四辅音串等。复辅音的组合规律比较严谨，而辅音串的组合没有特定的组合规律，随机性和自由度较大。以下是辅音群分类图 3.1。

（三）"长辅音"问题

本节将分析和讨论上述辅音串中由同一个辅音组成的辅音串，如［l/l，

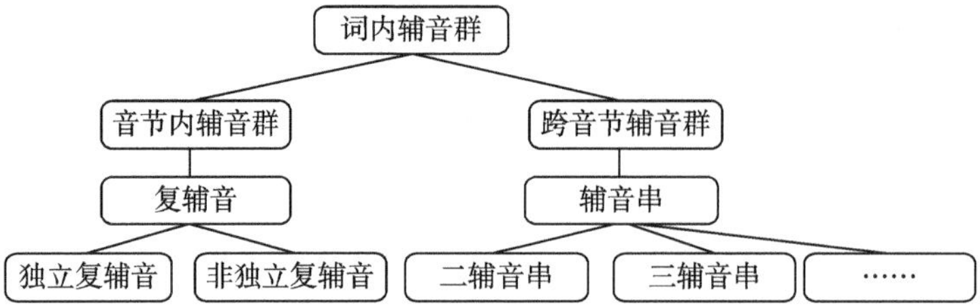

图 3.1　布里亚特语辅音群分类示意

s/s〕等的问题。图 3.2 和图 3.3 为布里亚特语〔l/l〕、〔s/s〕（同一个辅音组成的）辅音串的声学语图比较图。从这两个图中可以看出，这是同一个辅音在特殊位置（跨音节，即前音节末，后音节首）上出现时的特殊辅音串，发音机制（方式）因其特殊位置而有些特殊。如，相同两个清擦音和浊擦音前置辅音的除阻段和后置辅音成阻断段的界限变模糊或相同两个塞音共享一个较长的持阻段（前音节末辅音不破裂，两辅音享用共同的持阻段，比单一辅音的相对长）。

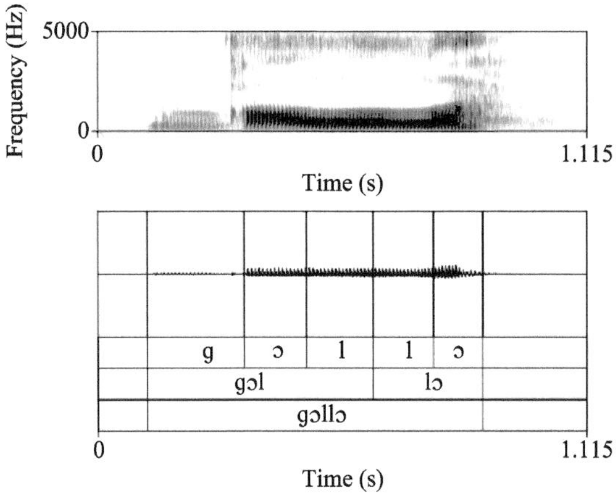

图 3.2　由〔l〕同一个辅音组成的辅音串和单辅音的声学语图比较

（四）　辅音的腭化问题

与其他蒙古语族语言方言土语相比，布里亚特语辅音的"腭化"现象相对复杂。"腭化"不仅是辅音本身的问题，而且涉及元音的前化、音位系统和言语声学工程等重要研究领域。"腭化"是指一个音段的次要发音为舌前部向腭部抬起或（带后辅音）收紧点移向腭部，而主要发音在别的位置

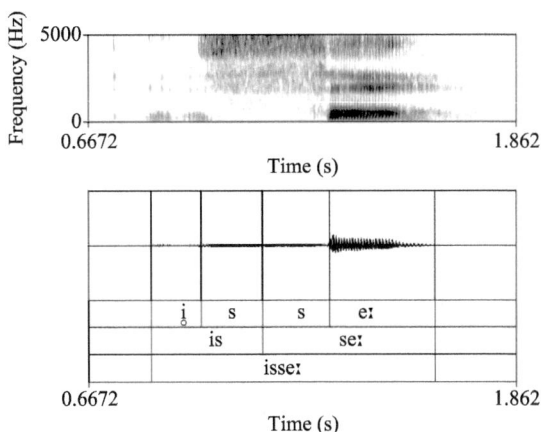

图 3.3 由 [s] 同一个辅音组成的辅音串和单辅音的声学语图比较

上产生的现象（R. L. 特拉斯克，2000）。布里亚特语辅音腭化问题的焦点在于腭化辅音的数量上。

（五）辅音的浊化和清化问题

辅音在语流中因受前后置或前后位音段的影响而改变其发音方法和部位的现象比较普遍。例如，元音之间出现的 [b] 通常会变成 [β] 或 [ɸ]（浊塞音变成浊擦音或清擦音），元音之间出现的 [g] 通常会变成 [ɣ] 或 [χ]（浊塞音变成浊擦音或清擦音），送气辅音之前的 [ɾ] 会变成 [ɹ]（浊音变成清擦音）等（请见图 3.4~3.6）。

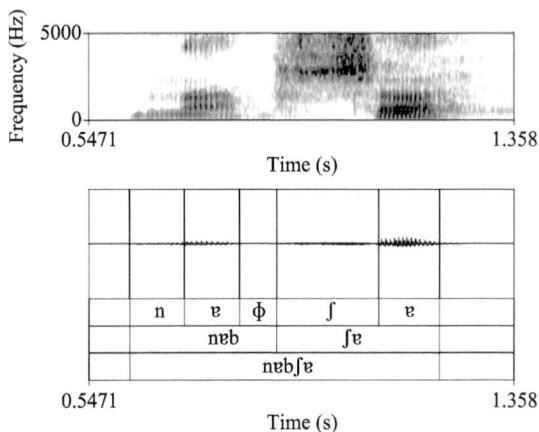

图 3.4 [b] 辅音擦化变体 [ɸ] 音的三维语图和三层标注实例

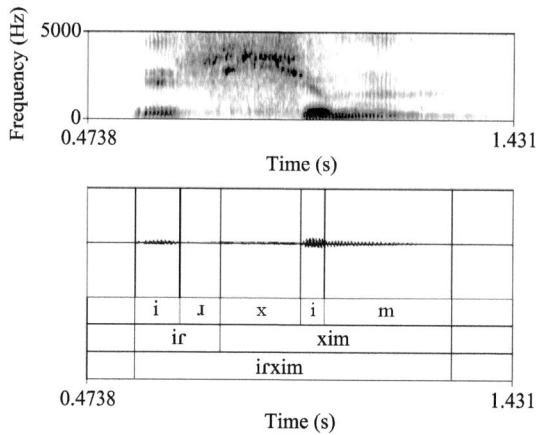

图 3.5 [ɻ] 辅音清化变体 [ɻ̥] 三维语图和三层标注实例

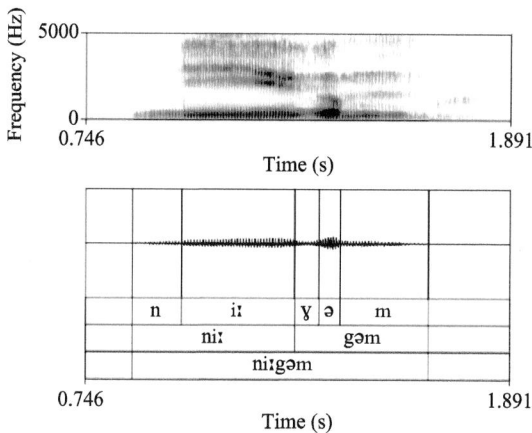

图 3.6 [g] 辅音浊化变体 [ɣ] 三维语图和三层标注实例

二 辅音声学特征参数及分析方法

以下是根据声学语音学理论和鲍怀翘的讲义归纳的辅音语图模式。

(一) 冲直条 (Spike)

塞音破裂产生的脉冲频谱，表现为一直条。时程较短，10～20ms，意味在所有的频率成分上都有能量分布。图 3.7 为 [əᵗtem] 一词中 [tʰ] 的冲直条示例，请见该图中"右指箭头"所指位置。

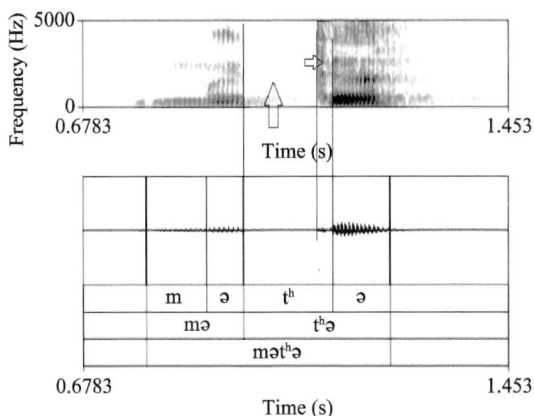

图 3.7 在 ［məᵗʰə］一词中 ［tʰ］辅音的冲直条示例

（二） 无声空间 （GAP）

在塞音和塞擦音破裂之前有一段空白，这是塞音和塞擦音的成阻、持阻时段发音机制的声学表现。这一段虽是空白，但对塞音和塞擦音的感知来说是不可缺少的，可以说"此处无声胜有声"。请见图 3.7 中"上指箭头"所指位置。

（三） 嗓音横杠 （Voice Bar）

这是声带振动的浊音流经鼻腔辐射到空气中在语图上的表现。冲直条之前若有一条 500Hz 以下较宽的嗓音横杠，说明这是浊塞音。布里亚特语中没有浊塞音 （请见图 3.7）。

（四） 乱纹 （Fills）

这是气流流经口腔某部位狭窄通道造成的湍流，所有的擦音在语图上都表现为乱纹。图 3.8 为 ［isseː］一词中 ［s］ 的乱纹示例，请见箭头所指位置。

（五） 共振峰 （Formant）

共振峰是由声带振动作为激励源经声腔共鸣形成的，鼻音、边音等浊辅音都有共振峰。请见图 3.9 中直线箭头所指位置。图 3.9 是引自鲍怀翘讲义的辅音声学特征基本模式图。

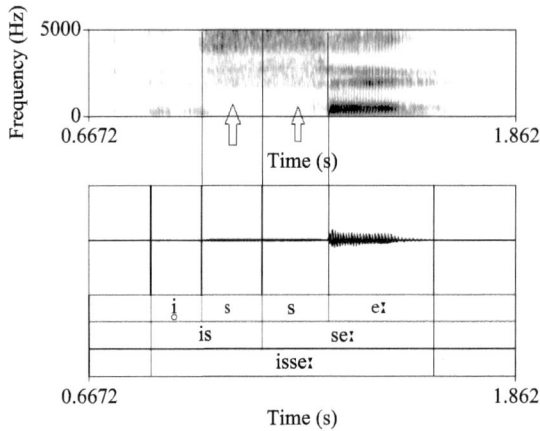

图 3.8　在 ［isseː］一词中 ［s］ 的乱纹示例

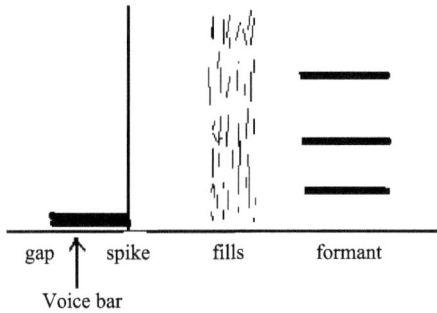

图 3.9　辅音声学特征基本模式

　　因辅音发音方法的不同，这些基本模式的组合方式也不同。如浊塞音的声学表现为嗓音横条与冲直条，清塞音为无声间隙与冲直条，清塞擦音为冲直条与一段较短时程的乱纹，清塞擦送气音为冲直条与一段较长时程的乱纹，清擦音为较长的乱纹，浊擦音为乱纹与共振峰等。

（六）嗓音起始时间（Voice Onset Time，VOT）

　　如图 3.10 所示，嗓音起始时间是指声带振动产生的浊音流（嗓音）出现在冲直条前后的位置及其时间。出现在冲直条之前，就是浊音，VOT 为负值，出现在冲直条之后为正值，就是清辅音。它们都分布在时间轴上，因此都可以用时间来量化。根据 VOT 数据，比较容易区分清塞音、清塞擦音、清塞送气音、清塞擦送气音。图 3.10 为引自鲍怀翘讲义的嗓音起始时间（VOT）示意图。

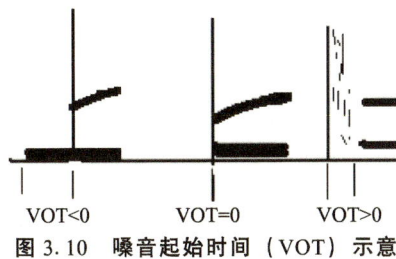

图 3.10　噪音起始时间（VOT）示意

（七）强频集中区（Concentrated Frequency Area，CFA）

强频集中区（CFA）又称辅音共振峰，是清擦音和一切摩擦噪声（塞擦音中的摩擦段和送气音）经声腔共鸣形成的共振峰（我们在参数库中标记为 CF1、CF2……）。擦音是一种摩擦噪声，在语图上表现为乱纹。但由于发音部位的不同（气流受阻位置不同），形成特定的共鸣腔和反共鸣腔，于是某些频率位置的能量得到加强，这就是强频区。发音部位越靠前，共鸣腔越短，共鸣频率（特别是最强共鸣）就越高，反之则反是。所以清辅音中 [s] 音最高，[h] 音最低。利用"布里亚特语语音声学参数数据库"，对布里亚特语 [s，ʃ，x，h] 等清擦音的共振峰分布模式分析后得出：[s，ʃ，x，h] 等清擦音的 CF 在词中不同位置上的分布模式相对稳定，说明清辅音共振峰频率是有效参数。该三个清擦音的共振峰（CF1～CF3），随着舌位的后移，呈现了整体下降的趋势（请见图 3.11）。

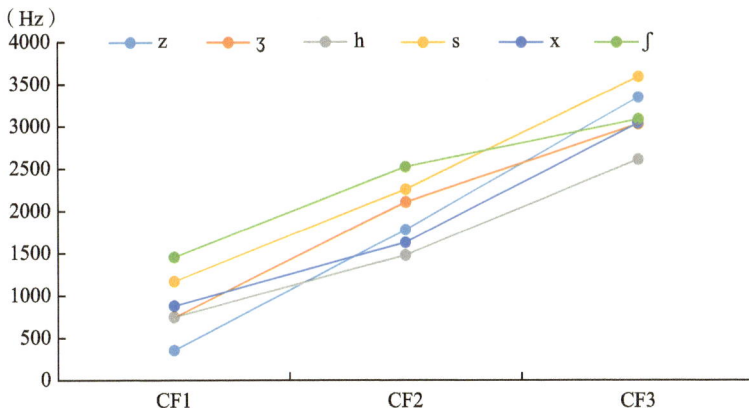

图 3.11　[s，ʃ，x，h] 等三个辅音共振峰（CF1～CF3）分布模式（M2）

虽然清浊擦音和清塞音的 CF 是有效参数，但与其他声学参数相比要提取该参数需要经验。我们在"中国少数民族语言语音声学参数统计分析统一平台"中采用自动提取和手工修改相结合的方法。提取原则和方法是：每个人的共鸣腔是固定的，决定上下移动幅度的是舌位（高低前后）。这对准确采集擦音和清塞音等的共振峰具有非常重要的意义。我们采用这种"顺藤摸瓜"的方法，比较容易找到这些辅音的共振峰（请见图 3.12）。

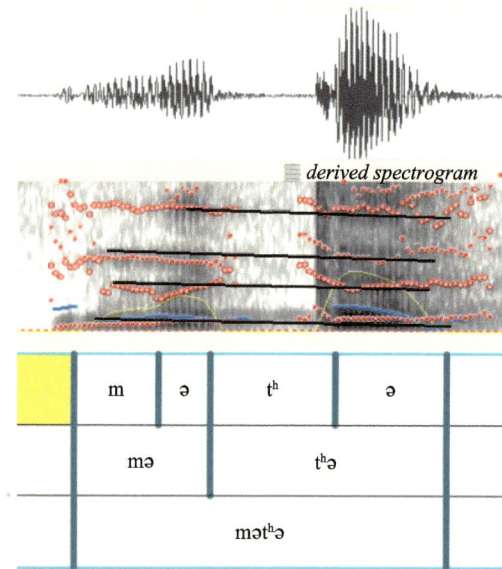

图 3.12　布里亚特语［mətʰə］"信息，消息"一词中的音段共振峰分布模式

（八）辅音谱特征

在清擦音噪声谱分析中 Svantesson（1986）提出了"谱重心"（COG, Center of Gravity）和"离散"（Dispersion）程度方法。具体做法是在擦音谱稳定段的某一时间点上做 FFT 分析，然后将其转换为临界带（critical band）。将 0~10000Hz 频率范围划分为 24 个子带，计算出每个子带的平均能量。"谱重心"即为能量最强的子带的频率，计算重心的公式为：

$$m = \sum n \times 10^{(xn/10)} / F \qquad 其中\ m\ 为重心子带，n\ 为 1~24 个子带$$

离散度表示语音频谱的离散程度，离散度越大表示谱越离散，反之则反是。离散度的计算公式为：

$$s = \sqrt{\left(\sum (n-m)^2 \times 10^{(xn/10)} / F\right)} \qquad s\ 为离散度$$

$$F = \sum 10^{(xn/10)} \qquad\qquad\qquad F\ 为语音谱能量$$

以谱重心为横轴，分散度为纵轴可以绘制图 3.13 擦音空间分布图。

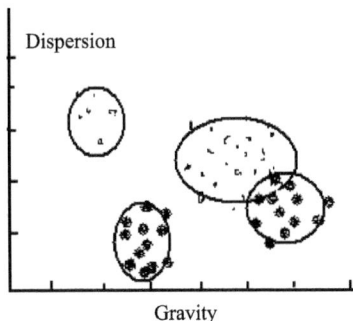

图 3.13　擦音谱重心—分散度分布图示例

对以上公式做一些修正，用 $S(f)$ 表示语音的复数谱，f 表示频率，将频率域改为连续域，则参数的积分式定义如下：

谱能量（Energy）$= \int_0^\infty |S(f)|^2 df$；

谱重心（COG）为：$\int_0^\infty f|S(f)|^2 df$ 除以谱能量，单位赫兹，以下公式中 fc 等于谱重心 COG；

离散度（Dispersion）为：$\int_0^\infty (f - fc)^2 |S(f)|^2 df$ 除以谱能量，单位赫兹，然后取平方根；

令 A 为：$\int_0^\infty (f - fc)^3 |S(f)|^2 df$ 除以 $\int_0^\infty |S(f)|^2 df$；B 为：$\int_0^\infty (f - fc)^2 |S(f)|^2 df$ 除以 $\int_0^\infty |S(f)|^2 df$，则倾斜度 SKEW 为：$A/(B)^{1.5}$。

倾斜度 SKEW 表示低于谱重心的谱与平均频率以上的谱的差，无单位。

上述描述引自周学文《彝语辅音谱特征分析》（周学文，2013）一文。冉启斌在他的博士论文（2005）中引入了这种方法并对普通话及几种方言的擦音进行了深入的研究并给出了具体的数据。结论是：普通话 5 个清擦音可分为两类，[s]、[ɕ]、[ʂ] 谱重心高而分散度小，分布范围小；[f]、[x] 谱重心低而分散度大，分布范围也大。该文表明，谱重心对应的频率比语图中实际显示的高得多，从统计上看，擦辅音两两比较时才有显著性意义。尽管如此，该方法在清擦音研究中是一种值得重视的方法。

我们在"中国少数民族语言语音声学参数统一平台"中采用了 COG、

Dispersion 和 SKEW 这三个谱参数。为了避免辅音随便取点可能带来的野点问题和受其前、后置音段的影响因素，在经过多次实验的基础上，我们采用辅音中间三分之一段来计算的方法。

呼和用该三个参数分析蒙古语标准话辅音后得出：COG（辅音谱重心）、STD（偏移量）和 SKEW（偏离度）三个谱参数相对稳定，能够有效区别布里亚特语标准话辅音的清、浊和不同发音部位的清擦音，具有语言学意义。其中，清辅音的 COG 和 STD 值都明显大于浊辅音，而其 SKEW 值则小于浊辅音，该三个参数与清辅音发音部位之间具有较好的相关性，而与浊辅音发音部位之间的相关性较差（呼和，2015a）。

三　辅音

如上所述，布里亚特语有/b，pʰ，tʰ，d，g，z，ʒ，s，ʃ，x，h，n，ŋ，m，l，ɾ，j，w/18 个基本辅音音位。可以分为（1）清塞音［pʰ，tʰ］；（2）浊辅音［b，d，g］；（3）擦音［s，ʃ，x，h，z，ʒ］；（4）鼻音［n，ŋ，m］；（5）边音［l］；（6）颤音［ɾ］；（7）近音［j］；（8）半元音［w］8 类。

按照辅音在词中和音节中所处的位置，我们把辅音分为以下 6 种。第一种，词首辅音。指在 CV-音节中的 C，图 3.14 中标记为 1。其中，V 为任何一个能够在该位置上出现的元音（下同）。满足上述两种条件的是在所有单音节或多音节词中出现的开头辅音。第二种，词末辅音。指在-VC 音节中的 C，图 3.14 中标记为 2。满足上述两种条件的是在所有单音节或多音节词中出现的结尾的辅音。第三种，词中音节首辅音。指在-CV-音节中的 C，图 3.14 中标记为 3。满足这种条件的是在多音节词中出现的所有非词首音节首的辅音。第四种，词中音节末辅音。指在-VC-音节中的 C，图 3.14 中标记为 4。满足这种条件的是在多音节词中出现的所有非词尾音节末的辅音。第五种，复辅音后置辅音。指在有复辅音音节中-VCC-的后置辅音（包括词末和非词末位置上的后置辅音），图 3.14 中标记为 5。第六种，复辅音前置辅音。指复辅音音节中-VCC-的前置辅音（包括词尾和非词尾），图 3.14 中标记为 6。从图 3.14 中可以看到，数字 1~4 代表单辅音，数字 5~6 代表复辅音。这 6 种辅音是不重复的。

```
CVC–CVC–CVC      CVCC–CVCC–CVCC
  │   │   │        │     │     │
  1   ─3─  2       ─┘     ─5─
    ─4─              ─6─
```

图 3.14　辅音分析条件示意

（一）塞音

塞音（stop），又作爆破音（plosive），是辅音中按发音方法分类的一种基本类别。塞音的发音特点是：（1）主动发音器官上举与被动发音器官构成完全性的接触，从而关闭了口腔或鼻腔的气流通路，这就是塞音的成阻阶段；（2）声门下的气流被阻塞在关闭点后部，随着气流的积聚，口腔内形成超压（即大于体外的大气压力），这就是塞音的持阻阶段；（3）关闭点被突然打开，释放出一股强气流，冲破空气的阻力，形成一个类冲击波，这就是声音的除阻阶段。由于发这类辅音时，口腔或鼻腔完全关闭，气流被阻塞，故而称之为塞音。塞音与塞擦音的主要区别在于发音时两个器官必须构成阻塞，气流不断在口腔内集聚，口腔内就会形成超压，突然释放，发出一个爆破音。因此塞音又叫破裂音；先是塞音破裂，口腔不马上打开，而是留有一窄缝，紧接着口腔内余气从缝隙中挤出，产生摩擦，发出塞擦音（鲍怀翘，2005）。

布里亚特语有 [b，pʰ，tʰ，d，g] 5 个塞音。

1. /b/辅音

在"统一平台"中/b/辅音以 [b]、[β]、[ɸ]、[p] 4 种变体形式共出现了 421 次（M）或 426 次（F）。其中，M 的 [b] 为 228 次，占所有/b/辅音的 54%；F 为 239 次，占所有/b/辅音的 56%。该变体，男发音人词中各位置上都能出现；M 的 [β] 为 153 次，占所有/b/辅音的 36%，F 为 131 次，占所有/b/辅音的 31%。该变体一般在词中音节首元音之间或音节末在浊辅音之前或少数在词末出现；M 的 [ɸ] 为 17 次，占所有/b/辅音的 4%，F 为 15 次占所有/b/辅音的 3%。变体 [p] 一般在音节末，[s]、[ʃ]、[x] 等送气辅音之前出现；M 的 [p] 为 23 次，占所有/b/辅音的 5%，F 为 41 次占所有/b/辅音的 10%。[pʰ] 只在词末出现。从/b/辅音 [b]、[β]、[ɸ]、[p] 4 种变体的统计分析结果看，无论是从词和音节里的分布特点，还是从词中的出现位置和条件以及出现频率，[b] 已具备了作为典型变体的条件，把［b］作为典型变体，符合布里亚特语语音特点（请见表3.2）。

表 3.2 /b/辅音统计

/b/	M		F	
	出现次数	百分比	出现次数	百分比
/b/	421	100%	426	100%
［b］	228	54	239	56
［p］	23	6	41	10
［β］	153	36	131	31
［ɸ］	17	4	15	3

1.1　［b］辅音

1.1.1　声学语图特点

图 3.15 为男发音人［bʊr］"淤泥"一词的三维语图和三层标注实例（音段、音节和词，下同）。显然，布里亚特语/b/辅音的典型变体［b］为双唇、不送气、浊塞音。

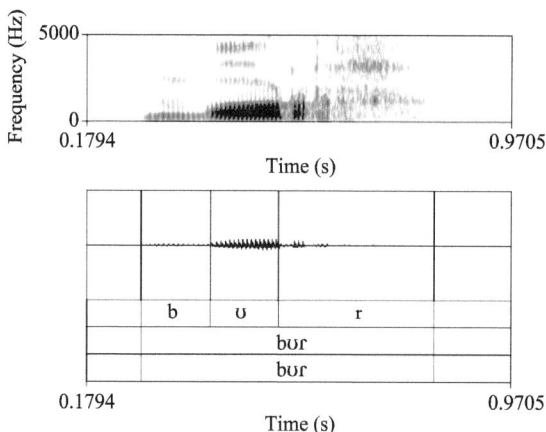

图 3.15　男发音人［bʊr］"淤泥"一词的三维语图和三层标注
（音段、音节和词，下同）实例

1.1.2　共振峰分布模式

表 3.3~3.4 为男、女发音人［b］辅音的声学参数统计表。图 3.16 为男、女发音人［b］辅音三个共振峰均值比较图，图 3.17 为男、女发音人［b］辅音第一至第三共振峰频率分布图。表 3.3 显示了男、女发音人［b］辅音三个

共振峰均值，即 M：CF1 = 511Hz，CF2 = 1597Hz，CF3 = 2732Hz；F：CF1 = 791Hz，CF2 = 1960Hz，CF3 = 3043Hz。［b］辅音的-VOT 比较长，男发音人的音强略高于女性发音人音强。图 3.16 显示女发音人［b］辅音的第一至第三共振峰频率都比男发音人［b］辅音的第一至第三共振峰频率相对高。

表 3.3　［b］辅音声学参数统计（M）

单位：CD 为 ms，CA 为 dB，CF 为 Hz，下同

	-VOT	+VOT	CA	VF1	VF2	VF3
平均值	-119.47	14	52.18	511	1597	2732
标准差	0.05	11.25	5.1	303	390.6	413
变异系数	-40%	79%	10%	59%	24%	15%

表 3.4　［b］辅音声学参数统计（F）

单位：CD 为 ms，CA 为 dB，CF 为 Hz，下同

	-VOT	+VOT	CA	VF1	VF2	VF3
平均值	-87.60	16	51.38	791	1960	3043
标准差	0.03	0.01	6.5	521.9	383.2	418.2
变异系数	-39%	41%	13%	66%	20%	14%

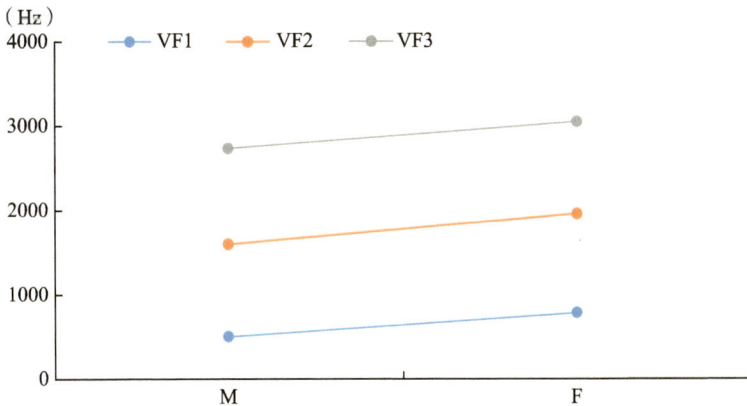

图 3.16　男、女发音人［b］辅音三个共振峰频率均值比较

从图 3.17 中可以看出，男、女发音人共振峰频率浮动范围。M：VF1 = 200~950Hz，VF2 = 700~2500Hz，VF3 = 1900~3600Hz；F：VF1 = 200~850Hz，VF2 = 600~2400Hz，VF3 = 2300~3600Hz。其中，男、女发音人［b］辅音的 VF1 的频率相对集中，即离散度较小。

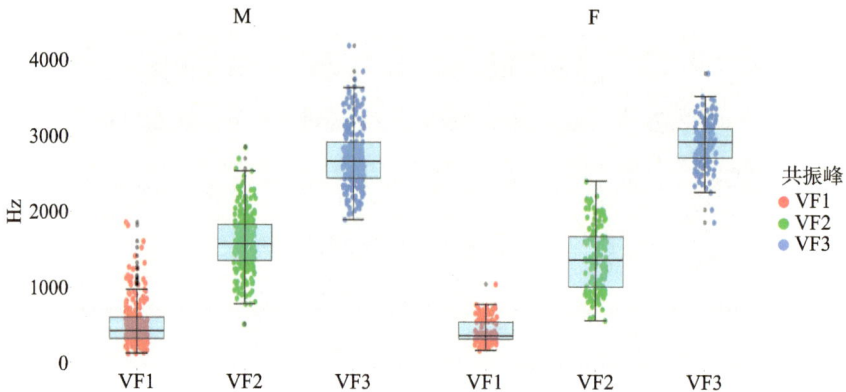

图 3.17 **男女发音人** [b] **辅音共振峰频率分布** （M&F）

1.1.3 声学参数与其词中所处位置之间的相关性

为探讨辅音声学参数与其所处语境之间的相关性问题，我们观察了布里亚特语辅音参数与其词中所处位置之间的相关性和声学参数与其后置元音音质之间的相关性等问题。

表 3.5～3.6 为在词中不同位置上出现的 [b] 辅音声学参数统计表。图 3.18～3.19 为根据表 3.5～3.6 绘制的在词中不同位置上出现的 [b] 辅音-VOT 和+VOT 参数比较图，图 3.20～3.21 为在词中不同位置上出现的 [b] 辅音的音强和第一、第二和第三共振峰频率（VF1～VF3）均值比较图。上述表和图显示，辅音声学参数与其词中所处位置之间没有相关性。

表 3.5 **在词中不同位置上出现的** [b] **辅音参数统计** （M）

单位：VOT 为 ms，CA 为 dB，VF 为 Hz，下同

位置＼参数		N	−VOT	+VOT	CA	VF1	VF2	VF3
词首	平均值	199	−125.30	13	52.07	514	1593	2739
	标准差		0.04	4.31	4.3	304	394.8	415.9
	变异系数		−36%	32%	8%	59%	25%	15%
词中音节首	平均值	15	−50.07	13	57.87	430	1603	2597
	标准差		0.02	4.72	6	338.2	411.9	333.6
	变异系数		−32%	38%	10%	79%	26%	13%
词中音节末	平均值	5	−92.25	13	42.25	658	1708	2768
	标准差		0.04	3.16	8.1	55.7	148.3	487.3
	变异系数		−40%	24%	19%	8%	9%	18%

续表

位置 \ 参数		N	−VOT	+VOT	CA	VF1	VF2	VF3
词末	平均值	9	−108.50	120	40.50	543	1733	3000
	标准差		0.08	33.94	4.9	46.7	84.9	634.3
	变异系数		−78%	28%	12%	9%	5%	21%

表 3.6 在词中不同位置上出现的 [b] 辅音参数统计 (F)

位置 \ 参数		N	−VOT	+VOT	CA	VF1	VF2	VF3
词首	平均值	173	−92.05	16	51.62	827	1990	3077
	标准差		0.03	0.01	6.3	541.4	390.6	429.8
	变异系数		−34%	42%	12%	65%	20%	14%
词中音节首	平均值	42	−59.67	15	53.33	530	1805	2882
	标准差		0.02	0.01	5.3	253.5	299	334.8
	变异系数		−33%	35%	10%	48%	17%	12%
词中音节末	平均值	24	−118.50	12	41.85	1156	2066	3105
	标准差		0.05	0.01	5.5	576.7	418.7	406.3
	变异系数		−42%	47%	13%	50%	20%	13%

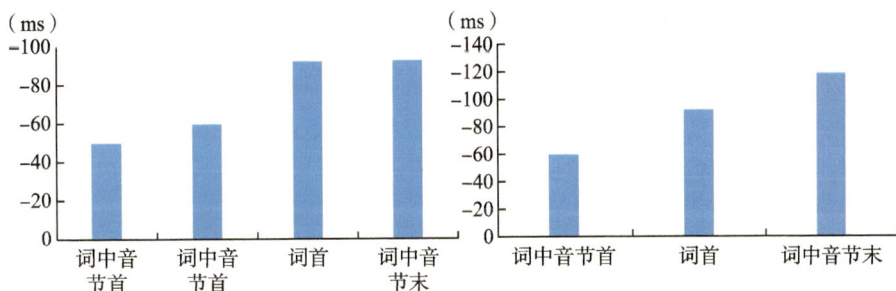

图 3.18 在词中不同位置上出现的 [b] 辅音音长 (−VOT) 均值比较 (M&F)

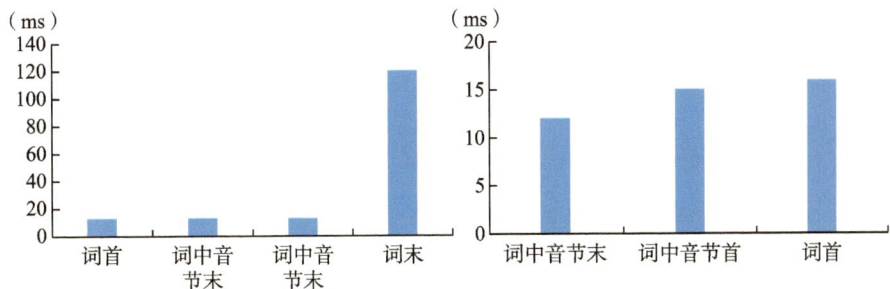

图 3.19 在词中不同位置上出现的 [b] 辅音音长 (+VOT) 均值比较 (M&F)

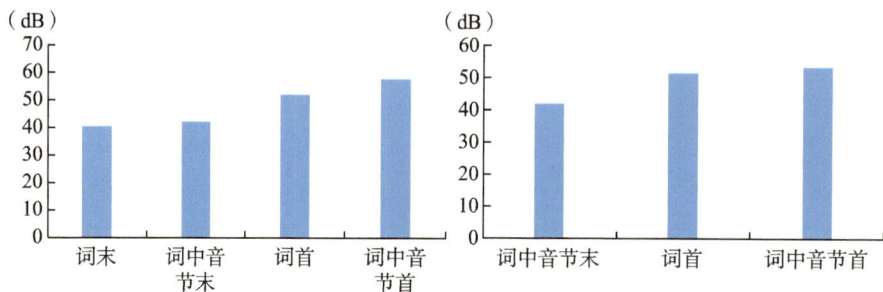

图 3.20　在词中不同位置上出现的［b］辅音音强均值比较

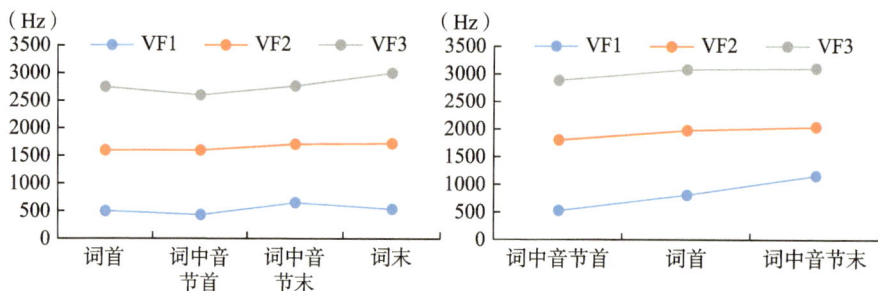

图 3.21　在词中不同位置上出现的［b］辅音第一至第三共振峰频率均值比较（M&F）

1.1.4　声学参数与其后置元音音质之间的相关性

表 3.7 为在词首不同元音之前出现的［b］辅音声学参数统计表，图 3.22~3.25 为在词首不同元音之前出现的［b］辅音音长、音强和第一至第三共振峰频率均值比较图。从表 3.7 和图 3.22~3.25 中可以看出，辅音声学参数与其后置元音音质之间没有相关性。

表 3.7　在词首不同元音之前出现的［b］辅音声学参数统计（M&F）

	M						F					
	+VOT	−VOT	CA	VF1	VF2	VF3	+VOT	−VOT	CA	VF1	VF2	VF3
bæ	12	−151.3	53.50	449	1391	2606	13	−92	54.55	728	1918	3075
bɔ	12	−133.9	51.84	407	1446	2742	18	−85.3	47.44	778	1918	3084
bə	14	−146.4	50.07	781	1792	2928	15	−95.6	53.60	703	1945	3019
bi	13	−119.7	48.67	563	1819	2874	13	−65	54	209	1982	2959
bu	14	−97.1	50.65	584	1707	2793	18	−93.1	51.88	945	2141	3232
bʊ	15	−126.4	51	435	1604	2626	21	−96.2	47.69	802	1890	2908

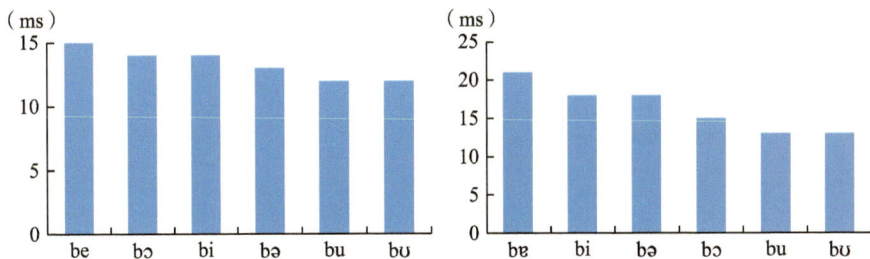

图 3.22 在词首不同元音之前出现的 ［b］辅音音长+VOT 均值比较（M&F）

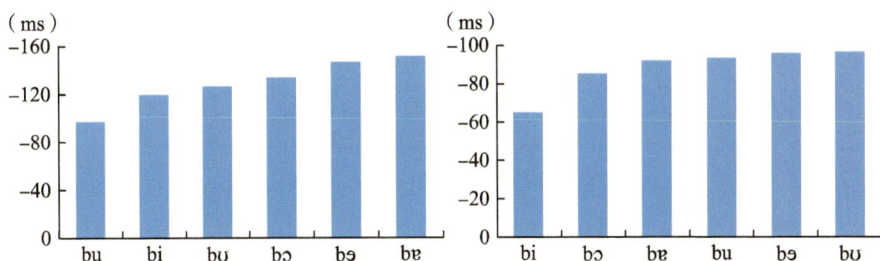

图 3.23 在词首不同元音之前出现的 ［b］辅音音长-VOT 均值比较（M&F）

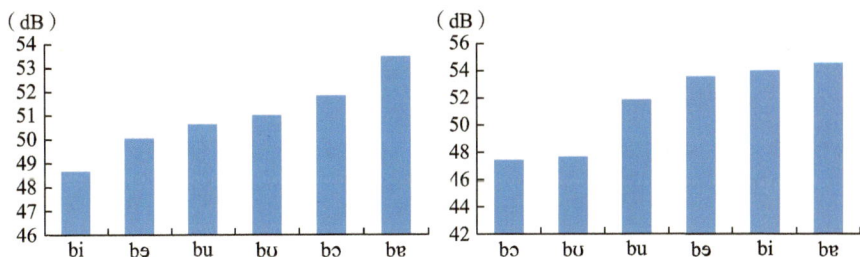

图 3.24 不在词首不同元音之前出现的 ［b］辅音音强均值比较（M&F）

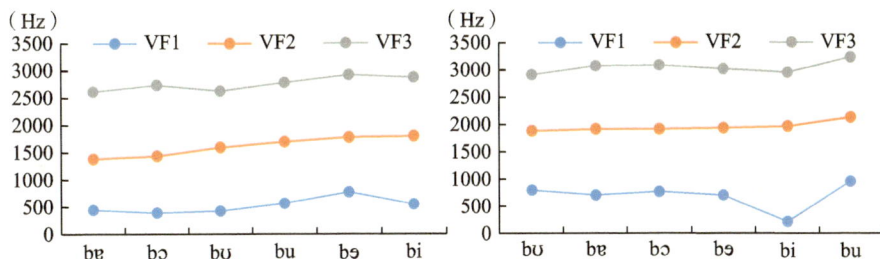

图 3.25 在词首不同元音之前出现的 ［b］辅音的三个共振峰频率均值
（以 CF2 的上升为序排列的）比较（M&F）

1.2 ［β］辅音

1.2.1 声学语图特点

布里亚特语/b/辅音的另一个重要变体是双唇浊擦音［β］。图 3.26 为男发音人［ɐβɐ］"拿"一词的三维语图和三层标注实例。布里亚特语［β］辅音是比较典型的双唇浊擦音。

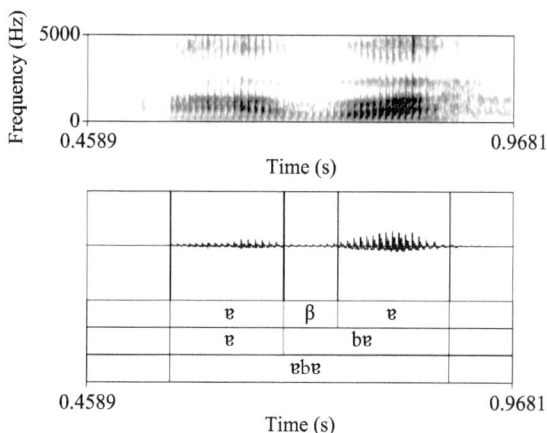

图 3.26　男发音人［ɐβɐ］"拿"一词的三维语图和三层标注实例

1.2.2　共振峰分布模式

表 3.8~3.9 为男、女发音人［β］辅音声学参数，包括音长、音强、第一至第三共振峰频率和谱特征参数（谱重心 COG，离散度 Dispersion 和偏离度 SKEW）统计表，图 3.27 为男、女发音人［β］辅音第一、第二和第三共振峰频率分布图。表 3.8~3.9 显示了男、女发音人［β］辅音三个共振峰均值。M：VF1＝363Hz，VF2＝1147Hz，VF3＝2680Hz；F：VF1＝417Hz，VF2＝1382Hz，VF3＝2915Hz。从图 3.27 中可以看出，男、女发音人共振峰频率浮动范围。男：VF1＝200~550Hz，VF2＝400~1900Hz，VF3＝1400~3800Hz；女：VF1＝250~1300Hz，VF2＝600~2400Hz，VF3＝2200~3600Hz。其中，男、女发音人［β］辅音的 VF1 的频率相对集中，离散度较小。

表 3.8~3.9 和图 3.28 中我们还可以看到，男发音人［β］辅音谱重心（COG）和离散度（Dispersion）参数小于女发音人。

表 3.8　［β］辅音声学参数统计（M）

	CD	CA	VF1	VF2	VF3	COG	Dispersion	SKEW
平均值	68	56.41	363	1147	2680	230	297.12	21
标准差	0.02	4.3	94.7	502.7	535.7	57.97	114.2	7.8
变异系数	23%	8%	26%	44%	20%	25%	38%	37%

表 3.9　［β］辅音声学参数统计（F）

	CD	CA	VF1	VF2	VF3	COG	Dispersion	SKEW
平均值	61	54.16	417	1382	2915	274	343.75	17
标准差	0.02	4.5	161.7	430.9	314.8	90.55	111.9	6.4
变异系数	27%	8%	39%	31%	11%	33%	33%	37%

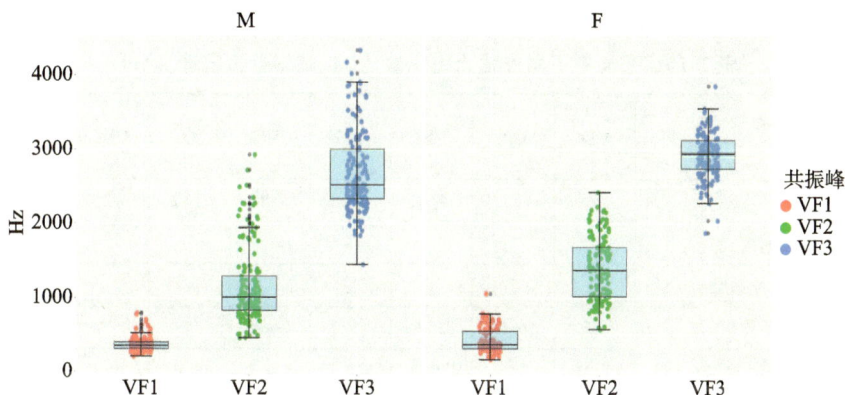

图 3.27　［β］辅音的共振峰频率分布（M&F）

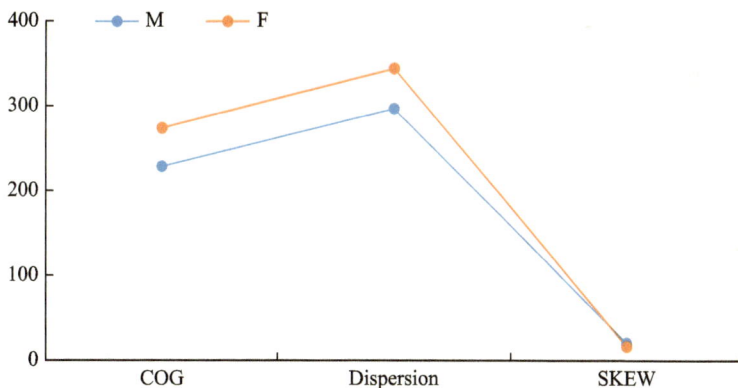

图 3.28　［β］辅音谱特征分布

1.2.3　声学参数与其词中所处位置之间的相关性

表 3.10～3.11 为在词中不同位置上出现的［β］辅音声学参数统计表。图 3.29～3.32 为根据表 3.10～3.11 绘制的在词中不同位置上出现的［β］辅音音长（CD）、音强（CA）和第一至第三共振峰频率均值以及谱特征参数比较图。

　　表 3.10~3.11 和图 3.29~3.32 显示，该辅音声学参数与其词中所处位置之间具有一定的相关性。如词首 ［β］ 辅音的音长均值比其他位置上的 ［β］ 辅音音长相对长；词中音节首 ［β］ 辅音的音强比其他位置上的 ［β］ 辅音相对强；该辅音的谱重心、离散度随着词首、词中音节首和词中音节末位置逐渐上升。词首位置上最小，词中音节末位置上最大，词中音节首位置上居中。

表 3.10　在词中不同位置上出现的 ［β］ 辅音参数统计 （M）

位置 ＼ 参数		N	CD	CA	VF1	VF2	VF3	COG	Dispersi	SKEW
词首	平均值	1	98	55	769	2415	3784	170	258	20
	标准差									
	变异系数									
词中音节首	平均值	134	67	56.70	357	1127	2665	227	293.35	21
	标准差		0.01	3.8	88.4	478.6	534.9	49.84	111.6	8
	变异系数		20%	7%	25%	42%	20%	22%	38%	38%
词中音节末	平均值	18	76	54.33	382	1212	2732	259	327.33	20
	标准差		0.03	6.5	92.7	560.8	500.6	97.29	133.8	6.3
	变异系数		34%	12%	24%	46%	18%	38%	41%	32%

表 3.11 在词中不同位置上出现的 ［β］ 辅音参数统计

位置 ＼ 参数		N	CD	CA	VF1	VF2	VF3	COG	Dispersi	SKEW
词首	平均值	3	80	51.33	269	1579	2923	197	276.33	26
	标准差		0.03	3.8	68	492.7	413.1	30.01	141.2	11.4
	变异系数		41%	7%	25%	31%	14%	15%	51%	43%
词中音节首	平均值	100	58	55.44	411	1324	2884	260	338.71	17
	标准差		0.02	3.7	161.8	416.7	298.	75.83	110.5	6.2
	变异系数		27%	7%	39%	31%	10%	29%	33%	36%
词中音节末	平均值	28	69	49.89	455	1568	3024	332	368.96	17
	标准差		0.02	4.5	159.6	432.1	350.1	116.1	113.2	6.2
	变异系数		23%	9%	35%	28%	12%	35%	31%	37%

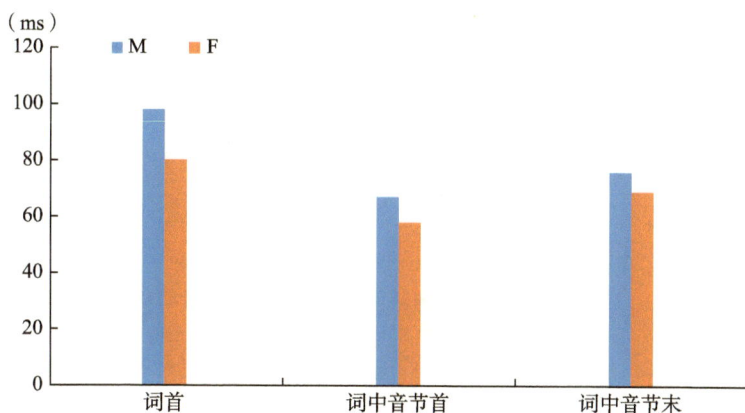

图 3.29　在词中不同位置上出现的［β］辅音音长均值比较

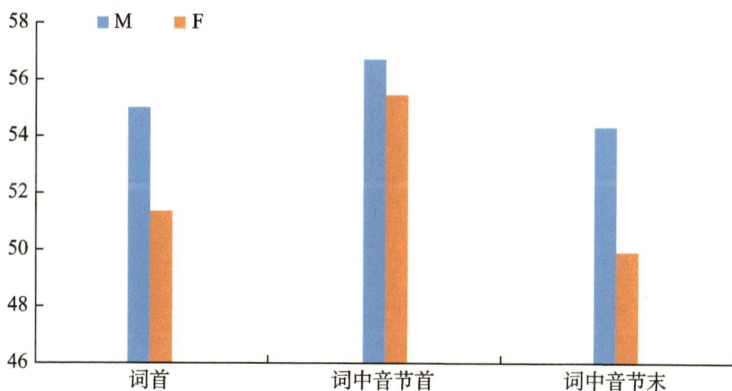

图 3.30　在词中不同位置上出现的［β］辅音音强均值比较

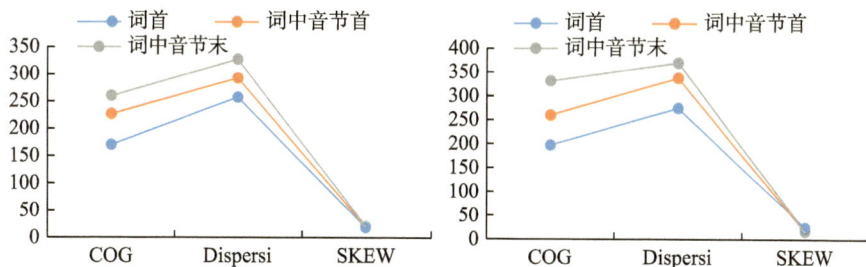

图 3.31　在词中不同位置上出现的［β］辅音谱特征示意

　　为消除上述直观数据和语图对比所得结果的局限性，我们采用单因素方差分析，以 sig（显著性）系数进一步验证辅音声学参数与其所出现的词中不同音节位置之间的相关性问题。表 3.12～3.13 为用 sig（显著性）系数

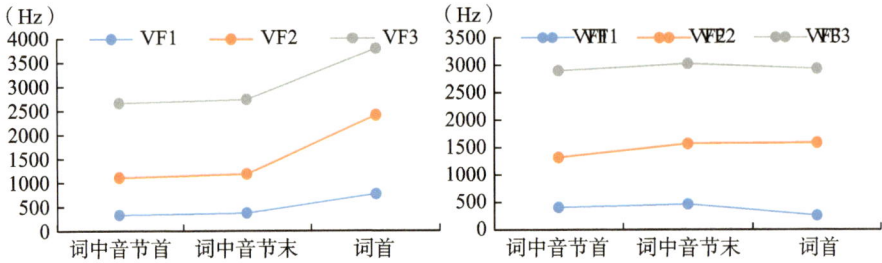

图 3.32　在词中不同位置上出现的［β］辅音共振峰频率均值比较

进行验证的［β］辅音音长、第一至第三共振峰频率和谱特征参数与其所出现的单词音节位置（词中音节首和词中音节末）之间的相关性检验结果。检验结果显示，在词中音节首和词中音节末位置上出现的［β］辅音的音长和谱重心（COG）参数之间存在显著性差异。在词中音节末出现的［β］辅音的音长和谱重心比其在词中音节首出现的音长相对长、相对高。

表 3.12　检验结果

	M				F			
	CD	VF1	VF2	VF3	CD	VF1	VF2	VF3
词中音节首—词中音节末	.025	.274	.485	.614	.003	.206	.007	.036

表 3.13　检验结果

	M			F		
	COG	STD	SKEW	COG	STD	SKEW
词中音节首—词中音节末	.029	.238	.448	.000	.205	.529

1.3　［ɸ］辅音

1.3.1　声学语图特点

布里亚特语/b/辅音还有双唇清擦音变体［ɸ］。图 3.33 为男发音人［aʃɸaŋ］"树叶"一词的三维语图和三层标注实例。布里亚特语/b/辅音在［s，ʃ，x，tʰ］等清擦音和送气辅音之前会变成双唇清擦音（请见图 3.33）。

1.3.2　共振峰分布模式

表 3.14～3.15 为，男、女发音人［ɸ］辅音的声学参数统计表，图 3.34 为男、女发音人［ɸ］辅音第一至第三共振峰的分布图。表 3.14～3.15 显示了男、女发音人［ɸ］辅音的三个共振峰均值，即 M：CF1 = 585Hz，

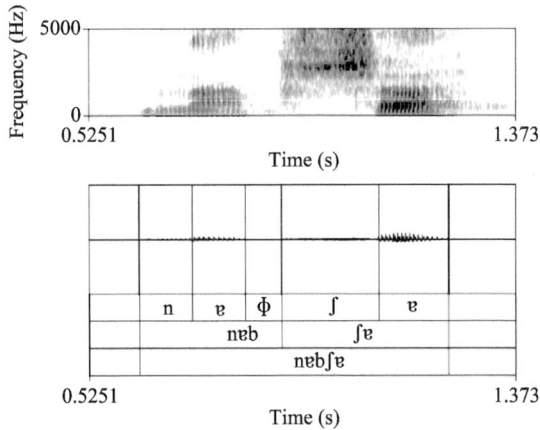

图 3.33 男发音人 [nɐɸʃɐ]"树叶"一词的三维语图和三层标注实例

CF2 = 1515Hz，CF3 = 2987Hz；F：CF1 = 685Hz，CF2 = 1464Hz，CF3 = 2809Hz。从图 3.34 中可以看出，男、女发音人共振峰频率浮动范围。M：CF1 = 250 ~ 750Hz，CF2 = 900 ~ 1900Hz，CF3 = 2100 ~ 3800Hz；F：CF1 = 550 ~ 800Hz，CF2 = 1500 ~ 1700Hz，CF3 = 2400 ~ 3200Hz。其中，男、女发音人 [ɸ] 辅音 CF1 的频率相对集中，离散度较小。

表 3.14 ~ 3.15 和图 3.35 中我们还可以看到，男、女发音人 [ɸ] 辅音谱重心（COG）、偏离度（Dispersion）参数小于女发音人参数。

表 3.14 [ɸ] 辅音声学参数统计（M）

	CD	CA	CF1	CF2	CF3	COG	Dispersion	SKEW
平均值	84	40.65	585	1515	2987	414	579.59	12
标准差	0.02	2.8	153.4	327.9	477	87.32	139.3	3.5
变异系数	18%	7%	26%	22%	16%	21%	24%	30%

表 3.15 [ɸ] 辅音声学参数统计（F）

	CD	CA	CF1	CF2	CF3	COG	Dispersion	SKEW
平均值	93	42.53	685	1464	2809	546	591.80	9
标准差	0.03	3.6	130.8	249.1	240.9	119.53	181	3.2
变异系数	30%	8%	19%	17%	9%	22%	31%	35%

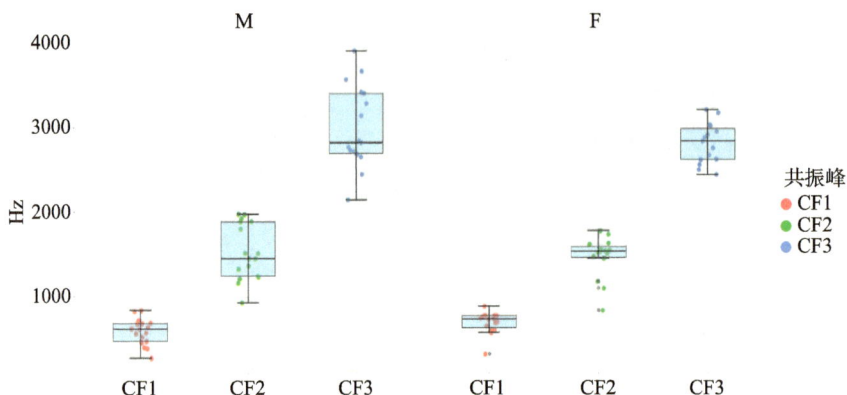

图 3.34 〔ф〕辅音的三个共振峰频率分布（M&F）

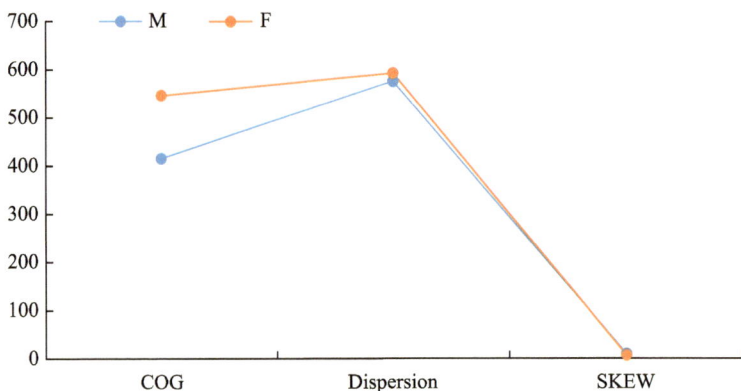

图 3.35 〔ф〕辅音谱特征示意

2. /pʰ/辅音

2.1 声学语图特点

图 3.36 为男发音人〔pʰeːr〕"草原"一词的三维语图和三层标注实例。布里亚特语〔pʰ〕辅音为双唇、送气、清塞音。

2.2 共振峰分布模式

表 3.16 为男、女发音人〔pʰ〕辅音声学参数统计总表。该辅音的出现频率较低，共出现 13 次，其中，男发音人的语料中出现 7 次，女发音人的语料中出现 6 次。图 3.37 为男、女发音人〔pʰ〕辅音第一、第二和第三共振峰分布图。图 3.37 显示了男、女发音人〔pʰ〕辅音三个共振峰频率范围，男、女发音人共振峰频率浮动范围。M：CF1 = 400 ~ 1300Hz，CF2 = 1500 ~

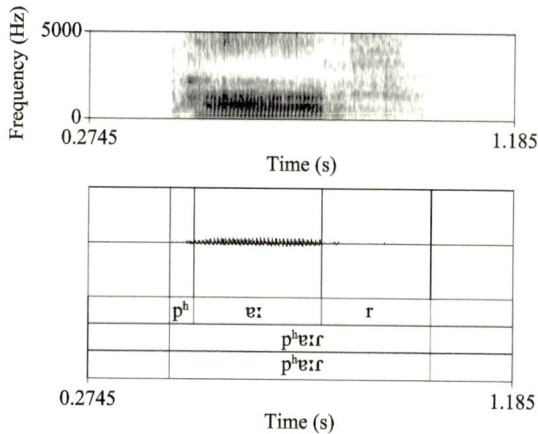

图 3.36　男发音人［pʰeːr］"草原"一词的三维语图和三层标注实例（M）

1850Hz，CF3 = 2300 ~ 2800Hz；F：CF1 = 300 ~ 650Hz，CF2 = 1600 ~ 2400Hz，
CF3 = 2600 ~ 3300Hz。男发音人［pʰ］辅音第一至第三共振峰频率的离散度，
因人而异。

表 3.16　［pʰ］辅音声学参数统计（M&F）

	M					F				
	VOT	CA	CF1	CF2	CF3	VOT	CA	CF1	CF2	CF3
平均值	104.10	42.86	798	1712	2685	50.87	46.33	631	1889	2860
标准差	0.1	3.5	315	143.5	359.1	0	3.6	254.9	300.8	241
变异系数	63%	8%	39%	8%	13%	58%	8%	40%	16%	8%

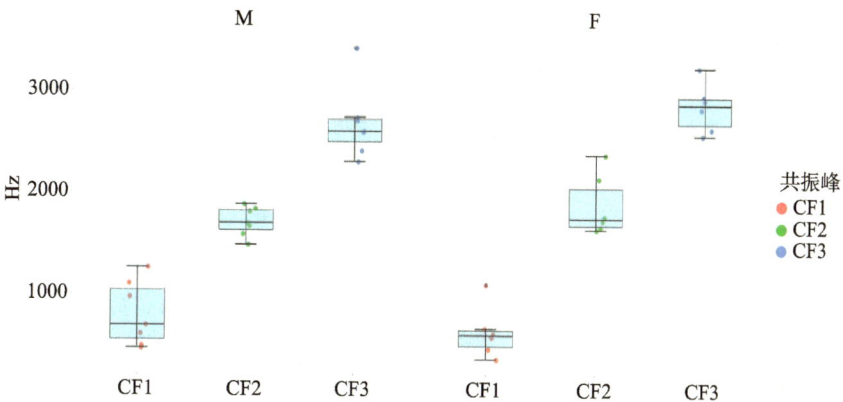

图 3.37　［pʰ］辅音共振峰分布（M&F）

3. /d/辅音

3.1　词中分布特征

布里亚特语［d］辅音在词中的出现频率较高，并且可出现的位置有词首、词中音节首、词中音节末和词末等。在"布里亚特语语音声学参数数据库"中共出现了400次（M）和436次（F）。其中，（1）在词中音节首位置上出现的比例最高，分别为：222次，占56%（M）；254次，占58%（F）；（2）在词首位置上出现的比例位居第二，分别为：在词首121次，占30%（M）；98次，占23%（F）；（3）在词末位置出现的比例位居第三，分别为49次，占12%（M）；50次，占11%（F）；（4）在词中音节末位置出现的比例最少，分别为：8次，占2%（M）；34次，占8%（F）。可以看出，［d］辅音主要在词首和词中音节首位置上出现（请见表3.17）。

表 3.17　/d/辅音出现频率统计

		M		F	
		出现频率	百分比（%）	出现频率	百分比（%）
所有		400	100	436	100
单辅音	词首	121	30	98	23
	词中音节首	222	56	254	58
	词中音节末	8	2	34	8
	词末	49	12	50	11

3.2　声学语图特点

图3.38为男发音人为［dɐl］"山谷的一侧"一词的三维语图和三层标注实例。布里亚特语［d］辅音是舌尖齿区、不送气、浊塞音。

3.3　共振峰分布模式

表3.18～3.19为男、女两位发音人［d］辅音声学参数统计表。图3.39为男、女发音人［d］辅音第一至第三共振峰频率分布模式图。图3.39显示了男、女发音人［d］辅音三个共振峰频率变化范围或浮动范围，男：VF1 = 250 ~ 1000Hz，VF2 = 1200 ~ 2400Hz，VF3 = 2100 ~ 3600Hz；女：VF1 = 200 ~ 1250Hz，VF2 = 1500 ~ 2200Hz，VF3 = 2400 ~ 3650Hz。辅音第一至第三共振峰频率的离散度，因人而异。

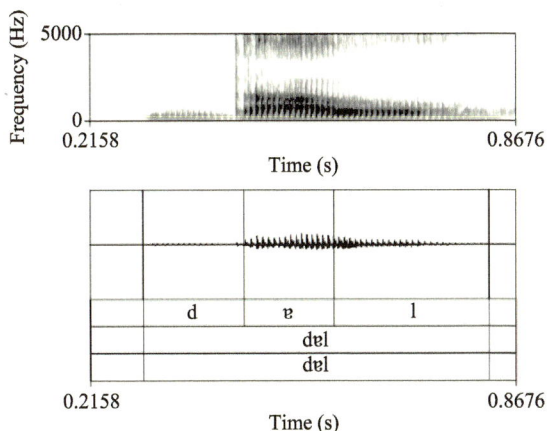

图 3.38　男发音人 [dəl] "山谷的一侧" 一词的三维语图和三层标注实例

表 3.18　[d] 辅音声学参数统计 （M）

	-VOT	+VOT	CA	VF1	VF2	VF3
平均值	-86.50	17	52.53	629	1756	2853
标准差	0.04	12.12	4.3	247.9	285.5	356.9
变异系数	-46%	72%	8%	39%	16%	13%

表 3.19　[d] 辅音声学参数统计 （F）

	-VOT	+VOT	CA	VF1	VF2	VF3
平均值	-70.91	16	53.46	775	1945	3054
标准差	0.03	0.01	3.8	351.8	308.8	340.5
变异系数	-46%	31%	7%	43%	16%	11%

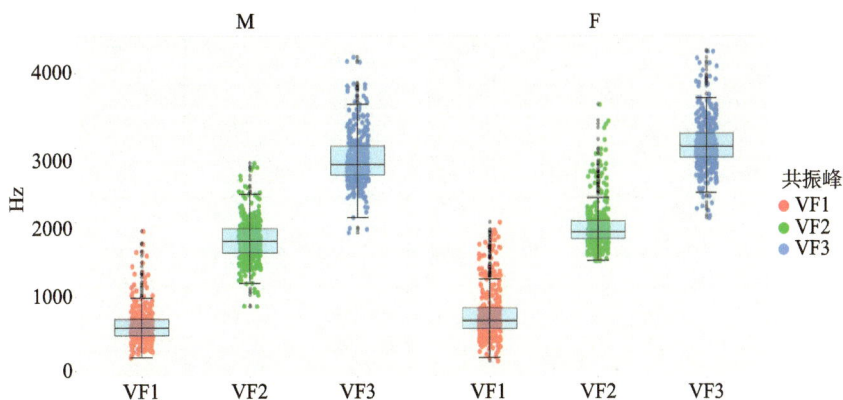

图 3.39　[d] 辅音的三个共振峰频率分布 （M&F）

3.4 辅音声学参数与其所处语境之间的相关性问题

下面我们重点讨论辅音声学参数与其所处语境之间的相关性问题，主要涉及声学参数与其词中所处位置之间的相关性和声学参数与其后置元音音质之间的相关性。

3.4.1 声学参数与其词中所处位置之间的相关性

表 3.20~3.21 为在词中不同位置上出现的 [d] 辅音声学参数统计表。图 3.40~3.41 为根据表 3.21~3.22 绘制的在词中不同位置上出现的 [d] 辅音的+VOT 和-VOT 参数比较图，图 3.42 为在词中不同位置上出现的 [d] 辅音的音强比较图，图 3.43 为在词中不同位置上出现的 [d] 辅音的第一至第三共振峰频率均值比较图。表和图显示，[d] 辅音的声学参数与其词中所处位置之间具有一定的相关性，（1）-VOT 的长度排序（自长至短）为词末>词首>词中音节末>词中音节首；（2）词末位置正负 VOT 的音长最长。

表 3.20　在词中不同位置上出现的 [d] 辅音声学参数统计 （M）

位置	参数	N	-VOT	+VOT	CA	VF1	VF2	VF3
词首	平均值	121	−121	16	50.26	608	1715	2811
	标准差		0.04	4.42	3.5	195.1	289.9	289.3
	变异系数		−34%	28%	7%	32%	17%	10%
词中音节首	平均值	222	−67.43	16	54.08	641	1777	2888
	标准差		0.02	4.56	3.8	275.1	282.1	376.5
	变异系数		−35%	29%	7%	43%	16%	13%
词中音节末	平均值	8	−81.38	18	46.75	604	1693	2417
	标准差		0.02	4.53	4	228.1	277.9	451.5
	变异系数		−28%	25%	9%	38%	16%	19%
词末	平均值	49	−200	137	39.13	467	1568	2964
	标准差		0.09	0.07	5.5	107.7	454.5	322.1
	变异系数		44%	50%	14%	23%	29%	11%

表 3.21　在词中不同位置上出现的 [d] 辅音声学参数统计 （F）

位置	参数	N	-VOT	+VOT	CA	VF1	VF2	VF3
词首	平均值	98	−112.40	14	54.89	889	1967	3025
	标准差		0.03	0	3.5	326.4	286.6	325.7
	变异系数		−27%	22%	6%	37%	15%	11%

续表

位置 \ 参数		N	−VOT	+VOT	CA	VF1	VF2	VF3
词中音节首	平均值	254	−54.68	17	53.38	733	1733	3069
	标准差		0.02	0.01	3.7	340	340	339.1
	变异系数		−33%	30%	7%	46%	46%	11%
词中音节末	平均值	34	−70.03	13	50.21	772	1979	3021
	标准差		0.02	0	2.9	443.9	348	400.9
	变异系数		−27%	33%	6%	57%	18%	13%
词末	平均值	49	−152	115.94	43.77	536	1745	3048
	标准差		0.07	0.05	4.7	208.3	347.6	281.2
	变异系数		44%	42%	11%	39%	20%	9%

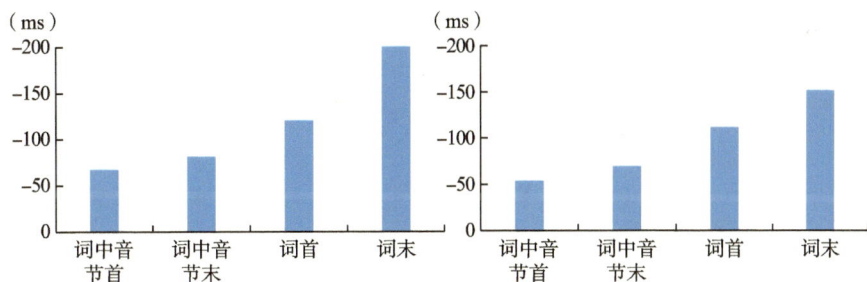

图 3.40　在词中不同位置上出现的 ［d］辅音的−VOT 均值比较（M&F）

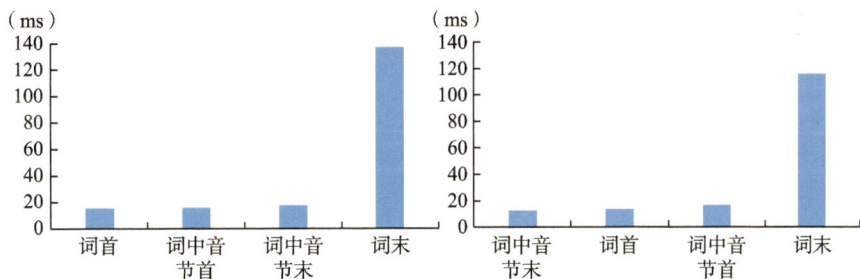

图 3.41　在词中不同位置上出现的 ［d］辅音的+VOT 均值比较（M&F）

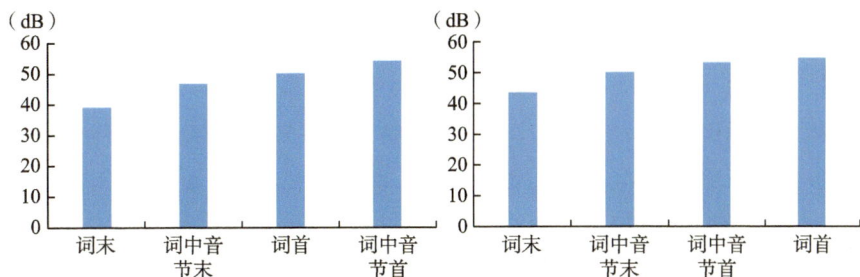

图 3.42　在词中不同位置上出现的 ［d］辅音的音强均值比较

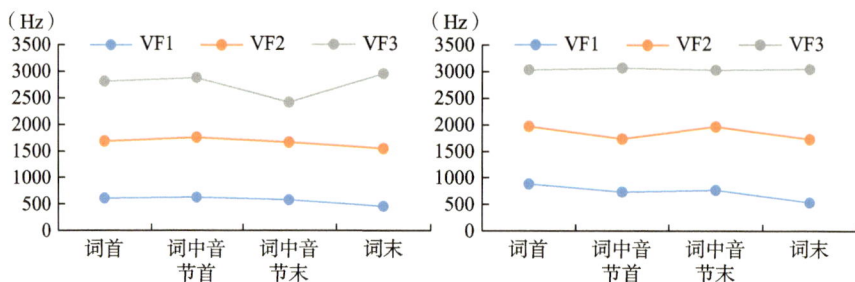

图 3.43　在词中不同位置上出现的［d］辅音的共振峰频率均值比较（M&F）

表 3.22 为用 sig（显著性）系数检验的［d］辅音的正负 VOT 音长与其所出现的词中不同位置之间的相关性检验结果。表 3.22 显示，在词末和其他位置上出现的［d］辅音的正、负 VOT 音长之间存在显著性差异，在词末出现的［g］辅音的正、负 VOT 音长明显比其在其他位置上出现的正、负 VOT 音长长。

表 3.22　检验结果

	sig（显著性）			
	-VOT		+VOT	
	M	F	M	F
词首音节—词中音节首	.000	.000	.608	.000
词首音节—词中音节末	.003	.000	.408	.549
词中音节首—词中音节末	.258	.000	.279	.000
词首音节—词末	.000	.000	.000	.000
词中音节首—词末	.000	.000	.000	.000
词中音节末—词末	.000	.000	.000	.000

3.4.2　声学参数与其后置元音音质之间的相关性

表 3.23 为男女发音人在词首不同元音之前出现的［d］辅音的声学参数统计表，图 3.44~3.47 为在词首不同元音之前出现的［d］辅音的音长、音强和共振峰比较图。从表 3.23 和图 3.44~3.47 中可以看出，［d］辅音的声学参数与其后置元音音质之间具有一定的相关性，在［ɐ］元音之前出现的［d］辅音的音强相对强。

表 3.23　在词首不同元音之前出现的［d］辅音的声学参数统计（M&F）

	M						F					
	+VOT	−VOT	CA	CF1	CF2	CF3	+VOT	−VOT	CA	CF1	CF2	CF3
dæ	14	−130.6	52.11	583	1710	2813	12	−101.6	57.36	881	1835	2947
dɔ	14	−128.7	49.60	664	1734	2978	12	−120.3	55.22	834	1917	3059
də	16	−161	49	637	1892	2542	14	−112.2	52.75	676	1858	2762
di	18	−95	48	416	1758	2795						
du	18	−132.8	47	533	1717	2520	18	−105.2	51	1336	2251	3213
dʊ	19	−112.9	48.75	623	1619	2711	15	−107.3	53.71	880	1948	2871

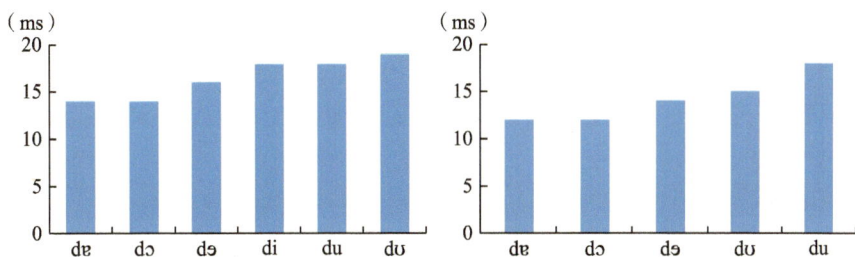

图 3.44　在词首不同元音之前出现的［d］辅音的+VOT 均值比较（M&F）

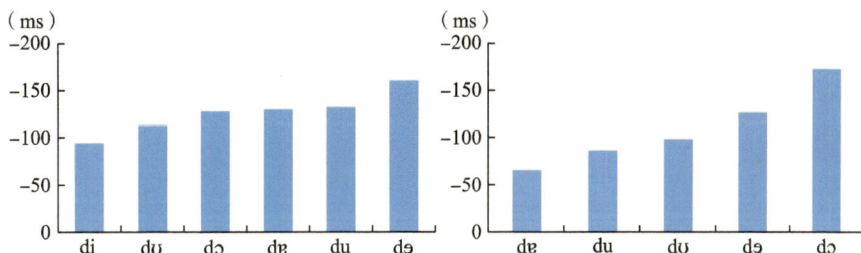

图 3.45　在词首不同元音之前出现的［d］辅音的-VOT 均值比较（M&F）

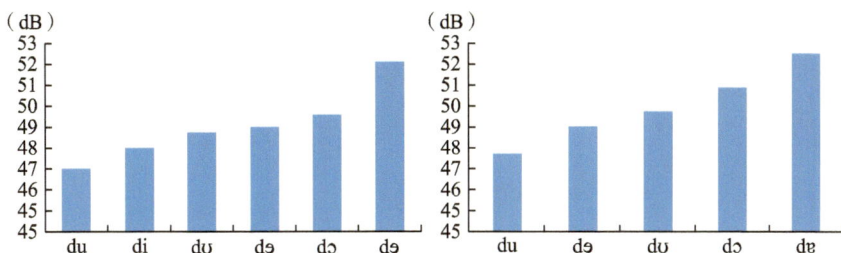

图 3.46　在词首不同元音之前出现的［d］辅音的音强均值比较（M&F）

4. /tʰ/辅音

4.1　词中分布特点

布里亚特语/tʰ/辅音在词中的出现频率较高，并且在词首、词中音节首、

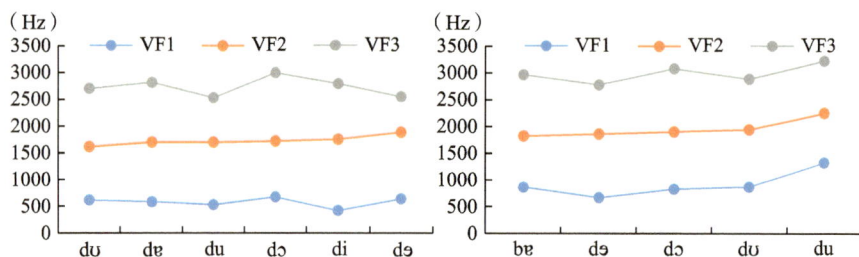

图 3.47　在词首不同元音之前出现的 ［d］ 辅音的三个共振峰频率均值
（以 CF2 的上升为序排列的）比较 （M&F）

词中音节末和词末等位置上都可以出现。在 "布里亚特语语音声学参数数据库" 中共出现了 415 次（M），412 次（F）。在所有/tʰ/辅音中，（1）在词首和词中音节首出现的比例最高，如 M：在词首 178 次，占 43%，在词中音节首出现 233 次，占 56%；F：在词首出现 182 次，占 44%，在词中音节首出现 229 次，占 56%；（2）在词中音节末和词末出现的比例最低。显然，/tʰ/辅音主要在词首和词中音节首位置出现（请见表 3.24）。

表 3.24　［tʰ］ 辅音出现频率统计

		M		F	
		出现频率	百分比 （%）	出现频率	百分比 （%）
所有		415	100	412	100
单辅音	词首	178	43	182	44
	词中音节首	233	56	229	56
	词中音节末	1		1	
	词末	3	1		

4.2　声学语图特点

图 3.48 为男发音人 ［tʰul］ "羊羔" 一词的三维语图和三层标注实例。布里亚特语 ［tʰ］ 为舌尖齿、送气、清塞音。

4.3　共振峰分布模式

表 3.25 为男、女发音人 ［tʰ］ 辅音声学参数统计表。图 3.49 为男、女发音人 ［tʰ］ 辅音第一至第三共振峰频率分布模式图。图 3.49 显示了男、女发音人 ［tʰ］ 辅音的三个共振峰的频率浮动范围，M：CF1 = 400 ～ 1100Hz，CF2 = 1400 ～ 2300Hz，CF3 = 2300 ～ 3300Hz；F：CF1 = 300 ～ 1450Hz，CF2 =

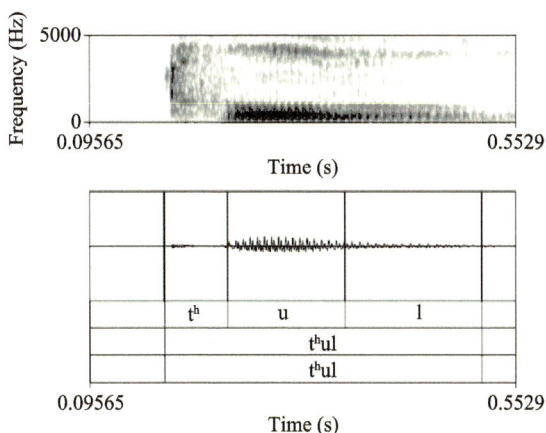

图 3.48　男发音人 ［tʰul］ "羊羔" 一词的三维语图和三层标注实例

1000～2250Hz，CF3＝2500～3600Hz。该辅音第一至第三共振峰频率的离散度，因人而异。

表 3.25　［tʰ］辅音声学参数统计 （M&F）

	M					F				
	VOT	CA	CF1	CF2	CF3	VOT	CA	CF1	CF2	CF3
平均值	44.69	48.06	737	1795	2832	47.35	49.46	891	1927	3068
标准差	0.01	4	156.8	202.3	240.8	0.008	3	269.3	207.4	272.1
变异系数	52%	8%	21%	11%	9%	42%	6%	30%	11%	9%

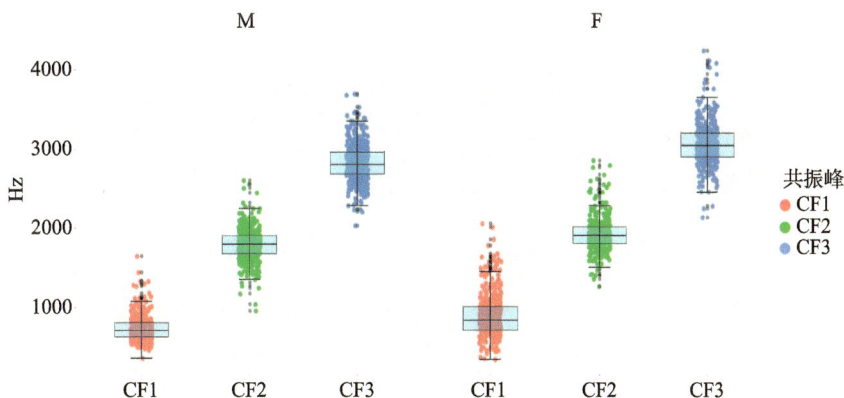

图 3.49　［tʰ］辅音共振峰分布 （M&F）

4.4 辅音声学参数与其所处语境之间的相关性问题

下面我们重点讨论辅音声学参数与其所处语境之间的相关性问题，主要涉及声学参数与其词中所处位置之间的相关性和声学参数与其后置元音音质之间的相关性。

4.4.1 声学参数与其词中所处位置之间的相关性

表 3.26~3.27 为在词中不同位置上出现的 [tʰ] 辅音声学参数统计表。图 3.50 为根据表 3.26~3.27 绘制的词中不同位置 [tʰ] 辅音 GAP 和 VOT 分布图，图 3.51 为在词中不同位置上出现的 [tʰ] 辅音音强分布图。图 3.52 为在词中不同位置上出现的 [tʰ] 辅音的第一至第三共振峰（CF）分布图。从这些表和图中可以看出，[tʰ] 辅音声学参数与其词中所处位置之间具有一定的相关性，词末音节 [tʰ] 辅音的 VOT 和 GAP 最长。

表 3.26　在词中不同位置上出现的 [tʰ] 辅音声学参数统计（M）

位置 \ 参数		N	GAP	VOT	CD	CA	CF1	CF2	CF3
词首	平均值	178		64.2		45.42	720	1785	2812
	标准差			0.003		3.4	173.8	222.3	223.1
	变异系数			24%		8%	24%	12%	8%
词中音节首	平均值	233	111	28.39	139	50.06	750	1802	2846
	标准差		0.03	0.008	0.03	3.1	142.4	187.3	252.3
	变异系数		28%	24%	23%	6%	19%	10%	9%
词中音节末	平均值	1	94	29	123	47	702	1890	3276
	标准差								
	变异系数								
词末	平均值	3	166	158	290	49.33	741	1833	2796
	标准差		0.06	0.001	0.05	1.2	147.3	84.7	220.2
	变异系数		35%	31%	17%	2%	20%	5%	8%

表 3.27　在词中不同位置上出现的 [tʰ] 辅音声学参数统计（F）

位置 \ 参数		N	GAP	VOT	CD	CA	CF1	CF2	CF3
词首	平均值	182		61.5		49.62	941	1912	3048
	标准差			0.005		3.1	227.5	209	259.3
	变异系数			34%		6%	24%	11%	9%

续表

位置＼参数		N	GAP	VOT	CD	CA	CF1	CF2	CF3
词中音节首	平均值	229	81	36.13	118	49.33	848	1937	3081
	标准差		0.02	0.007	0.03	2.9	288.7	205.2	279.8
	变异系数		29%	28%	22%	6%	34%	11%	9%
词中音节末	平均值	1	85	42	128	50	1653	2258	3608
	标准差								
	变异系数								

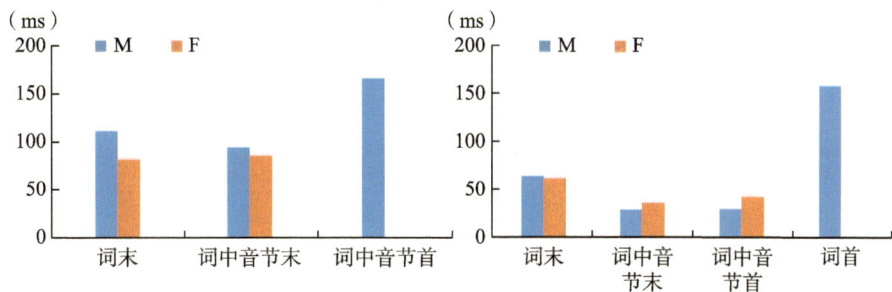

图 3.50　在词中不同位置上出现的［tʰ］辅音 GAP 和 VOT 音长均值比较（M&F）

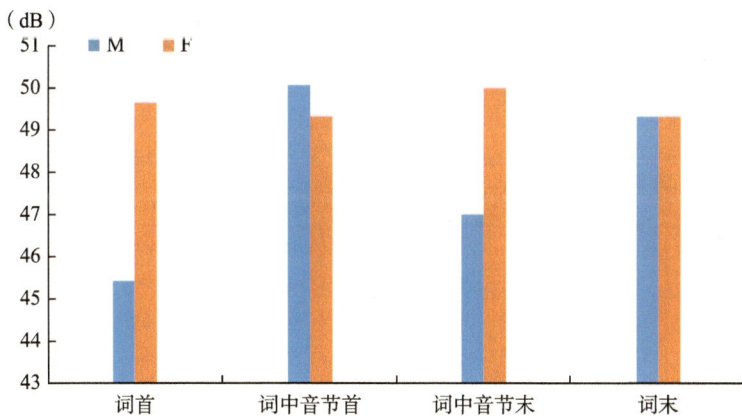

图 3.51　在词中不同位置上出现的［tʰ］辅音音强均值比较（M&F）

表 3.28 为用 sig（显著性）系数检验的［tʰ］辅音的 VOT 音长与其所出现的词中不同位置之间的相关性检验结果。表 3.28 显示，在词首和词中音节首位置上出现的［tʰ］辅音的 VOT 音长之间存在显著性差异，在词首出现的［tʰ］辅音的 VOT 音长明显比其在词中音节首位置上出现的 VOT 音长长。

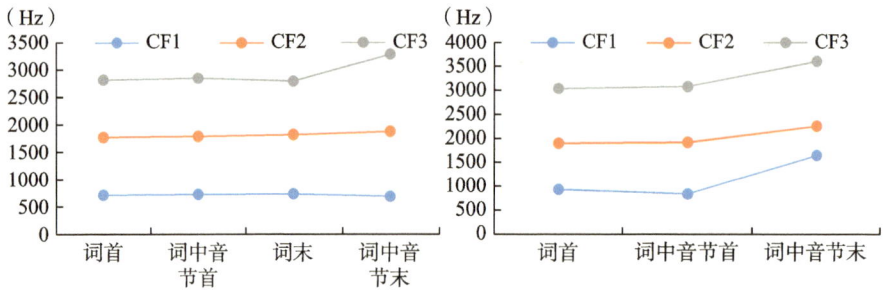

图 3.52　在词中不同位置上出现的 [tʰ] 辅音共振峰频率均值
（以 CF2 的上升为序排列的）比较（M&F）

表 3.28　检验结果

	sig（显著性）	
	VOT	
	M	F
词首—词中音节首	.000	.000

4.4.2　声学参数与其词中所处位置之间的相关性

表 3.29 为在词首不同元音之前出现的 [tʰ] 辅音声学参数统计表。图 3.53~3.55 为根据表 3.29 绘制的在词首不同元音之前出现的 [tʰ] 辅音的音长、音强和第一至第三共振峰频率分布模式图。可以看出，[tʰ] 辅音声学参数与其词中所处位置之间没有相关性。

表 3.29　在词首不同元音之前出现的 [tʰ] 辅音声学参数统计（M&F）

S	VOT	CA	CF1	CF2	CF3	VOT	CA	CF1	CF2	CF3
tʰʊ	62.48	46.29	690	1698	2759	66.63	51	976	1857	2979
tʰɐ	79.4	44	583	1906	2682	48.30	47	949	1983	3170
tʰɔ	63.69	46.26	686	1869	2805	65.06	47.87	926	1935	3014
tʰu	71.66	45.56	702	1710	2754	61.99	49.83	888	1875	3122
tʰi	60.41	43	731	1868	2794	50.06	48.92	953	1992	3066
tʰə	56.16	44.88	699	1733	2899	53.19	50.44	844	1854	3063

5. /g/辅音

/g/辅音在"统一平台"中以 [g]、[k]、[ɣ]、[χ] 4 种变体形式共出现了 677 次（M）或 700 次（F）（见表 3.30）。其中，M 的 [g] 为 213 次，占所有/g/辅音的 31%，[ɣ] 为 376 次（56%），[χ] 为 33 次（5%），

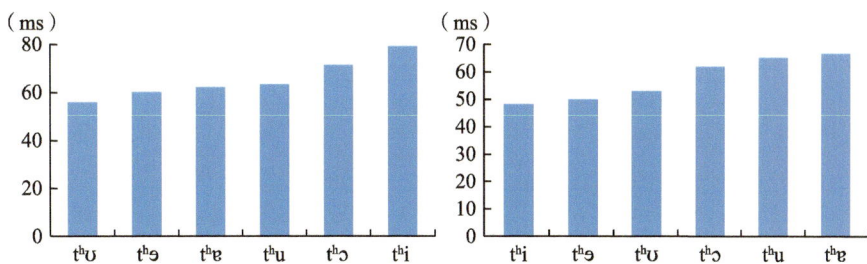

图 3.53　在词首不同元音之前出现的［tʰ］辅音的 VOT 均值比较（M&F）

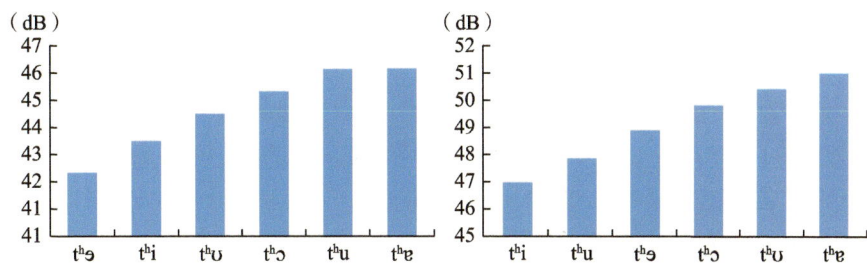

图 3.54　在词首不同元音之前出现的［tʰ］辅音的音强均值比较（M&F）

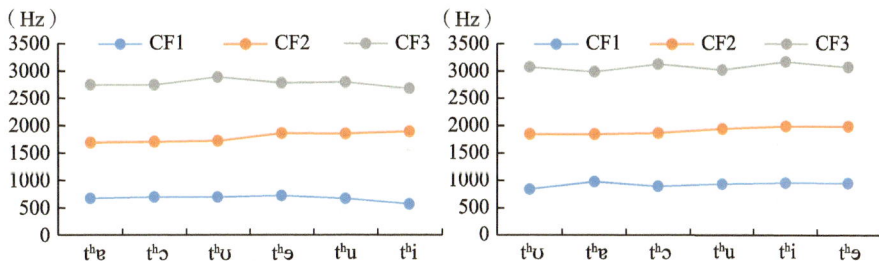

图 3.55　在词首不同元音之前出现的［tʰ］辅音的三个共振峰频率均值
（以 CF2 的上升为序排列的）比较（M&F）

［k］为 55 次（8%）；F 的［g］为 208 次（30%），［ɣ］为 403 次（58%），［χ］为 30 次（4%），［k］为 59 次（8%）。［g］主要在词首出现，［ɣ］在词中音节首元音之间、两个浊音之前或少数在词末出现；［χ］一般在音节末在［s］、［ʃ］、［x］等送气辅音之前出现。从/g/辅音的 4 种变体的统计结果看，［g］和［ɣ］所占的比例较高。

表 3.30　/g/辅音统计

/g/	M		F	
	出现次数	百分比（%）	出现次数	百分比（%）
/g/	677	100	700	100

/g/	M		F	
	出现次数	百分比（%）	出现次数	百分比（%）
[g]	213	31	208	30
[k]	55	8	59	8
[ɣ]	376	56	403	58
[χ]	33	5	30	4

5.1 [g] 辅音

5.1.1 词中分布特征

如上所示，[g] 辅音在"统一平台"中的出现频率较高（M：213 次，F：208 次）。在词首、词中音节首和词末出现。在所有 [g] 辅音中，（1）在词末出现的比例最高，85 次，占 40%（M），88 次，占 42%（F）；（2）在词首出现的比列位居第二，81 次，占 38%（M），46 次，占 22%（F）；（3）在词中音节首出现的比列位居第三，38 次，占 18%，41 次，占 20%（F）；（4）在词中音节末出现的比例最少少，9 次，占 4%；33 次，占 16%（F）（请见表 3.31）。

表 3.31 [g] 辅音出现频率统计

		M		F	
		出现频率	百分比（%）	出现频率	百分比（%）
所有		213	100	208	100
单辅音	词首	81	38	46	22
	词中音节首	38	18	41	20
	词中音节末	9	4	33	16
	词末	85	40	88	42

5.1.2 声学语图特点

图 3.56 为男发音人 [gɛm] "节俭" 一词的三维语图和三层标注实例。布里亚特语 [g] 为舌面后—软腭、不送气、浊塞音。

5.1.3 共振峰分布模式

表 3.32~3.33 为 [g] 辅音声学参数统计表。图 3.57 为男、女发音人 [g] 辅音第一、第二和第三共振峰的分布图。表 3.32~3.33 和图 3.57 显示了男、女发音人 [g] 辅音的三个共振峰的频率变化范围。男：VF1 = 150~

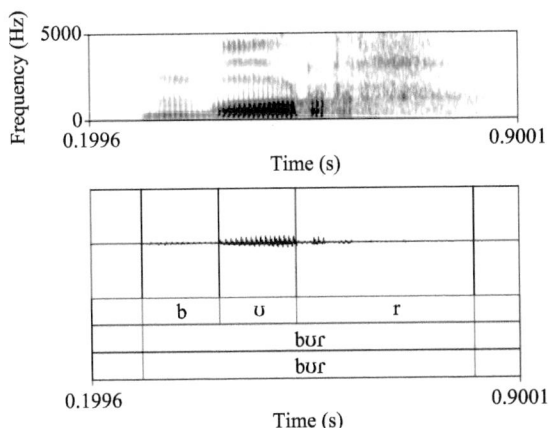

图 3.56　男发音人［gɐm］"节俭"一词的三维语图和三层标注实例

1300Hz，VF2 = 500 ~ 3000Hz，VF3 = 1900 ~ 4100Hz；女：VF1 = 200 ~ 1700Hz，
VF2 = 700 ~ 2400Hz，VF3 = 1600 ~ 4400Hz。男、女发音人［g］辅音的 VF1
的频率相对集中，离散度较小。

表 3.32　［g］辅音声学参数统计（M）

	-VOT	+VOT	CA	VF1	VF2	VF3
平均值	-83.53	16	50.89	624	1459	2907
标准差	0.05	6.24	5.6	288.1	524.2	496.7
变异系数	-56%	39%	11%	46%	36%	17%

表 3.33　［g］辅音声学参数统计（F）

	-VOT	+VOT	CA	VF1	VF2	VF3
平均值	-70.06	15	51.33	757	1614	3032
标准差	0.03	0.01	5.9	412.4	440.8	662
变异系数	-47%	40%	12%	55%	27%	22%

5.1.4　辅音声学参数与其所处语境之间的相关性问题

下面我们重点讨论辅音声学参数与其所处语境之间的相关性问题，主
要涉及声学参数与其词中所处位置之间的相关性和声学参数与其后置元音
音质之间的相关性。

5.1.4.1　声学参数与其词中所处位置之间的相关性

表 3.34 ~ 3.35 为在词中不同位置上出现的［g］辅音声学参数统计表。

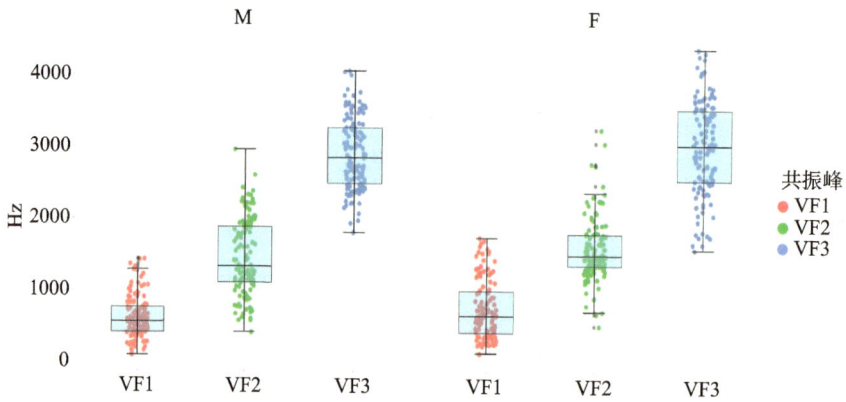

图 3.57 ［g］辅音共振峰分布（M&F）

图 3.58 为根据表 3.35~3.36 绘制的词中不同位置上出现的 ［g］辅音正负 VOT 参数比较图，图 3.59 为词中不同位置上出现的 ［g］辅音音强比较图。图 3.60 为词中不同位置上出现的 ［g］辅音第一至第三共振峰频率比较图。上述表和图显示，［g］辅音声学参数与其词中所处位置之间具有一定的相关性，词末位置正负 VOT 的音长最长。

表 3.34 在词中不同位置上出现的 ［g］辅音声学参数统计 （M）

位置	参数	N	-VOT	+VOT	CA	VF1	VF2	VF3
词首	平均值	81	-103.30	17	48.93	637	1398	2890
	标准差		0.05	6.46	3.7	276.2	553.6	493.4
	变异系数		-44%	38%	8%	43%	40%	17%
词中音节首	平均值	38	-44.21	13	56.97	595	1569	3026
	标准差		0.02	3.69	3.3	299.2	487.1	513.2
	变异系数		-41%	29%	6%	50%	31%	17%
词中音节末	平均值	9	-71.22	19	42.89	627	1534	2554
	标准差		0.02	8.51	5.5	366.7	313.6	231.6
	变异系数		-31%	45%	13%	59%	20%	9%
词末	平均值	85	-235	191.18	35.63	472	1756	2961
	标准差		0.10	0.06	5.1	166.9	373.1	339.3
	变异系数		42%	33%	14%	35%	21%	11%

表 3.35 在词中不同位置上出现的 [g] 辅音声学参数统计 (F)

位置	参数	N	-VOT	+VOT	CA	VF1	VF2	VF3
词首	平均值	46	-96.33	15	52.89	928	1646	3269
	标准差		0.03	0.01	4.6	452.9	508.5	601.2
	变异系数		-29%	43%	9%	49%	31%	18%
词中音节首	平均值	41	-42.32	16	55.02	621	1662	3056
	标准差		0.02	0.01	4	381.1	488.4	602.3
	变异系数		-56%	36%	7%	61%	29%	20%
词中音节末	平均值	33	-67.91	14	44.55	686	1510	2670
	标准差		0.02	0.01	3.5	303.2	213	671.7
	变异系数		-27%	40%	8%	44%	14%	25%
词末	平均值	88	-160	133.59	42.9	591	1621	2887
	标准差		0.07	0.05	4.6	321.2	329.8	442
	变异系数		45%	34%	11%	54%	20%	15%

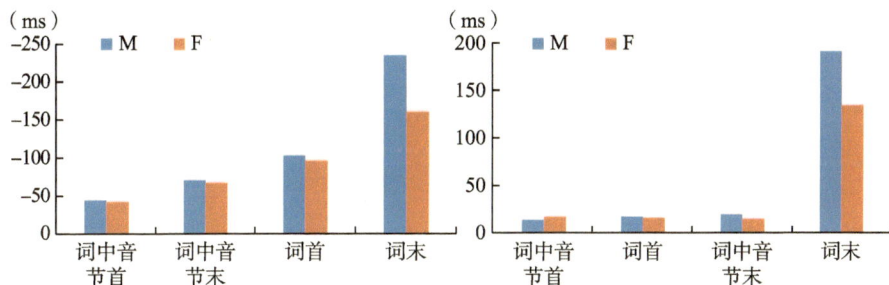

图 3.58 在词中不同位置上出现的 [g] 辅音的正负 VOT 均值比较 （M&F）

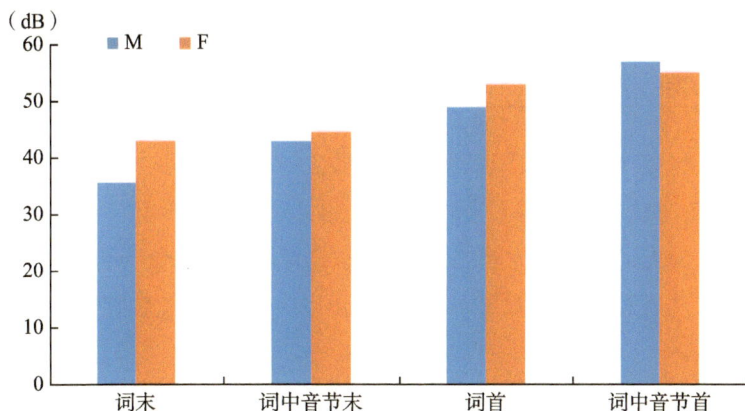

图 3.59 在词中不同位置上出现的 [g] 辅音的音强比较

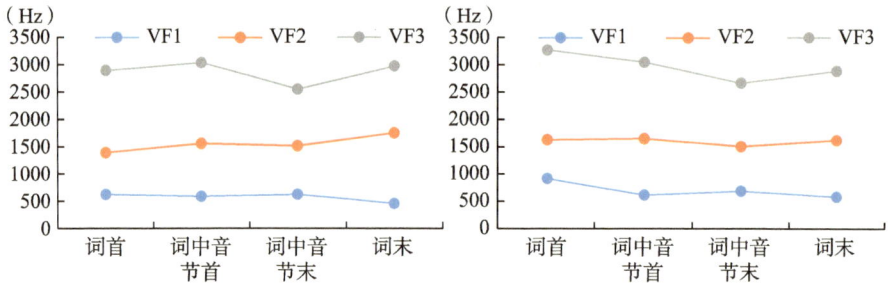

图 3.60　在词中不同位置上出现的［g］辅音的共振峰频率均值比较（M&F）

表 3.36 为用 sig（显著性）系数检验的［g］辅音的正负 VOT 音长与其所出现的词中不同位置之间的相关性检验结果。表 3.36 显示，在词末和其他位置上出现的［g］辅音的正负 VOT 音长之间存在显著性差异，在词末出现的［g］辅音的正负 VOT 音长明显比其在其他位置上出现的正负 VOT 音长长。

表 3.36　检验结果

	sig（显著性）			
	-VOT		+VOT	
	M	F	M	F
词首音节—词中音节首	.000	.000	.000	.980
词首音节—词中音节末	.006	.000	.831	.383
词中音节首—词中音节末	.015	.000	.165	.258
词首音节—词末	.000	.000	.000	.000
词中音节首—词末	.000	.000	.000	.000
词中音节末—词末	.000	.000	.000	.000

5.1.4.2　声学参数与其后置元音音质之间的相关性

表 3.37 为在词首不同元音之前出现的［g］辅音声学参数统计表。图 3.61~3.64 为在词首不同元音之前出现的［g］辅音音长、音强和共振峰均值比较图。从表和图可以看出，［g］辅音声学参数与其后置元音音质之间没有相关性。

表 3.37　在词首不同元音之前出现的 ［g］ 辅音声学参数统计 （M&F）

	M						F					
	+VOT	−VOT	CA	VF1	VF2	VF3	+VOT	−VOT	CA	VF1	VF2	VF3
gɐ	15	−93.2	51	649	1292	2660	18	−103	55.50	1290	1468	3514
gɔ	14	−58	49.67	579	1320	3131	14	−99	49	653	1367	3451
gə	17	−91.4	46.90	906	1898	2960	16	−94	51.50	1017	1726	3041
gu	10	−29	51	261	682	2643	21	−104	44	555	841	3797
gʊ	23	−146.6	46.29	549	1321	3282	14	−91.5	53.75	497	1071	3286

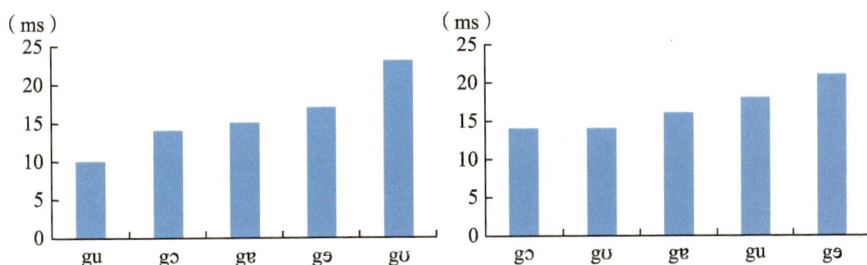

图 3.61　在词首不同元音之前出现的 ［g］ 辅音的+VOT 均值比较 （M&F）

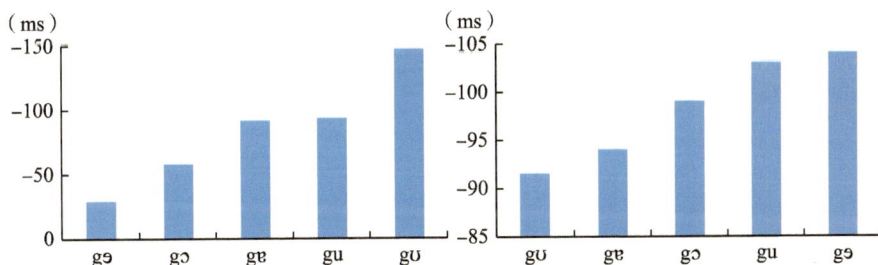

图 3.62　在词首不同元音之前出现的 ［g］ 辅音的−VOT 均值比较 （M&F）

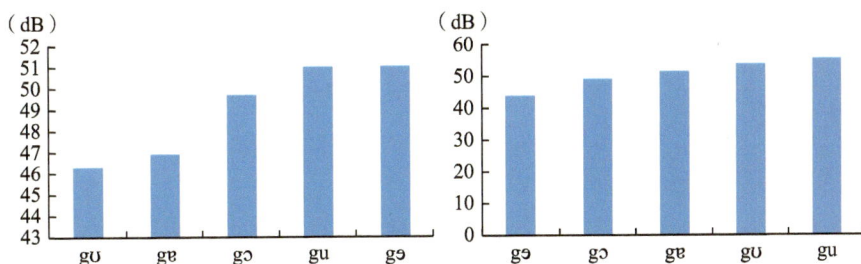

图 3.63　在词首不同元音之前出现的 ［g］ 辅音的音强均值比较 （M&F）

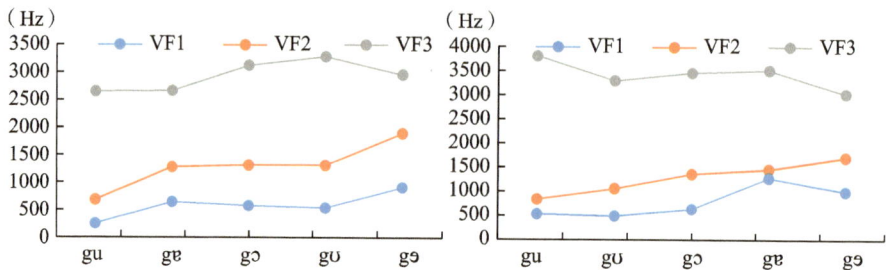

图3.64 **在词首不同元音之前出现的** [g] **辅音的三个共振峰频率均值**
（**以** CF2 **的上升为序排列的**）**比较**（M&F）

5.2 [ɣ] 辅音

5.2.1 词中分布特征

如上所示，[ɣ] 辅音在"统一平台"中的出现频率较高，共出现 376 次（M），403 次（F）。该辅音主要在词中音节首和词中音节末出现。在所有 [ɣ] 辅音中，（1）在词中音节首出现的比例最高，如 M：在词中音节首 333 次，占 89%；F：327 次，占 81%；（2）在词中音节末出现的比例较小。如，43 次，占 11%（M）；在词中音节末 76 次，占 19%（请见表 3.38）。

表 3.38 [ɣ] **辅音出现频率统计**

		M		F	
		出现频率	百分比（%）	出现频率	百分比（%）
所有		376	100	403	100
单辅音	词中音节首	333	89	327	81
	词中音节末	43	11	76	19

5.2.2 声学语图特点

图 3.65 为男发音人 [niːɣəm]"社会"一词的三维语图和三层标注实例，显然，[ɣ] 是浊擦音。[ɣ] 辅音为舌面后—软腭浊擦音，主要在词中音节首位置和词中音节末位置出现。

5.2.3 共振峰分布模式

表 3.39～3.40 为男、女发音人 [ɣ] 辅音声学参数统计总表。图 3.66 为男、女发音人 [ɣ] 辅音第一至第三共振峰频率的分布模式图。图 3.67 为男、女发音人 [ɣ] 辅音谱特征示意图。表 3.39～3.40 和图 3.66 显示了男、女发

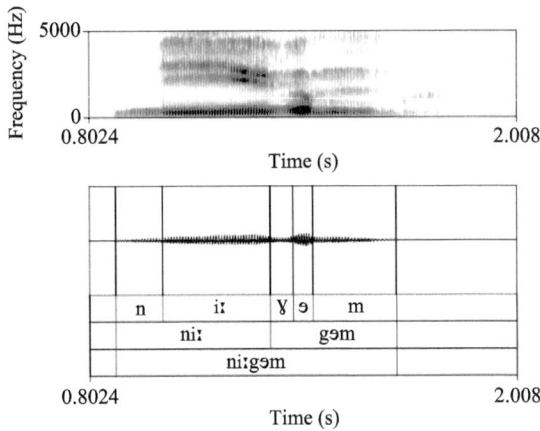

图 3.65　男发音人［niːɣəm］"社会"一词的三维语图和三层标注实例

音人［ɣ］辅音的三个共振峰的频率浮动范围。M：VF1＝200～650Hz，VF2＝450～2100Hz，VF3＝1900～4000Hz；F：VF1＝200～800Hz，VF2＝650～2300Hz，VF3＝2100～4100Hz；男发音人谱重心（COG）和离散度（Dispersion）参数小于女发音人。男、女发音人［ɣ］辅音 VF1 的频率较集中，离散度较小。

表 3.39　［ɣ］辅音声学参数统计（M）

	M							
	CD	CA	VF1	VF2	VF3	COG	Dispersion	SKEW
平均值	64	55.79	406	1276	2807	295	370	15.7
标准差	0.01	4.1	113.6	509.7	468.9	99.4	160	7.6
变异系数	22%	7.4%	28%	40%	17%	34%	43%	48%

表 3.40　［ɣ］辅音声学参数统计（M）

	M							
	CD	CA	VF1	VF2	VF3	COG	Dispersion	SKEW
平均值	65	57.84	545	1525	3086	477	634	10.4
标准差	0.02	5.2	479	479	397	382	428	6.8
变异系数	29%	9.5%	58%	31%	13%	80%	67%	65%

5.2.4　声学参数与其词中所处位置之间的相关性

表 3.41～3.42 为在词中不同位置上出现的［ɣ］辅音声学参数统计表。图 3.68～3.70 为在词中不同位置上出现的［ɣ］辅音的共振峰、音长和音强

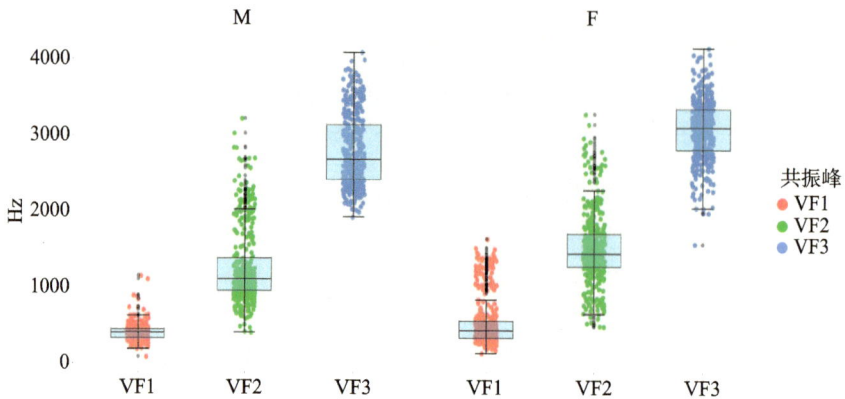

图 3.66 〔ɣ〕辅音共振峰分布模式（M&F）

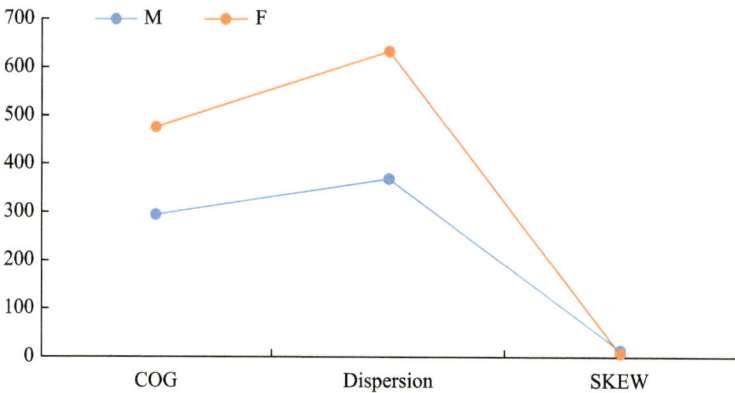

图 3.67 〔ɣ〕辅音谱特征示意

均值比较图。上述表和图显示，〔ɣ〕辅音音长与其词中所处位置之间有一定的相关性。如，〔ɣ〕辅音在词中音节末出现的音长比其在词中音节首出现的音长相对长；〔ɣ〕辅音在词中音节末出现的音强比其在词中音节首出现的音强相对弱。

表 3.41　在词中不同位置上出现的〔ɣ〕辅音声学统计（M）

位置	参数	N	CD	CA	VF1	VF2	VF3	COG	Dispersion	SKEW
词中音节首	平均值		63	56.17	409	1258	2798	296	375	15
	标准差	333	0.01	3.8	115	488	472	98.4	163	7.4
	变异系数		22%	7%	28%	39%	17%	33%	43%	48%

续表

位置	参数	N	CD	CA	VF1	VF2	VF3	COG	Dispersion	SKEW
词中音节末	平均值	43	71	52.86	386	1411	2877	282	336	18
	标准差		0.01	5.0	101	647	439.7	104	133	8.8
	变异系数		19%	9.4%	26%	46%	15%	37%	40%	47%

表 3.42　在词中不同位置上出现的〔ɣ〕辅音声学统计（F）

位置	参数	N	CD	CA	VF1	VF2	VF3	COG	Dispersion	SKEW
词中音节首	平均值	327	63	55.59	559	1536	3104	492	668	9.5
	标准差		0.01	4.6	327.6	473.6	405	392	429	6.2
	变异系数		27%	8%	59%	31%	13%	79%	64%	66%
词中音节末	平均值	76	74	51.59	489	1477	3010	416	486	15
	标准差		0.02	6.4	166.9	504	356.8	331.9	392	7.5
	变异系数		33%	12%	55%	34%	12%	80%	81%	51%

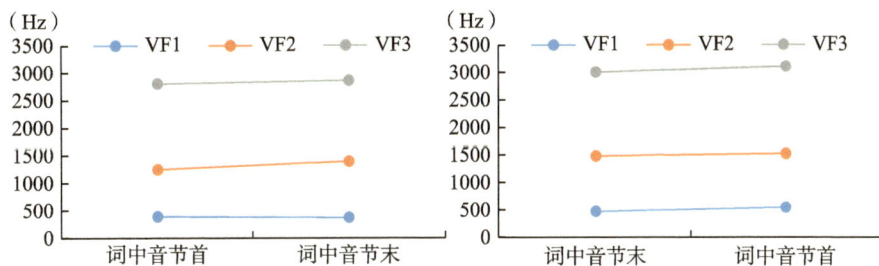

图 3.68　在词中不同位置上出现的〔ɣ〕辅音共振峰频率均值比较（M&F）

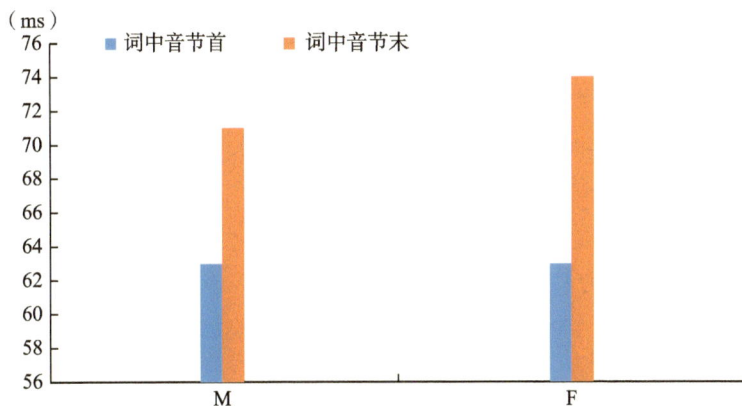

图 3.69　在词中不同位置上出现的〔ɣ〕辅音音长均值比较（M&F）

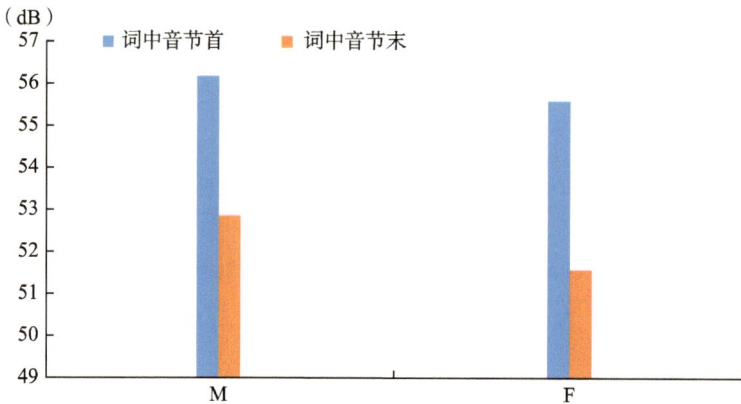

图 3.70 在词中不同位置上出现的 [ɣ] 辅音音强均值比较（M&F）

表 3.43 为用 sig（显著性）系数检验的 [ɣ] 辅音音长与其所出现的词中不同位置之间的相关性检验结果。表 3.43 显示，在词首音节和词中音节首位置出现的 [ɣ] 辅音的音长之间存在显著性差异，在词中音节末出现的 [ɣ] 辅音的音长明显比其在词中音节首出现的音长长。

表 3.43 检验结果

	M				F			
	CD	VF1	VF2	VF3	CD	VF1	VF2	VF3
词中音节首—词中音节末	.000	.221	.065	.301	.000	.084	.331	.063

5.3 [χ] 辅音

[χ] 变体的出现频率较少，分别为 33 次（M），30 次（F）。

5.3.1 声学语图特点

图 3.71 为男发音人 [xuχʃɐŋ]"老人"一词的三维语图和三层标注实例。布里亚特语 [χ] 辅音为舌面后—软腭清擦音，主要在词末和 [s]、[ʃ]、[x]、[tʰ] 等清擦音和送气塞音之前出现。

5.3.2 共振峰分布模式

表 3.44~3.45 为男、女发音人 [χ] 辅音声学参数统计表。图 3.72 为 [χ] 辅音第一、第二和第三共振峰的分布图，图 3.73 为 [χ] 辅音谱特征示意图。图 3.72 显示了男、女发音人 [χ] 辅音的三个共振峰的频率变化范围。M：CF1 = 250~1100Hz，CF2 = 700~2400Hz，CF3 = 2200~3800Hz；

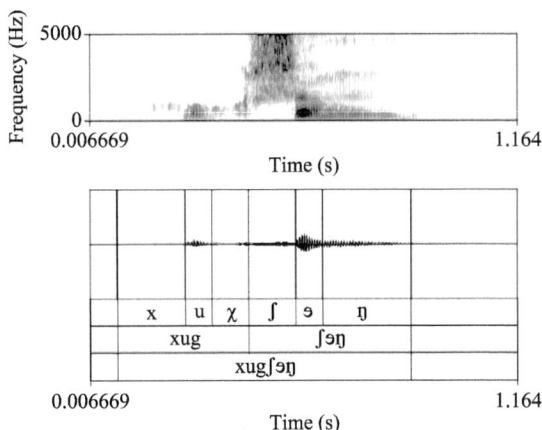

图 3.71　男发音人［xuʃɣəŋ］"老人"一词的三维语图和三层标注实例

F：CF1＝250～1300Hz，CF2＝1300～2100Hz，CF3＝2100～3600Hz。［χ］辅音男发音人谱重心（COG）和离散度（Dispersion）参数小于女发音人；男、女发音人［χ］辅音的 CF1 频率较最集中，离散度相对小。

表 3.44　［χ］辅音声学参数统计（M）

	CD	CA	CF1	CF2	CF3	COG	Dispersion	SKEW
平均值	93	42.33	615	1576	2964	648	844.21	26
标准差	0.02	648	224.4	408.5	501.1	487.16	503.7	4.5
变异系数	25%	11%	36%	26%	17%	75%	60%	51%

表 3.45　［χ］辅音声学参数统计（F）

	CD	CA	CF1	CF2	CF3	COG	Dispersion	SKEW
平均值	86	43.57	666	1570	2867	773	872.03	8
标准差	0.03	5.1	302.8	271.8	430.3	542.87	511.2	5.1
变异系数	31%	12%	45%	17%	15%	70%	59%	66%

5.4　［k］辅音

5.4.1　词中分布特征

［k］变体的出现频率较低。55 次（M），59 次（F）。在所有［k］辅音中：词首音节，1 次（M），42 次（F）；词中音节末，54 次（M），15 次（F）；词中音节首，1 次（F）；词末，1 次（F）。

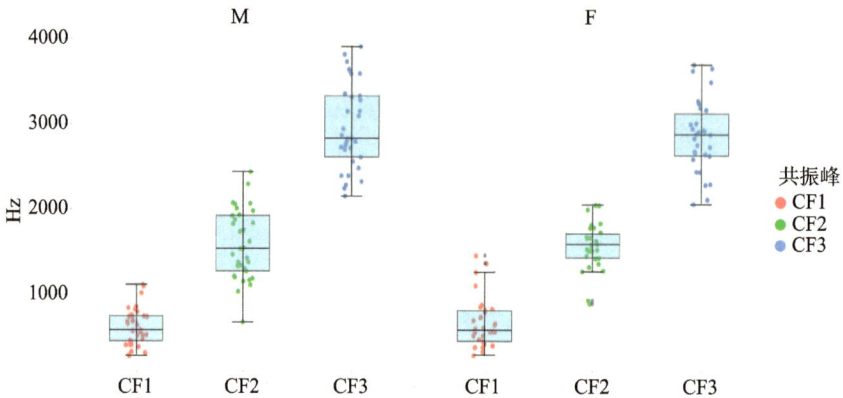

图 3.72　[χ] 辅音共振峰分布模式（M&F）

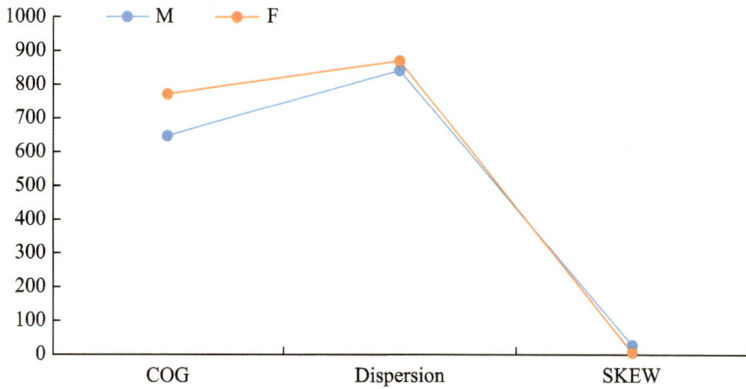

图 3.73　[χ] 辅音谱特征示意

5.4.2　声学语图特点

图 3.74 为男发音人 [sɔksɔ]"总体"一词的三维语图和三层标注实例。[k] 辅音是舌面后—软腭、送气、清塞音。

5.4.3　共振峰分布模式

表 3.46 为男、女发音人 [k] 辅音的声学参数统计表。图 3.75 为男、女发音人 [k] 辅音共振峰分布图。图 3.75 显示了 [k] 辅音的三个共振峰的频率变化范围。M：CF1 = 250～1150Hz，CF2 = 700～2400Hz，CF3 = 1650～4100Hz；F：CF1 = 500～1500Hz，CF2 = 1200～1700Hz，CF3 = 2400～3600Hz。

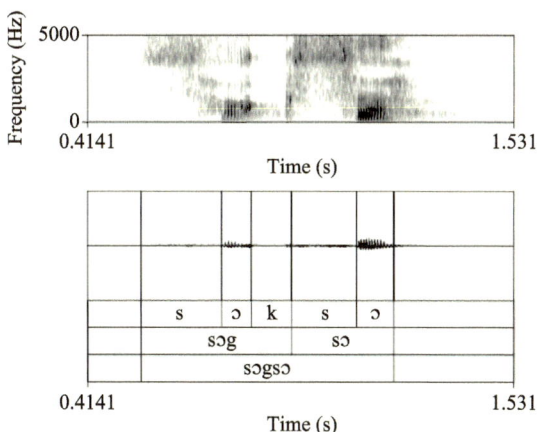

图 3.74 男发音人［sɔksɔ］"总体"一词的三维语图和三层标注实例

表 3.46 ［k］辅音的声学参数统计

	M					F				
	VOT	CA	CF1	CF2	CF3	CD	CA	CF1	CF2	CF3
平均值	17.27	41.49	752	1543	2800	17.86	50.54	871	1370	3030
标准差	0.02	5	246.7	417.3	659.4	0.02	7.2	295.2	266.5	458.6
变异系数	44%	12%	33%	27%	24%	47%	14%	34%	19%	15%

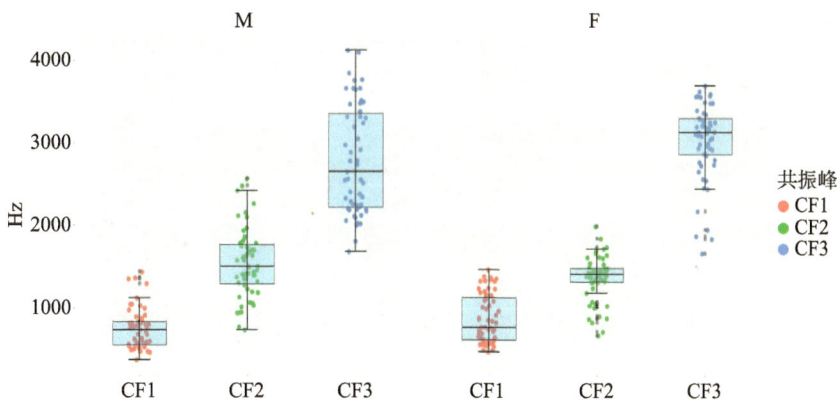

图 3.75 ［k］辅音共振峰分布模式（M&F）

5.4.4 声学参数与其词中所处位置之间的相关性

表 3.47 为女发音人在词中不同位置上出现的［k］辅音参数统计表。图 3.76~3.78 为女发音人［k］辅音在词中不同位置上出现的第一至第三共振

峰频率、音长和音强分布图。因数据不完备等原因，不再继续阐述。

表 3.47　在词中不同位置上出现的 [k] 辅音参数统计（F）

位置 \ 参数		N	GAP	VOT	CD	CA	CF1	CF2	CF3
词首	平均值	42		19.76		54.07	885	1330	3168
	标准差			0		4.7	299.4	284.3	308.5
	变异系数			46%		9%	34%	21%	10%
词中音节首	平均值	1	64	20	83	47	588	1741	2942
	标准差								
	变异系数								
词中音节末	平均值	15	73	12.53	86	41.53	853	1434	2653
	标准差		0.02	0	0.02	4.2	303.6	174.1	618.5
	变异系数		30%	27%	27%	10%	36%	12%	23%
词末	平均值	1	116	16	132	41	856	1712	2991
	标准差								
	变异系数								

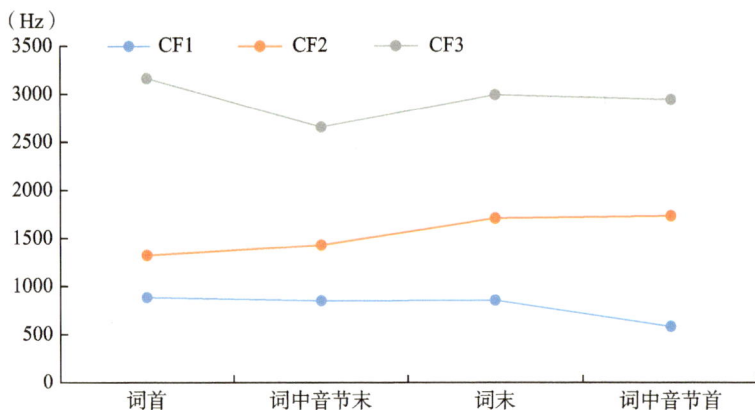

图 3.76　出现在词中不同位置 [k] 辅音的共振峰频率均值比较（F）

（二）擦音

布里亚特语有 /s，ʃ，x，h/ 4 个清擦音音位和 /ʒ，z/ 2 个浊擦音音位。

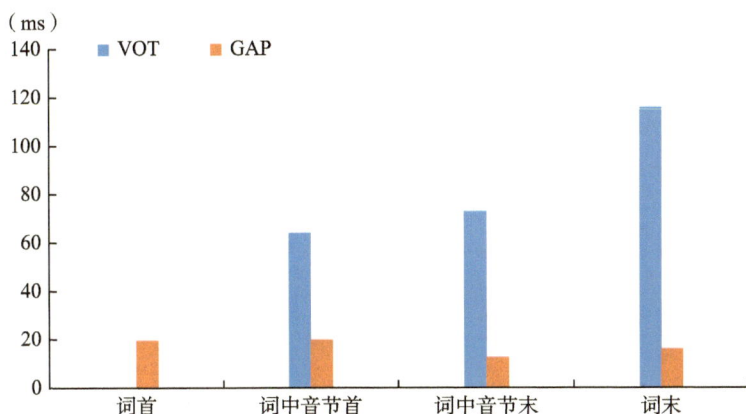

图 3.77　出现在词中不同位置 ［k］辅音的音长均值比较（F）

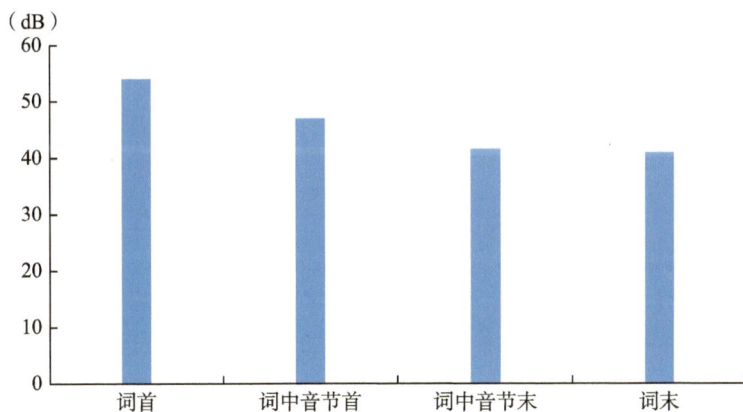

图 3.78　出现在词中不同位置 ［k］辅音的音强均值比较（F）

1. /s/辅音

1.1　词中分布特征

/s/辅音在布里亚特语语音声学参数数据库共出现 210 次（M）或 217 次（F），并且可出现的位置有词首、词中音节首、词中音节末和词末等位置。在所有/s/辅音中，（1）86%左右的/s/辅音是在词首和词中音节首位置上出现的，M：181 次，F：186 次；（2）在词中音节末和词末位置上出现的比例较低（见表 3.48）。

表 3.48　[s] 辅音出现频率统计

		M		F	
		出现频率	百分比（%）	出现频率	百分比（%）
所有		210	100	217	100
单辅音	词首	56	27	58	27
	词中音节首	125	59	128	59
	词中音节末	17	8	16	7
	词末	12	6	15	7

1.2　声学语图特点

图 3.79 为男发音人［sum］"一共"一词的三维语图和三层标注实例。［s］辅音是舌叶齿龈后区清擦音。

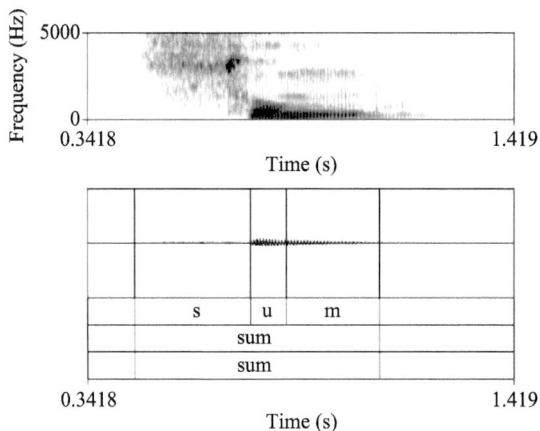

图 3.79　男发音人［sum］"一共"一词的三维语图和三层标注实例

1.3　共振峰分布模式

表 3.49~3.50 为男、女发音人［s］辅音的声学参数统计表，图 3.80 为男、女发音人［s］辅音共振峰分布模式图，图 3.81 为男、女发音人［s］辅音谱特征示意图。图 3.80 显示了［s］辅音第一至第三共振峰的频率浮动范围。M：CF1 = 250~2050Hz，CF2 = 1500~3100Hz，CF3 = 2700~4500Hz；F：CF1 = 300~2100Hz，CF2 = 1500~3100Hz，CF3 = 2750~4500Hz。男、女发音人［s］辅音的 CF2 较集中，离散度小。图 3.81 显示，男、女发音人［s］辅音偏离度（SKEW）和离散度（Dispersion）两个谱参数相近。

表 3.49　［s］辅音的声学参数统计（M）

	CD	CA	CF1	CF2	CF3	COG	Dispersion	SKEW
平均值	170	46.65	1049	2286	3600	6393	2285.29	−1
标准差	0.06	5.5	424.3	400.4	364.5	1074.71	542.5	0.8
变异系数	35%	12%	40%	18%	10%	17%	24%	−102%

表 3.50　［s］辅音的声学参数统计（F）

	CD	CA	CF1	CF2	CF3	COG	Dispersion	SKEW
平均值	163	52.06	941	2224	3475	7050	2071.88	−1
标准差	0.05	4.6	520.3	438.8	372.1	888.94	682.5	0.6
变异系数	33%	9%	55%	20%	11%	13%	33%	−66%

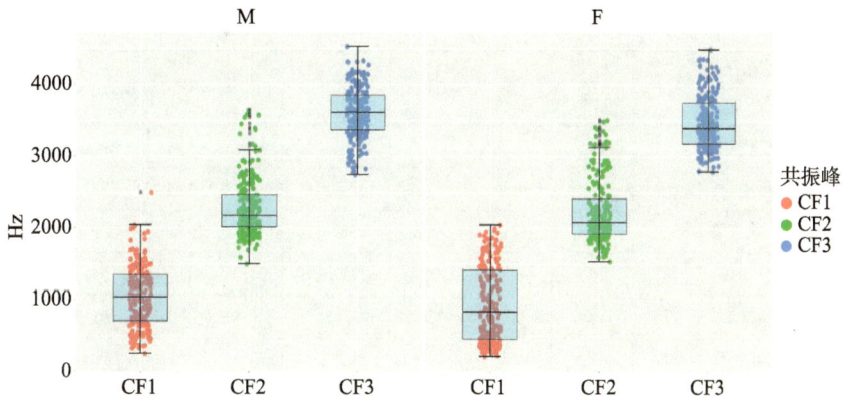

图 3.80　［s］辅音共振峰分布模式（M&F）

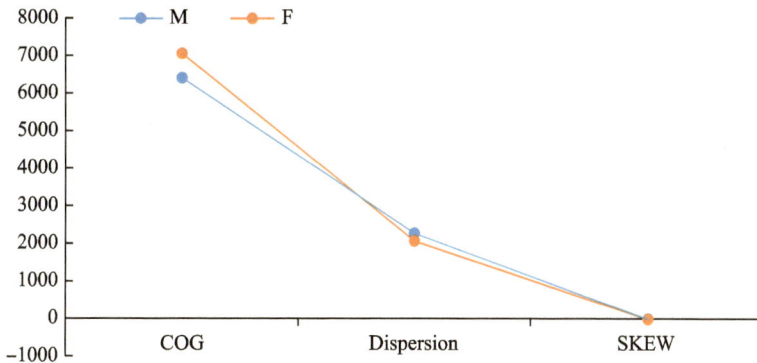

图 3.81　［s］辅音谱特征示意

1.4 辅音声学参数与其所处语境之间的相关性问题

下面我们重点讨论辅音声学参数与其所处语境之间的相关性问题，主要涉及声学参数与其词中所处位置之间的相关性和声学参数与其后置元音音质之间的相关性。

1.4.1 声学参数与其词中所处位置之间的相关性

表 3.51~3.52 为在词中不同位置上出现的［s］辅音声学参数统计表，图 3.82~3.85 为在词中不同位置上出现的［s］辅音的第一至第三共振峰频率、音长、音强和谱特征参数比较图。从表和图中可以看出，［s］辅音声学参数与其词中所处位置之间具有一定的相关性，在词末音节出现的［s］辅音的音长比其在其他位置上出现的音长相对长。

表 3.51　在词中不同位置上出现的［s］辅音声学参数统计（M）

位置	参数	N	CD	CA	CF1	CF2	CF3	COG	Dispersion	SKEW
词首	平均值	56	195	40.80	1175	2259	3586	6536	2033	−1
	标准差		0.05	4.8	253.3	334	320.8	1225	537.6	1
	变异系数		23%	12%	22%	15%	9%	19%	26%	−118%
词中音节首	平均值	125	145	48.62	1010	2296	3591	6337	2351.12	−1
	标准差		0.03	4.2	473.6	445.2	388	1039.91	505.4	0.7
	变异系数		19%	9%	47%	19%	11%	16%	21%	−99%
词中音节末	平均值	17	139	49.18	906	2353	3680	6372	2628	−1
	标准差		0.03	3.3	488.3	345	363.8	1019	579.7	0.5
	变异系数		19%	7%	54%	15%	10%	16%	22%	−61%
词末	平均值	12	347	49.75	1074	2200	3653	6343	2289.42	−1
	标准差		0.04	2.8	307.5	246.5	324.2	772	474.2	0.5
	变异系数		12%	6%	29%	11%	9%	12%	21%	−78%

表 3.52　在词中不同位置上出现的［s］辅音声学参数统计（F）

位置	参数	N	CD	CA	CF1	CF2	CF3	COG	Dispersion	SKEW
词首	平均值	58	193	48.57	1274	2204	3468	7553	1549	−1
	标准差		0.04	5.4	308.8	347.6	321.3	549.6	426.3	0.5
	变异系数		22%	11%	24%	16%	9%	7%	28%	−77%

续表

位置 \ 参数		N	CD	CA	CF1	CF2	CF3	COG	Dispersion	SKEW
词中音节首	平均值	128	145	48.62	1010	2296	3591	6337	2351.12	−1
	标准差		0.03	4.2	473.6	445.2	388	1039.91	505.4	0.7
	变异系数		19%	9%	47%	19%	11%	16%	21%	−99%
词中音节末	平均值	16	139	49.18	906	2353	3680	6372	2628.47	−1
	标准差		0.03	3.3	488.3	345	363.8	1019.46	579.7	0.5
	变异系数		19%	7%	54%	15%	10%	16%	22%	−61%
词末	平均值	15	347	49.75	1074	2200	3653	6343	2289.42	−1
	标准差		0.04	2.8	307.5	246.5	324.2	772	474.2	0.5
	变异系数		12%	6%	29%	11%	9%	12%	21%	−78%

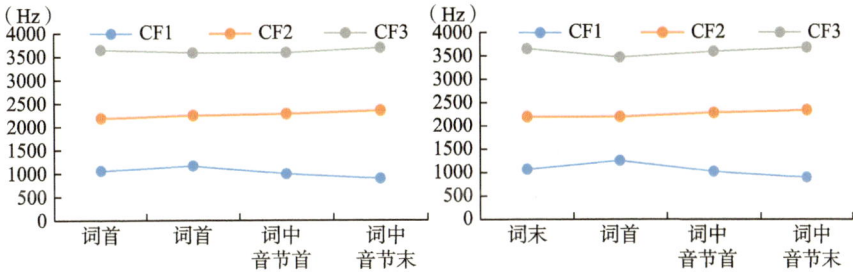

图 3.82 在词中不同位置上出现的 [s] 辅音的共振峰频率均值比较 （M&F）

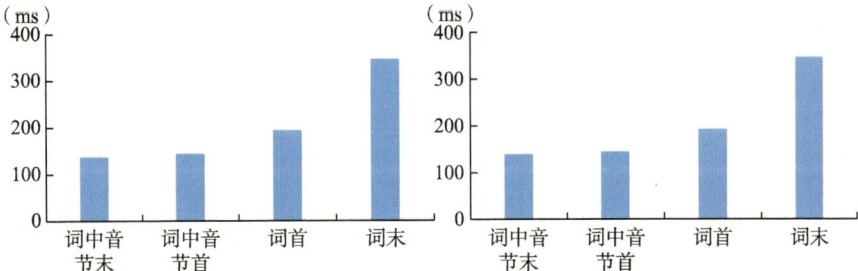

图 3.83 在词中不同位置上出现的 [s] 辅音的音长均值比较 （M&F）

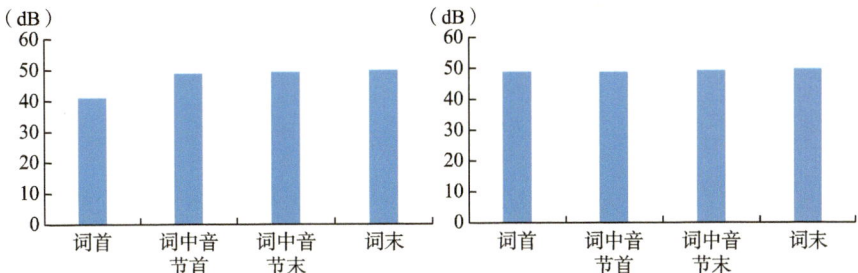

图 3.84 在词中不同位置上出现的 [s] 辅音的音强均值比较 （M&F）

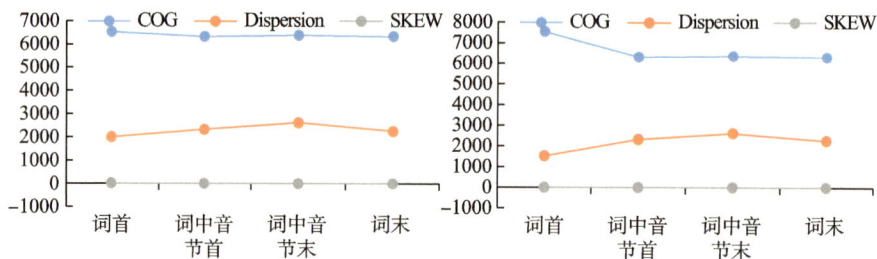

图 3.85 在词中不同位置上出现的 [s] 辅音的谱特征参数均值比较

1.4.2 声学参数与其后置元音音质之间的相关性

表 3.53 为在词首不同元音之前出现的 [s] 辅音声学参数统计表。图 3.86 ~ 3.88 为在词首不同元音之前出现的 [s] 辅音的第一至第三共振峰频率均值、音长和音强比较图。这些图表显示，[s] 辅音声学参数与其后置元音音质之间具有一定的相关性，在元音 [ɐ] 之前出现的 [s] 辅音的音长比其在其他元音之前出现的音长相对长。

表 3.53 在词首不同元音之前出现的 [s] 辅音声学参数统计（M&F）

S	CD	CA	CF1	CF2	CF3	CD	CA	CF1	CF2	CF3
sɐ	159	40.62	1169	2271	3793	169	44.88	1348	2185	3473
su	180	36.2	1255	2179	3103	223	46	1250	2243	3524
sɔ	219	39.75	1110	2152	3529	212	48.33	1239	2159	3501
sə	210	40.38	1188	2330	3508	178	47.89	1295	2175	3379

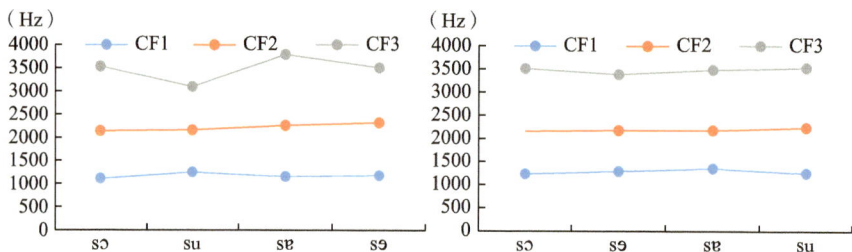

图 3.86 在词首不同元音之前出现的 [s] 辅音的三个共振峰频率均值比较（M&F）

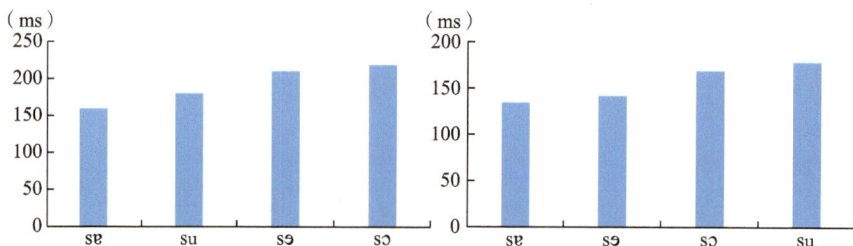

图 3.87 在词首不同元音之前出现的 [s] 辅音的音长比较（M&F）

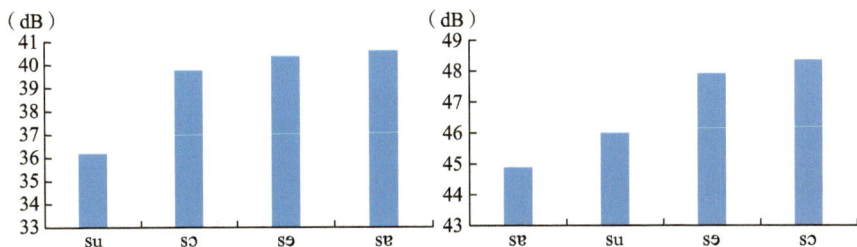

图 3.88　在词首不同元音之前出现的［s］辅音的音强比较（M&F）

2.［z］辅音

2.1　词中分布特征

［z］辅音在布里亚特语语音声学参数数据库中共出现 184 次（M）或 187 次（F）。其中，在词首音节位置出现 123 次（M），120（F）；在词中音节首位置上出现 61 次（M），66 次（F）；在其他位置上出现 1 次（F）。

2.2　声学语图特点

图 3.89 为男发音人［zɔːs］"钱"一词的三维语图和三层标注实例。布里亚特语［z］辅音是舌尖—龈浊擦音。

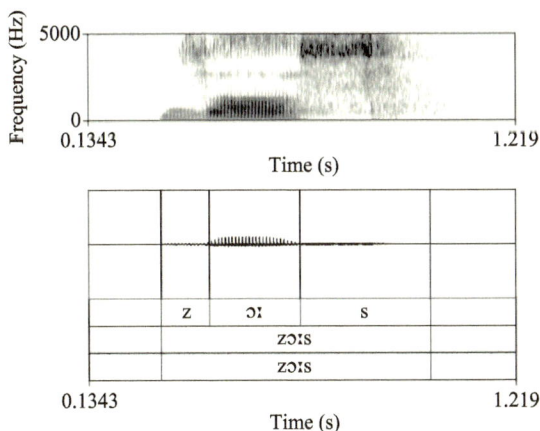

图 3.89　男发音人［zɔːs］"钱"一词的三维语图和三层标注实例

2.3　共振峰分布模式

表 3.54~3.55 为男、女发音人［z］辅音声学参数统计表。图 3.90 为［z］辅音共振峰分布模式图。该图显示，［z］辅音三个共振峰的频率变化范围为 M：VF1 = 200～1800Hz，VF2 = 500～3300Hz，VF3 = 2200～4300Hz，F：VF1 = 200～550Hz，VF2 = 800～2700Hz，VF3 = 2500～4300Hz；男发音人谱重心（COG）和离散度（Dispersion）比女发音人的相对大。男、女发音

人［z］辅音的 CF1 较集中。

表 3.54 ［z］辅音声学参数统计（M）

	CD	CA	VF1	VF2	VF3	COG	Dispersion	SKEW
平均值	131	51.7	390	1864	3368	971	1487.2	9
标准差	0.05	4.1	337.1	593.8	438.1	1252.69	1133.6	10.6
变异系数	36%	8%	86%	32%	13%	129%	76%	112%

表 3.55 ［z］辅音声学参数统计（F）

	CD	CA	VF1	VF2	VF3	COG	Dispersion	SKEW
平均值	146	54.13	486	1861	3377	3371	2826.92	1
标准差	0.05	4	395	484.3	395.2	2344.66	907.7	2.4
变异系数	32%	7%	81%	26%	12%	70%	32%	217%

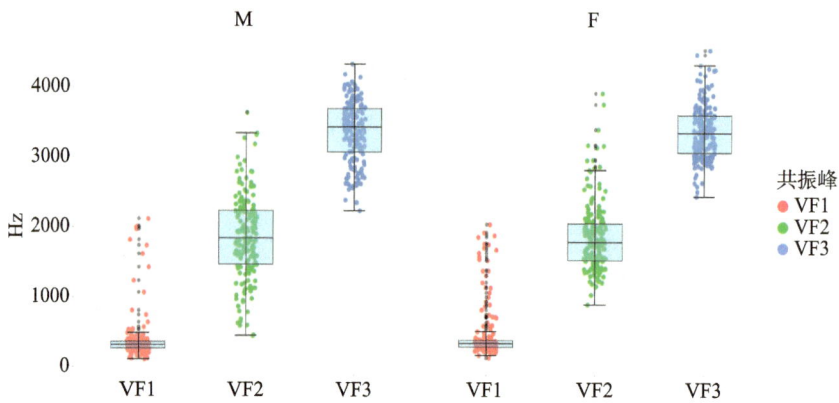

图 3.90 ［z］辅音共振峰分布模式（M）

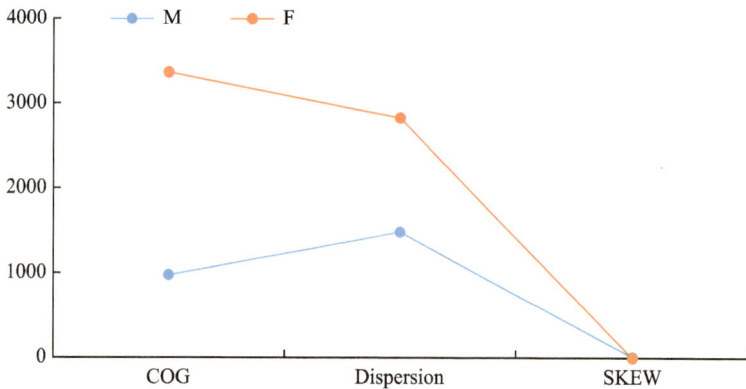

图 3.91 ［z］辅音谱特征示意

2.4　辅音声学参数与其所处语境之间的相关性问题

下面我们重点讨论辅音声学参数与其所处语境之间的相关性问题，主要涉及声学参数与其词中所处位置之间的相关性和声学参数与其后置元音音质之间的相关性。

2.4.1　声学参数与其词中所处位置之间的相关性

表 3.56~3.57 为在词中不同位置上出现的［z］辅音参数统计表。图 3.92~3.95 为在词中不同位置上出现的［z］辅音的共振峰频率均值、音长、音强和谱特征参数比较图。上述表和图显示，［z］辅音的声学参数与其词中所处位置之间具有一定的相关性，［z］辅音在词首音节出现的音长比其在词中音节首出现的音长相对长。

表 3.56　在词中不同位置上出现的［z］辅音参数统计（M）

位置	参数	N	CD	CA	VF1	VF2	VF3	COG	Dispersion	SKEW
词首	平均值	123	148	51.25	359	1780	3349	597	1092.8	12
	标准差		0.05	4.2	303.2	629.5	437.5	829.3	954.8	11.1
	变异系数		31%	8%	85%	35%	13%	139%	87%	91%
词中音节首	平均值	61	95	52.61	454	2034	3406	1724	2282.3	4
	标准差		0.02	3.7	391.7	475.4	440.5	1589	1050.8	6.4
	变异系数		21%	7%	86%	23%	13%	92%	46%	168%

表 3.57　在词中不同位置上出现的［z］辅音参数统计（F）

位置	参数	N	CD	CA	VF1	VF2	VF3	COG	Dispersion	SKEW
词首	平均值	120	166	54.48	480	1793	3393	2654	2710	2
	标准差		0.04	4.1	427.5	533.9	426	2131	977.1	2.6
	变异系数		26%	8%	89%	30%	13%	80%	36%	143%
词中音节首	平均值	66	112	53.62	494	1992	3357	4617	3043	0
	标准差		0.03	3.7	332.9	346.4	330.5	2162	732	1.4
	变异系数		24%	7%	67%	17%	10%	47%	24%	-1475%
词中音节末	平均值	1	108	46	725	1382	2830	7105	2564	-2
	标准差									
	变异系数									

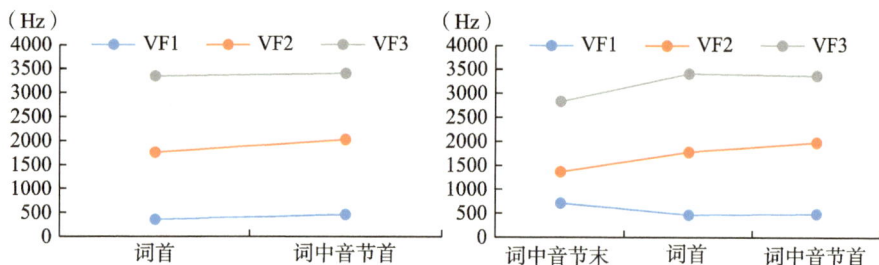

图 3.92　在词中不同位置上出现的 [z] 辅音的共振峰频率均值比较 （M&F）

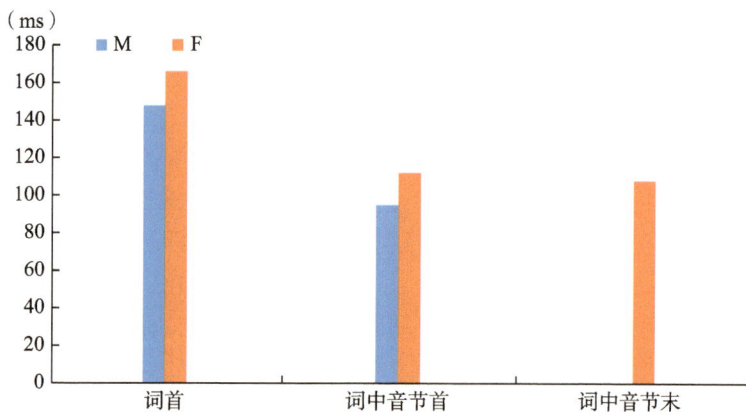

图 3.93　在词中不同位置上出现的 [z] 辅音的音长均值比较 （M&F）

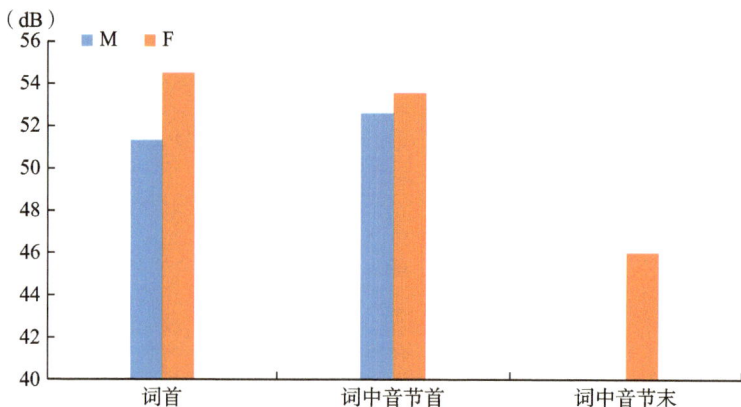

图 3.94　在词中不同位置上出现的 [z] 辅音的音强均值比较 （M&F）

　　表 3.58 为用 sig（显著性）系数检验的 [z] 辅音的音长与其所出现的词中不同位置之间的相关性检验结果。表 3.58 显示，在词首音节和词中音节首位置上出现的 [z] 辅音的音长之间存在显著性差异。[z] 辅音在词首音节出现的音长明显比其在词中音节首出现的音长长。

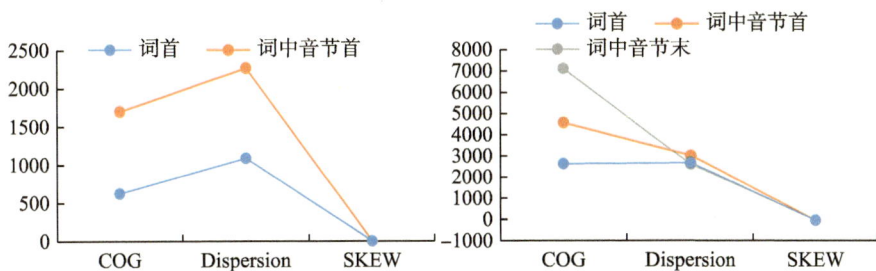

图 3.95　在词中不同位置上出现的 [z] 辅音谱特征参数均值比较

表 3.58　检验结果

	M				F			
	CD	VF1	VF2	VF3	CD	VF1	VF2	VF3
词首音节—词中音节首	.000	.054	.028	.514	.000	.623	.599	.851

2.4.2　声学参数与其后置元音音质之间的相关性

表 3.59 为在词首不同元音之前出现的 [z] 辅音声学参数统计表。图 3.96~3.98 为两位发音人不同元音之前 [z] 辅音的共振峰第一至第三共振峰频率、音长和音强均值比较图。可以看出，[z] 辅音的声学参数与其后置元音音质之间没有相关性。

表 3.59　在词首不同元音之前出现的 [z] 辅音声学参数统计（M&F）

S	CD	CA	VF1	VF2	VF3	CD	CA	VF1	VF2	VF3
zɐ	143	50.47	307	1790	3360	151	53.87	504	1782	3223
eɘ						171	58	308	1800	3258
zi	148	49	230	1920	3958					
ʐu	173	53.33	211	1565	3128	163	55.2	289	1614	3613
zɔ	135	49.88	372	1663	3342	144	53.42	532	1846	3392
zʊ	113	47	748	2028	3539	170	54.83	540	1871	3482

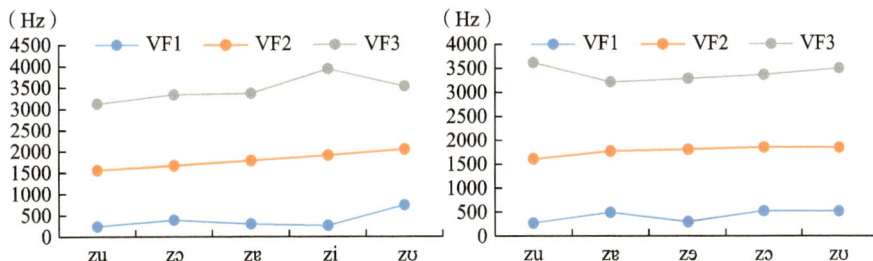

图 3.96　在词首不同元音之前出现的 [z] 辅音的三个共振峰频率均值比较（M&F）

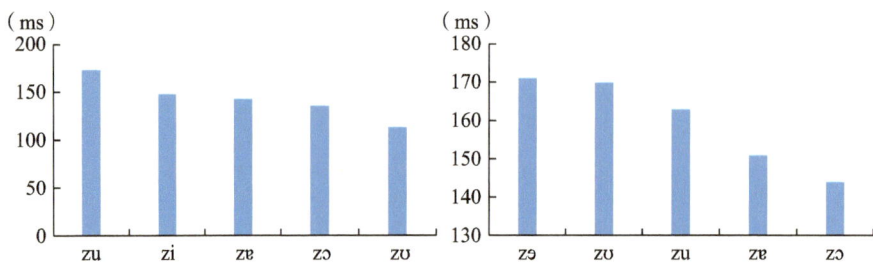

图 3.97 在词首不同元音之前出现的 [z] 辅音的音长均值比较 （M&F）

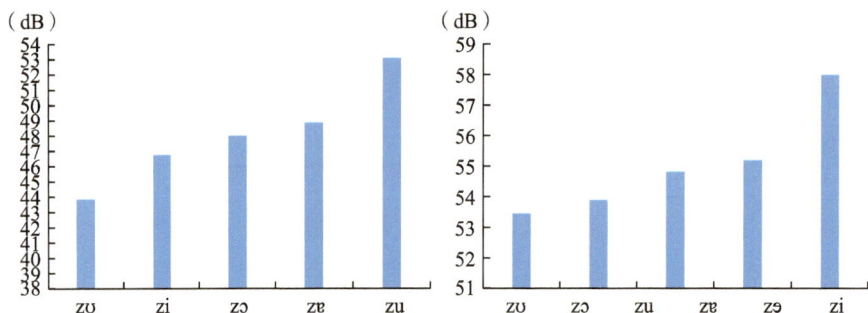

图 3.98 在词首不同元音之前出现的 [z] 辅音的音强均值比较 （M&F）

3. /ʃ/辅音

3.1 词中分布特征

/ʃ/辅音在布里亚特语语音声学参数数据库中共出现 184 次（M）或 187 次（F）。主要在词首和词中音节首位置上出现。其中，（1）64%~65%的/ʃ/辅音都出现在词中音节首位置上，其中男发音人 213 次，女发音人 216 次；（2）33%~34%的/ʃ/辅音出现在词首位置上，其中男发音人 108 次，女发音人 114 次；（3）在词中音节末位置上出现的较少。请见表 3.60。显然，该辅音主要在词首和词中音节首位置上出现。

表 3.60 /ʃ/辅音的出现频率统计

		M		F	
		出现频率	百分比（%）	出现频率	百分比（%）
所有		329	100	338	100
单辅音	词首	108	33	114	34
	词中音节首	213	65	216	64
	词中音节末	8	2	8	2

3.2　声学语图特点

图 3.99 为男发音人［ʃil］"玻璃"一词的三维语图和三层标注实例。布里亚特语［ʃ］辅音是舌面前、前硬腭区清擦音。

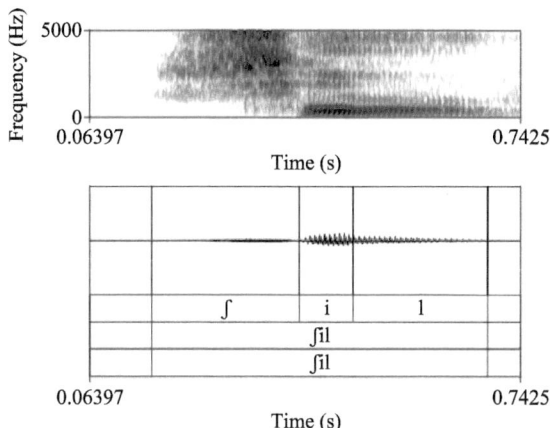

图 3.99　男发音人［ʃil］"玻璃"一词的三维语图和三层标注实例

3.3　共振峰分布模式

表 3.61~3.62 为男、女发音人［ʃ］辅音声学参数统计表。图 3.100 为男、女发音人［ʃ］辅音共振峰分布图，即男、女发音人共振峰频率浮动围绕为，M：CF1 = 1300 ~ 2000Hz，CF2 = 1700 ~ 3100Hz，CF3 = 2600 ~ 4100Hz；F：CF1 = 500 ~ 2100Hz，CF2 = 1600 ~ 3200Hz，CF3 = 2600 ~ 4100Hz。图 3.101 为［ʃ］辅音谱特征示意图。男、女发音人的［ʃ］辅音谱重心（COG）和离散度（Dispersion）参数相等；男、女发音人 CF1 数据范围最集中，CF2 数据范围最离散。

表 3.61　［ʃ］辅音声学参数统计（M）

	CD	CA	CF1	CF2	CF3	COG	Dispersion	SKEW
平均值	169	49.74	1379	2533	3241	3953	1467.56	0.089
标准差	0.04	4	332.7	316.2	313.1	630.26	318.8	1
变异系数	26%	8%	24%	12%	10%	16%	22%	366%

表 3.62　［ʃ］辅音声学参数统计（F）

	CD	CA	CF1	CF2	CF3	COG	Dispersion	SKEW
平均值	162	54.92	1569	2432	3520	4404	1678.9	0.19

	CD	CA	CF1	CF2	CF3	COG	Dispersion	SKEW
标准差	0.04	5.1	341.7	488.3	360.6	818.48	275.8	1.3
变异系数	25%	9%	22%	20%	10%	19%	16%	678%

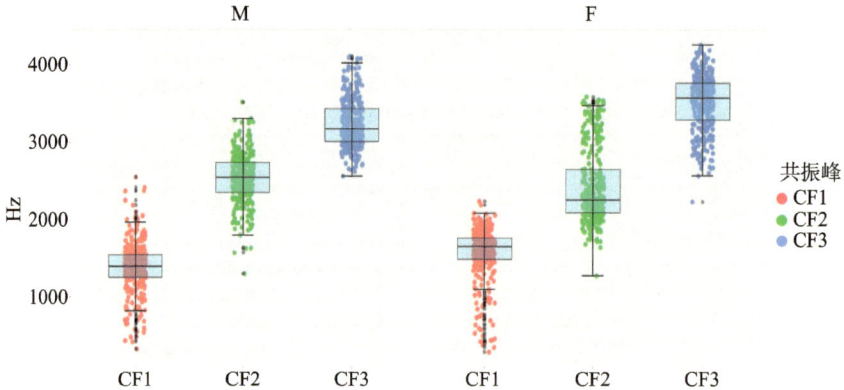

图 3.100 [ʃ] 辅音共振峰分布模式（M&F）

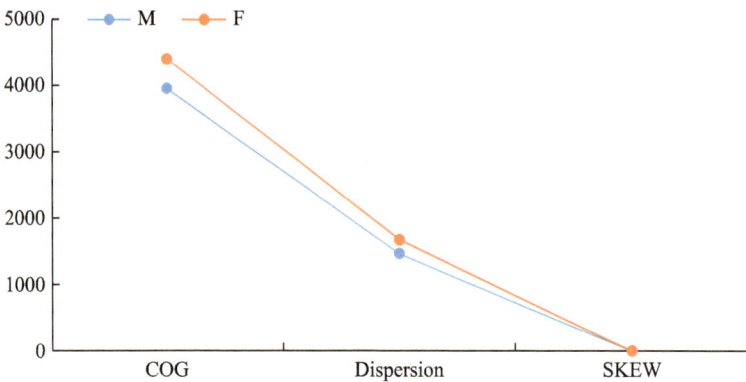

图 3.101 [ʃ] 辅音谱特征示意

3.4 辅音声学参数与其所处语境之间的相关性问题

下面我们重点讨论辅音声学参数与其所处语境之间的相关性问题，主要涉及声学参数与其词中所处位置之间的相关性和声学参数与其后置元音音质之间的相关性。

3.4.1 声学参数与其词中所处位置之间的相关性

表 3.63~3.64 为在词中不同位置上出现的 [ʃ] 辅音声学参数统计表。图 3.102~3.105 为在词中不同位置上出现的 [ʃ] 辅音的共振峰频率、音

长、音强和谱特征参数均值比较图。图表显示，[ʃ] 辅音声学参数与其词中所处位置之间具有一定的相关性。如，在词首音节出现的 [ʃ] 辅音的音长比其在其他位置上出现的音长相对长；而在词首音节出现的 [ʃ] 辅音的音强比其在其他位置上出现的音强相对弱。

表 3.63　在词中不同位置上出现的 [ʃ] 辅音声学参数统计（M）

位置	参数	N	CD	CA	CF1	CF2	CF3	COG	Dispersion	SKEW
词首	平均值	108	198	46.92	1459	2526	3091	3651	1216.99	0.69
	标准差		0.05	4.2	167.9	210.7	199.9	512.64	279.8	1.4
	变异系数		23%	9%	12%	8%	6%	14%	23%	201%
词中音节首	平均值	213	155	51	1343	2532	3312	4107	1588.26	0.08
	标准差		0.04	3	375.6	355.8	328.8	637.38	260.6	0.7
	变异系数		23%	6%	28%	14%	10%	16%	16%	883%
词中音节末	平均值	10	157	53.20	1292	2640	3362	3944	1602.80	0.13
	标准差		0.03	4.3	534.3	379	411	459.05	279.9	0.9
	变异系数		20%	8%	41%	14%	12%	12%	17%	663%

表 3.64　在词中不同位置上出现的 (F) 辅音声学参数统计

位置	参数	N	CD	CA	CF1	CF2	CF3	COG	Dispersion	SKEW
词首	平均值	114	197	50.27	1657	2171	3239	3968	1657.43	0.41
	标准差		0.04	4.5	162.9	206.4	339.3	732.51	236.4	0.8
	变异系数		20%	9%	10%	10%	10%	18%	14%	182%
词中音节首	平均值	216	144	57.27	1513	2554	3661	4643	1681.07	0.07
	标准差		0.03	3.6	398.4	535.8	275.7	757.01	291.1	1.5
	变异系数		20%	6%	26%	21%	8%	16%	17%	2013%
词中音节末	平均值	8	144	57.12	1723	2732	3677	4065	1901.50	0.10
	标准差		0.03	4.3	168.8	442.6	346.4	998.77	314.3	0.7
	变异系数		18%	8%	10%	16%	9%	25%	17%	720%

表 3.65 为用 sig（显著性）系数检验的 [ʃ] 辅音的音长和谱特征参数与其所出现的词中不同位置之间的相关性检验结果。表 3.65 显示，在词首音节和词中音节首位置出现的 [ʃ] 辅音的音长和谱特征参数之间存在显著性差异。如，在词首音节出现的 [ʃ] 辅音的音长明显比其在词中音节首位

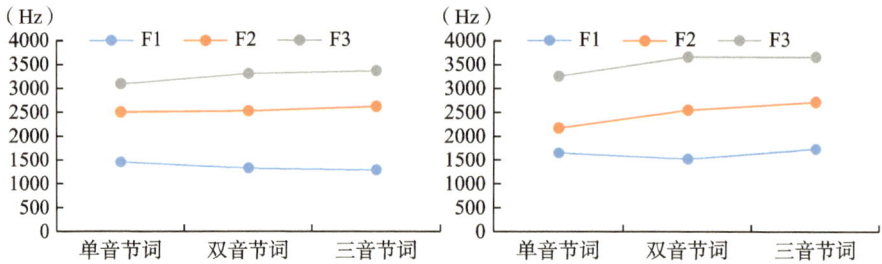

图 3.102　在词中不同位置上出现的［ʃ］辅音的共振峰频率均值比较（M&F）

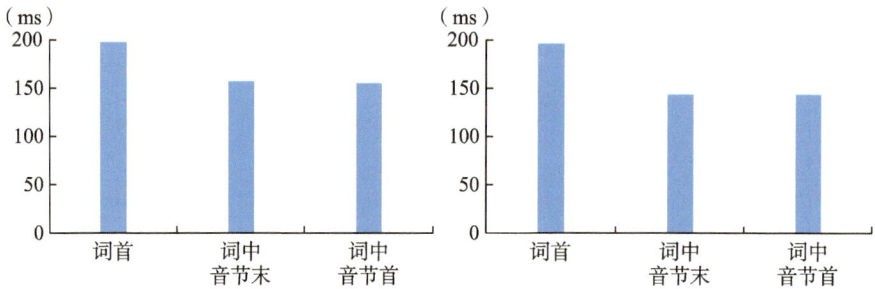

图 3.103　在词中不同位置上出现的［ʃ］辅音的音长均值比较（M&F）

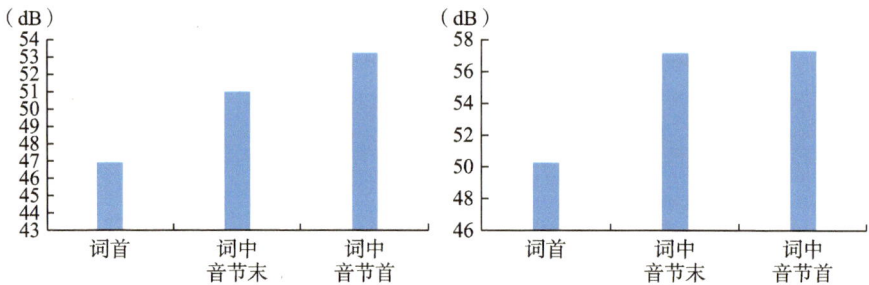

图 3.104　在词中不同位置上出现的［ʃ］辅音的音强均值比较（M&F）

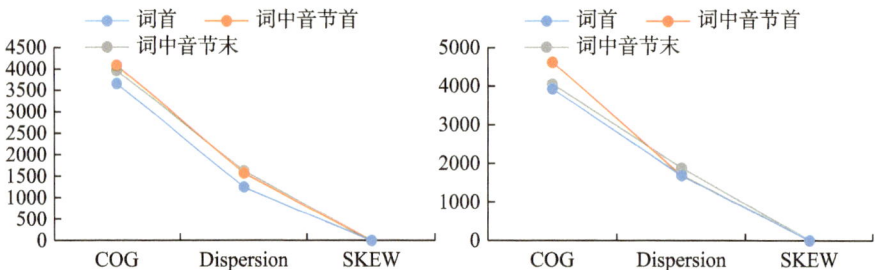

图 3.105　在词中不同位置上出现的［ʃ］辅音的谱特征参数均值比较（M&F）

置上出现的音长；在词首音节出现的［ʃ］辅音的普中心（COG）参数明显
比其在词中音节首位置上出现的 COG 参数低，而偏离度（SKEW）高。

表 3.65　检验结果

	M				F			
	CD	COG	STD	SKEW	CD	COG	STD	SKEW
词首音节—词中音节首	.000	.000	.000	.001	.000	.000	.589	.000

3.4.2　声学参数与其后置元音音质之间的相关性

表 3.66 为在词首不同元音之前出现的［ʃ］辅音声学参数统计表。图
3.106~3.108 为两位发音人在词首不同元音之前出现的［ʃ］辅音的第一至
第三共振峰频率、音长和音强均值比较图。可以看出，［ʃ］辅音的声学参
数与其后置元音音质之间没有相关性。

表 3.66　在词首不同元音之前出现的［ʃ］辅音声学参数统计（M&F）

S	CD	CA	CF1	CF2	CF3	CD	CA	CF1	CF2	CF3
ʃɐ	194	49.05	1468	2619	3036	200	51.52	1788	2249	3273
ʃi	227	48.40	1553	2479	3032	181	55	1719	2281	3472
ʃu	206	46.17	1321	2316	3162	207	47.67	1511	2036	3322
ʃɔ	189	49.75	1403	2708	3111	224	46	1606	2083	2941
ʃə	285	43.75	1554	2486	3110	211	52.58	1684	2116	3292
ʃʊ	183	42.18	1446	2423	3157	179	45.42	1488	2132	3256

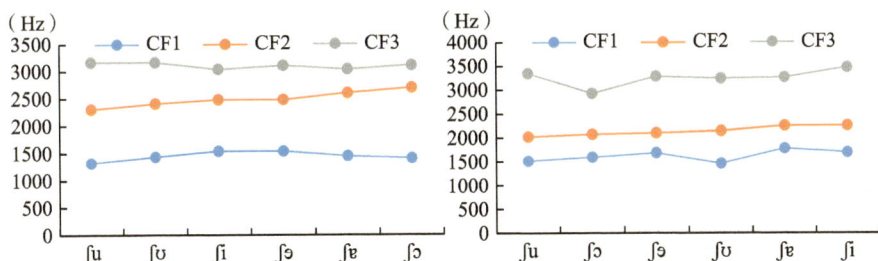

图 3.106　在词首不同元音之前出现的［ʃ］辅音的三个共振峰频率均值比较（M&F）

4. /x/辅音

4.1　词中分布特点

布里亚特语［x］辅音在词中的出现频率较高，共出现了 636（M）和

（ms）

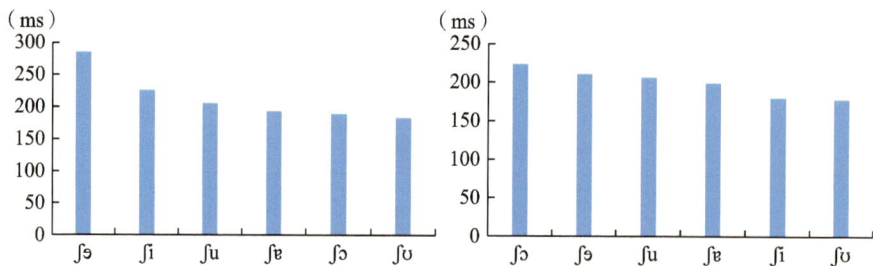

图 3.107 在词首不同元音之前出现的 [ʃ] 辅音的音长均值比较 （M&F）

（dB）

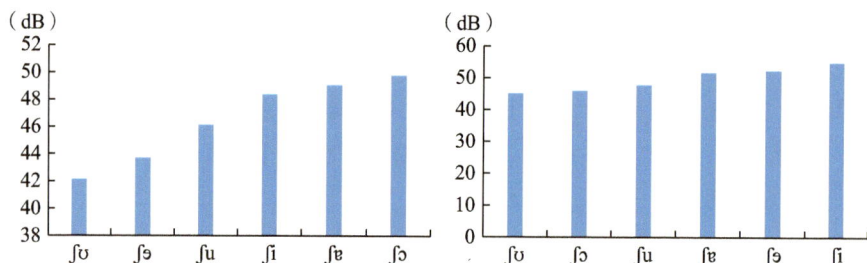

图 3.108 在词首不同元音之前出现的 [ʃ] 辅音的音强均值比较 （M&F）

667 次（F），可出现的位置有词首、词中音节首、词中音节末等。

表 3.67 [x] 辅音出现频率统计

		M	F
		出现频率	出现频率
所有		636	667
单辅音	词首	310	323
	词中音节首	324	344
	词中音节末	2	

4.2 声学语图特点

图 3.109 为男发音人 [xɐs] "玉" 一词的三维语图和三层标注实例。布里亚特语 [x] 辅音是舌面后—硬腭区清擦音。

4.3 共振峰分布模式

表 3.68~3.69 为男、女发音人 [x] 辅音的声学参数统计表。图 3.110 为男、女发音人 [x] 辅音共振峰分布图，图 3.111 为 [x] 辅音谱特征示意图。图 3.110 显示了 [x] 辅音的三个共振峰的频率浮动范围。M：CF1 = 250~1600Hz，CF2 = 700~3100Hz，CF3 = 1700~4100Hz；F：CF1 = 250~

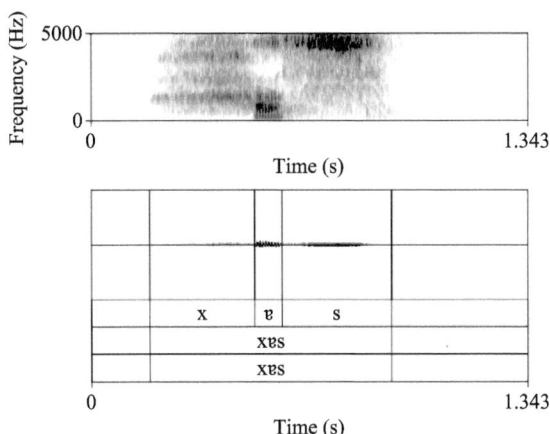

图 3.109　男发音人［xɐs］"玉"一词的三维语图和三层标注实例（M）

2000Hz，CF2 = 1000 ~ 2400Hz，CF3 = 2100 ~ 4100Hz。显然，男、女发音人
［x］辅音的 CF1 频率较集中。男、女发音人［x］辅音的谱特征参数除谱重
心（COG）外，离散度（Dispersion）和倾斜度（SKEW）等的相对接近。

表 3.68　［x］辅音的声学参数统计（M）

	CD	CA	CF1	CF2	CF3	COG	Dispersion	SKEW
平均值	163	40.48	922	1800	3141	1393	1297.22	4
标准差	0.05	7.8	263.6	540.4	440.2	654.68	484.4	3.7
变异系数	30%	19%	29%	30%	14%	47%	37%	91%

表 3.69　［x］辅音的声学参数统计（F）

	CD	CA	CF1	CF2	CF3	COG	Dispersion	SKEW
平均值	153	44.39	1031	1729	3185	1807	1307.24	3
标准差	0.05	6.7	381	439	465.3	882.11	464.9	2.7
变异系数	32%	15%	37%	25%	15%	49%	36%	88%

4.4　辅音声学参数与其所处语境之间的相关性问题

下面我们重点讨论辅音声学参数与其所处语境之间的相关性问题，主
要涉及声学参数与其词中所处位置之间的相关性和声学参数与其后置元音
音质之间的相关性。

4.4.1　声学参数与其词中所处位置之间的相关性

表 3.70 ~ 3.71 为在词中不同位置上出现的［x］辅音声学参数统计表。

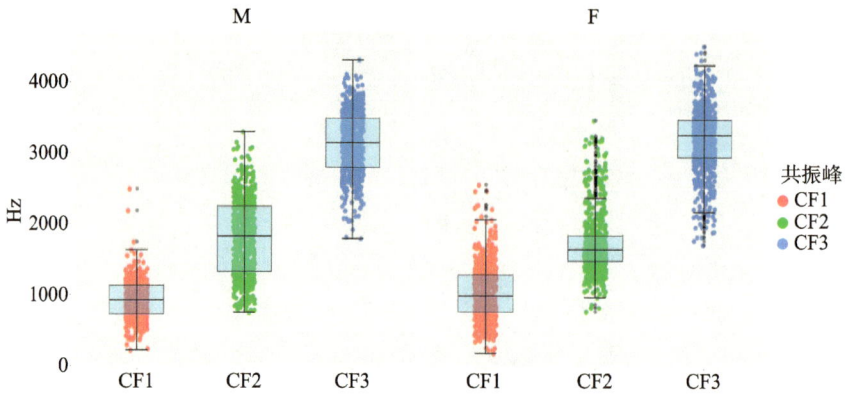

图 3.110 ［x］**辅音共振峰分布模式**（M&F）

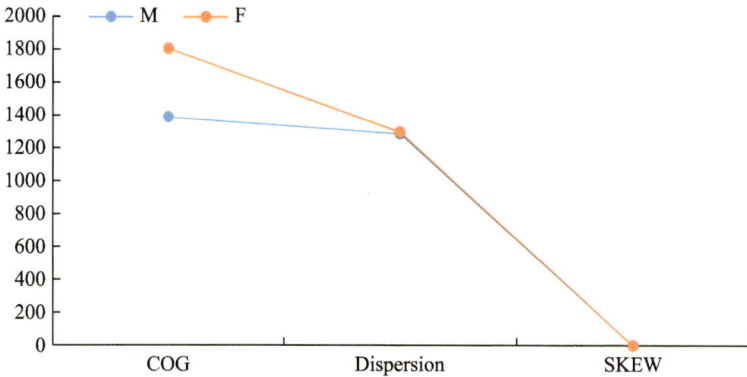

图 3.111 ［x］**辅音谱特征示意**

图 3.112～3.115 为词中不同位置上［ʃ］辅音的第一至第三共振峰频率、音长、音强和谱特征参数均值比较图。

表 3.70 **在词中不同位置上出现的**［x］**辅音声学参数统计**（M）

位置 \ 参数		N	CD	CA	CF1	CF2	CF3	COG	Dispersion	SKEW
词首	平均值	310	194	34.44	892	1631	3050	1378	1249.84	5
	标准差		0.05	5.4	247.2	526.4	395	662.78	508.4	4.3
	变异系数		24%	16%	28%	32%	13%	48%	41%	84%
词中音节首	平均值	324	133	46.25	950	1959	3225	1409	1341.70	3
	标准差		0.03	4.6	275.6	505.2	463.7	647.08	455.6	2.5
	变异系数		20%	10%	29%	26%	14%	46%	34%	85%

续表

参数 位置		N	CD	CA	CF1	CF2	CF3	COG	Dispersion	SKEW
词中 音节末	平均值	2	110	41.50	846	2232	3460	1170	1434.50	4
	标准差		0.03	2.1	386.8	4.9	577	963.79	835.1	3.7
	变异系数		27%	5%	46%	0%	17%	82%	58%	96%

表 3.71　在词中不同位置上出现的［x］辅音声学参数统计（F）

参数 位置		N	CD	CA	CF1	CF2	CF3	COG	Dispersion	SKEW
词首	平均值	323	184	39.84	1009	1604	3068	1702	1191.27	4
	标准差		0.05	6.3	293	312.5	447.3	795.79	435.1	3.2
	变异系数		26%	16%	29%	19%	15%	47%	37%	84%
词中 音节首	平均值	344	124	48.66	1052	1847	3295	1906	1416.14	2
	标准差		0.03	3.4	447.7	504	455.5	946.62	466.2	1.8
	变异系数		20%	7%	43%	27%	14%	50%	33%	77%

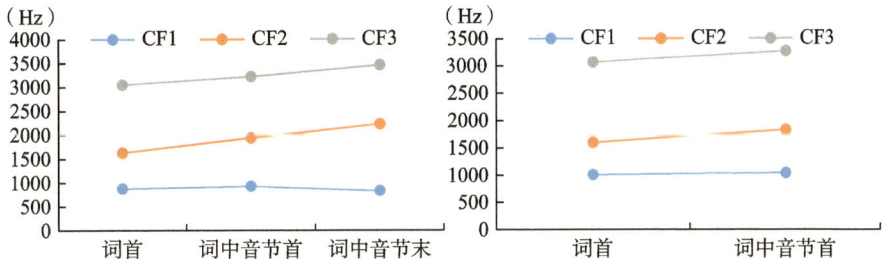

图 3.112　在词中不同位置上出现的［x］辅音的共振峰频率均值比较（M&F）

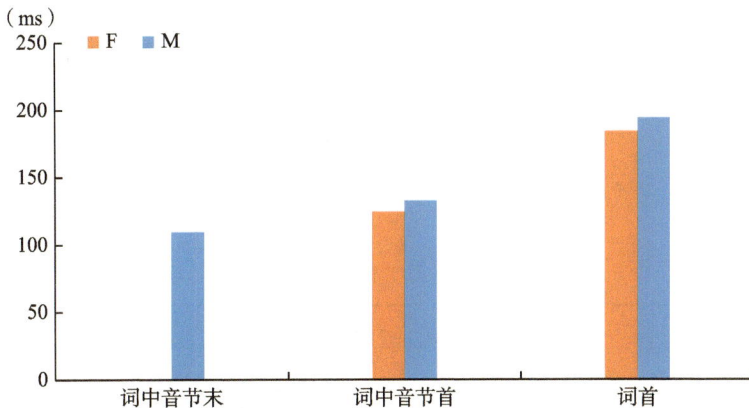

图 3.113　在词中不同位置上出现的［x］辅音的音长均值比较（M&F）

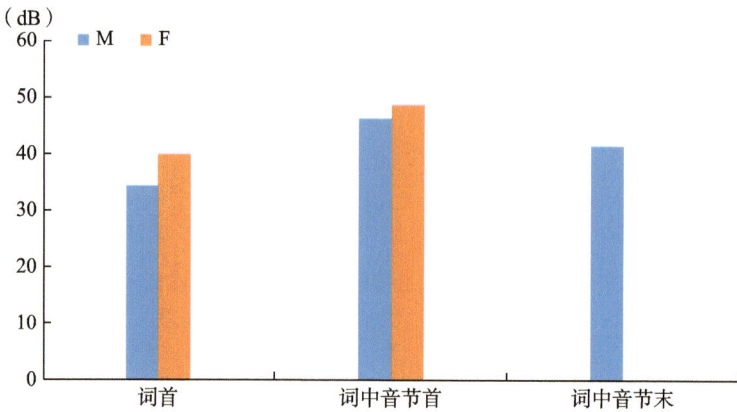

图 3.114　在词中不同位置上出现的 [x] 辅音的音强均值比较（M&F）

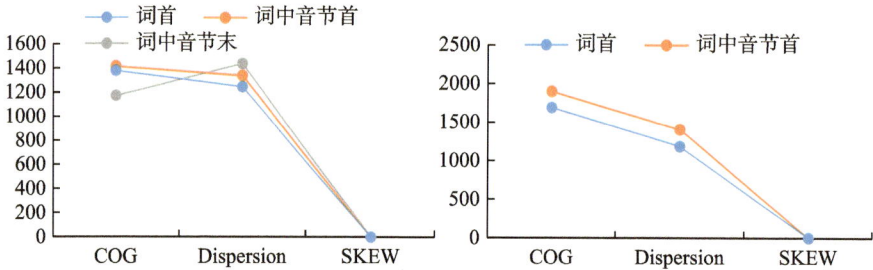

图 3.115　在 [x] 辅音谱特征示意

从表 3.70~3.71 和图 3.112~3.115 中看出，[x] 辅音声学参数与其词中所处位置之间具有一定的相关性。如，在词首音节出现的 [x] 辅音的音长比其在其他位置上出现的音长相对长。

表 3.72 为用 sig（显著性）系数检验的 [x] 辅音的音长和谱特征参数与其所出现的词中不同位置之间的相关性检验结果。表 3.72 显示，在词首音节和词中音节首位置出现的 [x] 辅音的音长和谱特征参数之间存在显著性差异。如，在词首音节出现的 [x] 辅音的音长明显比其在词中音节首位置上出现的音长；在词首音节出现的 [x] 辅音的偏离度（SKEW）参数明显比其在词中音节首位置上出现的 SKEW 参数高。

表 3.72　检验结果

	M				F			
	CD	COG	STD	SKEW	CD	COG	STD	SKEW
词首音节—词中音节首	.000	.401	.523	.000	.000	.016	.000	.000

4.4.2　声学参数与其后置元音音质之间的相关性

表3.73为在词首不同元音之前出现的 [x] 辅音声学参数统计表。图
3.116~3.118为在词首不同元音之前出现的 [x] 辅音的第一至第三共振峰
频率、音长和音强的均值比较图。从表和图中可以看出，辅音声学参数与
其后置元音音质之间具有一定的相关性，[x] 辅音在 [i] 之前出现的第二
共振峰频率均值明显比其在其他元音之前出现的第二共振峰频率；[x] 辅
音在 [ɚ] 元音之前出现的音长明显比其在其他元音之前出现的音长长，音
强明显比其在其他元音之前出现的音强强。

表3.73　在词首不同元音之前出现的 [x] 辅音声学参数统计 （M&F）

S	CD	CA	CF1	CF2	CF3	CD	CA	CF1	CF2	CF3
xɚ	219	37.52	1107	1504	2939	202	45.78	1276	1705	3155
xi	204	35.25	998	2662	3491	192	41.50	1324	2548	3431
xu	176	32.70	712	1262	2928	161	33.38	797	1381	2834
xɔ	214	34.81	831	1613	3043	189	39.36	889	1589	3414
xə	174	31.78	941	1957	3213	157	38.67	1005	1609	2552
xʊ	171	30.15	660	1959	3163	179	35.04	757	1626	3313

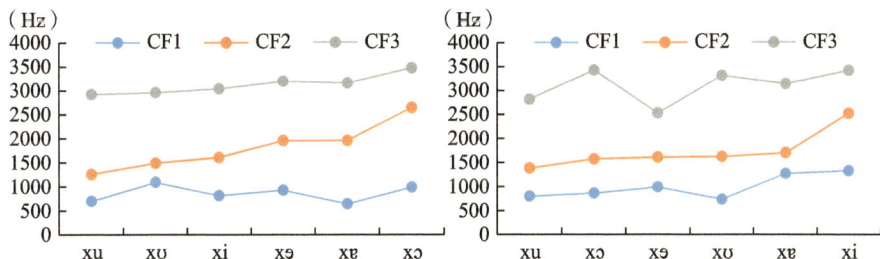

图3.116　在词首不同元音之前出现的 [x] 辅音的三个共振峰频率均值比较 （M&F）

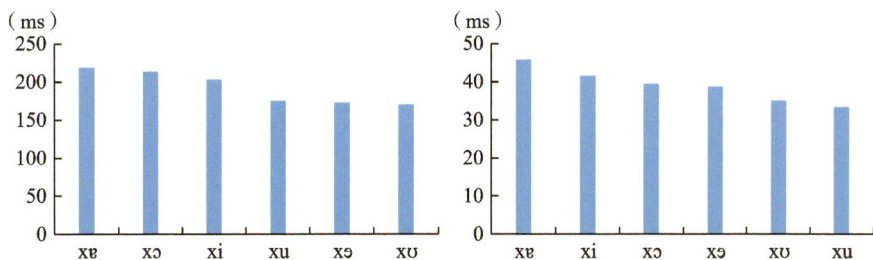

图3.117　在词首不同元音之前出现的 [x] 辅音的音长比较 （M&F）

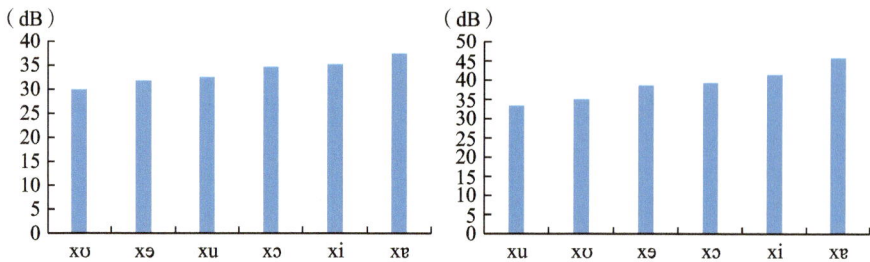

图 3.118　在词首不同元音之前出现的［x］辅音的音强均值比较（M&F）

5. /h/辅音

5.1　［h］辅音

5.1.1　词中分布特点

布里亚特语/h/有［h］和［ɦ］2个变体。其中，［h］主要在词首音节出现，［ɦ］主要在非词首音节，浊音之间或元音之后出现。/h/辅音在"统一平台"中共出现了184次（M）和176次（F）。其中，在男发音人的语料中［h］变体共出现69次（在词首音节位置出现62次，在词中音节首位置出现7次）；在女发音人的语料中共出现109次（在词首音节出现84次，在词中音节首位置出现25次）。在男发音人的语料中［ɦ］变体共出现115次（在词首音节位置出现28次，在词中音节首位置87次）；在女发音人的语料中共出现67次（都在词中音节首位置出现）（请见表3.74）。

表 3.74　/r/辅音出现频率统计

	M	F
/h/	出现频率	出现频率
所有	184	176
［h］	69	109
［ɦ］	115	67

5.1.2　声学语图特点

图3.119为男发音人［huŋ］"牛奶"一词的三维语图和三层标注实例。布里亚特语［h］辅音是喉部声门处清擦音。

5.1.3　共振峰分布模式

表3.75～3.376为男、女发音人［h］辅音的声学参数统计表。图3.120为［h］辅音第一、第二和第三共振峰的分布模式图。图3.121为

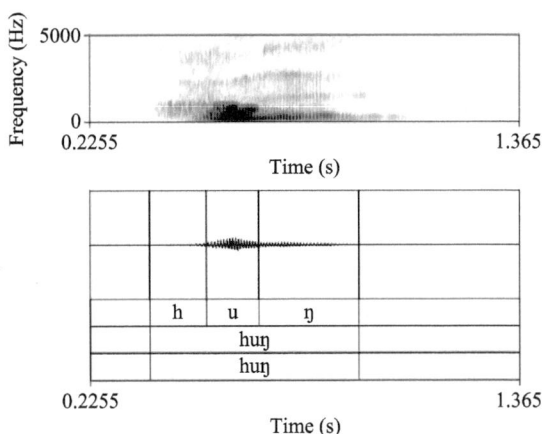

图 3.119　男发音人［huŋ］"牛奶"一词的三维语图和三层标注实例

［h］辅音的谱特征示意图。表和图显示，女发音人的第一至第三共振峰频率和谱重心（COG）和离散度（Dispersion）参数都比男发音人的第一至第三共振峰频率高（这与男、女发音人元音共振峰频率差异相似）。男、女发音人［h］辅音的 CF1 相对集中，CF2 的离散度较大。

表 3.75　［h］辅音的声学参数统计（M）

	CD	CA	CF1	CF2	CF3	COG	Dispersion	SKEW
平均值	132	36.84	743	1507	2621	771	657.59	10
标准差	0.04	8.6	161.5	395.1	385.3	311.76	289.8	5.7
变异系数	30%	23%	22%	26%	15%	40%	44%	59%

表 3.76　［h］辅音的声学参数统计（F）

	CD	CA	CF1	CF2	CF3	COG	Dispersion	SKEW
平均值	99	40.32	801	1608	2849	1020	795.17	6
标准差	0.03	10.2	249.1	326.5	273.6	643.8	362.9	5.4
变异系数	31%	25%	31%	20%	10%	63%	46%	87%

5.1.4　辅音声学参数与其所处语境之间的相关性问题

下面我们重点讨论辅音声学参数与其所处语境之间的相关性问题，主要涉及声学参数与其词中所处位置之间的相关性和声学参数与其后置元音音质之间的相关性。

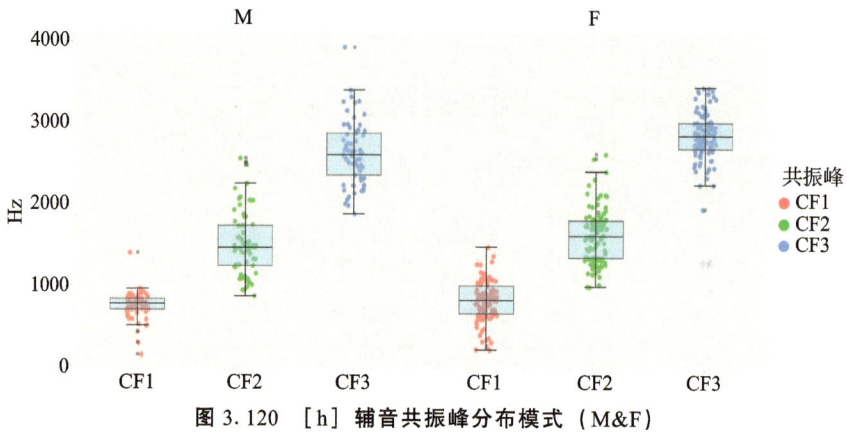

图 3.120　[h] 辅音共振峰分布模式（M&F）

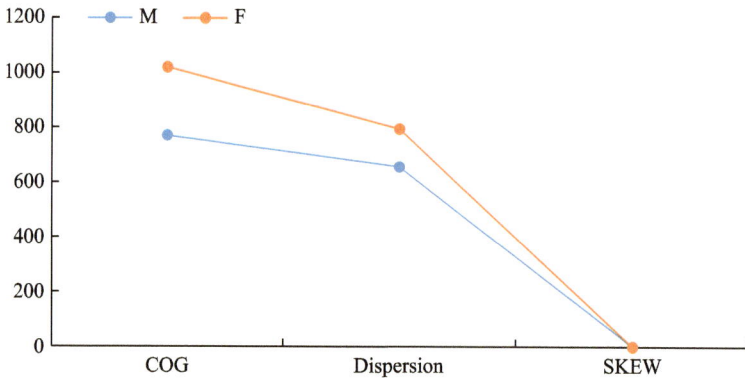

图 3.121　[h] 辅音的谱特征示意

5.1.4.1　声学参数与其词中所处位置之间的相关性

表 3.77~3.78 为在词中不同位置上出现的 [h] 辅音的声学参数统计表。图 3.122~3.125 为在词中不同位置上出现的 [h] 辅音的共振峰、音长、音强和谱特征参数比较图。从图表上可以看出，[h] 辅音的声学参数与其词中所处位置之间具有一定的相关性。例如，在词首位置上出现的 [h] 辅音音长比其在词中音节首位置上出现的音长相对长；而在词首位置上出现的 [h] 辅音音强比其在词中音节首位置上出现的音强相对弱；在词首位置上出现的 [h] 辅音的谱重心（COG）和偏离度（SKEW）比其在词中音节首位置上出现的相对低。

表 3.77　在词中不同位置上出现的 [h] 辅音的声学参数统计 （M）

位置	参数	N	CD	CA	CF1	CF2	CF3	COG	Disper	SKEW
词首	平均值	62	137	34.71	753	1483	2610	808	674.85	9
	标准差		0.04	5.7	103	390.5	360.3	266.92	289.2	4.9
	变异系数		27%	17%	14%	26%	14%	33%	43%	53%
词中音节首	平均值	7	94	55.71	653	1726	2720	441	504.71	14
	标准差		0.05	6.9	420.9	396.1	591.7	486.24	266.7	9.7
	变异系数		52%	12%	64%	23%	22%	110%	53%	67%

表 3.78　在词中不同位置上出现的 [h] 辅音的声学参数统计 （F）

位置	参数	N	CD	CA	CF1	CF2	CF3	COG	Disper	SKEW
词首	平均值	84	104	35.40	818	1623	2809	1219	898.8	5
	标准差		0.03	5	183.3	334.3	246.4	576.9	334.1	3.2
	变异系数		30%	14%	22%	21%	9%	47%	37%	66%
词中音节首	平均值	25	81	56.84	743	1558	2984	350	446.9	11
	标准差		0.02	3.6	398.1	299.8	319.6	328.3	206.8	8.1
	变异系数		23%	6%	54%	19%	11%	94%	46%	72%

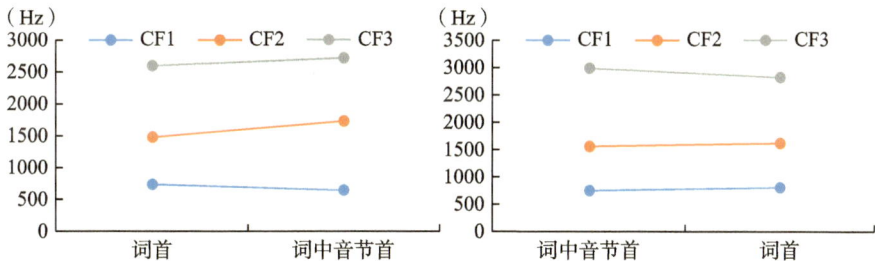

图 3.122　在词中不同位置上出现的 [h] 辅音的共振峰频率均值比较 （M&F）

　　表 3.79 为用 sig（显著性）系数检验的 [h] 辅音的音长和谱特征参数与其所出现的词中不同位置之间的相关性检验结果。表 3.79 显示，在词首音节和词中音节首位置出现的 [h] 辅音的音长和谱特征参数之间存在显著性差异。如，在词首音节出现的 [h] 辅音的音长明显比其在词中音节首位置上出现的音长；在词首位置上出现的 [h] 辅音的 COG 和 SKEW 的参数比其在词中音节首位置上出现的参数相对低。

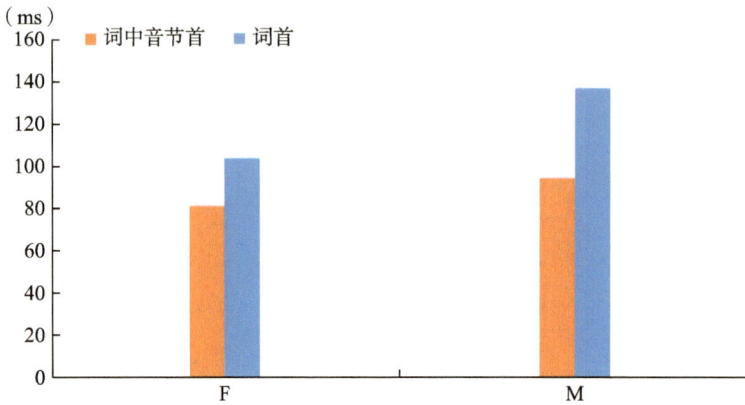

图 3.123　在词中不同位置上出现的［h］辅音的音长均值比较（M&F）

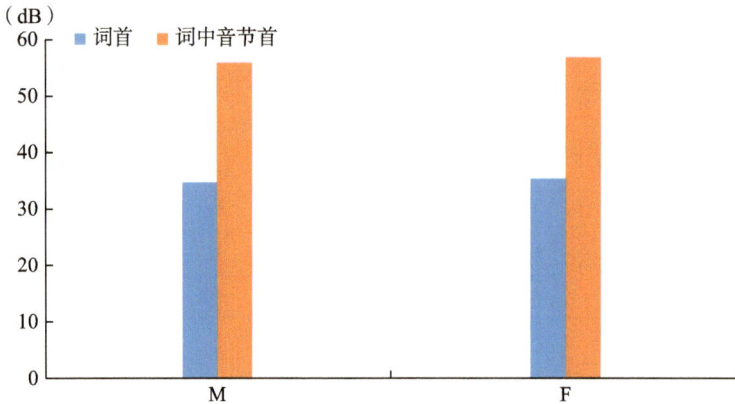

图 3.124　在词中不同位置上出现的［h］辅音的音强均值比较（M&F）

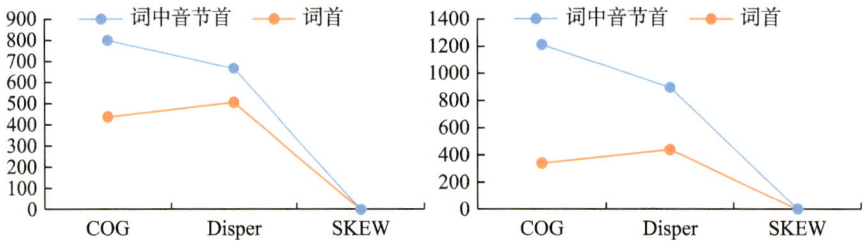

图 3.125　在词中不同位置上出现的［h］辅音的谱特征参数均值比较（M&F）

表 3.79　检验结果

	M				F			
	CD	COG	STD	SKEW	CD	COG	STD	SKEW
词首音节—词中音节首	.007	.003	.142	.019	.001	.000	.000	.000

5.1.4.2　声学参数与其后置元音音质之间的相关性

表3.80为在词首不同元音之前出现的［h］辅音声学参数统计表。图 3.126~3.128为在词首不同元音之前出现的［h］辅音的第一至第三共振峰 频率、音长和音强的均值比较图。从上述表和图中可以看出，声学参数与 其后置元音音质之间没有相关性。

表 3.80　在词首不同元音之前出现的［h］辅音声学参数统计（M&F）

S	CD	CA	CF1	CF2	CF3	CD	CA	CF1	CF2	CF3
hɐ	135	37.27	831	1458	2412	119	40.50	1016	1745	2851
hi	124	30	586	1988	2605	88	35	684	2077	2702
hu	150	40	748	1706	3402	104	31.40	860	1209	2732
hɔ	182	35.33	753	1180	2645	116	33.12	774	1502	2911
hə						64	25	1295	2235	2955
hʊ	123	31	677	1028	2755	92	33.27	642	1374	2966

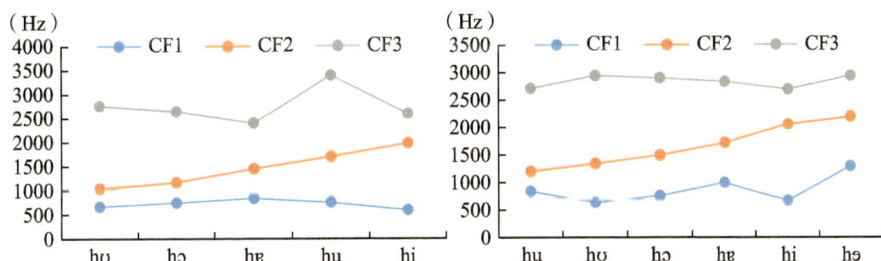

图 3.126　在词首不同元音之前出现的［h］辅音的三个共振峰频率均值比较（M&F）

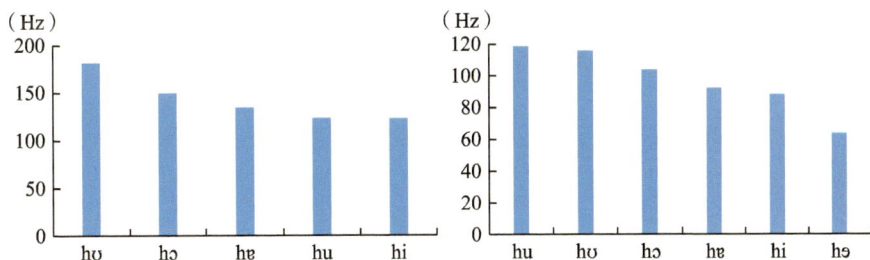

图 3.127　在词首不同元音之前出现的［h］辅音的音长均值比较（M&F）

5.2　［ɦ］辅音

5.2.1　词中分布特征

布里亚特语/h/有［h］和［ɦ］2个变体。其中，［h］主要在词首音节 出现，［ɦ］主要在非词首音节、浊音之间或元音之后出现。/h/辅音在"统

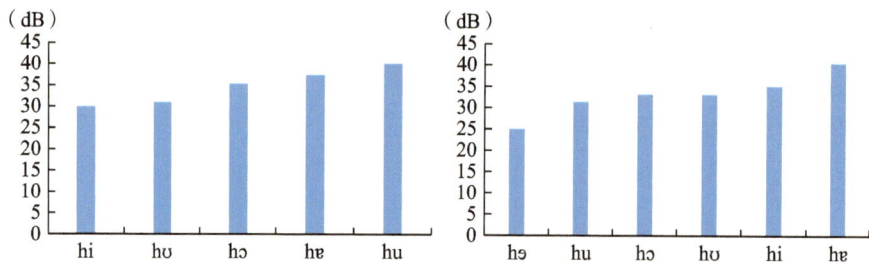

图 3.128　在词首不同元音之前出现的 [h] 辅音的音强均值比较（M&F）

一平台"中共出现了 184 次（M）和 176 次（F）。其中，在男发音人的语料中 [h] 变体共出现 69 次（在词首音节位置出现 62 次，在词中音节首位置出现 7 次）；在女发音人的语料中共出现 109 次（在词首音节出现 84 次，在词中音节首位置出现 25 次）。在男发音人的语料中 [ɦ] 变体共出现 115 次（在词首音节位置出现 28 次，在词中音节首位置 87 次）；在女发音人的语料中共出现 67 次（都在词中音节首位置出现）（请见表 3.74）。

5.2.2　声学语图特点

图 3.129 为男发音人 [buɦə] "皮带" 一词的三维语图和三层标注实例。布里亚特语 [ɦ] 辅音是喉部声门处浊擦音。

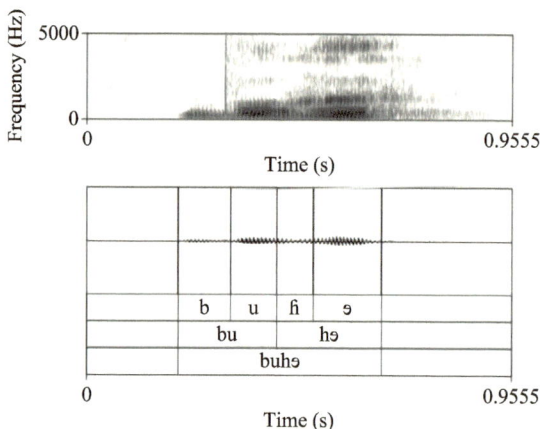

图 3.129　男发音人 [buɦə] "皮带" 一词的三维语图和三层标注实例

5.2.3　共振峰分布模式

表 3.81~3.82 为男、女发音人 [ɦ] 辅音的声学参数统计表。图 3.130 为 [ɦ] 辅音第一、第二和第三共振峰的分布图，图 3.131 为辅音 [ɦ] 的谱特征示意图。表和图显示，男发音人 [ɦ] 辅音 CF1 相对集中，女发音人 [ɦ] 辅音的 CF3 相对集中。

表 3.81 [ɦ] 辅音的声学参数统计（M）

	CD	CA	VF1	VF2	VF3	COG	Dispersion	SKEW
平均值	105	55.32	276	1376	2761	219	311.32	14
标准差	0.03	6.5	262.7	458.5	443.6	98.63	116	7.8
变异系数	28%	12%	51%	33%	16%	45%	37%	54%

表 3.82 [ɦ] 辅音的声学参数统计（F）

	CD	CA	VF1	VF2	VF3	COG	Dispersion	SKEW
平均值	70	59.2	399	1510	2763	197	288.4	17
标准差	0.01	3.1	192.2	143.8	297.9	8.44	41.2	3.5
变异系数	15%	5%	48%	10%	11%	4%	14%	21%

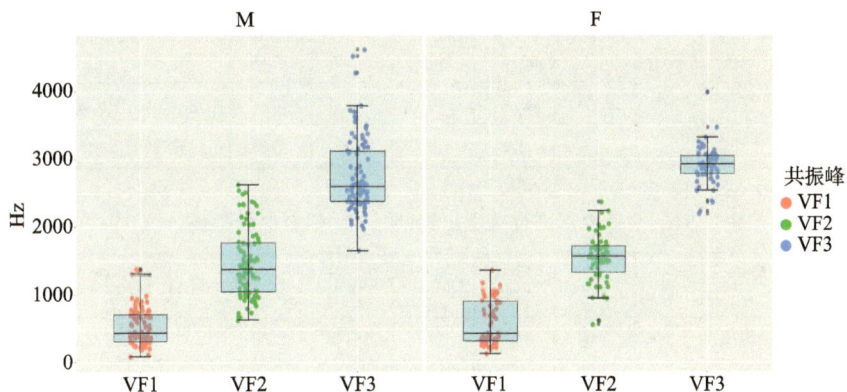

图 3.130 [ɦ] 辅音共振峰分布模式（M&F）

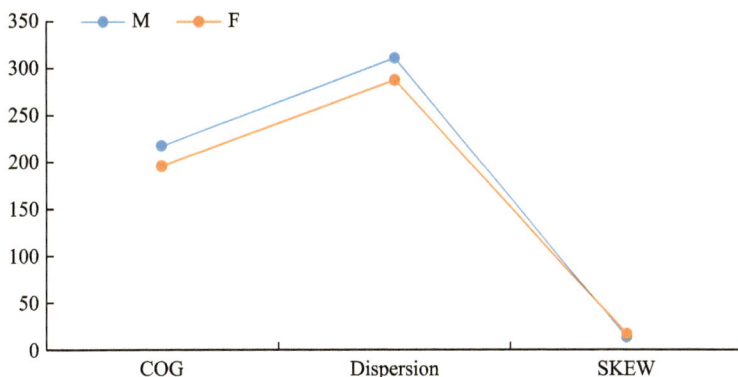

图 3.131 [ɦ] 辅音的谱特征示意

5.2.4 声学参数与其词中所处位置之间的相关性

表 3.83~3.84 为在词中不同位置上出现的 [ɦ] 辅音的参数统计表。图 3.132~3.134 为在词中不同位置上出现的 [ɦ] 辅音的共振峰频率、音长、音强和谱特征参数比较图。图表显示，[ɦ] 辅音的声学参数与其词中所处位置之间具有一定的相关性。在词首音节出现的 [ɦ] 辅音的音长明显比其在词中音节首位置上出现的音长长。

表 3.83 在词中不同位置上出现的 [ɦ] 辅音的参数统计 （M）

位置	参数	N	CD	CA	VF1	VF2	VF3	COG	Dispersion	SKEW
词首	平均值	28	122	50.70	442	1303	2774	190	264.9	18
	标准差		0.03	4.9	276.6	529.5	458.2	83.64	116.8	7.9
	变异系数		25%	10%	63%	41%	17%	44%	44%	44%
词中音节首	平均值	87	87	60.44	592	1457	2746	252	362	10
	标准差		0.01	3.6	236.5	378.7	454	108.40	96.2	5.7
	变异系数		16%	6%	40%	26%	17%	43%	27%	55%

表 3.84 在词中不同位置上出现的 [ɦ] 辅音的参数统计 （F）

位置	参数	N	CD	CA	VF1	VF2	VF3	COG	Dispersion	SKEW
词中音节首	平均值	67	70	59.2	399	1510	2763	197	288.4	17
	标准差		0.01	3.1	192.2	143.8	297.9	8.44	41.2	3.5
	变异系数		15%	5%	48%	10%	11%	4%	14%	21%

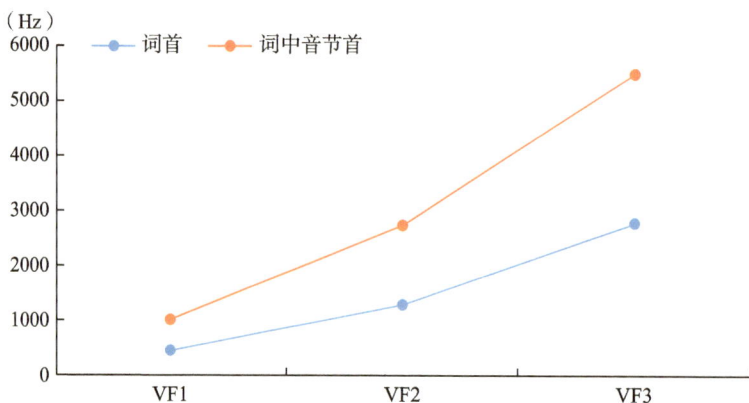

图 3.132 在词中不同位置上出现的 [ɦ] 辅音的共振峰频率均值比较 （M&F）

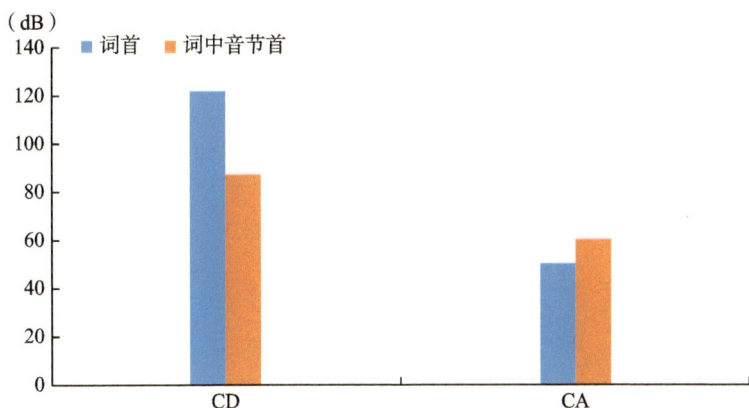

图 3.133　在词中不同位置上出现的［ɦ］辅音的音长和音强均值比较（M&F）

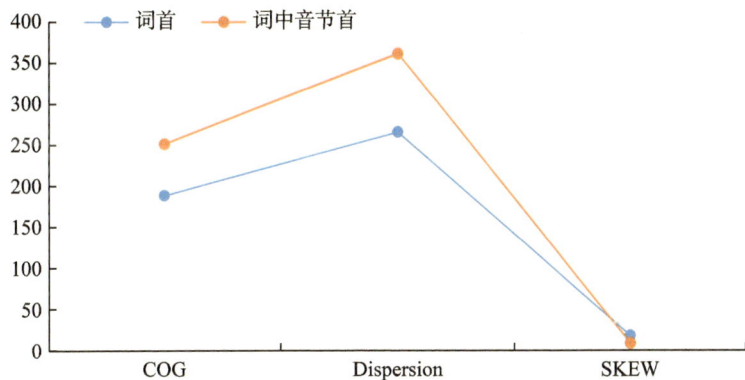

图 3.134　在词中不同位置上出现的［ɦ］辅音的谱特征参数均值比较（M&F）

6. /ʒ/辅音

6.1　词中分布特点

/ʒ/辅音在布里亚特语语音声学参数库中共出现了 177（M）和 170 次（F），主要在词首和词中音节首位置出现（请见表 3.85）。

表 3.85　［ʒ］辅音出现频率统计

		M		F	
		出现频率	百分比（%）	出现频率	百分比（%）
所有		177	100	170	100
单辅音	词首	72	41	66	39
	词中音节首	105	59	104	61

6.2 声学语图特点

图 3.135 为男发音人 ［ʒəl］ "获胜" 一词的三维语图和三层标注实例。布里亚特语 ［ʒ］ 为舌叶—齿龈后区、浊擦音。

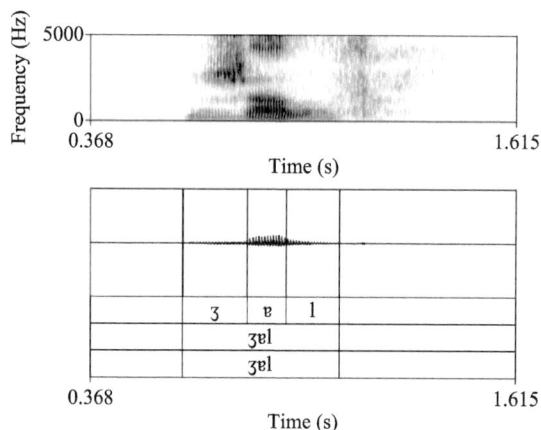

图 3.135 男发音人 ［ʒəl］ "获胜" 一词的三维语图和三层标注实例

6.3 共振峰分布模式

表 3.86~3.87 为两位发音人 ［ʒ］ 辅音的声学参数统计表。图 3.136 为 ［ʒ］ 辅音第一、第二和第三共振峰的分布模式图，图 3.137 为 ［ʒ］ 辅音谱特征参数示意图。图 3.136 显示了 ［ʒ］ 辅音三个共振峰的频率波动范围。M：VF1 = 200 ~ 2200Hz，VF2 = 1000 ~ 3100Hz，VF3 = 2200 ~ 4500Hz；F：VF1 = 200~2000Hz，VF2 = 1300~3500Hz，VF3 = 2200~4400Hz；男、女发音人 ［ʒ］ 辅音的 VF2 相对集中。女发音人 ［ʒ］ 辅音谱特征参数 COG 和 Dispersion 的参数比男发音人相对高。

表 3.86 ［ʒ］ 辅音的声学参数统计 （M）

	CD	CA	VF1	VF2	VF3	COG	Dispersion	SKEW
平均值	100	52.98	762	2302	3149	1028	1338.27	4
标准差	0.03	3.4	660.5	552.3	464.1	795.34	544.7	4
变异系数	32%	6%	87%	24%	15%	77%	41%	113%

表 3.87 ［ʒ］ 辅音的声学参数统计 （F）

	CD	CA	VF1	VF2	VF3	COG	Dispersion	SKEW
平均值	118	56.94	1017	2281	3441	2318	1949.88	1

续表

	CD	CA	VF1	VF2	VF3	COG	Dispersion	SKEW
标准差	0.04	3.5	664.1	574.1	490.6	1393.91	560.3	1.8
变异系数	30%	6%	65%	25%	14%	60%	29%	136%

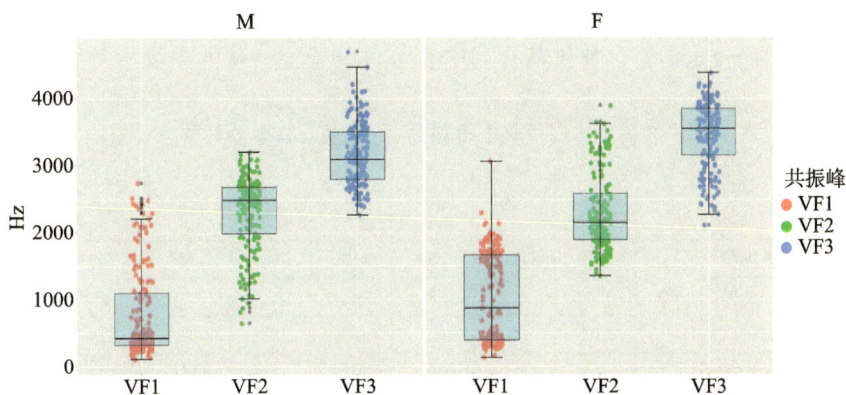

图 3.136　[ʒ] 辅音共振峰的分布模式（M&F）

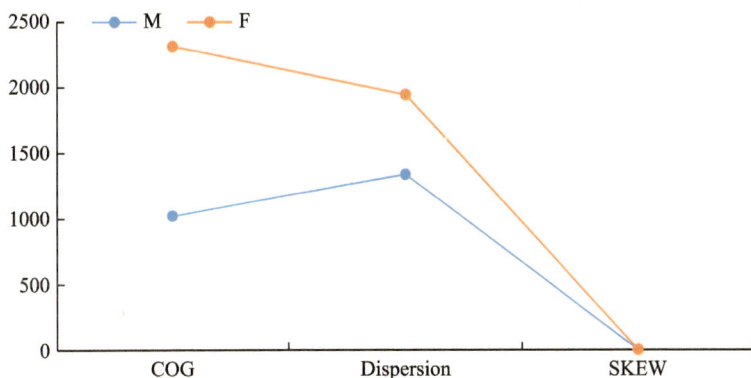

图 3.137　[ʒ] 辅音的谱特征示意

6.4　辅音声学参数与其所处语境之间的相关性问题

下面我们重点讨论辅音声学参数与其所处语境之间的相关性问题，主要涉及声学参数与其词中所处位置之间的相关性和声学参数与其后置元音音质之间的相关性。

6.4.1　声学参数与其词中所处位置之间的相关性

表 3.88~3.89 为在词中不同位置上出现的 [ʒ] 辅音声学参数统计表。图 3.138~3.141 为根据表 3.88~3.89 绘制的在词中不同位置上出现的 [ʒ]

辅音的第一至第三共振峰频率、音长、音强和谱特征参数均值比较图。表和图显示，[ʒ] 辅音的声学参数与其词中所处位置之间具有一定的相关性。如，在词中音节首出现的 [ʒ] 辅音的第二、第三共振峰频率比其在词首位置上出现的第二、第三共振峰频率相对高；在词首出现的 [ʒ] 辅音的音长比其在词中音节首位置上出现的音长相对长；在词首出现的 [ʒ] 辅音的 COG 和 Dispersion 的参数比其在词中音节首位置上出现的参数相对低。

表 3.88 在词中不同位置上出现的 [ʒ] 辅音声学参数统计（M）

位置 \ 参数		N	CD	CA	VF1	VF2	VF3	COG	Dispersion	SKEW
词首	平均值	72	124	51.03	754	2109	3031	805	1071	5
	标准差		0.03	3.1	738.2	630.1	482.6	779	545.2	4.9
	变异系数		25%	6%	98%	30%	16%	97%	51%	97%
词中音节首	平均值	105	83	54.31	768	2433	3230	1181	1521	3
	标准差		0.02	2.9	605.2	449.6	434.9	772	464.8	2.8
	变异系数		24%	5%	79%	18%	13%	65%	31%	112%

表 3.89 在词中不同位置上出现的 [ʒ] 辅音声学参数统计（F）

位置 \ 参数		N	CD	CA	VF1	VF2	VF3	COG	Dispersion	SKEW
词首	平均值	66	144	56.94	925	2021	3142	1461	1573	2
	标准差		0.04	4	657.2	400	547.4	1119	491.5	1.6
	变异系数		25%	7%	71%	20%	17%	77%	31%	66%
词中音节首	平均值	104	101	56.94	1076	2446	3631	2861	2188	1
	标准差		0.02	3.2	665.1	607.6	334.4	1276.3	463.3	1.6
	变异系数		23%	6%	62%	25%	9%	45%	21%	246%

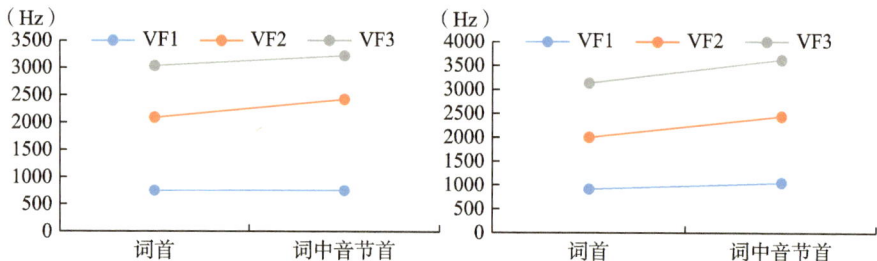

图 3.138 在词中不同位置上出现的 [ʒ] 辅音的三个共振峰频率均值比较（M&F）

（ms）

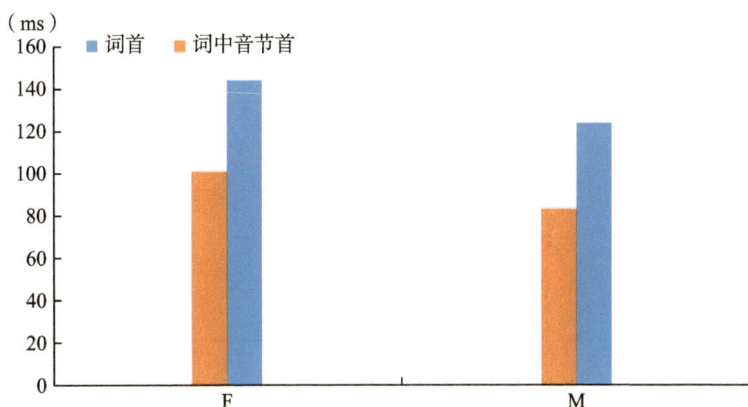

图 3.139　在词中不同位置上出现的［ʒ］辅音的音长均值比较（M&F）

（dB）

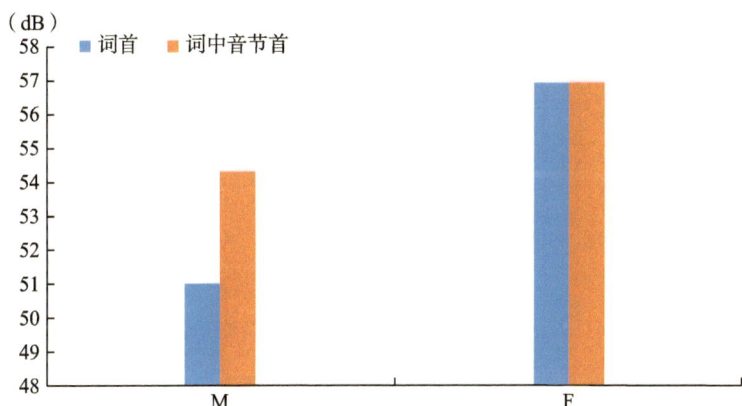

图 3.140　在词中不同位置上出现的［ʒ］辅音的音强均值比较（M&F）

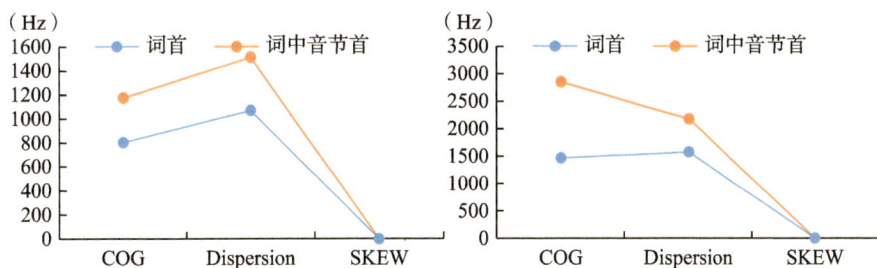

图 3.141　在词中不同位置上出现的［ʒ］辅音的谱特征参数均值比较（M&F）

　　表 3.90~3.91 为用 sig（显著性）系数检验的［ʒ］辅音的音长、共振峰和谱特征参数与其所出现的词中不同位置之间的相关性检验结果。表 3.90~3.91 显示，在词首和词中音节首中出现的［x］辅音的音长、共振峰

和谐特征参数之间具有一定的显著性差异。如，在词中音节首出现的［ʒ］辅音的第二、第三共振峰频率比其在词首位置上出现的第二、第三共振峰频率相对高；在词首出现的［ʒ］辅音的音长比其在词中音节首位置上出现的音长相对长；在词首出现的［ʒ］辅音的 COG 和 Dispersion 的参数比其在词中音节首位置上出现的参数相对低，而在词首出现的［ʒ］辅音的 SKEW 的参数比其在词中音节首位置上出现的参数相对高。

表 3.90　检验结果

	M				F			
	CD	VF1	VF2	VF3	CD	VF1	VF2	VF3
词首—词中音节首	.000	.895	.000	.005	.000	.151	.000	.000

表 3.91　检验结果

	M			F		
	COG	STD	SKEW	COG	STD	SKEW
词首—词中音节首	.002	.000	.000	.000	.000	.000

6.4.2　声学参数与其后置元音音质之间的相关性

表 3.92 为男女发音人的在词首不同元音之前出现的［ʒ］辅音的参数统计表。图 3.142~3.144 为在词首不同元音之前出现的［ʒ］辅音的第一至第三共振峰频率、音长和音强均值比较图。从表图中可以看出，［ʒ］辅音的声学参数与其后置元音音质之间没有相关性。

表 3.92　在词首不同元音之前出现的［ʒ］辅音的参数统计（M&F）

S	CD	CA	VF1	VF2	VF3	S	CD	CA	VF1	VF2	VF3
ʒɐ	129	51.50	418	1770	2726	ʒa	136	57.20	910	1832	3217
ʒi	126	48	1180	2570	3237						
ʒu	100	50.50	1350	2406	3580	ʒu	127	57.67	1078	2132	3324
ʒɔ	98	49.25	913	2086	3130	ʒɔ	114	50.40	913	1994	3304
ʒə	105	52.33	1175	2565	3367	ʒə	148	58.62	858	1983	3190
ʒʊ	145	49.67	315	1788	2710	ʒʊ	138	59	361	1410	2847

（三）鼻音

鼻音是通过鼻腔辐射到外的辅音，发鼻音时口腔紧闭、声带振动、气

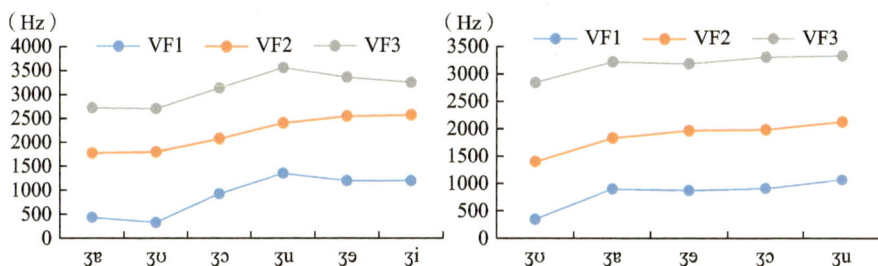

图 3.142　在词首不同元音之前出现的［ʒ］辅音的三个共振峰频率均值比较（M&F）

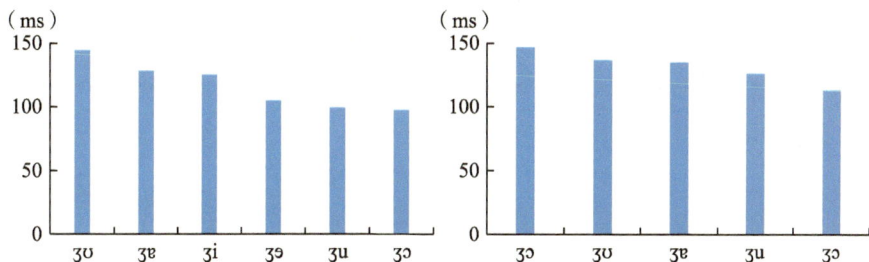

图 3.143　在词首不同元音之前出现的［ʒ］辅音的 VOT 均值比较（M&F）

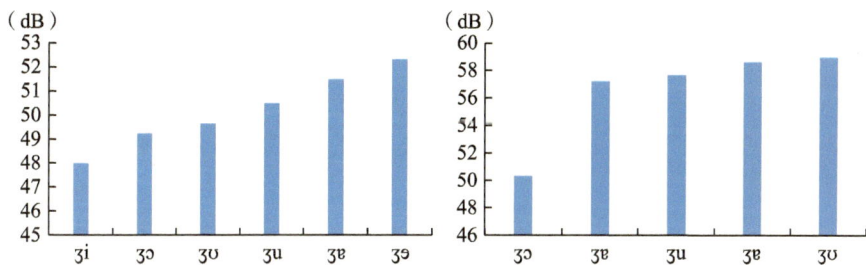

图 3.144　在词首不同元音之前出现的［ʒ］辅音的音强均值比较（M&F）

流通过鼻腔、鼻腔产生共鸣。根据阻塞形成点的不同，把布里亚特语鼻音可以分为双唇鼻音、舌尖—齿鼻音和舌面后—软腭鼻音。布里亚特语有/n/、/m/、/ŋ/等 3 个鼻音音位。

1. /n/辅音

1.1　词中分布特点

/n/辅音在布里亚特语语音声学参数数据库中共出现了 309 次（M）和308 次（F）。其中，以单辅音形式出现的位置有词首、词中音节首、词中音节末和词末等。其中，在词中音节首位置上出现的比例最高（39% ~ 41%），在词首位置上出现的比例位居第二（31% ~ 31%），在词中音节末位置出现的比例位居第三（28%~25%），词末位置出现的比例最少（请见表3.93）。

表 3.93　[n] 辅音出现频率统计

		M		F	
		出现频率	百分比	出现频率	百分比
所有		309	100%	308	100%
单辅音	词首	96	31	96	31
	词中音节首	122	39	125	41
	词中音节末	85	28	76	25
	词末	6	2	11	3

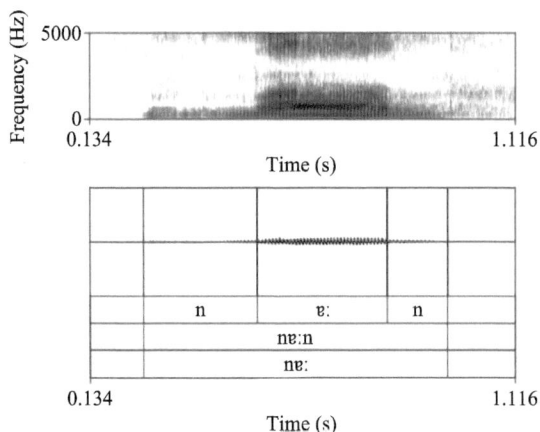

图 3.145　男发音人 [nɐːn] "党派" 一词的三维语图和三层标注实例

1.2　声学语图特点

图 3.145 为男发音人 [nɐːn] "党派" 一词的三维语图和三层标注实例。布里亚特语 [n] 辅音是舌尖—齿区鼻音。

1.3　共振峰分布模式

表 3.94 为男、女发音人 [n] 辅音声学参数统计。图 3.146 为 [n] 辅音的共振峰分布图。图 3.146 显示了 [n] 辅音的三个共振峰频率波动范围。M：VF1 = 200~350Hz，VF2 = 600~2400Hz，VF3 = 1800~3500Hz；F：VF1 = 300~450Hz，VF2 = 1000~1800Hz，VF3 = 1500~3600Hz；男、女发音人 [n] 辅音的 VF1 较集中。

表 3.94　[n] 辅音声学参数统计 （M&F）

	M					F				
	CD	CA	VF1	VF2	VF3	CD	CA	VF1	VF2	VF3
平均值	113	57.95	232	1445	2725	104	62.46	348	1481	2752
标准差	0.04	3.8	56	424.2	432.9	0.04	3.1	39.8	280.9	433.7
变异系数	39%	7%	24%	29%	16%	40%	5%	11%	19%	16%

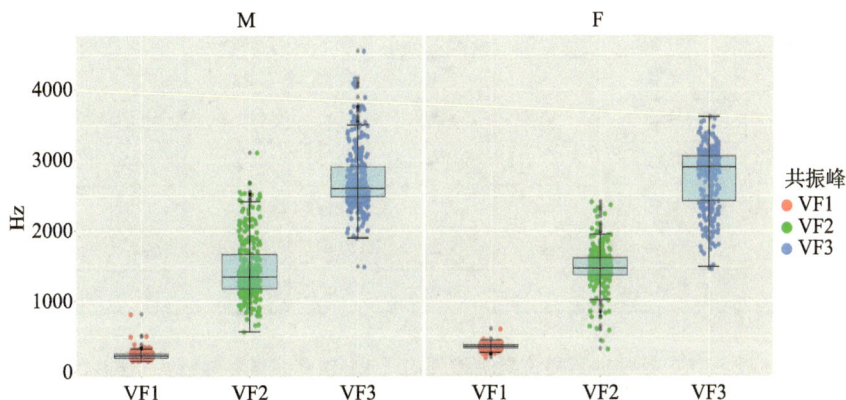

图 3.146　[n] 辅音的共振峰分布模式 （M&F）

1.4　辅音声学参数与其所处语境之间的相关性问题

下面我们重点讨论辅音声学参数与其所处语境之间的相关性问题，主要涉及声学参数与其词中所处位置之间的相关性和声学参数与其后置元音音质之间的相关性。

1.4.1　声学参数与其词中所处位置之间的相关性

表 3.95~3.96 为在词中不同位置上出现的 [n] 辅音声学参数统计表。图 3.147~3.149 为根据表 3.95~3.96 绘制的在词中不同位置上出现的 [n] 辅音的第一至第三共振峰频率、音长、音强参数均值比较图。表和图显示，辅音 [n] 的声学参数与其词中所处位置之间具有一定的相关性。如，在词末位置上出现的辅音 [n] 的音长比其在其他位置上出现的音长相对长；在词首位置上出现的辅音 [n] 的音强比其在其他位置上的音强相对弱。

表 3.95　在词中不同位置上出现的 [n] 辅音声学参数统计 （M）

位置 \ 参数		N	CD	CA	VF1	VF2	VF3
词首	平均值	96	115	53.89	197	1643	2919
	标准差		0.04	2.8	22.5	477.3	434.5
	变异系数		32%	5%	11%	29%	15%
词中音节首	平均值	122	81	60.07	253	1349	2658
	标准差		0.02	2.5	63.6	390.7	423.4
	变异系数		20%	4%	25%	29%	16%
词中音节末	平均值	85	148	59.58	240	1370	2601
	标准差		0.03	2.5	53.6	334.9	373.1
	变异系数		21%	4%	22%	24%	14%
词末	平均值	6	232	57.17	243	1302	2758
	标准差		0.08	2.4	39.5	289.3	425.7
	变异系数		34%	4%	16%	22%	15%

表 3.96　在词中不同位置上出现的 [n] 辅音声学参数统计 （F）

位置 \ 参数		N	CD	CA	VF1	VF2	VF3
词首	平均值	96	105	60.40	339	1486	2686
	标准差		0.03	2.7	31.4	284	452
	变异系数		31%	4%	9%	19%	17%
词中音节首	平均值	125	79	63.30	355	1505	2850
	标准差		0.02	2.8	35.3	281.3	372
	变异系数		26%	4%	10%	19%	13%
词中音节末	平均值	76	130	63.68	350	1435	2672
	标准差		0.04	2.7	51.6	272.8	496.2
	变异系数		30%	4%	15%	19%	19%
词末	平均值	11	194	62.64	348	1469	2775
	标准差		0.07	1.9	48.9	303	246.9
	变异系数		38%	3%	14%	21%	9%

　　表 3.97 为用 sig（显著性）系数检验的 [n] 辅音的音长和共振峰频率与其所出现的词中不同位置之间的相关性检验结果。表 3.97 显示，[n] 辅音的音长与其所出现的词中音节位置之间具有一定的相关性。如，在词首

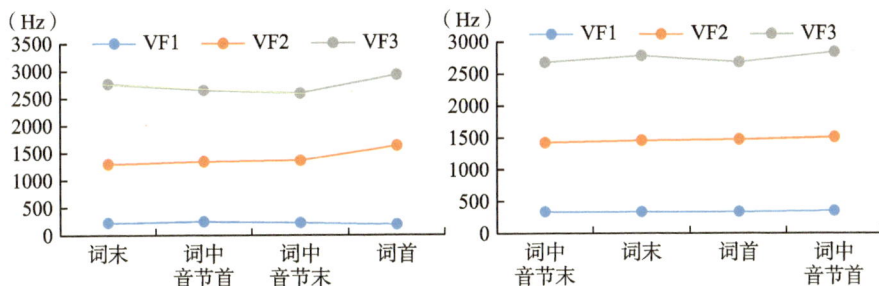

图 3.147　在词中不同位置上出现的［n］辅音的三个共振峰频率均值比较（M&F）

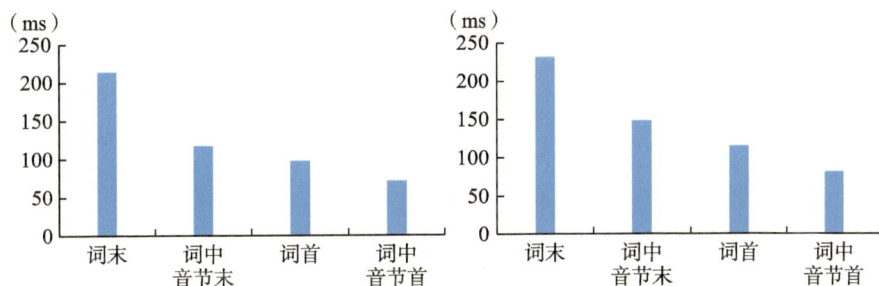

图 3.148　在词中不同位置上出现的［n］辅音的音长均值比较（M&F）

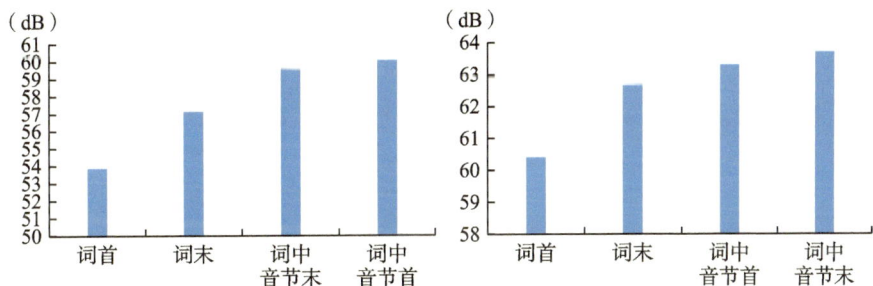

图 3.149　在词中不同位置上出现的［n］辅音的音强均值比较（M&F）

音节—词中音节末、词首音节—词中音节首和词中音节末—词中音节首中出现的［n］辅音的音长具有显著性差异。

表 3.97　检验结果

	sig（显著性）						
	M	F	M			F		
	CD	CD	VF1	VF2	VF3	VF1	VF2	VF3
词首音节—词中音节末	.000	.000	.000	.000	.000	.219	.453	.982

续表

	sig（显著性）							
	M	F	M			F		
	CD	CD	VF1	VF2	VF3	VF1	VF2	VF3
词首音节—词中音节首	.000	.000	.000	.000	.000	.002	.870	.012
词中音节末—词中音节首	.000	.000	.288	.913	.559	.780	.187	.022

1.4.2 声学参数与其后置元音音质之间的相关性

表 3.98 为在词首不同元音之前出现的［n］辅音的参数统计图。图 3.150~3.152 为根据表 3.98 绘制的在词首不同元音之前出现的［n］辅音的三个共振峰、音长和音强均值比较图。表和图显示，［n］辅音声学参数与其后置元音音质之间具有一定的相关性。在［i］元音之前出现的［n］辅音的音强最强。

表 3.98 在词首不同元音之前出现的［n］辅音的参数统计（M&F）

S	CD	CA	VF1	VF2	VF3	S	CD	CA	VF1	VF2	VF3
nɐ	121	53.36	193	1606	2988	nɐ	84	57.91	362	1563	2573
ni	113	55	209	1326	2344	ni	100	63	362	1376	2415
nu	99	53.44	186	1566	2880	nu	114	60	295	1488	2684
nɔ	118	52.50	197	1775	2962	nɔ	100	58.86	345	1509	2767
nə	109	53.82	178	1548	2870	nə	99	62.15	333	1645	2870

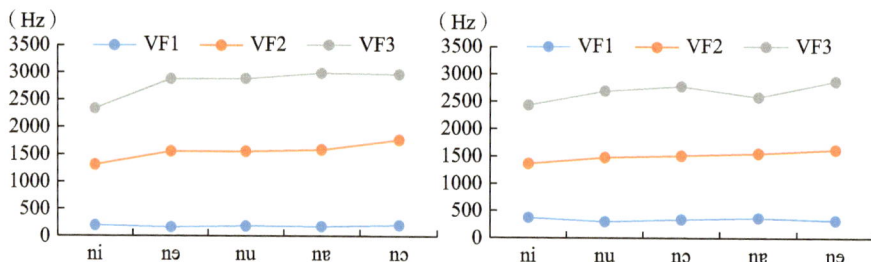

图 3.150 在词首不同元音之前出现的［n］辅音的三个共振峰频率均值比较（M&F）

2. /m/辅音

2.1 词中分布特点

/m/辅音在布里亚特语语音声学参数数据库中共出现了 295 次（M）和 305 次（F）。出现的位置有词首，词中音节首，词中音节末和词末等；从词

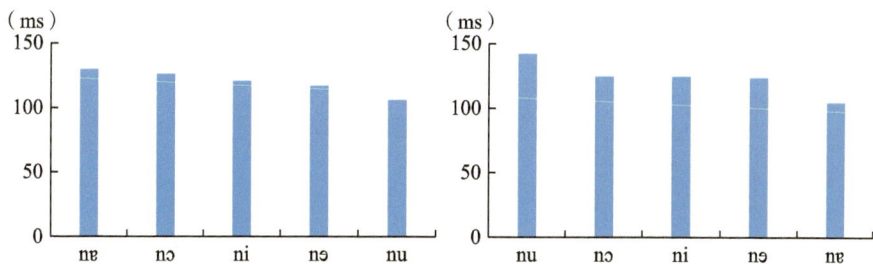

图 3.151　在词首不同元音之前出现的 ［n］辅音的音长均值比较（M&F）

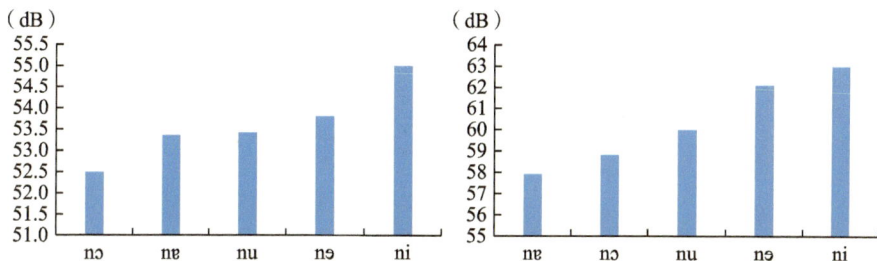

图 3.152　在词首不同元音之前出现的 ［n］辅音的音强均值比较（M&F）

中整体分布特征看，在词中音节首出现频率最高 32%，其次词中音节末和词首位置出现的频率，该辅音在词末出现的频率较低（请见表 3.104）。

出现的位置有词首、词中音节首、词中音节末和词末等。其中，在词首、词中音节首、词中音节末位置上出现的比例较高，词末位置出现的比例较低。

表 3.99　［m］辅音出现频率统计

		M		F	
		出现频率	百分比	出现频率	百分比
所有		295	100%	305	100%
单辅音	词首	83	28	83	27
	词中音节首	95	32	98	32
	词中音节末	83	28	87	29
	词末	34	12	37	12

2.2　声学语图特点

图 3.153 为男发音人 ［məl］"牲畜"一词的三维语图和三层标注实例。布里亚特语 ［m］辅音是双唇鼻音。

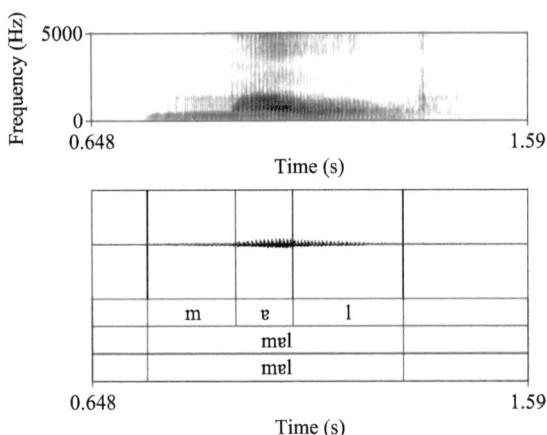

图 3.153　男发音人［mɐl］"牲畜"一词的三维语图和三层标注实例

2.3　共振峰分布模式

表 3.100 为男、女发音人［m］辅音的声学参数统计表。图 3.154 为男、女发音人［m］辅音的共振峰分布模式图。图 3.154 显示了［m］辅音三个共振峰的频率波动范围。M：VF1 = 200～350Hz，VF2 = 700～1800Hz，VF3 = 1800～3100Hz；F：VF1 = 250～450Hz，VF2 = 900～1700Hz，VF3 = 1500～3500H。男、女发音人［m］辅音 CF1 的频率较集中，CF3 的频率离散较大。

表 3.100　［m］辅音的声学参数统计（M&F）

	M					F				
	CD	CA	VF1	VF2	VF3	CD	CA	VF1	VF2	VF3
平均值	130	58.43	227	1331	2575	108	61.46	324	1360	2661
标准差	0.06	3.6	51.5	375.9	376.7	0.04	3.2	60.8	273.1	435.5
变异系数	47%	6%	23%	28%	15%	40%	5%	19%	20%	16%

2.4　辅音声学参数与其所处语境之间的相关性问题

下面我们重点讨论辅音声学参数与其所处语境之间的相关性问题，主要涉及声学参数与其词中所处位置之间的相关性和声学参数与其后置元音音质之间的相关性。

2.4.1　声学参数与其词中所处位置之间的相关性

表 3.101～3.102 为在词中不同位置上出现的［m］辅音的声学参数统

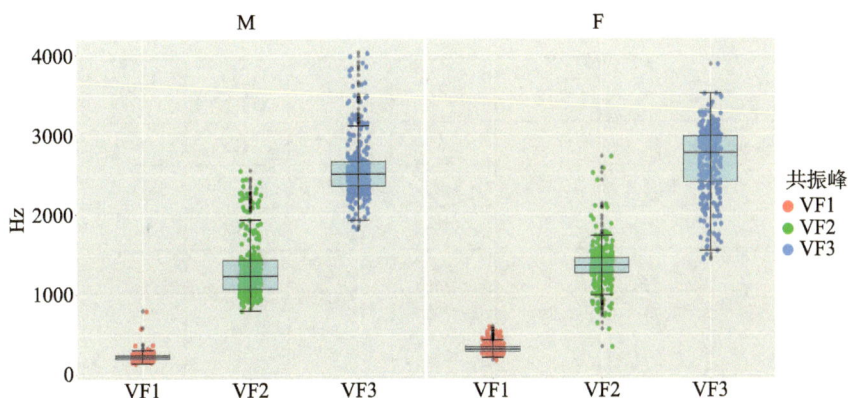

图 3.154　［m］**辅音的共振峰分布模式**（M&F）

计表。图 3.155～3.157 为根据表 3.101～3.102 绘制的两位发音人在词首不同元音之前出现的［m］辅音的第一至第三共振峰频率、音长和音强参数均值比较图。表和图显示，辅音［m］的声学参数与其词中所处位置之间具有一定的相关性。如，在词末位置上出现的辅音［m］的音长比其在其他位置上出现的音长相对长；在词首位置上出现的辅音［m］的音强比其在其他位置上的音强相对弱

表 3.101　**在词中不同位置上出现的**［m］**辅音的声学参数统计**（M）

位置 \ 参数		N	CD	CA	VF1	VF2	VF3
词首	平均值	83	117	54.57	195	1415	2766
	标准差		0.04	2.5	18.7	439.9	396.5
	变异系数		31%	5%	10%	31%	14%
词中音节首	平均值	95	86	59.96	239	1330	2458
	标准差		0.02	3	65.1	400.1	357.1
	变异系数		20%	5%	27%	30%	15%
词中音节末	平均值	83	141	59.94	237	1283	2549
	标准差		0.04	2.6	33.1	311.2	363.2
	变异系数		29%	4%	14%	24%	14%
词末	平均值	34	257	59.94	247	1246	2498
	标准差		0.05	2.8	64.9	224.7	207.7
	变异系数		18%	5%	26%	18%	8%

表 3.102　在词中不同位置上出现的 [m] 辅音的声学参数统计（F）

位置	参数	N	CD	CA	VF1	VF2	VF3
词首	平均值	83	105	59.14	315	1309	2654
	标准差		0.03	2.3	73.6	319.5	536.2
	变异系数		33%	4%	23%	24%	20%
词中音节首	平均值	98	78	62.80	317	1328	2611
	标准差		0.02	2.8	43.1	253.5	374.8
	变异系数		22%	4%	14%	19%	14%
词中音节末	平均值	87	122	62.48	338	1453	2697
	标准差		0.04	2.9	60.4	252.7	360.6
	变异系数		36%	5%	18%	17%	13%
词末	平均值	37	159	60.73	331	1341	2724
	标准差		0.05	3.7	65.6	204.8	493.2
	变异系数		30%	6%	20%	15%	18%

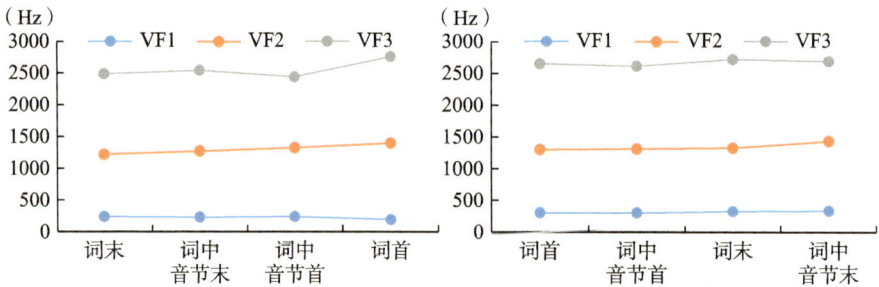

图 3.155　在词中不同位置上出现的 [m] 辅音的三个共振峰频率均值比较（M&F）

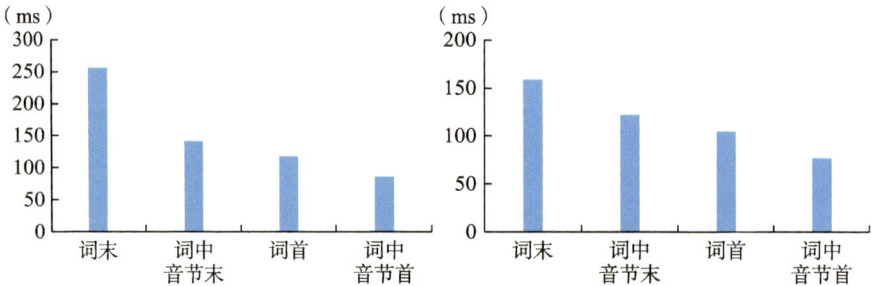

图 3.156　在词中不同位置上出现的 [m] 辅音的音长均值比较（M&F）

　　表 3.103 为用 sig（显著性）系数检验的 [m] 辅音的音长和共振峰频率与其所出现的词中不同位置之间的相关性检验结果。表 3.103 显示，[m]

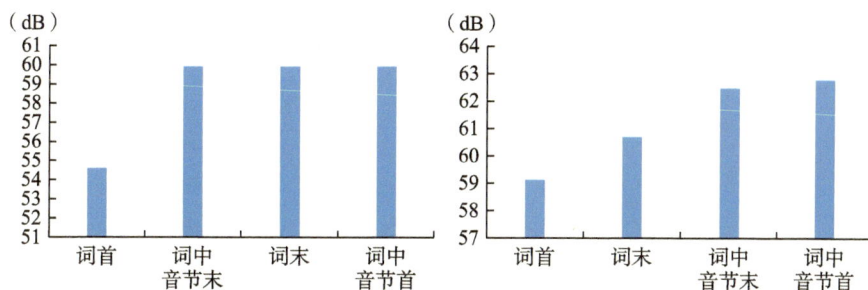

图 3.157 在词中不同位置上出现的 [m] 辅音的音强均值比较（M&F）

辅音的音长与其所出现的词中音节位置之间具有一定的相关性。如，在词首音节—词中音节末、词首音节—词中音节首、词首音节—词末、词中音节末—词中音节首、词中音节末—词末和词中音节首—词末中出现的 [m] 辅音的音长具有显著性差异。

表 3.103 检验结果

	sig（显著性）							
	M	F	M			F		
	CD	CD	VF1	VF2	VF3	VF1	VF2	VF3
词首音节—词中音节末	.001	.028	.000	.119	.002	.124	.008	.926
词首音节—词中音节首	.000	.000	.000	.540	.000	.998	.973	.929
词首音节—词末	.000	.000	.000	.036	.000	.654	.914	.896
词中音节末—词中音节首	.000	.000	.990	.812	.336	.037	.006	.385
词中音节末—词末	.000	.001	.820	.891	.780	.938	.056	.991
词中音节首—词末	.000	.000	.930	.445	.858	.635	.990	.591

2.4.2 声学参数与其后置元音音质之间的相关性

表 3.104 为男、女发音人在词首不同元音之前出现的 [m] 辅音的声学参数统计表。图 3.158~3.160 为 [m] 辅音在不同元音之前的第一至第三共振峰频率、音长和音强均值比较图。这些图和表显示，[m] 辅音声学参数与其后置元音音质之间没有相关性。

表 3.104 在词首不同元音之前出现的 [m] 辅音的声学参数统计（M&F）

S	CD	CA	VF1	VF2	VF3	S	CD	CA	VF1	VF2	VF3
mɐ	130	52.7	194	1395	2717	mɐ	93	56.56	329	1391	2575

续表

S	CD	CA	VF1	VF2	VF3	S	CD	CA	VF1	VF2	VF3
mi	104	55	161	1079	2241	mi	80	61.50	298	1452	2546
mu	91	53.67	173	1241	2903	mu	100	61	397	1231	2733
mɔ	125	53	197	1150	2740	mɔ	131	57.29	305	1382	2515
mə	117	55.64	198	1660	2866	mə	105	59.93	294	1306	2905
mʊ	103	56	183	986	2797	mʊ	89	57	266	1007	2758

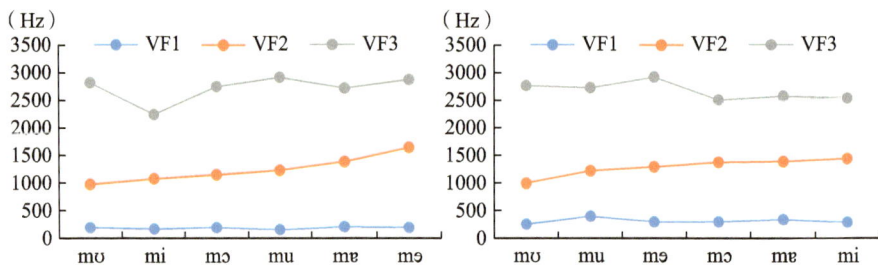

图 3.158　在词首不同元音之前出现的［m］辅音的三个共振峰频率均值比较（M&F）

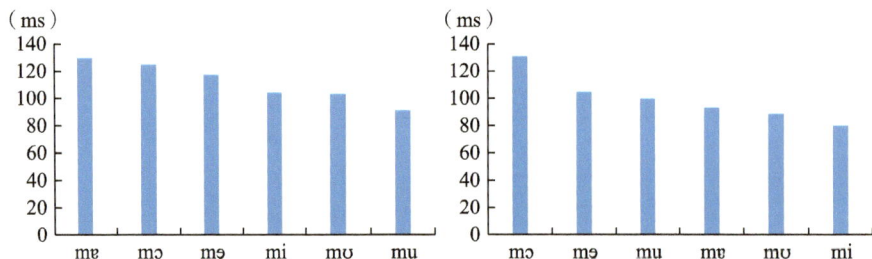

图 3.159　在词首不同元音之前出现的［m］辅音的音长均值比较（M&F）

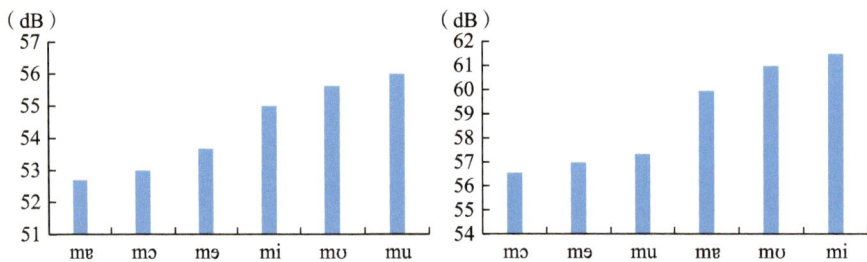

图 3.160　在词首不同元音之前出现的［m］辅音的音强均值比较（M&F）

3. /ŋ/辅音

3.1　词中分布特点

/ŋ/辅音在布里亚特语语音声学参数数据库中共出现了 419 次（M）和 438 次（F）。该辅音只出现在词中音节末和词末，词首不出现该辅音（请见表 3.105）。

表 3.105　[ŋ] 辅音出现频率统计表

		M	F
		出现频率	出现频率
所有		419	438
单辅音	词中音节末	60	65
	词末	359	373

3.2　声学语图特点

图 3.161 为男发音人 [nəŋ]"更"一词的三维语图和三层标注实例。布里亚特语 [ŋ] 辅音为软腭—舌面后鼻音。

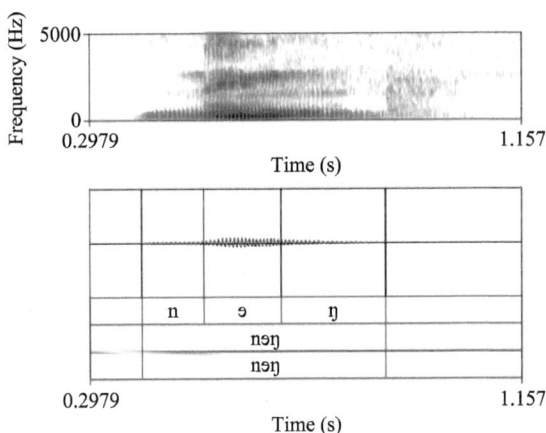

图 3.161　男发音人 [nəŋ]"更"一词的三维语图和三层标注实例

3.3　共振峰分布模式

表 3.106 为男、女发音人 [ŋ] 辅音的声学参数统计表。图 3.162 为男、女发音人 [ŋ] 辅音的共振峰分布图。图 3.162 显示 [ŋ] 辅音的三个共振峰的频率波动范围。M：VF1 = 150～300Hz，VF2 = 800～2000Hz，VF3 = 2200～2900Hz；F：VF1 = 200～550Hz，VF2 = 1000～1900Hz，VF3 = 1400～3700Hz。男、女发音人 [ŋ] 辅音的 VF1 较集中。

表 3.106　[ŋ] 辅音的声学参数统计（M&F）

	M					F				
	CD	CA	VF1	VF2	VF3	CD	CA	VF1	VF2	VF3
平均值	238	59.48	273	1377	2617	129	60.3	377	1411	2757

续表

	M					F				
	CD	CA	VF1	VF2	VF3	CD	CA	VF1	VF2	VF3
标准差	0.06	2.4	80.8	287.7	238.2	0.04	3.5	60.8	268.9	507.9
变异系数	25%	4%	30%	21%	9%	34%	6%	16%	19%	18%

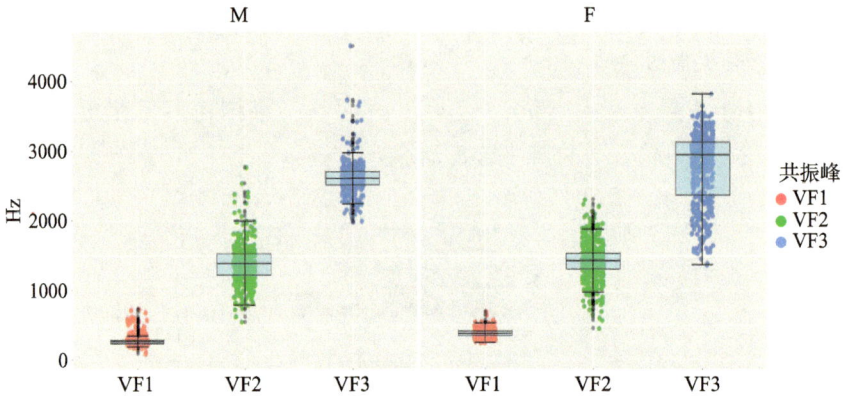

图 3.162　[ŋ] 辅音的共振峰分布模式（M&F）

3.4　辅音声学参数与其所处语境之间的相关性问题

下面我们重点讨论辅音声学参数与其所处语境之间的相关性问题，主要涉及声学参数与其词中所处位置之间的相关性和声学参数与其后置元音音质之间的相关性。

3.4.1　声学参数与其词中所处位置之间的相关性

表 3.107~3.108 为在词中不同位置上出现的 [ŋ] 辅音的声学参数统计表。图 3.163~3.165 为根据表 3.107~3.108 绘制的两位发音人在词中不同位置上出现的 [ŋ] 辅音的第一至第三共振峰频率、音长和音强参数均值比较图。图表显示，声学参数与其词中所处位置之间没有相关性。

表 3.107　在词中不同位置上出现的 [ŋ] 辅音的声学参数统计（M）

位置 \ 参数		N	CD	CA	VF1	VF2	VF3
词中音节末	平均值	60	155	59.75	259	1214	2560
	标准差		0.03	2.5	58.5	395.7	283.9
	变异系数		21%	4%	23%	33%	11%

位置 \ 参数		N	CD	CA	VF1	VF2	VF3
词末	平均值	359	251	59.43	275	1404	2627
	标准差		0.05	2.3	83.8	256.3	228.7
	变异系数		21%	4%	30%	18%	9%

表 3.108 在词中不同位置上出现的 [ŋ] 辅音的声学参数统计（F）

位置 \ 参数		N	CD	CA	VF1	VF2	VF3
词中音节末	平均值	65	128	59.84	375	1417	2764
	标准差		0.04	3.4	56.6	277.4	511.3
	变异系数		35%	6%	15%	20%	18%
词末	平均值	373	132	62.91	390	1375	2716
	标准差		0.04	2.8	78.8	213.8	492.1
	变异系数		29%	4%	20%	16%	18%

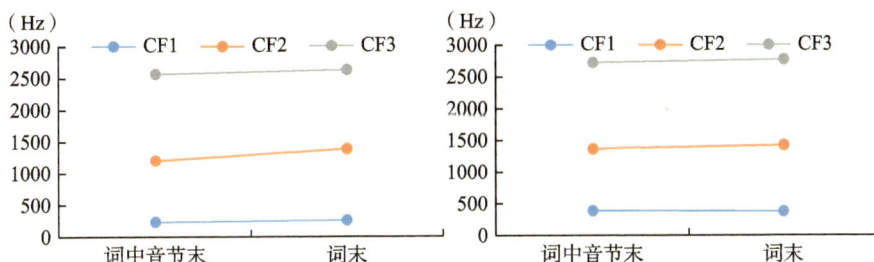

图 3.163 在词中不同位置上出现的 [ŋ] 辅音的三个共振峰频率均值比较（M&F）

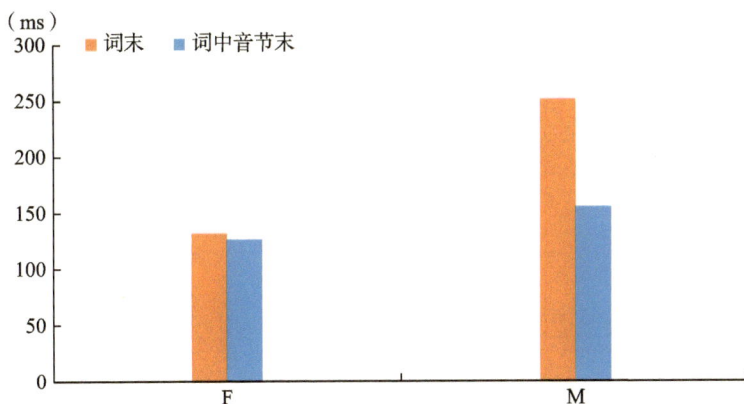

图 3.164 在词中不同位置上出现的 [ŋ] 辅音的音长均值比较（M&F）

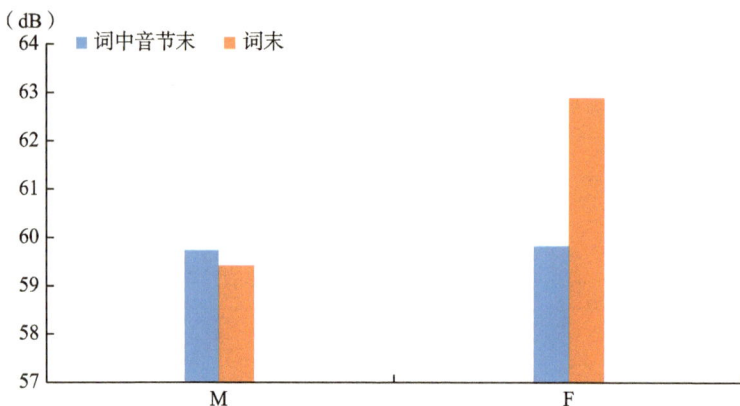

图 3.165 在词中不同位置上出现的 [ŋ] 辅音的音强均值比较 (M&F)

(四) 其他辅音

本节主要讨论布里亚特语的边音/l/、闪音/ɾ/和近音/j，w/等辅音。

1. /l/辅音

1.1 词中分布特点

布里亚特语 [l] 辅音在词中的出现频率较高。在布里亚特语语音声学参数库中共出现了 901 (M) 和 918 次 (F)。主要出现在词首、词中音节首、词中音节末和词末等位置。该辅音在词中出现的比例最高。如，在词中音节首和词中音节末位置出现的比例达到：男 80%，女 66%；在词末位置上出现的比例位居第二。如 16% (男)，29% (女)；在词首位置出现的比例最低，只有 4% (男) 和 5% (女)。见表 3.109。

表 3.109 [l] 辅音出现频率统计

		M		F	
		出现频率	百分比 (%)	出现频率	百分比 (%)
所有		901	100	918	100
单辅音	词首	36	4	42	5
	词中音节首	423	47	311	34
	词中音节末	302	33	295	32
	词末	140	16	270	29

1.2　声学语图特点

图 3.166 为男发音人［lɐmɐ］"喇嘛"一词的三维语图和三层标注实例。布里亚特语［1］辅音是舌尖—齿浊边音。

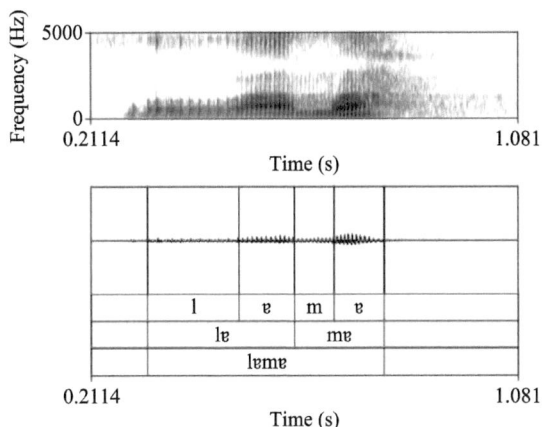

图 3.166　男发音人［lɐmɐ］"喇嘛"一词的三维语图和三层标注实例

1.3　共振峰分布模式

表 3.110 为男、女发音人［1］辅音的声学参数统计表。图 3.167 为［1］辅音的共振峰分布图。该图显示了［1］辅音第一至第三共振峰的频率波动范围。M：VF1 = 250 ~ 500Hz，VF2 = 400 ~ 1600Hz，VF3 = 1800 ~ 3400Hz；F：VF1 = 250 ~ 550Hz，VF2 = 600 ~ 1700Hz，VF3 = 2400 ~ 3600Hz。男、女发音人［1］辅音的 CF1 较集中，CF3 的离散度较大。

表 3.110　［1］辅音的声学参数统计（M&F）

| | M | | | | | F | | | | |
	CD	CA	VF1	VF2	VF3	CD	CA	VF1	VF2	VF3
平均值	109	61.05	358	1058	2695	85	61.83	386	1209	2985
标准差	0.05	3.6	54.1	405.4	486.2	0.03	4.1	79.2	323.3	298.8
变异系数	47%	6%	15%	38%	18%	39%	7%	21%	27%	10%

1.4　辅音声学参数与其所处语境之间的相关性问题

下面我们重点讨论辅音声学参数与其所处语境之间的相关性问题，主要涉及声学参数与其词中所处位置之间的相关性和声学参数与其后置元音音质之间的相关性。

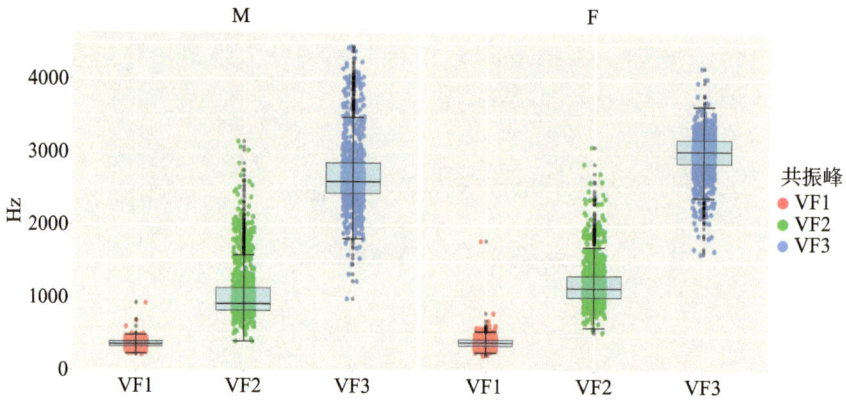

图 3.167　[1] 辅音的共振峰分布模式（M&F）

1.4.1　声学参数与其词中所处位置之间的相关性

表 3.111~3.112 为在词中不同位置上出现的 [1] 辅音的声学参数统计表。图 3.168~3.170 为在词中不同位置上出现的 [1] 辅音第一至第三共振峰、音长和音强参数分布图。图表显示，声学参数与其词中所处位置之间具有一定的相关性。如，在词首音节出现的 [1] 辅音音长比其在词中音节首出现的音长相对短；在词中音节末出现的 [1] 辅音音长比其在词中音节首出现的音长相对长；在词中音节末出现的 [1] 辅音音长比其在词末出现的音长相对短；在词中音节首出现的 [1] 辅音音长比其在词末出现的音长相对短。

表 3.111　在词中不同位置上出现的 [1] 辅音的声学参数统计（M）

位置	参数	N	CD	CA	VF1	VF2	VF3
词首	平均值	36	130	54.06	336	1202	2884
	标准差		0.04	2.7	46.8	693.4	477.7
	变异系数		32%	5%	14%	58%	17%
词中音节首	平均值	423	81	61.98	347	1077	2665
	标准差		0.02	3.1	48.1	385.6	467.1
	变异系数		26%	5%	14%	36%	18%
词中音节末	平均值	302	108	61	367	1052	2695
	标准差		0.03	3.2	52.5	376.4	525.4
	变异系数		32%	5%	14%	36%	19%

续表

位置＼参数		N	CD	CA	VF1	VF2	VF3
词末	平均值	140	190	60.13	377	979	2735
	标准差		0.06	3.9	65.9	414.8	446.7
	变异系数		31%	7%	17%	42%	16%

表 3.112　在词中不同位置上出现的 [1] 辅音的声学参数统计 （F）

位置＼参数		N	CD	CA	VF1	VF2	VF3
词首	平均值	42	104	60.33	359	1123	3038
	标准差		0.04	2.9	59	408.5	292.8
	变异系数		42%	5%	16%	36%	10%
词中音节首	平均值	311	70	62.87	369	1276	2939
	标准差		0.02	3.4	65.7	398.7	283
	变异系数		31%	5%	18%	31%	10%
词中音节末	平均值	295	87	62.86	402	1165	2966
	标准差		0.03	4	59.6	262.4	307.5
	变异系数		38%	6%	15%	23%	10%
词末	平均值	270	96	59.74	391	1192	3052
	标准差		0.04	4.3	106	252.3	296.4
	变异系数		38%	7%	27%	21%	10%

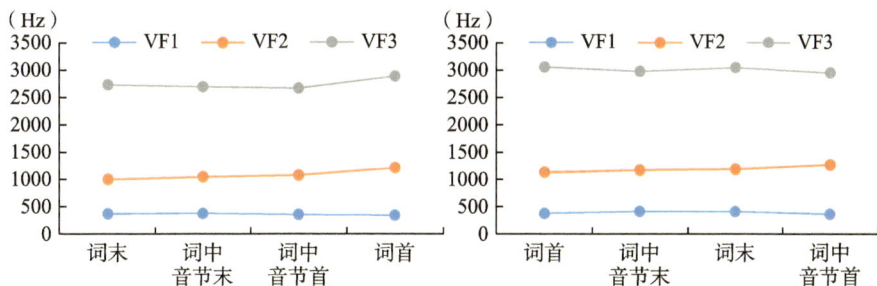

图 3.168　在词中不同位置上出现的 [1] 辅音的三个共振峰频率均值比较 （M&F）

表 3.113 为用 sig（显著性）系数检验的 [1] 辅音的音长和第一至第三共振峰频率均值与其所出现的词中不同位置之间的相关性检验结果。表 3.113 显示，在词首音节—词中音节首、词中音节末—词中音节首、词中音

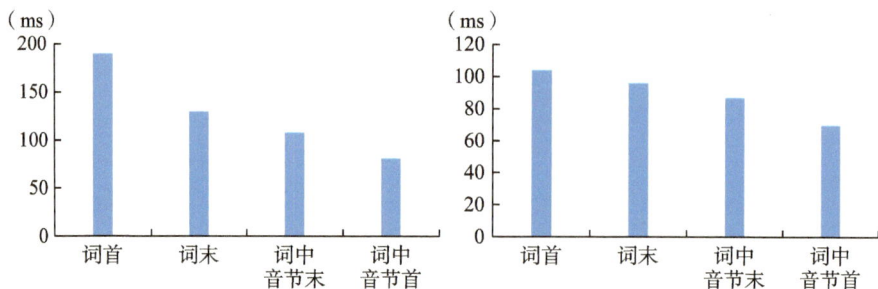

图 3.169　在词中不同位置上出现的 [1] 辅音的音长均值比较（M&F）

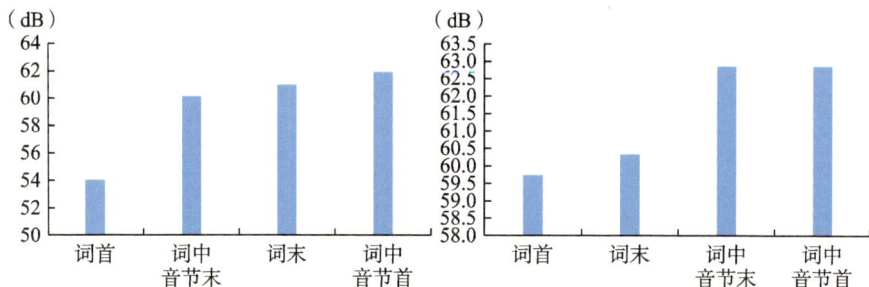

图 3.170　在词中不同位置上出现的 [1] 辅音的音强均值比较（M&F）

节末—词末和词中音节首—词末等位置上出现的 [1] 辅音的音长都有显著差异；在词首音节—词中音节末、词中音节首—词末、词中音节末—词中音节首、词中音节首—词末等位置上出现的 [1] 辅音的 VF1 频率都有显著差异。

表 3.113　检验结果

| | sig（显著性） | | | | | | | |
| | M | F | M | | | F | | |
	CD	CD	VF1	VF2	VF3	VF1	VF2	VF3
词首音节—词中音节末	.019	.102	.004	.583	.132	.000	.913	.452
词首音节—词中音节首	.000	.000	.549	.708	.054	.755	.113	.180
词首音节—词末	.000	.734	.000	.265	.336	.025	.714	.992
词中音节末—词中音节首	.000	.000	.000	.828	.862	.000	.000	.689
词中音节末—词末	.000	.011	.329	.287	.841	.453	.614	.004
词中音节首—词末	.000	.000	.000	.069	.391	.014	.011	.000

1.4.2　声学参数与其后置元音音质之间的相关性

表 3.114 为男、女发音人的在词首不同元音之前出现的 [m] 辅音的声

学参数统计表。图 3.171~3.173 为 [m] 辅音在词首不同元音之前出现的 [m] 辅音的第一至第三共振峰频率、音长和音强均值比较图。图表显示，[m] 辅音的声学参数与其后置元音音质之间没有相关性。

表 3.114　在词首不同元音之前出现的 [m] 辅音的声学参数统计（M&F）

S	CD	CA	VF1	VF2	VF3	S	CD	CA	VF1	VF2	VF3
lɐ	136	52.8	344	1005	2795	lɐ	87	59	399	1233	3074
lu	78	50	404	2583	3595	lu	75	60	288	1053	3015
lʊ	133	54.5	300	648	2477	lʊ	81	60	365	910	3254

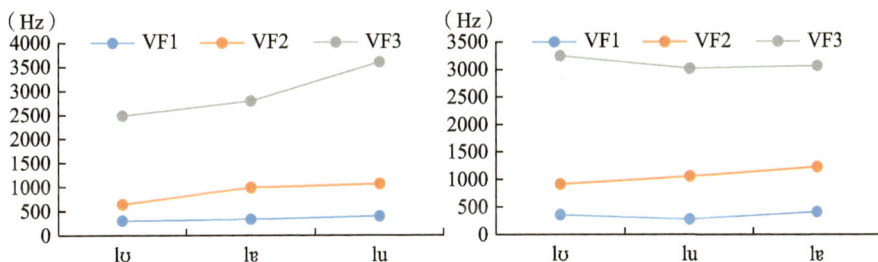

图 3.171　在词首不同元音之前出现的 [m] 辅音的三个共振峰频率均值比较（M&F）

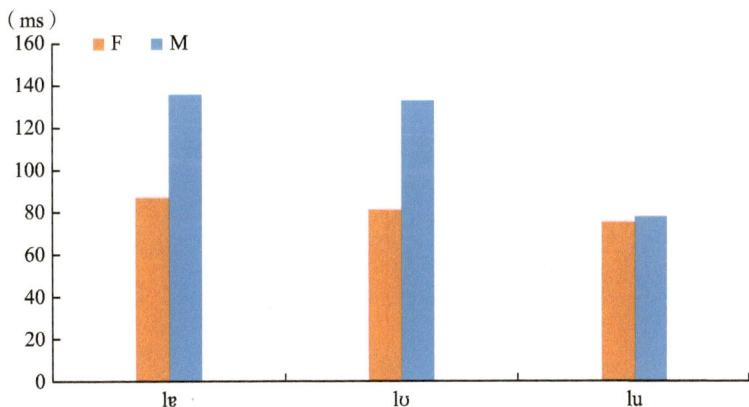

图 3.172　在词首不同元音之前出现的 [m] 辅音的音长均值比较（M&F）

2. /ɾ/辅音

布里亚特语/ɾ/辅音音位在词中的出现频率较高。在布里亚特语语音声学参数数据库中共出现了 717 次（M）和 751 次（F）。/ɾ/辅音有 [ɾ]（闪音），[r]（颤音）和 [ɻ]（清擦音）3 种变体请见表 3.115）。

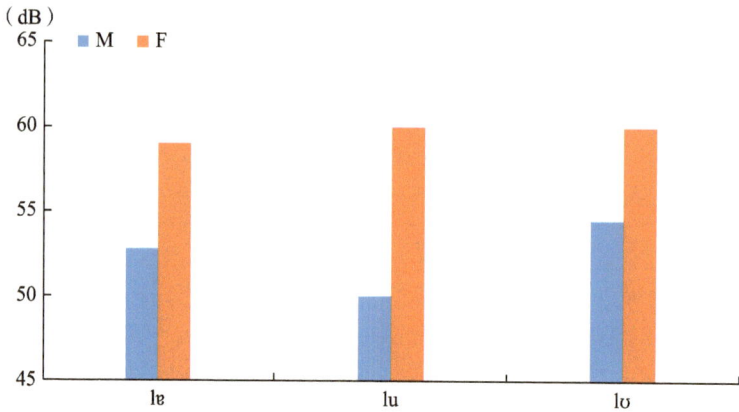

图 3.173 在词首不同元音之前出现的 [m] 辅音的音强均值比较 （M&F）

表 3.115 /ɾ/辅音出现频率统计

/ɾ/	M		F	
	出现频率	百分比	出现频率	百分比
所有	717	100%	751	100%
[ɾ]	502	70	616	80
[r]	184	26	124	17
[ɹ]	26	4	11	1

2.1 ［ɾ］辅音

2.1.1 词中分布特点

［ɾ］辅音在布里亚特语语音声学参数数据库中共出现了 502 次（M）和 616 次（F），并且在词中音节首、词中音节末和词末等位置上都可以出现。其中，在词中音节首位置上出现的比例最高，在词中音节末位置上出现的比例位居第二，在词末位置出现的比例位居第三。该辅音不在词首出现（请见表 3.116）。

表 3.116 ［ɾ］辅音出现频率统计

		M		F	
		出现频率	百分比（%）	出现频率	百分比（%）
所有		502	100	616	100
单辅音	词中音节首	307	61	289	47
	词中音节末	161	32	186	30
	词末	34	7	141	23

2.1.2　声学语图特点

图 174 为男发音人 ［xɐrɐ］ "黑" 一词的三维语图和三层标注实例。布里亚特语 ［ɾ］ 辅音是舌尖—龈闪音。

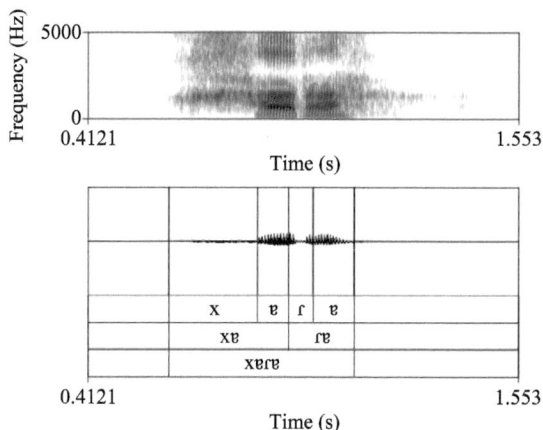

图 3.174　男发音人 ［xɐrɐ］ "黑" 一词的三维语图和三层标注实例

2.1.3　共振峰分布模式

表 3.117 为男、女发音人 ［ɾ］ 辅音的声学参数统计表。图 3.175 为男、女发音人 ［ɾ］ 辅音的共振峰分布模式图。图 3.175 显示了 ［ɾ］ 辅音三个共振峰的频率波动范围。M：VF1 = 250～800Hz，VF2 = 600～2400Hz，VF3 = 1700～3600Hz；F：VF1 = 250～1800Hz，VF2 = 800～2700Hz，VF3 = 1700～4300Hz。男、女发音人 ［ɾ］ 辅音的 CF1 较集中，CF3 的离散度较大。

表 3.117　［ɾ］ 辅音的声学参数统计（M&F）

	M					F				
	CD	CA	VF1	VF2	VF3	CD	CA	VF1	VF2	VF3
平均值	77	57.88	495	1501	2656	91	57.18	731	1837	2871
标准差	0.05	5.4	239.3	404.5	408.8	0.05	6	480.8	378.6	538
变异系数	63%	9%	48%	27%	15%	58%	10%	66%	21%	19%

2.1.4　辅音声学参数与其所处语境之间的相关性问题

下面我们重点讨论辅音声学参数与其所处语境之间的相关性问题，主要涉及声学参数与其词中所处位置之间的相关性和声学参数与其后置元音音质之间的相关性。

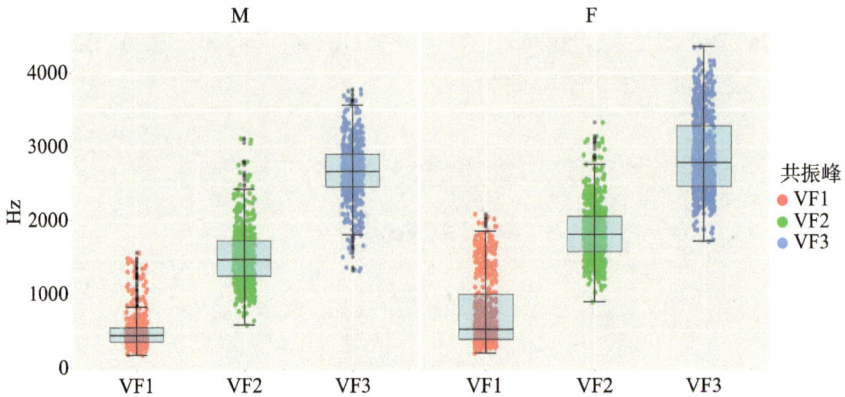

图 3.175 ［ɾ］辅音的共振峰分布模式（M&F）

2.1.4.1 声学参数与其词中所处位置之间的相关性

表 3.118~3.119 为在词中不同位置上出现的［ɾ］辅音参数统计表。图 3.176~3.178 为男、女发音人在词中不同位置上出现的［ɾ］辅音的第一至第三共振峰频率、音长和音强参数均值比较图。

表 3.118　在词中不同位置上出现的［ɾ］辅音参数统计（M）

位置 \ 参数		N	CD	CA	VF1	VF2	VF3
词中音节首	平均值	307	52	59.46	433	1442	2595
	标准差		0.01	3.5	144.1	351.4	348.7
	变异系数		25%	6%	33%	24%	13%
词中音节末	平均值	161	96	56.91	531	1531	2684
	标准差		0.02	6	259.2	424.6	475.7
	变异系数		22%	11%	49%	28%	18%
词末	平均值	34	219	48.21	893	1891	3067
	标准差		0.06	4.9	381.8	522	316.6
	变异系数		28%	10%	43%	28%	10%

表 3.119　在词中不同位置上出现的 ［ɾ］ 辅音参数统计 （F）

位置	参数	N	CD	CA	VF1	VF2	VF3
词中音节首	平均值	289	52	60.58	511	1702	2732
	标准差		0.01	3.6	270.4	292.4	397.3
	变异系数		26%	6%	53%	17%	15%
词中音节末	平均值	186	90	57.85	809	1879	2914
	标准差		0.02	5.1	519.3	451.4	600.8
	变异系数		25%	9%	64%	24%	21%
词末	平均值	141	172	49.30	1079	2060	3100
	标准差		0.04	3.2	528.3	306.5	612.4
	变异系数		22%	7%	49%	15%	20%

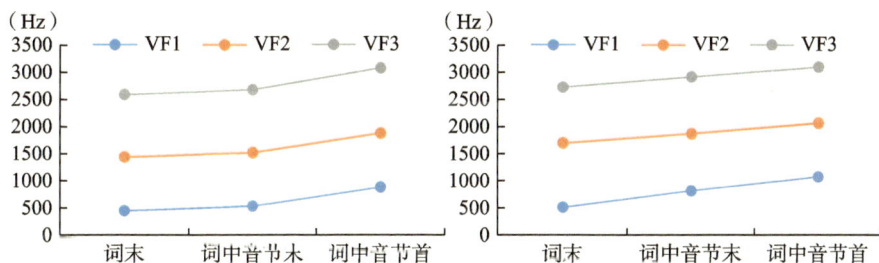

图 3.176　在词中不同位置上出现的 ［ɾ］ 辅音的三个共振峰频率均值比较 （M&F）

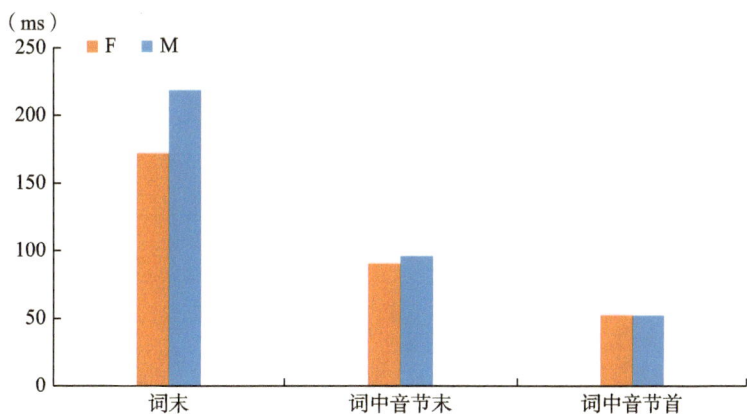

图 3.177　词在词中不同位置上出现的 ［ɾ］ 辅音的音长均值比较 （M&F）

上述表图显示，［ɾ］ 辅音声学参数与其词中所处位置之间具有一定的相关性，在词末出现的 ［ɾ］ 辅音的第一至第三共振峰频率最低，词中音节

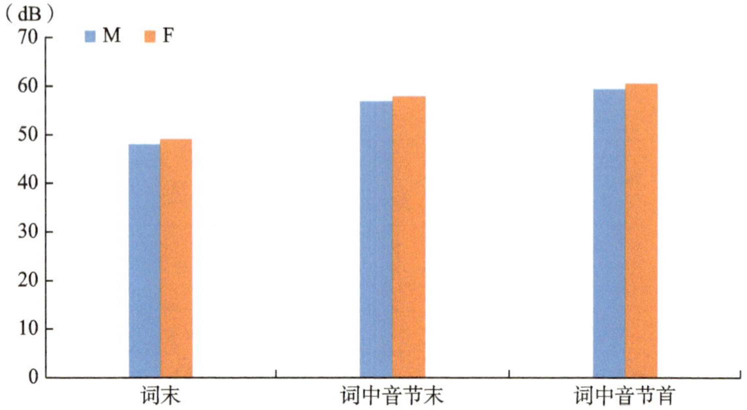

图 3.178　在词中不同位置上出现的 [ɾ] 辅音的音强均值比较（M&F）

首出现 [ɾ] 辅音的第一至第三共振峰频率最高，在词中音节末出现的 [ɾ] 辅音的第一至第三共振峰频率位居第二；在词末出现的 [ɾ] 辅音的音长最长，在词中音节首出现 [ɾ] 辅音的音长最短，在词中音节末出现的 [ɾ] 辅音的音长位居第二；在词末出现的 [ɾ] 辅音的音强最弱，在词中音节首出现 [ɾ] 辅音的音强最强，在词中音节末出现的 [ɾ] 辅音的音强位居第二。

表 3.120 为用 sig（显著性）系数检验的 [ɾ] 辅音的音长和第一至第三共振峰频率与其所出现的词中不同位置之间的相关性检验结果。可以看出，在词中音节末—词中音节首、词中音节末—词末、词中音节首—词末等位置上出现的 [ɾ] 辅音的音长和共振峰频率（除在词中音节末—词中音节首中出现的第一、第二共振峰频率外）都具有显著差异。

表 3.120　检验结果

	sig（显著性）							
	M	F	M			F		
	CD	CD	VF1	VF2	VF3	VF1	VF2	VF3
词中音节末—词中音节首	.000	.000	.000	.060	.092	.000	.000	.001
词中音节末—词末	.000	.000	.000	.001	.000	.000	.000	.018
词中音节首—词末	.000	.000	.000	.000	.000	.000	.000	.000

2.2 ［r］辅音

2.2.1 词中分布特点

［r］辅音在布里亚特语语音声学参数数据库中共出现了 184 次（M）和 124 次（F），并且在词中音节首、词中音节末和词末等位置上都可以出现。其中，男、女发音人在词末位置上出现的比例最高，在词中音节末位置上出现的比例位居第二，在词中音节首位置出现的比例位居第三。该辅音不在词首出现（请见表 3.121）。

表 3.121　［r］辅音出现频率统计

		M	F
		出现频率	出现频率
所有		184	124
单辅音	词中音节首	15	35
	词中音节末	61	53
	词末	109	36

2.2.2 声学语图特点

图 3.179 为男发音人［zɐr］"公告"一词的三维语图和三层标注实例。布里亚特语［r］辅音是舌尖—龈颤音。

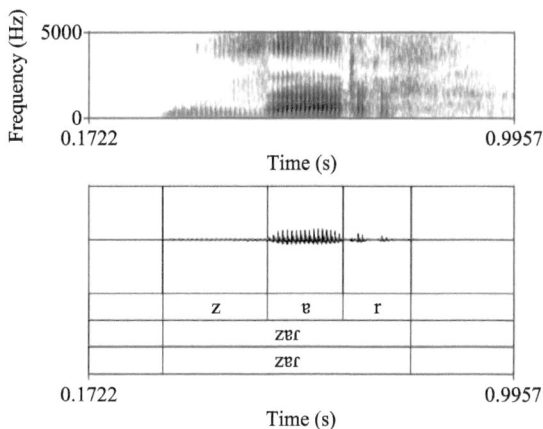

图 3.179　男发音人［zɐr］"公告"一词的三维语图和三层标注实例

2.2.3 共振峰分布模式

表 3.122 为男、女发音人［r］辅音的声学参数统计表。图 3.180 为男、

女发音人［r］辅音的共振峰分布模式图。图 3.180 显示了［r］辅音三个共
振峰的频率波动范围。M：VF1 = 250～1500Hz，VF2 = 950～2300Hz，VF3 =
2100～3600Hz；F：VF1 = 300～1600Hz，VF2 = 1100～2600Hz，VF3 = 2000～
3550Hz；男女发音人［r］辅音的 CF1 较集中，CF3 的离散度较大。

表 3.122 ［r］辅音的声学参数统计（M&F）

	M					F				
	CD	CA	VF1	VF2	VF3	CD	CA	VF1	VF2	VF3
平均值	198	51.65	722	1571	2839	120	57.31	735	1743	2624
标准差	0.09	6.2	304.8	347.3	447.5	0.06	5.8	374.4	332.5	487.6
变异系数	48%	12%	42%	22%	16%	46%	10%	51%	19%	19%

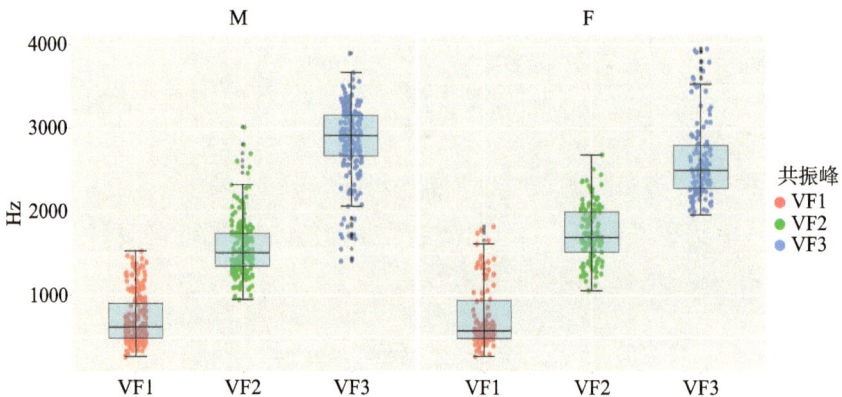

图 3.180 ［r］辅音的共振峰分布模式（M&F）

2.2.4 辅音声学参数与其所处语境之间的相关性问题

下面我们重点讨论辅音声学参数与其所处语境之间的相关性问题，主
要涉及声学参数与其词中所处位置之间的相关性和声学参数与其后置元音
音质之间的相关性。

2.2.4.1 声学参数与其词中所处位置之间的相关性

表 3.123～3.124 为在词中不同位置上出现的［r］辅音的声学参数统计
表。图 3.181～3.183 为男、女发音人在词中不同位置上出现的［r］辅音的
第一至第三共振峰频率、音长和音强参数均值比较图。

表图显示，［r］辅音声学参数与其词中所处位置之间具有一定的相关

性，在词中音节首出现的［r］辅音的第一至第三共振峰频率最高；在词末出现的［r］辅音的音长最长，在词中音节首出现［r］辅音的音长最短，在词中音节末出现的［r］辅音的音长位居第二；在词末出现的［r］辅音的音强最弱。

表 3.123　在词中不同位置上出现的［r］辅音的声学参数统计（M）

位置＼参数		N	CD	CA	VF1	VF2	VF3
词中音节首	平均值	15	75	59.53	471	1364	2432
	标准差		0.02	4.1	109.5	329.2	617.6
	变异系数		27%	7%	23%	24%	25%
词中音节末	平均值	61	111	53.05	656	1522	2782
	标准差		0.03	5.9	234.9	354.5	428.4
	变异系数		26%	11%	36%	23%	15%
词末	平均值	109	264	49.78	794	1627	2927
	标准差		0.06	5.5	331.1	333.5	396.4
	变异系数		24%	11%	42%	20%	14%

表 3.124　在词中不同位置上出现的［r］辅音的声学参数统计（F）

位置＼参数		N	CD	CA	VF1	VF2	VF3
词中音节首	平均值	35	71	60.77	583	1695	2509
	标准差		0.02	2.5	235.2	291.7	309.3
	变异系数		24%	4%	40%	17%	12%
词中音节末	平均值	53	109	59.47	713	1669	2594
	标准差		0.02	4.6	339.6	362.9	533.5
	变异系数		21%	8%	48%	22%	21%
词末	平均值	36	184	50.78	917	1897	2781
	标准差		0.05	4.3	457.7	274.7	529.1
	变异系数		29%	8%	50%	14%	19%

表 3.125 为用 sig（显著性）系数检验的［r］辅音的音长和第一至第三共振峰频率与其所出现的词中不同位置之间的相关性检验结果。可以看出，在词中音节末—词中音节首、词中音节末—词末、词中音节首—词末等位

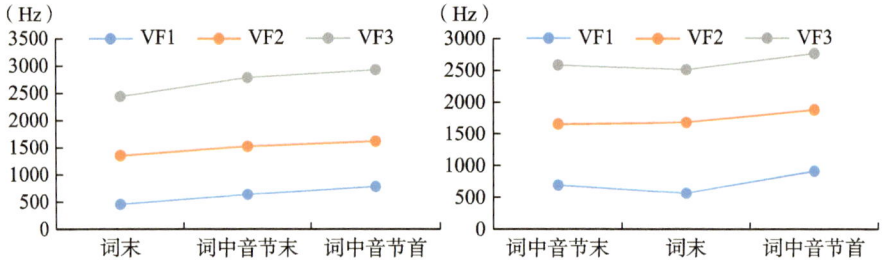

图 3.181　在词中不同位置上出现的 ［r］辅音的三个共振峰频率均值比较 （M&F）

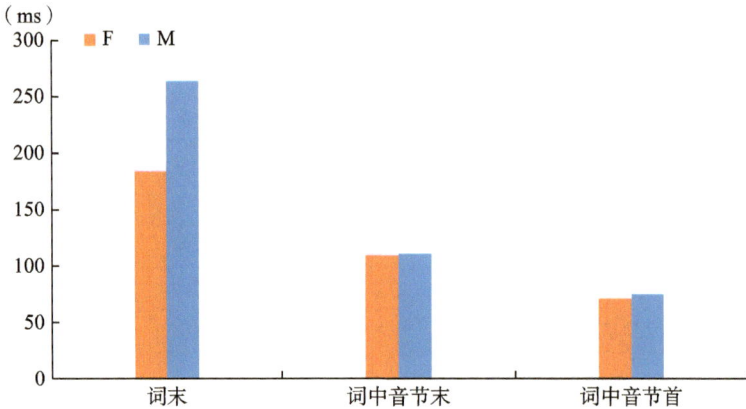

图 3.182　在词中不同位置上出现的 ［r］辅音的音长均值比较 （M&F）

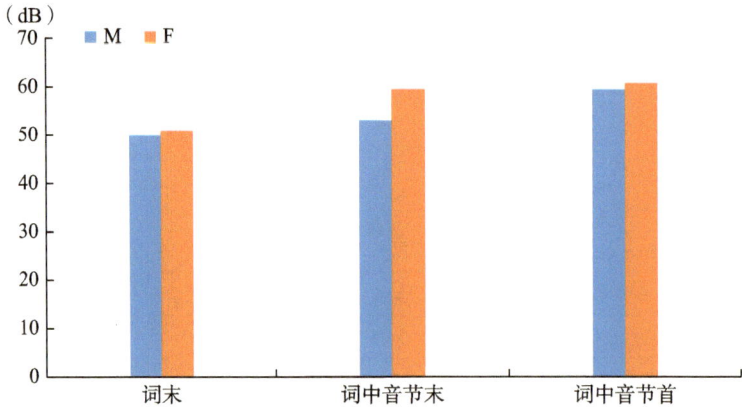

图 3.183　在词中不同位置上出现的 ［r］辅音的音强均值比较 （M&F）

置上出现的 ［r］辅音的音长具有显著差异；在词中音节首—词末出现的
［r］辅音的第一至第三共振峰频率具有显著性差异。

表 3.125　检验结果

	sig（显著性）							
	M	F	M			F		
	CD	CD	VF1	VF2	VF3	VF1	VF2	VF3
词中音节末—词中音节首	.000	.000	.000	.252	.124	.091	.930	.617
词中音节末—词末	.000	.000	.005	.146	.081	.066	.003	.239
词中音节首—词末	.000	.000	.000	.025	.021	.001	.010	.028

2.3　[ɹ] 辅音

2.3.1　词中分布特点

[ɹ] 辅音的出现频率较低。在布里亚特语语音声学参数数据库中共出现了 26 次（M）和 11 次（F）。

2.3.2　声学语图特点

图 3.184 为男发音人 [iɹxim]"可敬的"一词的三维语图和三层标注实例。布里亚特语 [ɹ] 辅音是舌尖—龈清擦音。

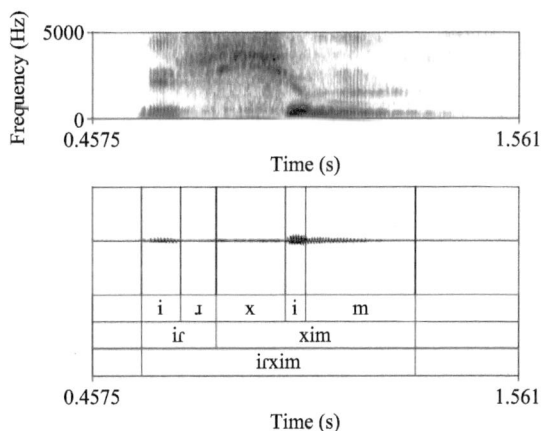

图 3.184　男发音人 [iɹxim]"可敬的"一词的三维语图和三层标注实例

2.3.3　共振峰分布模式

表 3.126 ~ 3.127 为男、女发音人 [ɹ] 辅音的声学参数统计表。图 3.185 为男、女发音人 [ɹ] 辅音的共振峰分布模式图，图 3.186 为 [ɹ] 辅音谱特征示意图。图 3.185 显示了 [ɹ] 辅音三个共振峰的频率波动范围。M：CF1 = 250 ~ 1700Hz，CF2 = 900 ~ 3300Hz，CF3 = 2300 ~ 4100Hz；F：CF1 = 400 ~ 1700Hz，CF2 = 1300 ~ 2700Hz，CF3 = 2300 ~ 3900Hz。

图 3.185~3.186 显示，[ɻ] 辅音共振峰频率波动范围和谱特征因人而异。

表 3.126　[ɻ] 辅音的声学参数统计（M）

	CD	CA	VF1	VF2	VF3	COG	Dispersion	SKEW
平均值	101	49.76	1057	2139	3126	1492	1342	2.8
标准差	0.02	5.68	391	594	366	776	523	3.4
变异系数	27%	11%	37%	28%	12%	52%	39%	124%

表 3.127　[ɻ] 辅音的声学参数统计（F）

	CD	CA	VF1	VF2	VF3	COG	Dispersion	SKEW
平均值	97	51.82	1221	2111	3105	1856	1201.36	4
标准差	0.04	4.3	593.7	444.8	630.8	1301.49	501.8	5.2
变异系数	43%	8%	49%	21%	20%	70%	42%	143%

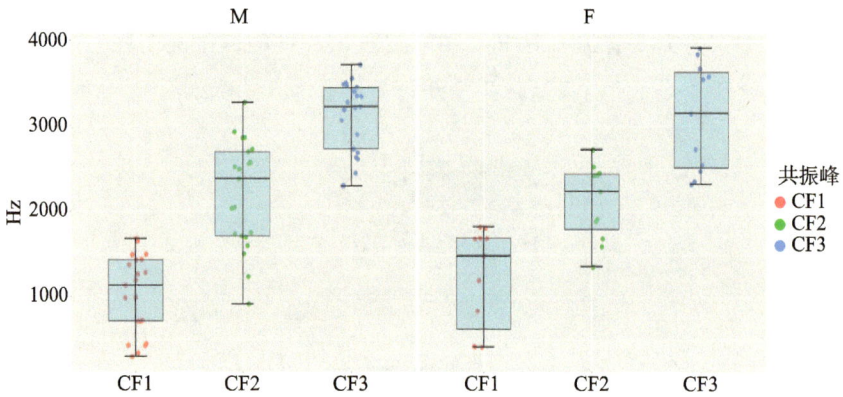

图 3.185　[ɻ] 辅音的共振峰分布模式（M&F）

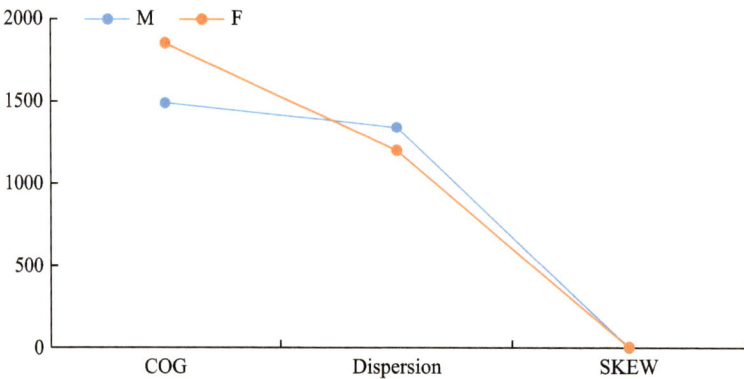

图 3.186　[ɻ] 辅音谱特征示意（M&F）

3. /j/辅音

3.1 词中分布特点

布里亚特语 [j] 辅音在词中的出现频率较高，并且主要在词首和词中音节首位置出现。在布里亚特语语音声学参数数据库中共出现了 116 次（M）和 119 次（F）（请见表 3.128）。

表 3.128 [j] 辅音出现频率统计

		M		F	
		出现频率	百分比	出现频率	百分比
所有		116	100%	119	100%
单辅音	词首	52	45	50	42
	词中音节首	56	48	57	48
	词中音节末	6	5	12	10
	词末	2	2		

3.2 声学语图特点

图 3.187 为男发音人 [jɐlɐ] "罪行" 一词的三维语图和三层标注实例。布里亚特语 [j] 辅音是舌叶—齿龈后区半元音。

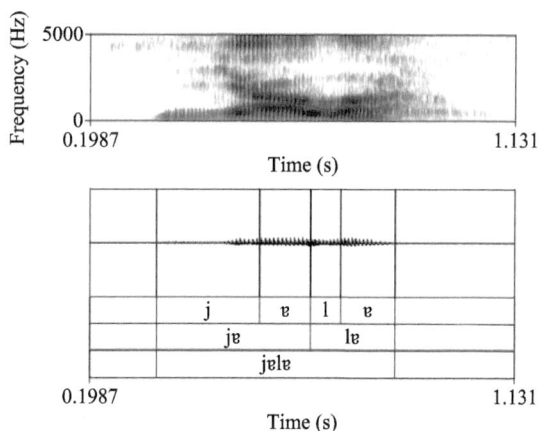

图 3.187 男发音人 [jɐlɐ] "罪行" 一词的三维语图和三层标注实例

3.3 共振峰分布模式

表 3.129 为男、女发音人 [j] 辅音声学参数统计表。图 3.188 为男、女发音人 [j] 辅音共振峰分布模式图。图 3.188 显示了 [j] 辅音三个共振

峰的频率波动范围。M：VF1 = 100 ~ 450Hz，VF2 = 1700 ~ 2600Hz，VF3 = 2100 ~ 4100Hz；F：VF1 = 300 ~ 500Hz，VF2 = 1700 ~ 3000Hz，VF3 = 2100 ~ 4100Hz；男、女发音人 [j] 辅音的 VF1 较集中，离散度较小。

表 3.129　[j] 辅音声学参数统计 （M&F）

	M					F				
	CD	CA	VF1	VF2	VF3	CD	CA	VF1	VF2	VF3
平均值	126	58.56	295	2091	3030	110	62.31	362	2404	3076
标准差	0.04	5.2	65.5	246.1	463.5	0.04	4.2	214.8	418.2	334.9
变异系数	32%	9%	22%	12%	15%	33%	7%	59%	17%	11%

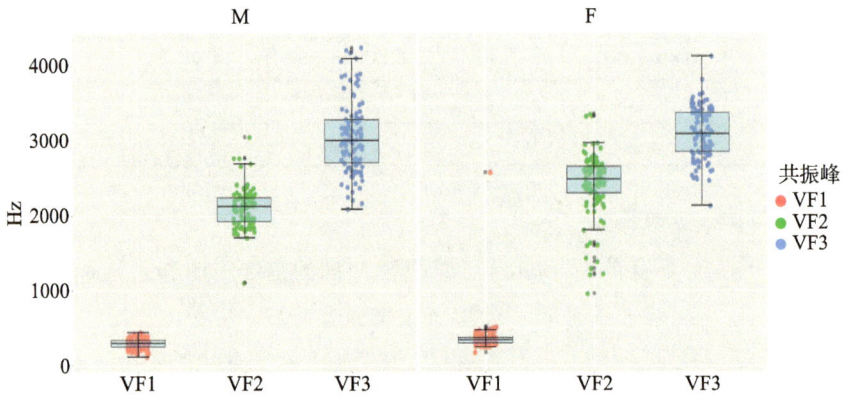

图 3.188　[j] 辅音共振峰分布模式 （M&F）

3.4　辅音声学参数与其所处语境之间的相关性问题

下面我们重点讨论辅音声学参数与其所处语境之间的相关性问题，主要涉及声学参数与其词中所处位置之间的相关性和声学参数与其后置元音音质之间的相关性。

3.4.1　声学参数与其词中所处位置之间的相关性

表 3.130~3.131 为在词中不同位置上出现的 [j] 辅音的声学参数统计表。图 3.189~3.191 为在词中不同位置上出现的 [j] 辅音的第一至第三共振峰频率、音长和音强参数均值比较图。从图 3.189 ~ 3.191 中可以看出，[j] 辅音声学参数与其词中所处位置之间具有一定的相关性，在词首音节出现的 [j] 辅音的第二、第三共振峰频率均值比其在词中音节首出现的第二、第三共振峰频率均值相对高。

表 3.130　在词中不同位置上出现的 [j] 辅音的声学参数统计 （M）

位置	参数	N	CD	CA	VF1	VF2	VF3
词首	平均值	52	135	53.79	251	2224	3258
	标准差		0.05	2.6	52.5	235.7	385.8
	变异系数		34%	5%	21%	11%	12%
词中音节首	平均值	56	117	62.16	333	1973	2845
	标准差		0.03	3.1	51.8	202.5	463.3
	变异系数		28%	5%	16%	10%	16%
词中音节末	平均值	6	120	63.83	323	2061	2808
	标准差		0.03	1.3	56.8	176.9	270.2
	变异系数		23%	2%	18%	9%	10%
词末	平均值	2	162	66	293	2073	2936
	标准差		0.07	4.2	60.8	121.6	138.6
	变异系数		43%	6%	21%	6%	5%

表 3.131　在词中不同位置上出现的 [j] 辅音的声学参数统计 （F）

位置	参数	N	CD	CA	VF1	VF2	VF3
词首	平均值	50	114	59.16	364	2626	3240
	标准差		0.05	3.7	324.4	371.1	300.3
	变异系数		40%	6%	89%	14%	9%
词中音节首	平均值	57	105	64.30	356	2238	2983
	标准差		0.03	2.8	59	377	323
	变异系数		25%	4%	17%	17%	11%
词中音节末	平均值	12	117	66	378	2266	2840
	标准差		0.04	2.8	90.1	389.7	205.7
	变异系数		30%	4%	24%	17%	7%

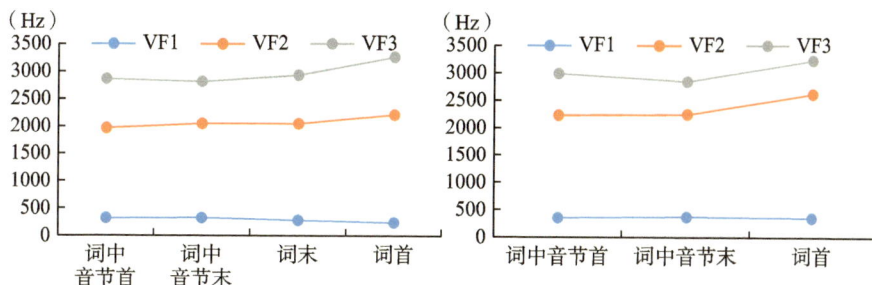

图 3.189　在词中不同位置上出现的 [j] 辅音的三个共振峰频率均值比较 （M&F）

（ms）

（ms）

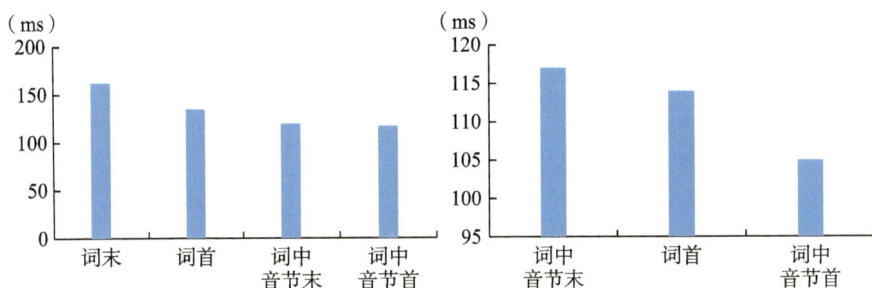

图 3.190　在词中不同位置上出现的［j］辅音的音长均值比较（M&F）

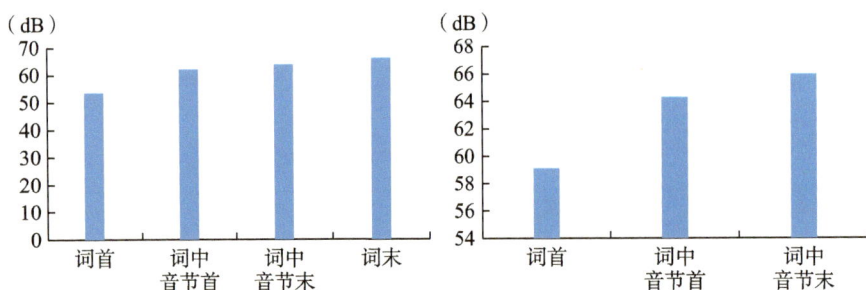

（dB）

（dB）

图 3.191　在词中不同位置上出现的［j］辅音的音强均值比较（M&F）

　　表 3.132 为用 sig（显著性）系数检验的［j］辅音的音长和第一至第三共振峰频率与其所出现的词中不同位置之间的相关性检验结果。可以看出，在词首—词中音节首位置上出现的［j］辅音的第二、第三共振峰频率均值具有显著性差异。

表 3.132　检验结果

	M				F			
	CD	VF1	VF2	VF3	CD	VF1	VF2	VF3
词首—词中音节首	0.24	.000	.000	.000	.193	.854	.000	.000

　　3.4.2　声学参数与其后置元音音质之间的相关性

　　表 3.133 为在词首不同元音之前出现的［j］辅音的声学参数统计表，图 3.192～3.194 为在词首不同元音之前出现的［j］辅音的音长、音强和共振峰频率均值比较图。从表 3.138 和图 3.192～3.194 中可以看出，声学参数与其后置元音音质之间没有相关性。

表 3.133　在词首不同元音之前出现的［j］辅音的声学参数统计（M&F）

S	CD	CA	VF1	VF2	VF3	S	CD	CA	VF1	VF2	VF3
ja	136	53.78	270	2194	3327	ja	98	59.47	349	2650	3221
ji	110	53.22	208	2259	3472	ji	102	56.78	547	2728	3328
ju	135	54	245	2403	2804	ju	137	59.67	264	2587	3181
jɔ	141	55	291	2218	3173	jɔ	123	57.80	294	2678	3410
jə	121	55	207	2340	3052	jə	102	60	304	2573	3018
jʊ						jʊ	169	60	264	2527	3011

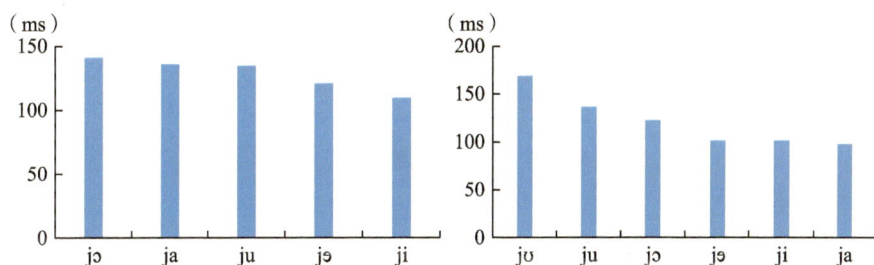

图 3.192　在词首不同元音之前出现的［j］辅音的音长均值比较（M&F）

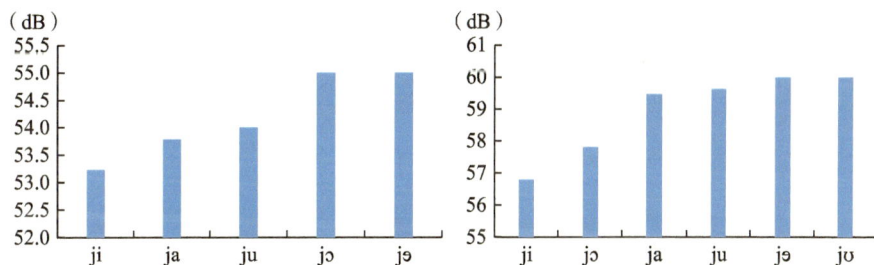

图 3.193　在词首不同元音之前出现的［j］辅音的音强均值比较（M&F）

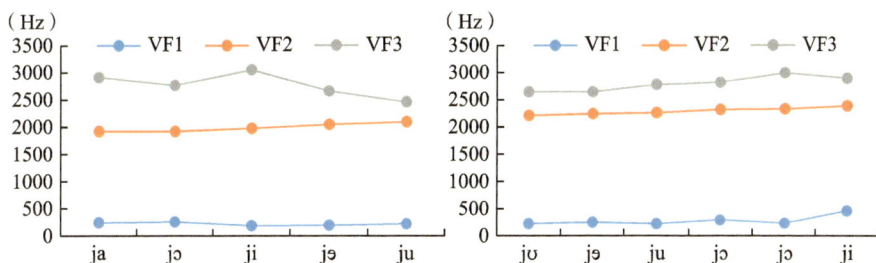

图 3.194　在词首不同元音之前出现的［j］辅音的三个共振峰频率均值比较（M&F）

4. /w/辅音

/w/辅音在布里亚特语语音声学参数数据库中共出现 4 次。其中在男发音人语料中只出现 1 次，在女发音人的语料中出现 3 次。为此，本书暂不讨论该辅音。

四 腭化辅音

在布里亚特语标准音语音声学参数数据库中出现了以下/bʲ、gʲ、nʲ，mʲ，lʰ，rʲ，xʲ，ʃʲ/8 个腭化辅音。这些腭化辅音只在男发音人的语料中出现，并且出现频率较低。本项研究以男发音人语料为例，探讨腭化辅音的相关特点。

与元音相比，辅音的声学特征表现较复杂，较难量化。为了更准确描写布里亚特语腭化辅音的声学特征，我们采取了以下方法：对比了腭化辅音和非腭化辅音的三位语图和它们的后接元音的第一、第二共振峰频率（F1，F2）走势。

（一）腭化辅音和非腭化辅音的三位语图比较

图 3.195~3.200 为腭化辅音和非腭化辅音三位语图和三层标注实例。请比较每两张对比图中，用四方块标记的部分。

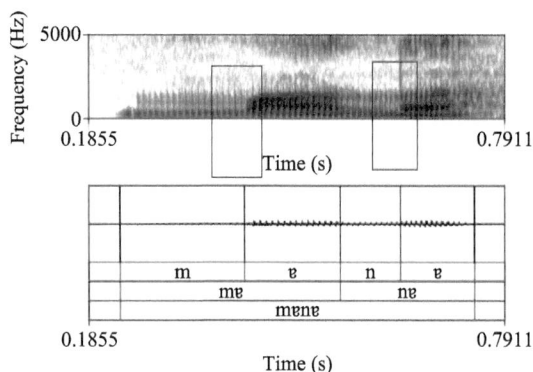

图 3.195 男发音人［mɐnɐ］"守护"一词的三维语图和三层标注实例

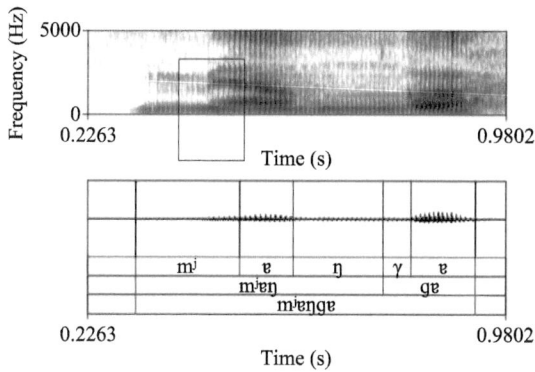

图 3.196 男发音人 [mʲɐ̃ɣɐ] "千" 一词的三维语图和三层标注实例

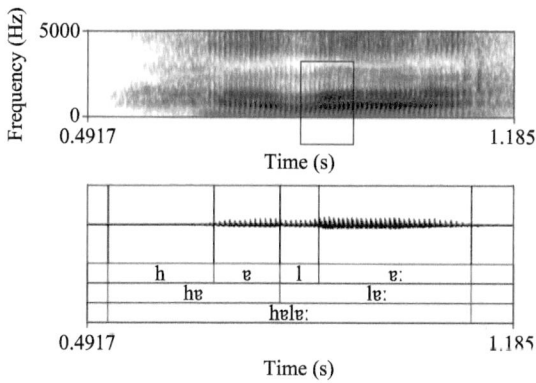

图 3.197 男发音人 [hɐlɐː] "分支" 一词的三维语图和三层标注实例

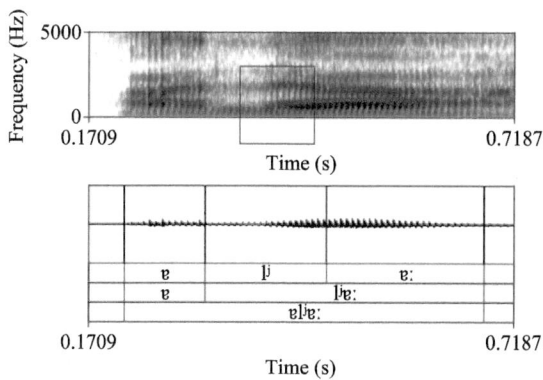

图 3.198 男发音人 [ɐlʲɐː] "淘气的" 一词的三维语图和三层标注实例

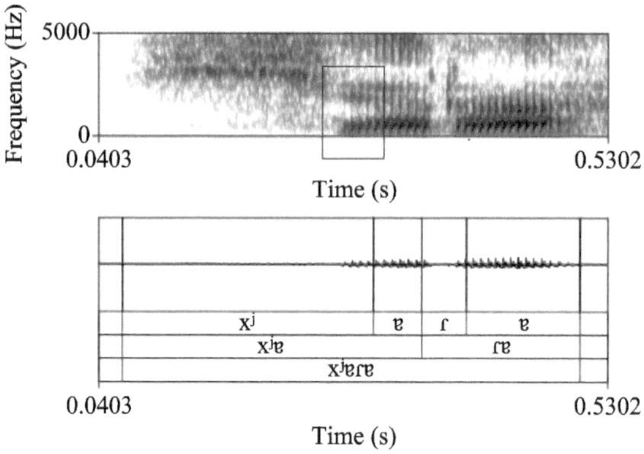

图 3.199　男发音人 [xʲɐɾ̥ɛ] "斜坡" 一词的三维语图和三层标注实例

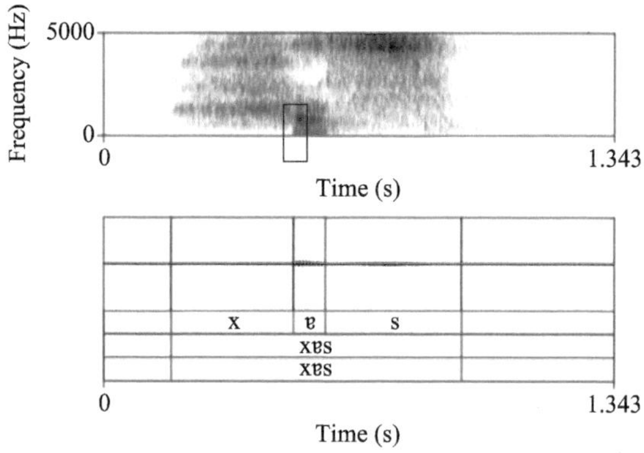

图 3.200　男发音人 [xɐs] "玉" 一词的三维语图和三层标注实例

从上述图中可以看出，所有腭化辅音的后续元音的第一、第二共振峰频率（F1、F2）都明显扰动，它们的后续元音的 F1 频率明显下降，F2 频率明显上升。显然，从三维语图是上我们较容易辨别出腭化辅音和非腭化辅音。重点是要看辅音后续元音的第一、第二共振峰频率（F1、F2）的变化。

（二）后续元音的共振峰走势比较

我们绘制了腭化辅音和非腭化辅音后续元音的 F1（第一共振峰）和 F2（第二共振峰）走势，见图 3.201~3.204。

图 3.201~3.204 显示，在腭化辅音后续元音开头的 1/2 时间段，因受腭化的影响辅音后续元音的 F1 频率明显下降，F2 频率明显上升，说明其后续元音的舌位显著抬高并前移。而非腭化辅音后续元音的第一、第二共振峰

频率（F1、F2）不会有明显的波动，基本上保持平稳。

　　显然，辅音腭化的主要声学表现是其后接元音的第一、第二共振峰频率（F1、F2）的上下波动。也就是说，辅音后续元音第一、第二共振峰频率（F1、F2）的明显波动是辅音腭化与否的重要声学线索，可以作为判断辅音腭化与否的重要标准。

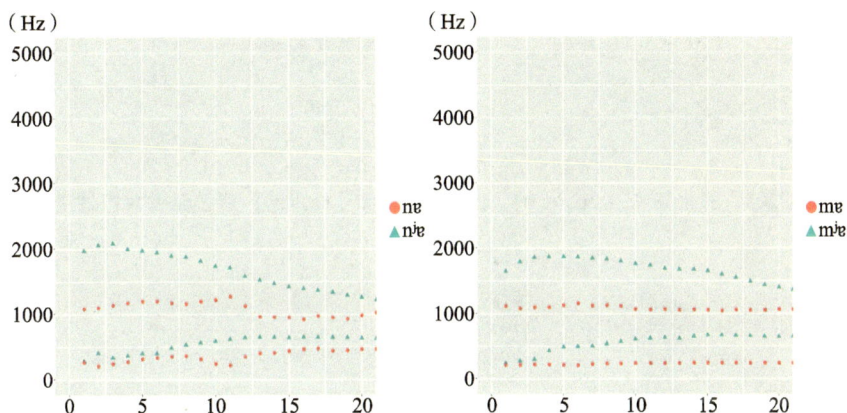

图 3.201　腭化辅音［nʲæ，mʲæ］和非腭化辅音［næ，mæ］后续元音共振峰走势

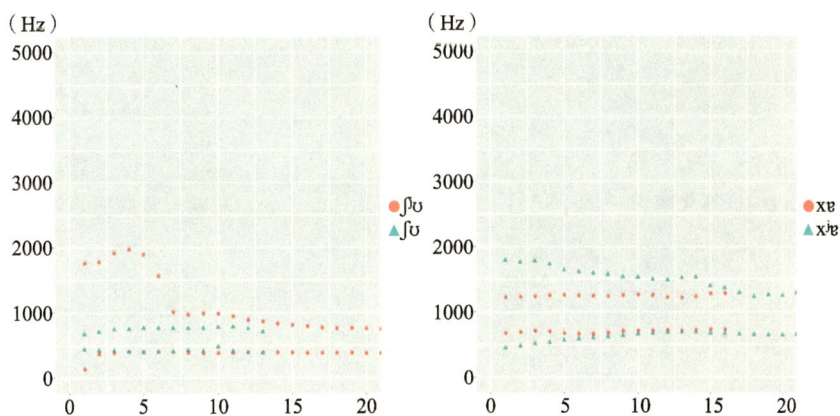

图 3.202　腭化辅音［ʃʲʊ，xʲæ］和非腭化辅音［ʃʊ，xæ］后续元音共振峰走势

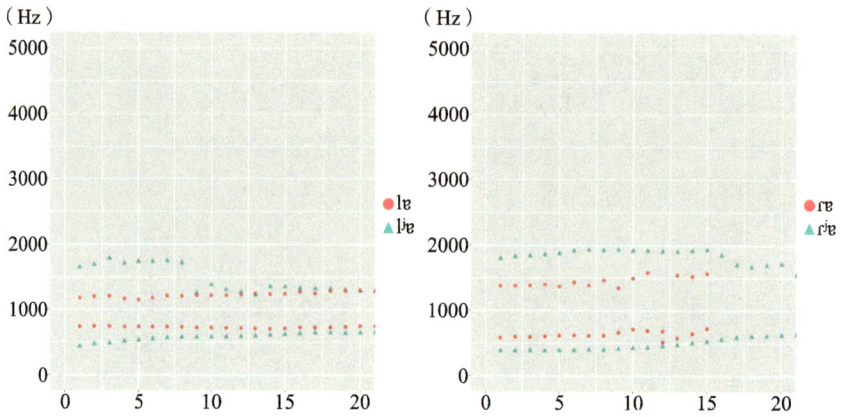

图 3.203　腭化辅音 [lʲɐ，rʲɐ] 和非腭化辅音 [ɾɐ，rɐ] 后续元音共振峰走势

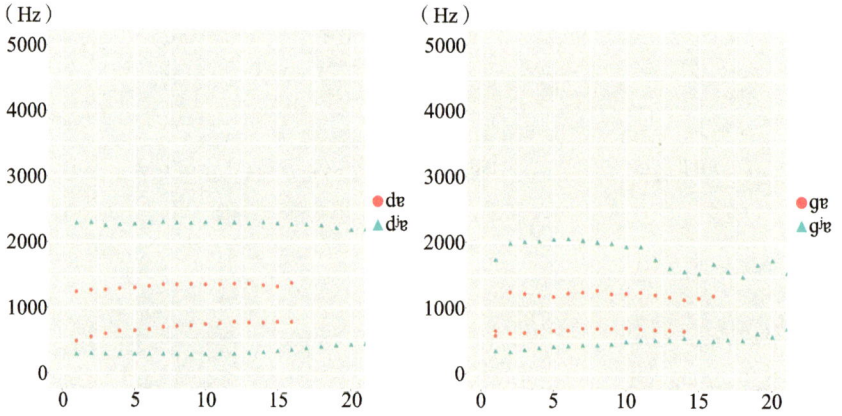

图 3.204　腭化辅音 [dʲɐ，gʲɐ] 和非腭化辅音 [dɐ，gɐ] 后续元音共振峰走势

第四章

布里亚特语音系特点

一　元音音系特点

（一）词首音节短元音音位及其变体在声学空间中的分布特点

1. 总体格局

我们从图 4.1 中可以看到，布里亚特语词首音节短元音音位及其变体在声学空间中的总体格局：

前后 2500~500Hz；高低 240~900Hz（M）；

前后 3000~500Hz；高低 200~1200Hz（F）。

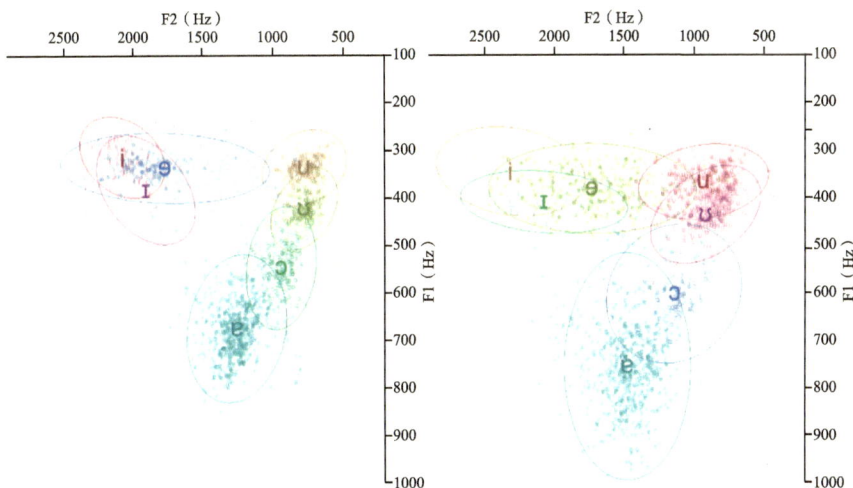

图 4.1　布里亚特语词首音节短元音音位在声学空间中的分布（M&F）

1.1 舌位格局

图 4.1 显示，布里亚特语词首音节短元音在舌位高、低维度上可以分高（［i, u］），中（［ɘ, ɪ, ʊ, ɔ］），低（［ɐ］）三个层级；在舌位前后维度上可以分前（［i, ɪ］），央（［ɐ, ɘ］），后（［ɔ, u, ʊ］）三个层级，是较典型的"三三格局"。另一个特点是以/i, ɐ, u/为极端元音的"倒三角形"格局。这是蒙古语族语言方言土语（话）乃至满—通古斯语族语言的一个比较典型的特点。

1.2 阴阳格局

阴阳元音在舌位高低（开口度）维度上有其相对固定的分布位置，即阴在上（［i, u, ɘ］），阳在下（［ɐ, ʊ, ɔ, ɪ］）（请见图 4.1）。

2. 小结

仅从声学语音学的视角看，布里亚特语元音的演变主要与其自身的发音机制（内因）和语境（外因）以及规则的绝对性和相对性有关。

（1）"倒三角形格局"确保了语言方言土语（话）元音演变的相对稳定性。

（2）音位之间的对立关系是绝对的，而不同音位变体之间的关系是相对的，即音位层面的关系是绝对的，而变体层面的关系是相对的；语音属性和规则一方面会不断发展和完善，这是其绝对性，另一方面会逐渐松动和消失，这是其相对性。"阴阳对立"是布里亚特语元音的一种属性（属性层面），而"元音和谐律"是这种属性在具体语言中的表现形式（规则层面）。其中，属性层面的关系是绝对的，而规则层面的关系是相对的。

二　辅音音系特点

（一）浊塞音和清塞音共振峰在声学空间中的分布格局

本节对布里亚特语词首和词中音节首清、浊塞音的无声空间（GAP）、嗓音起始时间（Voice Onset Time，VOT）和强频集中区（本书称作辅音共振峰，用 CF1~CF3 标记）等声学参数进行统计分析的基础上，探讨了它们在词中各位置上的出现频率、第 1~3 共振峰分布格局、声学空间中的分布模式以及这些模式与塞音、塞擦音发音方法和发音部位之间的关系问题。

1. 浊塞音和清塞音共振峰分布格局

表4.1男、女发音人词中音节首塞音、塞擦音的共振峰频率均值统计表。为图4.2为根据表4.1绘制的 [b，tʰ，d，g] 辅音三个共振峰分布模式图。从上述图表中可以看到，布里亚特语 [b，tʰ，d，g] 辅音的三个共振峰相互分离并分散到高、中、低三个区域（CF1之间的差异相对小），[b] 双唇音塞音居低位区，[tʰ]、[d] 等齿区塞音，集聚在高位区；硬腭区塞音 [g]，独自位居中位区。总体格局是"清塞音在上，浊塞音在下"。这种区域分布具有一定的语言学意义。

表4.1 词中位置塞音、塞擦音的共振峰值频率均值统计（M）

单位：Hz

	M			F		
	F1	F2	F3	F1	F2	F3
b	430	1603	2597	530	1805	2882
tʰ	750	1802	2846	848	1937	3081
d	641	1777	2888	733	733	3069
g	595	1569	3026	621	1662	3056

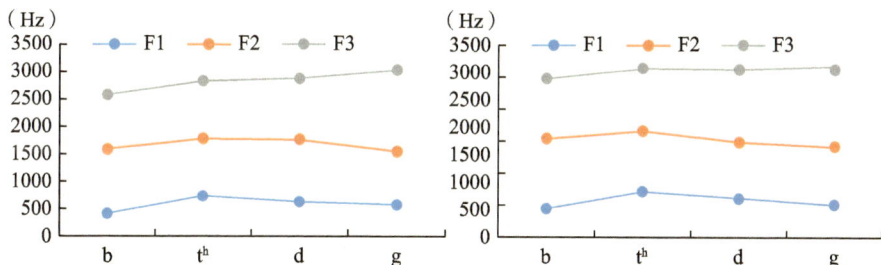

图4.2 [b，tʰ，d，g] 辅音的三个共振峰分布模式（M&F）

2. 小结

布里亚特语清塞音和浊塞音主要以单辅音形式出现在词首、词中（音节首、音节末）和词末等位置。其中，在词首和词中音节首出现的比例远大于词中音节末和词末出现的比例。

布里亚特词首 [b，tʰ，d，g] 等清塞音和浊塞音的三个共振峰相互分离，并分布于高、中、低三个区域，形成"清塞音在上，浊塞音在下"格局。这种格局与它们自身的发音方法具有一定的相关性。

（二）清擦音谱特征分布特点

1. 词首 [s，ʃ，x，h，z，ʒ] 的谱特征分布

近年来，用实验语音学的理论和方法研究蒙古语族语言 [s，ʃ，x，h，z，ʒ] 等清擦音的论著逐渐增多了。其中，在声学研究方面主要使用的参数为强频集中区（Concentrated Frequency Area），又称辅音共振峰（CF）。本书中用 CF1～CF3 和 VF1～VF3 等标记清浊辅音 3 个共振峰。表 4.2 为男性发音人词首清、浊擦音共振峰和谱参数均值统计表。图 4.3 为根据参数库绘制的所有词首 [s，ʃ，x，h，z，ʒ] 的谱重心—谱偏移量（离散度）分布图。从表 4.2 和图 4.3 中可以看出，在以 COG 和 STD 为坐标轴的两个维度声学空间，布里亚特语词首 [s，ʃ，x，h，z，ʒ] 等清浊擦音具有各自的分布范围，[s] > [ʃ] > [x] > [h] = [z] > [ʒ]。

表 4.2　词首清、擦音谱参数平均值统计（M）

	CD	F1	F2	F3	COG	Dispersion	SKEW
z	148	359	1780	3349	597	1092.8	12
ʒ	124	754	2109	3031	805	1071	5
h	137	753	1483	2610	808	674.85	9
s	195	1175	2259	3586	6536	2033	-1
x	194	892	1631	3050	1378	1249.84	5
ʃ	198	1459	2526	3091	3651	1216.99	1

上述分析说明，COG 参数与清擦音的发音部位之间具有较好的相关性，利用它们能够有效区分不同清擦音的发音部位，说明这些参数具有语言学意义；而 COG 参数未能区分男发音人的 [z，ʒ] 两个浊擦音。有关这一问题有待进一步研究。

我们所利用的语音声学参数均为自动标注和自动提取的。为此，有必要检验我们采用的辅音的音长、共振峰频率均值和谱特征等参数与清、浊擦音发音部位之间的相关性问题。也就是说，这些参数能否区分不同发音部位清、浊擦音的问题。表 4.3 为用 sig（显著性）系数检验的清擦音音长、共振峰频率均值和谱特征参数与发音部位之间的相关性检验结果。可以看出，清擦音的音长、共振峰频率均值和谱特征等参数与其发音部位之间，除音长外基本上都存在显著性差异（请见表 4.3 中的涂黄部分）。

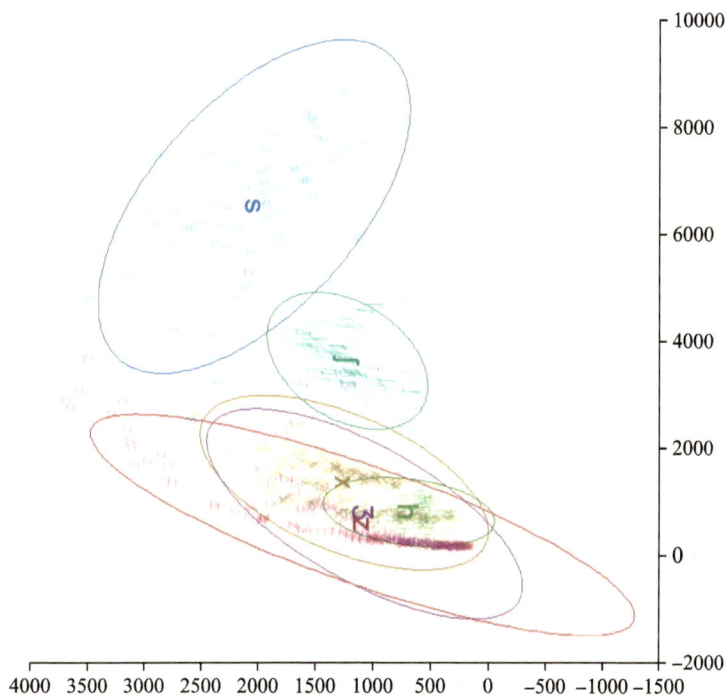

图 4.3 词首清擦音谱重心-谱偏移量分布图示例（标记处为均值，M）

表 4.3 检验结果

		CD	CF1	CF2	CF3	COG	Dispersion	SKEW
					sig			
x	s	1.000	.000	.000	.000	.000	.000	.123
	ʃ	.992	.000	.000	.732	.000	.961	.000
	h	.000	.000	.067	.000	.000	.000	.300
s	ʃ	1.000	.000	.000	.000	.000	.000	.000
	h	.000	.000	.000	.000	.000	.000	.000
ʃ	h	.000	.000	.000	.000	.000	.000	.000

2. 词首 [n，m，l，j] 辅音谱特征分布特点

与 [s，ʃ，x，h，z，ʒ] 等清擦音相比 [n，m，l，j] 等浊辅音虽然有其自身的共振峰（VF）模式，但从声学三维语图上较难辨认 [n，m] 等两个辅音。为此，我们在最新参数库中，也增加了浊辅音的 COG、Dispersion 和 SKEW 等参数。表 4.4 为男发音人词首浊辅音的音长、第一至第三共振

峰频率和谱参数均值统计表。图4.4~4.6为根据表4.4绘制的［n，m，l，j］等浊辅音音长和第一至第三共振峰频率均值图。图4.6为根据表4.4绘制的［n，m，l，j］等浊辅音谱重心—谱偏移量（M均值）分布图。

表4.4　词首浊辅音谱参数平均值统计（M）

	统计项	CD	VF1	VF2	VF3	COG	Dispersion	SKEW
n	平均值	117	195	1415	2766	173	229.36	32
m	平均值	115	197	1643	2919	169	226.31	34
l	平均值	130	336	1202	2884	233	239.25	23
j	平均值	135	251	2224	3258	208	305.71	22

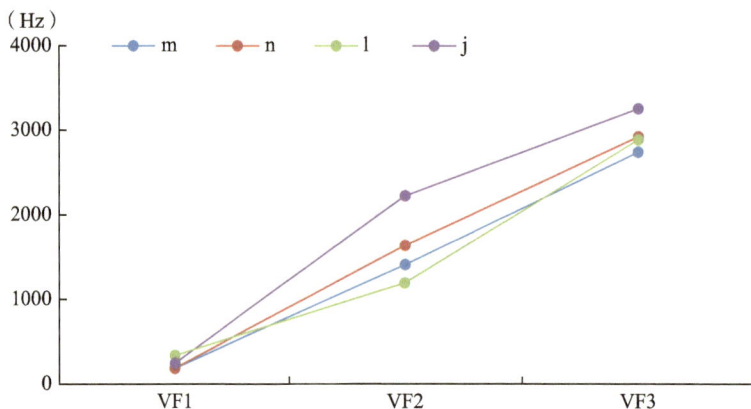

图4.4　词首浊辅音三个共振峰分布模式比较（M）

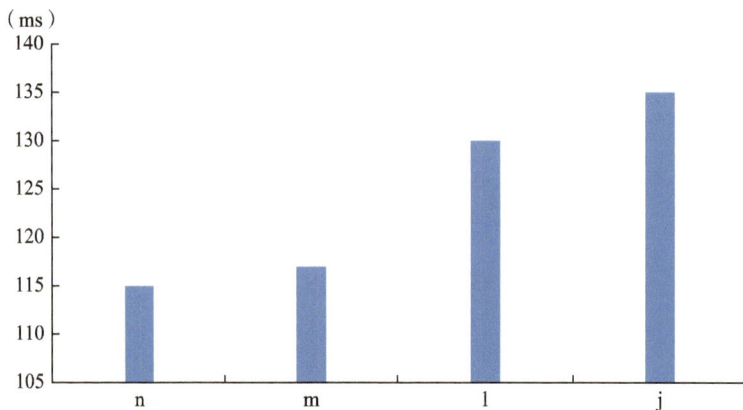

图4.5　词首浊辅音音长比较（M）

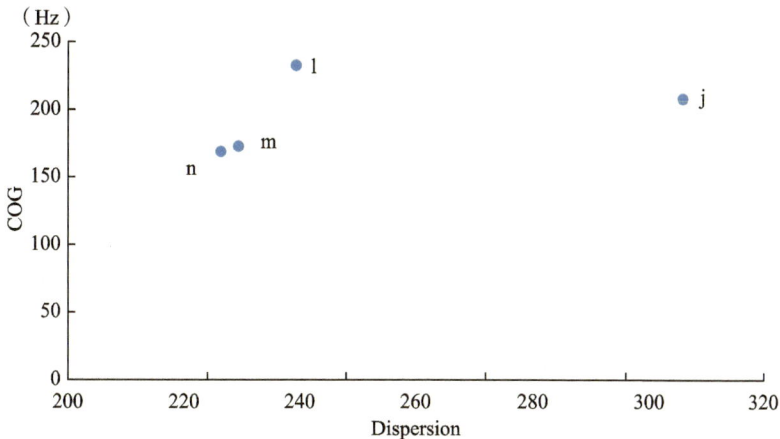

图 4.6 词首浊辅音谱重心—谱偏移量分布图示例（M）

词首［n，m，l，j］等浊辅音的 1~3 个共振峰分布比较图显示，［n→m→j］的第二共振峰逐渐上升。［l］的第二共振峰较特殊，最低。这不符合第二共振峰（VF2）与舌位前后有关的理论。这是否与其边音特点有关，有待进一步研究（请见图 4.4）。谱重心—谱偏移量（均值）分布图显示，除［n，m］外，该参数能区分浊擦音（请见图 4.6）。

表 4.3 为用 sig（显著性）系数检验的浊辅音音长、共振峰频率均值和谱特征参数与发音部位之间的相关性检验结果。可以看出，浊辅音音长、共振峰频率均值和谱特征参数与发音部位之间具有一定的相关性，第一共振峰频率均值、COG 和 SKEW 等参数与浊辅音发音部位之间存在显著性差异（除［m，n］外）（请见表 4.5 中的涂黄部分）。

表 4.5 辅音检验结果

共振峰		M						
		VF1	VF2	VF3	CD	COG	Dispersion	SKEW
		显著性	显著性	显著性	显著性	显著性	显著性	显著性
n	m	.911	.006	.069	.969	.441	.996	.680
	l	.000	.003	1.000	.251	.000	.794	.000
	j	.000	.000	.000	.036	.000	.000	.000
m	l	.000	.278	.402	.428	.000	.896	.000
	j	.000	.000	.000	.094	.000	.000	.000
l	j	.000	.000	.004	.940	.045	.003	.871

3. 小结

COG、STD 和 SKEW 等三个参数相对稳定，与辅音的发音方法和清辅音发音部位具有较好的相关性，能够有效区别不同的清擦音，具有语言学意义。如，一般来说，部位越靠后 COG 和 STD 的值越小，部位越靠前 COG 和 STD 值越大（其中 COG 的变化较明显）。与之相反，部位越靠后，SKEW 值越大，部位越靠前，SKEW 值越小。该三个参数与浊辅音发音部位之间的也有较好的相关性，能够有效区别不同的浊擦音。

根据谱重心参数（COG），把布里亚特语词首清辅音可以分高、中、低三类。其中，［s］的谱重心最高，［ʃ］居中，［x］次低，［h］最低（1000Hz）。显然，布里亚特语词首清辅音谱特征与蒙古语和汉语普通话的［s，ʂ（ʃ），x，h］等清擦音相似。在分散度和分布范围方面与蒙古语清擦音谱特征相同。布里亚特语清擦音谱重心高低与分散度之间没有相关性。例如，［s］的谱重心虽然最高，但其谱分散度相对大。

通过分析［s，ʃ，x，h］和［n，m，l，j］等辅音的谱参数分布规律，以下得出如下初步结论：

（1）COG、STD 和 SKEW 三个参数相对稳定，能够有效区别布里亚特语辅音的浊辅音［n，m，l，j］和不同发音部位的清擦音［s，ʃ，x，h］，具有语言学意义。

（2）清辅音的 COG 和 STD 值都明显大于浊辅音，而其 SKEW 值则小于浊辅音；边音［l，j］的 COG 值总是比鼻音［n，m］的 COG 值大。

（3）COG、STD 和 SKEW 值与清辅音发音部位之间具有较好的相关性。部位越靠后 COG 和 STD 值越小，部位越靠前 COG 和 STD 值越大（其中 COG 的变化较明显）。与之相反，部位越靠后 SKEW 值越大，部位越靠前 SKEW 值越小。

（4）COG、STD 和 SKEW 值与浊辅音发音部位之间较好的相关性，能够区别不同的浊辅音。

（5）根据 COG 值，把布里亚特语词首清辅音可以分高（［s］）、中（［ʃ］）、次低（［x］）、低（［h］）四类。

（6）与谱参数相比，辅音共振峰（CF）与布里亚特语辅音发音部位之间的相关性较差，较难区分不同发音部位的辅音。

| 第五章 |
布里亚特语音节声学特征

一　音节理论综述

　　在音节定义问题上，学者们的分歧较大。下面简单介绍一下几个具有代表性的观点。第一，元音说。元音说是古希腊人最早提出的。他们将音节定义为"由一个元音或一个元音和几个辅音联合构成的语音单位"。古印度则认为，"有多少个元音就有多少个音节"。但是实际上，有的音节根本没有元音。例如，英语"film"（胶卷）中虽然只有一个元音，但音节却是2个。第二，呼气说。呼气说是奥地利语言学家斯托尔姆（J. Storm）提出的。他认为"音节是一组用一次呼气发出来的声音。……说话时有多少次呼气就有多少个音节。呼气力最弱的地方就是音节的分界线"。但是日常说话，谁也不会发一个音就呼一次气。第三，响度说。响度说是丹麦语言学家叶斯柏逊等人提出的。他把音素按照声音的响度分成8级，最响的地方就是音节的中心，响度最低的地方就是音节的分界线。第四，紧张度说。紧张度说是法国语言学家格拉蒙（M. Grammot）和苏联的谢尔巴提出的。这种学说按照发音时肌肉的紧张程度的变化来划分音节。肌肉每次由紧张到放松构成一个音节，最紧张的地方就是音节的中心。

　　尽管音节的定义较多，但迄今没有一个定义被验证为恰当的。可以说音节是易理解但难以解释的单元。按着R. L. Trask的说法，它是一个基本的但难以捉摸的音系单位。……尽管本族语使用者通常觉得很容易决定在一个给定的词或话语中有几个音节，尽管以音节为基础的书写系统已使用几千年，尽管口误为音节的心理真实性提供了丰富的证据，但事实证明音节极难定义。如今有两种研究方法占统治地位：（1）音节是一个神经程序的单位，尽管没有一个单一的语音上的对应物，但它可由听话者从大量线索中重新组建；（2）音节是纯音系单位，每一个单位包括一个固有的响度峰，尽管对像英语 spit 这样有两个峰的词要做一些修改（R. L. Trask 1996）。

二　布里亚特语音节特点

本书不对音节的定义和理论做进一步的阐述。而是根据学者们的阐述以及我们对音节的理解，归纳布里亚特语与音节相关的问题。

首先，布里亚特语可以采用以下音节定义："音节是语流中最小的发音单位，也是从听觉上能够自然辨别出来的最小的语音单位。一个音节中可以只包含一个音段，也可以包含几个音段。"（邢公畹，1995）音节具有物理、生理和社会等属性。

其次，语音四要素在布里亚特语音节中的作用。音节是语音四要素的统一体，四要素是构成音节的因素。布里亚特语音节包含了具有辨义作用的音长这一要素。对布里亚特语来说音色和音长是最重要的，因为他俩具有辨义作用或功能。其他两个要素音高和音强的作用不明显。

再次，基本音节与一般音节问题。根据语音四要素地位的不平等性，我们可以把音节中只考虑音色因素，由音素所构成的音节称为基本音节，以便与一般音节即在基本音节基础上还涉及音高、音强和音长等其他非音质因素的音节相区分。就汉语而言，基本音节就是不带声调的音节，带声调的音节是一般音节（米嘉瑷，2006）。布里亚特语音节可以分为基本音节和一般音节。基本音节是只考虑音色因素，由音素所构成的音节，如 [kʰen]、[kʰes] 等，而一般音节是在基本音节基础上还涉及音长的音节，如 [tʃun]~[tʃuːn] 等。

最后，音节与节位问题，音系音节（phonological syllable）与语音音节（phonetical syllable）问题。音系音节的概念并不是全新的。雅克布孙（R. Jacobson）曾经使用过。最早可追溯到俄国人波利万诺夫（Polivanov）及伊万诺夫（Ivanov）所论之"音节"与"音节的节位观念"。格拉蒙（1933）认为，音系音节为理论上的、典型的、生理上正规的音节。语音音节为在语音上偶然显示某种不规则特性的音节。其实，音节本身兼具语音性质和音系性质的单位。他在语音上表现为发音活动与音响的一次加强，在音系上又以其特定的形式隶属于一定语言的语音系统（没有"超语言的音节"）。其语音表现形式（语音音节）与音系形式（音系音节）在多数情况下是统一的。但音节的音系形式是固定的，而其语音表现形式却可以在语流中发生一定的变化。比如，连读可以造成音节界限的移动和音节变形，有时可以出现双属辅音（ambisyllabic consonant），不同程度的连读可以造成多种不同的音节变形，这些变形都是非区别性的，它们显然与变形之前的音节形式有所龃龉。正是基于对此种事实的考虑，人们认为有必要对音系音节与语音音节加以区分（史延恺，1986）。

我们在多年的语音实验研究中也意识到了音节的复杂性。在尚未读到上述文章之前，作者也曾提出"音节"与"音节位"的概念，如：

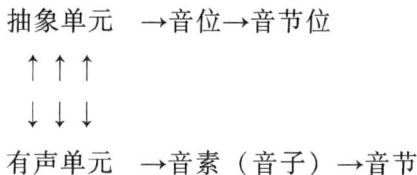

抽象单元　→音位→音节位

　↑↑↑

　↓↓↓

有声单元　→音素（音子）→音节

有声单元和抽象单元的区别：

（1）有声单元是语言的存在形式（把某种语言或方言的语音从小单元到大单元可以分成：音素→音节），抽象单元是对有声单元进行简单化、抽象化、系统化的结果。

（2）有声单元远远多于抽象单元。

（3）有声单元和抽象单元都是针对某一语言或方言的，而不是跨语言和方言的。有声单元和抽象单元的关系是约定性的、固定性的。如，布里亚特语口语音节的类型较多且较复杂。从我们布里亚特语语音声学参数数据库里的统计结果看有：V、VC、VCv、VV、VVC、CV、CjV、CVC、CjVC、CVCv、CVCC、CVV、CVVC、CjVVC、CjVV、CVVCv16 种音节类型，但我们可以把它们归纳成 V、VC、CV、CVC4 个音节位。

为了能够使我们的观点与国际接轨，我们可以采用音系音节与语音音节概念，以便代替我们原来提出的音节和音节位。如布里亚特语普通话有上述 16 种语音音节，有 4 种音系音节。

我们认为，（1）不能排除音节所包含的心理因素；（2）音节在声学上的表现是错综复杂的，一般用音长、音高和音强等参数可以较容易地划分音节，但这是相对的；（3）音节之间的短暂停顿是音节的重要信息。众所周知，布里亚特语是音节节奏语言，音节是布里亚特语最小的韵律单元。在音节边界处（音节之间）不出现塞音或塞擦音等有 GAP 的辅音的情况下，蒙古语者也能够感知到音节间的短暂停延。这与每个音节边界处前音节元音的延长有关。这符合韵律学理论。边界前音节元音的延长是在听感上音节间有短暂停延的重要原因之一。虽然，有上述诸多的音节理论，如，元音说、呼气说、响度说和紧张度说，甚至是突显论，但笔者认为应该把音节之间的停延作为音节定义的一个重要部分，这对于音节来说是绝不能忽视的因素。音节边界处前音节元音的相对延长可以作为区别音节的重要参数之一。

三　布里亚特语音节统计分析

布里亚特语口语音节可分为：V、VC、VCv、VV、VVC、CV、CjV、CVC、CjVC、CVCv、CVCC、CVV、CVVC、CjVVC、CjVV、CVVCv 16 种音节类型。以下是统计分析结果。

（1）一个音节中可以容纳 1~5 个音，非词首不出现以元音开头的音节。

（2）布里亚特语各类音节在词里的分布情况是：词首音节[①]的类型最多，共出现 16 种类型，其中出现频率最高的是 CV 音节（占所有词首音节的 47.4%），其次是 CVC 音节（占所有词首音节的 27.1%）；词中音节中，出现频率最高的是 CV 音节（占所有词中音节的 62%），其次是 CVC 音节（占所有词中音节的 35%）；词尾音节中，出现频率最高的是 CV 音节（占所有词尾音节的 58.6%），其次是 CVC 音节（占所有词尾音节的 31.9%）。显然，CV 和 CVC 音节是布里亚特语较活跃的音节。

从音系音节与语音音节的视角看，可以把 CV 和 CVC 音节认为是语音音节，是布里亚特语的主流音节。而把 CV 音节当作音系音节，是布里亚特语的核心音节。

---

① 词首音节中不包括单音节词，因为单音节词的音节类型及其出现频率与多音节词的词首音节有所不同。

第六章
布里亚特语单词韵律特征

一 布里亚特语单词韵律模式

我们首先把布里亚特语双音节词分成 S-S、S-L、L-L、L-S 四个类型；三音节词分成 S-S-S、S-S-L、S-L-S、S-L-L、L-L-L、L-L-S、L-S-L、L-S-S 八个类型。其中，S 代表短元音，L 代表长元音。另外，把长短元音分成开音节（O）和闭音节（C）。表 6.1~6.2 为按照上述方法分类统计的在布里亚特语语音声学参数数据库中出现的双音节词和三音节词统计表。

表 6.1 双音节词统计

	M				F			
	O-O	O-C	C-C	C-O	O-O	O-C	C-C	C-O
S-S	193	193	106	182	191	251	150	185
S-L	96	76	19	36	76	86	26	32
L-L	7	6	2	3	9	6	0	4
L-S	60	34	10	14	60	44	12	13

表 6.2 三音节词统计

	M		F	
	X-X-O	X-X-C	X-X-O	X-X-C
S-S-S	315	132	238	147
S-S-L	34	21	43	32
S-L-S	84	29	40	32

续表

	M		F	
	X-X-O	X-X-C	X-X-O	X-X-C
S-L-L	12	1	6	3
L-L-L	0	0	0	0
L-L-S	4	0	2	2
L-S-L	1	2	2	3
L-S-S	17	7	12	10

注：因在布里亚特语语音声学参数数据库中，三音节词的出现频率较低。为此，只把三音节词的词尾音节分为开音节（O）和闭音节（C）。

（一）音长分布模式

图 6.1~6.4 为男女两位发音人的在双音节和三音节词中的元音音长均值分布模式示意图，我们采用了百分比（Perceptional ratio in percentages）和数值比（Numerical ratio）表示法。

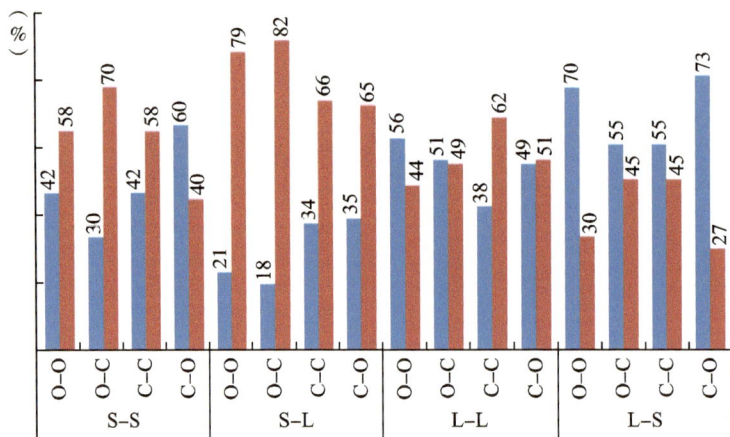

图 6.1　双音节词的元音音长分布模式（M）

从图 6.1~6.2 上我们可以看到，（1）词首音节元音的音长比词尾音节元音的音长相对长的双音节词有以下几个类型词。如，S-S 类词中的 C-O 类词：60：40（M，F）；L-L 类词中的 O-O 类词：56：44（M），57：43（F）；O-C 类词：51：49（M）；C-O 类词：58：42（F）；（2）其余类大部分双音节词中的词首音节元音的音长都比词尾音节元音的音长相对短。

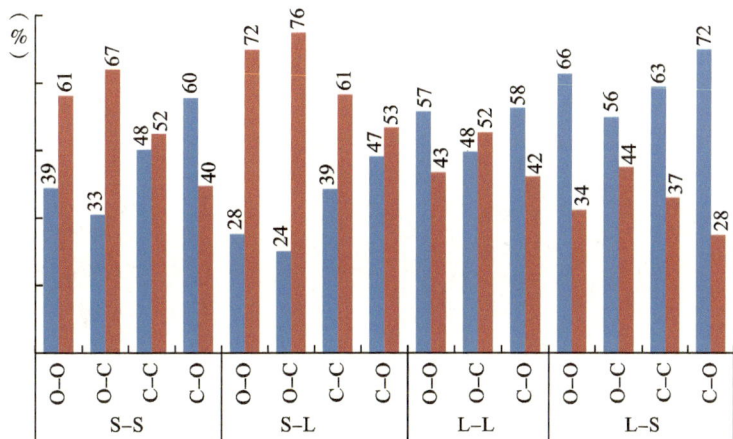

图 6.2　双音节词的元音长度分布模式（F）

从图 6.3~6.4 上我们可以看到：（1）词尾音节元音音长比词首音节和词中音节元音音长相对长的三音节词有以及几个类型词。如，S-S-S（女发音人词腹音节长），S-S-L，S-L-L 中 S-L-O（男），S-L-O（女），L-S-L（男）；（2）词首音节元音音长比词尾和词中音节元音音长相对长的三音节有以下几个类型词：L-L-S（男），L-S-L（女），L-S-S；（3）词中音节元音音长比词首和词尾音节元音音长相对长的三音节词有以下几个类型词，S-L-S，S-L-L 中 S-L-C（男），S-L-O（女），L-L-S 中的 L-L-O（女）。

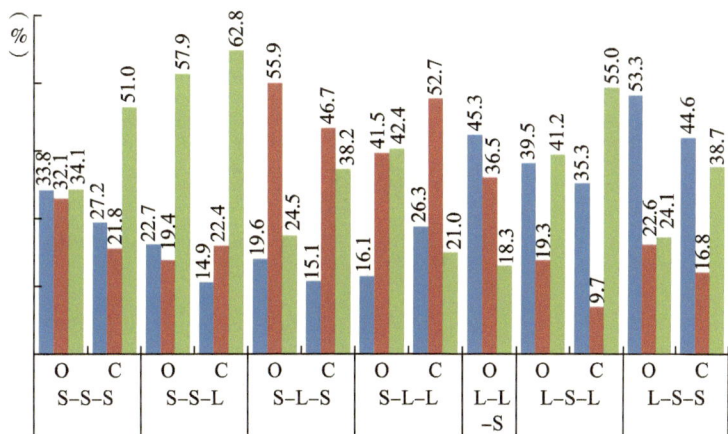

图 6.3　三音节词的元音长度分布模式（M）

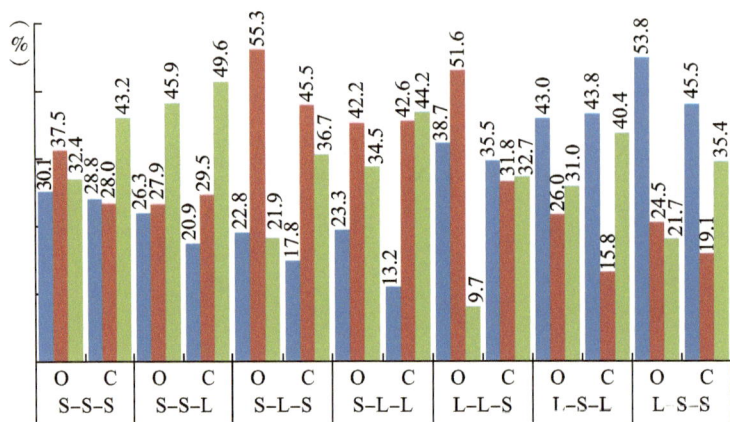

图 6.4　三音节词的元音长度分布模式（F）

（二）音高分布模式

图 6.5～6.12 为两位发音人的双音节和三音节词中的音高均值分布模式
示意图。为了能够有效区别双音节词和三音节词中的音高分布模式，我们
把双音节和三音节词音高模式分成了两部分，即词首音节含有短元音的音
节词音高分布模式和词首音节含有长元音的音节词音高分布模式。从图

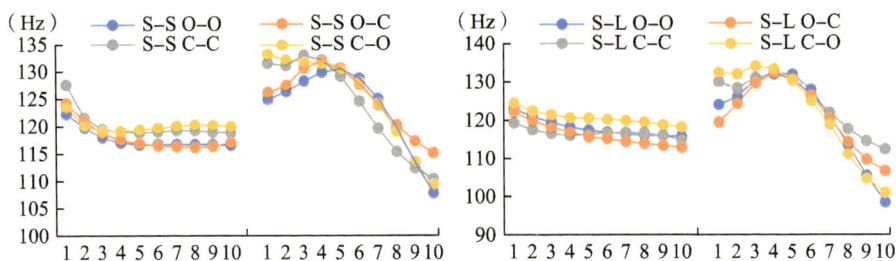

图 6.5　双音节词的音高分布模式（M）

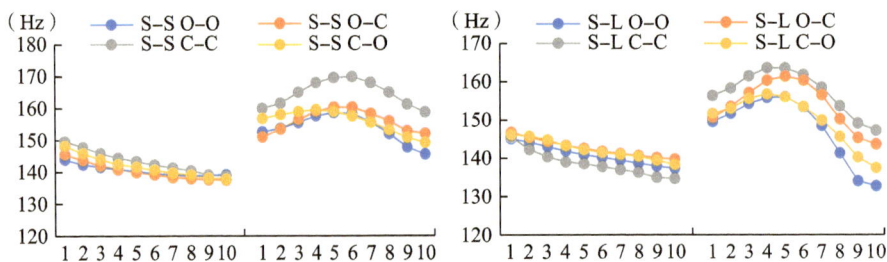

图 6.6　双音节词的音高分布模式（F）

6.5~6.8 中可以看到，（1）S-S、S-L、L-L、L-S 类双音节词具有典型的
"L-H 模式"（低—高模式）；（2）双音节词音高分布模式的特点是"前音
节平稳，后音节呈抛物线或斜线"。

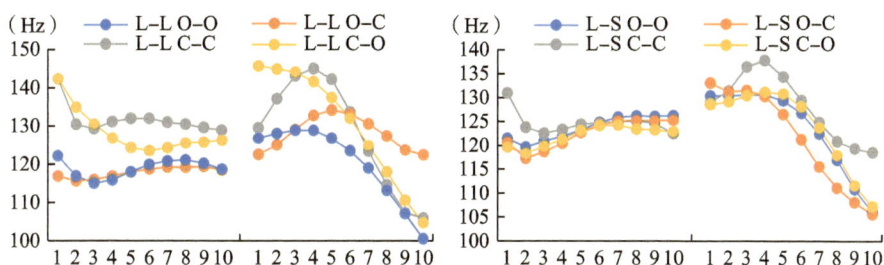

图 6.7　双音节词的音高分布模式（M）

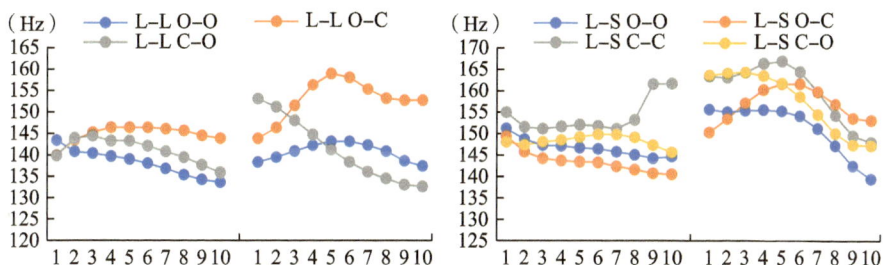

图 6.8　双音节词的音高分布模式（F）

从图 6.9~6.10 中可以看到，S-S-S，S-S-L，S-L-S，S-L-L 类三音
节词具有典型的"L-L-H 模式"（低—低—高模式），音高分布特点是"词
首，词中音节平稳，词尾音节呈抛物线或斜线"。

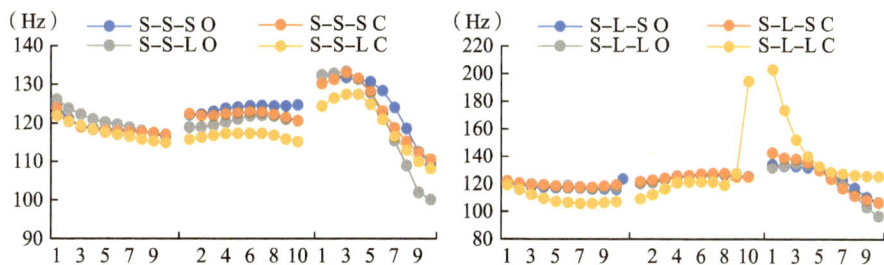

图 6.9　词首含有短元音的三音节词的音高分布模式（M）

从图 6.11~6.12 中可以看到，L-L-L、L-L-S、L-S-L、L-S-S 类三
音节词，具有典型的"L-L-H 模式"（低—低—高模式），音高分布特点是
"词首，词中音节平稳，词尾音节呈抛物线或斜线"。

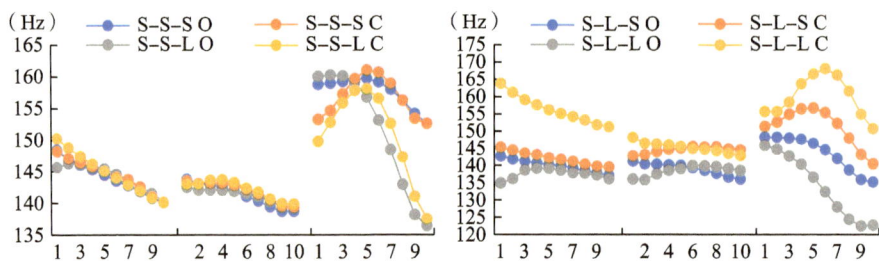

图 6.10 词首含有长元音的三音节词的音高分布模式 （F）

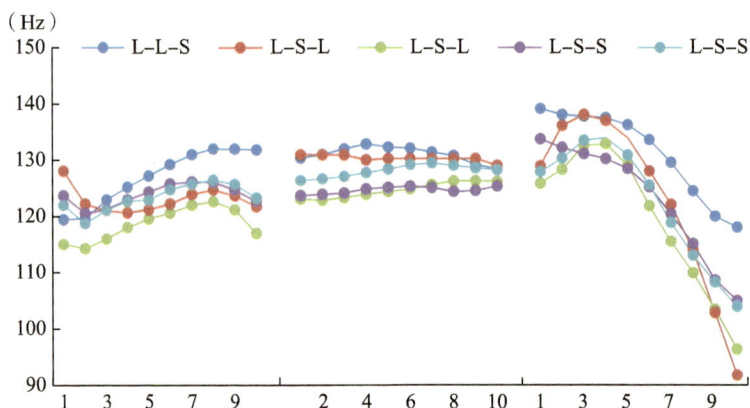

图 6.11 词首含有短元音的三音节词的音高分布模式 （M）

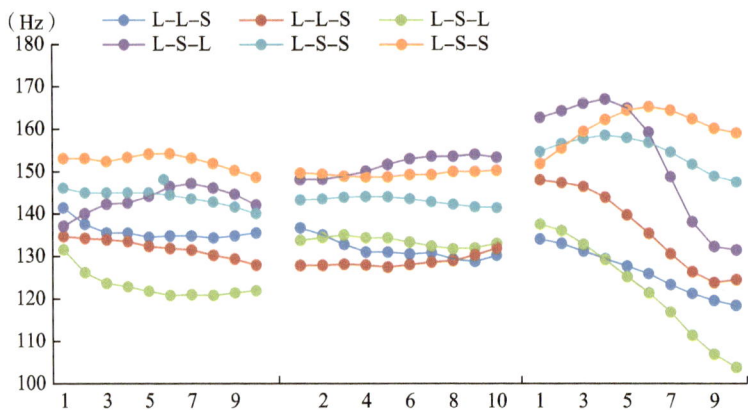

图 6.12 词首含有长元音的三音节词的音高分布模式 （F）

（三）音强分布模式

图 6.13~6.16 为男、女发音人双音节和三音节词中的音强均值分布模式示意图。

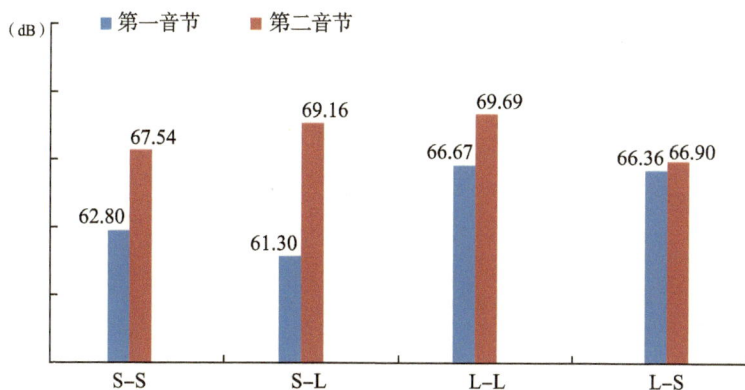

图 6.13　双音节词的音强分布模式（M）

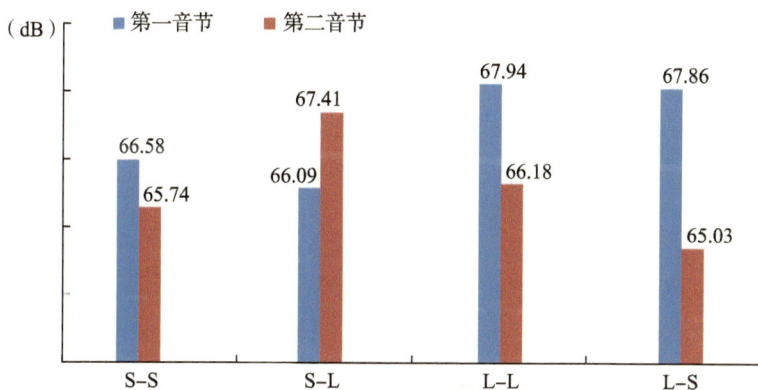

图 6.14　双音节词的音强分布模式（F）

从图 6.13～6.14 中我们可以看到，（1）男发音人 S–S、S–L、L–L、L–S 类双音节词的音强峰点落在词尾音节上；（2）而女发音人的 S–S，L–L，L–S 类双音节词的音强峰点落在词首音节元音，S–L 类双音节词的音强峰点落在词末音节上。

从图 6.15～6.16 中我们可以看到，（1）男发音人的 S–S–S、S–S–L、S–L–L、L–L–S、L–S–L、L–S–S 类三音节词的音强峰点均落在词末音节上；而 S–L–S 类三音节的音强峰点落在词中音节，但是词末与词中音节的音强差距非常小；（2）女发音人的 S–S–S、S–S–L、L–L–S、L–S–L、L–S–S 类三音节词的音强峰点均落在词首音节上；而 S–L–S、S–L–L 类三音节词的音强峰点均落在词中音节上。

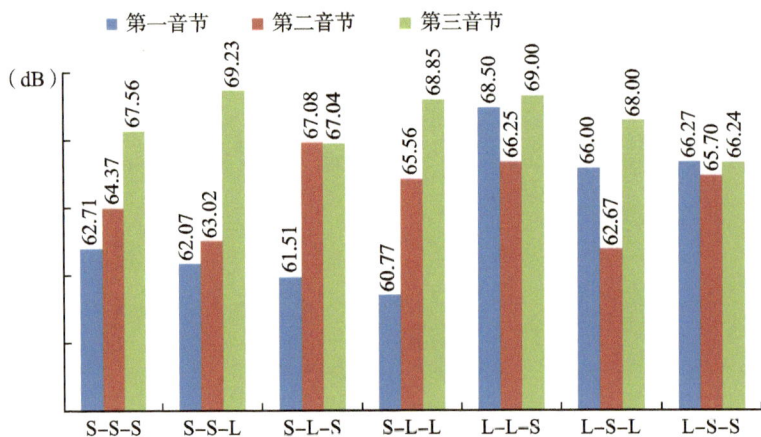

图 6.15　三音节词的音强分布模式（M）

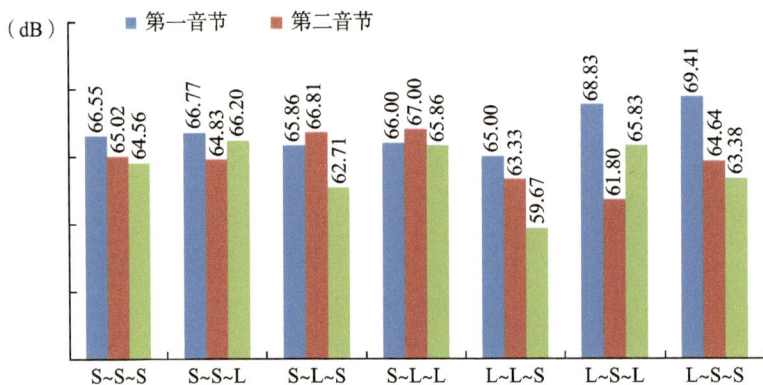

图 6.16　三音节词的音强分布模式（F）

二　布里亚特语词重音问题

（一）　问题的提出

在布里亚特语词重音研究中亟待解决的问题如下。（1）词重音位置。如，对双音节词来说，重音在第一音节？第二音节？对三音节词来说，重音在第一音节？第二音节？还是第三音节？（2）词重音性质。是音强重音？音高重音？音长重音？还是整个音节语音四要素（两个或多个要素）变化的综合效应？（3）类型学特点。是固定重音？还是自由重音？（4）是否还有次重音？

（二） 布里亚特语重音

1. 元音音质与词中位置之间的关系

林先生在阐述汉语普通话轻声时指出，普通话轻声音节的语音音色明显地减缩（Reduction），主要表现为韵母元音声学空间的减小和声母辅音发音的不到位（林茂灿，1990）。图 6.17 为男女发音人词首音节短元音（虚线）和非词首词腹音节短元音的舌位三角形图，图 6.18 为词首音节短元音

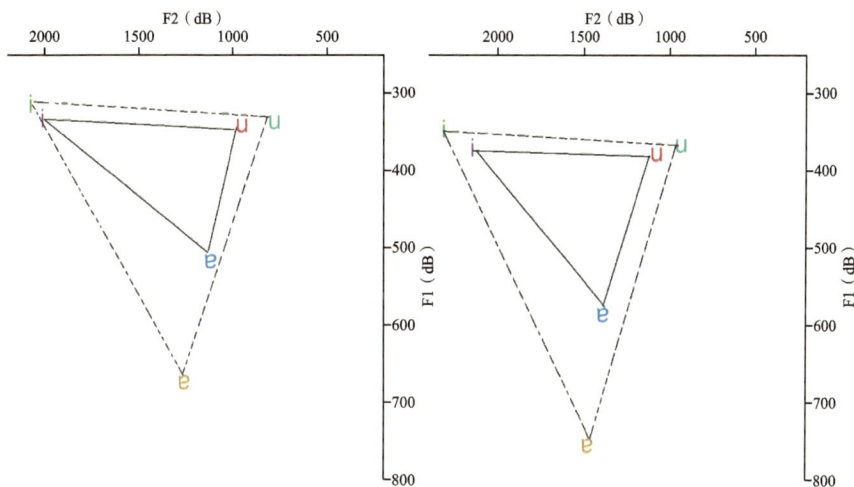

图 6.17　词首音节短元音（虚线）和非词首词腹音节短元音的舌位三角形（M&F）

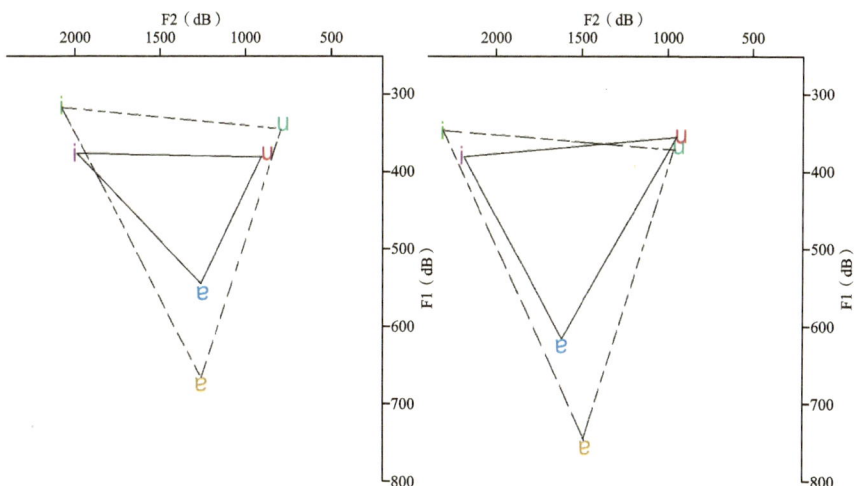

图 6.18　词首音节短元音（虚线）和非词首词末音节短元音的舌位三角形（M&F）

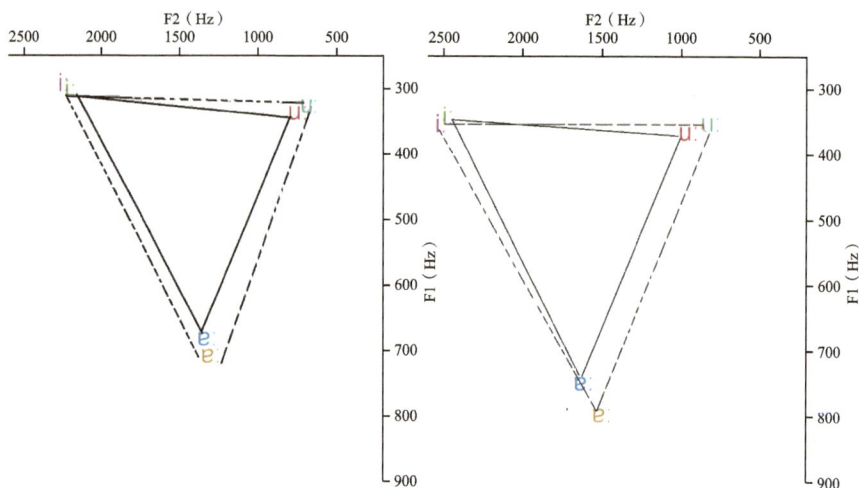

图 6.19　词首音节长元音（虚线）和非词首音节长元音的舌位三角形（M&F）

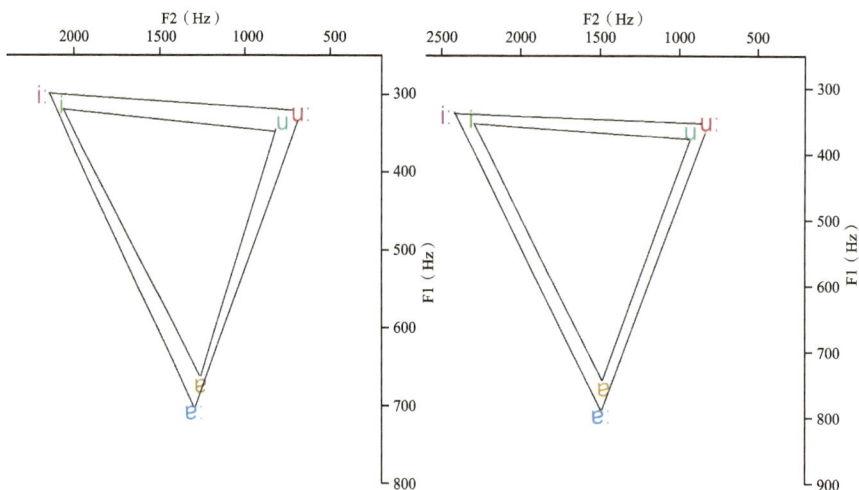

图 6.20　词首音节长元音和词首音节短元音的舌位三角形（M&F）

（虚线）和非词首词末音节短元音的舌位三角形图，图 6.19 为词首音节长元音（虚线）和非词首音节长元音的舌位三角形图，图 6.20 为词首音节长元音和词首音节短元音的舌位三角形图。

　　图 6.17~6.18 显示，词首短元音和非词首音节短元音舌位三角形之间的差异较大，即词首短元音舌位三角形明显比非词首音节短元音舌位三角形大；图 6.19 显示，词首音节长元音和非词首音节长元音舌位三角之间的差异较小；图 6.20 显示，词首音节长元音和词首音节短元音舌位三角之间

的差异较大。

　　从理论上讲，无论是词首音节元音，还是非词首音节元音都需要说得清楚、到位。但是通过比较布里亚特语词首音节短元音和词首音节长元音的声学元音图之后发现虽然该两种长元音的音色没有本质差异（长短差异显著），但词首音节短元音的声学空间（舌位三角的大小）明显比词首音节长元音的声学空间小。显然，布里亚特语元音音质与其在词中所处位置之间具有一定的相关性，与词首音节长元音和词首音节短元音相比非词首音节短元音有一定的减缩（央化）现象。

　　2. 音长、音高和音强在词中的分布特点

　　（1）音高峰值的分布特点。从表 6.3～6.4 中可以看出，双音节和三音节的音高峰值（最高点）均落在词末音节上。也就是说，所有词的音高都落在词末音节上。说明音高峰值不受音节数量、音节位置和长短元音的搭配类型和音节开闭等的影响。

表 6.3　音长、音高和音强在双音节词中的分布特点

		M				F			
S-S	类	O-O	O-C	C-C	C-O	O-O	O-C	C-C	C-O
	音长	词尾	词尾	词尾	词首	词尾	词尾	词尾	词首
	音高	L-H	L-H	L-H	L-H	L-H	L-H	L-H	L-H
	音强	W-S	S-W						
S-L	类	O-O	O-C	C-C	C-O	O-O	O-C	C-C	C-O
	音长	词尾	词尾	词尾	词尾	词尾	词尾	词尾	词尾
	音高	L-H	L-H	L-H	L-H	L-H	L-H	L-H	L-H
	音强	W-S	W-S						
L-L	类	O-O	O-C	C-C	C-O	O-O	O-C	C-C	C-O
	音长	词首	词首	词尾	词尾	词首	词尾		词首
	音高	W-S	S-W						
	音强								
L-S	类	O-O	O-C	C-C	C-O	O-O	O-C	C-C	C-O
	音长	词首	词首	词首	词首	词首	词首	词首	词首
	音高	L-H	L-H	L-H	L-H	L-H	L-H	L-H	L-H
	音强	W-S	S-W						

表 6.4 音长、音高和音强在三音节词中的分布特点

		M		F	
S-S-S	类	S-S-O	S-S-C	S-S-O	S-S-C
	音长	词尾	词尾	词中	词尾
	音高	L-L-H	L-L-H	L-L-H	L-L-H
	音强	W-W-S	S-W-W		
S-S-L	类	S-S-O	S-S-C	S-S-O	S-S-C
	音长	词尾	词尾	词尾	词尾
	音高	L-L-H	L-L-H	L-L-H	L-L-H
	音强	W-W-S	S-W-W		
S-L-S	类	S-L-O	S-L-C	S-L-O	S-L-C
	音长	词中	词中	词中	词中
	音高	L-L-H	L-L-H	L-L-H	L-L-H
	音强	W-S=S	W-S-W		
S-L-L	类	S-L-O	S-L-C	S-L-O	S-L-C
	音长	词尾	词中	词中	词尾
	音高	L-L-H	L-L-H	L-L-H	L-L-H
	音强	W-W-S	W-S-W		
L-L-S	类	L-L-O		L-L-O	L-L-C
	音长	词首		词中	词首
	音高	L-L-H		L-L-H	L-L-H
	音强	W-W-S	S-W-W		
L-S-L	类	L-S-O	L-S-C	L-S-O	L-S-C
	音长	词尾	词尾	词首	词首
	音高	L-L-H	L-L-H	L-L-H	L-L-H
	音强	W-W-S	S-W-W		
L-S-S	类	L-S-O	L-S-C	L-S-O	L-S-C
	音长	词首	词首	词首	词首
	音高	L-L-H	L-L-H	L-L-H	L-L-H
	音强	W-W-S	S-W-W		

（2）音强峰值的分布特点。从表 6.3~6.4 中可以看出，双音节和三音节的音强峰值（最强点）的分布，因人而异。如，男发音人双音节和三音节的音强峰值均落在词末音节上。也就是说，音强峰值不受音节数量、音

节位置和长短元音的搭配类型和音节开闭等的影响。

而女发音人双音节和三音节的音强峰值受音节数量、音节位置和长短元音的搭配类型和音节开闭等的影响。如，在 L-L、S-S 和 L-S 类双音节词中，女发音人的音强峰值落在词首音节上，而在 S-L 类双音节词中，女发音人的音强峰值则落在词尾音节上了。说明音强和音强之间具有一定的相关性。

（三）关于词重音问题的讨论

1. 布里亚特语词重音的位置

布里亚特语词重音属于固定重音，即落在词末音节上的固定重音。

2. 布里亚特语词重音的性质

我们初步认为，布里亚特语词重音属于音高重音。双音节和三音节的音高峰值（最高点）均落在词末音节上。音高峰值不受音节数量、音节位置和长短元音的搭配类型和音节开闭等的影响。

但是以下问题有待进一步研究。

（1）词重音与音色之间的关系。根据元音部分的分析，布里亚特语非词首音节，包括词腹音节和词尾音节短元音，都有央化趋势。但是按照世界语言的惯例，重读音节元音是不会央化的。

（2）词重音与音长之间的关系。根据我们以往的研究，蒙古语标准音的词重音与元音的音长之间具有一定的相关性。如，在 S-L 和 L-S 类双音节词的重音会落在有长元音的音节上。布里亚特语和蒙古语在韵律方面会有显著的差异吗？

（3）词重音与音强之间的关系。根据我们以往的研究，蒙古语标准音的词重音与元音的音强之间也有一定的相关性。有待解释布里亚特语双音节词中的 S-W（强—弱）模式与词重音之间的关系。

（4）词重音与音高之间的关系。蒙古语非词首音节音高，特别是 S-S 类双音节词的音高的峰值同样也落在词尾音节，但蒙古语学界几乎都否认，该类词的重音落在词尾音节上的说法。

参考文献

《关于蒙古语重音——语音实验中间报告》，1993，《内蒙古大学学报（蒙文版）》第 1 期。

《蒙古学百科全书（语言文字）》，2010，内蒙古人民出版社。

《有关察哈尔土语复合元音的几个问题——用实验语音学方法研究的阶段性成果（b）》，1989，《内蒙古大学学报（蒙文版）》第 4 期。

Huhe, Baoguilan, 2011, "EPG Based Research on Tongue Position and Its Constraint of Word-Initial Consonants in Standard Mongolian in China", The 17th International Congress of Phonetic Sciences, Hong Kong, August 17-21.

I. Antti. & H. Harnud, 2005, "Acoustical comparison of the monophthong systems in Finnish, Mongolian and Udmurt", *Journal of the International Phonetic Association* 35/1.

Jan‐Olof Svantesson, 2005, Anna Tsendina, Anastasia Karlsson and Vivan Franzeén, The Phonology of Mongolian, Oxford University Press.

Jan‐Olof Svantesson, 2005, Anna Tsendina, Anastasia Mukhanova Karlsson, and Vivan Franzén, *The phonology of Mongolian*, New York: Oxford University Press.

Jan‐Olof Svantesson, 1986, "Acoustic Analysis of Chinese Fricatives and Affricates", *Journal of Chinese Linguistics* 14: 53-70.

R. L. 特拉斯克，2000，《语音学和音系学辞典》，鲍怀翘、曹剑芬等译，语文出版社。

阿拉坦，2010，《阿嘎布里亚特方言和霍里布里亚特方言复合元音语音实验研究》，《内蒙古师范大学学报》（哲学社会科学版）第 5 期。

阿拉坦，2009，《布里亚特语语音实验研究》，博士学位论文，内蒙古大学。

敖敏、熊子瑜、呼和，2012，《蒙古语普通话朗读话语韵律短语研究》，《中央民族大学学报》（哲学社会科学版）第 4 期。

巴雅尔其木格，2014，《布里亚特语及其方言语音声学分析》，博士学位论文，内蒙古大学。

白音朝克图，1978，《现代蒙古语标准音语音系统》，《内蒙古大学学报（蒙文版）》第 3 期。

包桂兰、白音门德、呼和，2012，《蒙古语鼻音［n］的实验研究》，第十届中国语音学学术会议（PCC2012）会议，上海。

包桂兰、哈斯其木格、呼和，2010，《基于 EPG 的蒙古语辅音发音部位研究》，《民族语文》第 3 期。

包桂兰、哈斯其木格、呼和，2011，《蒙古语清擦音实验研究》，《中国语音学报》第 3 辑。

包桂兰、呼和，2011，《蒙古语非词首辅音舌位变化及其约束度研究》，第十一届全国人机语音通讯学术会议（NCMMSC2011），西安。

宝玉柱、孟和宝音，2011，《现代蒙古语正蓝旗土语音系研究》，民族出版社。

鲍怀翘、阿西木，1988，《维吾尔语元音声学初步分析》，《民族语文》第 5 期。

鲍怀翘、陈嘉猷、米尔卡玛力、娜孜古丽，1996，《哈萨克语元音声学分析及元音和谐理论》，第三届全国语音学研讨会论文集，北京。

鲍怀翘、陈嘉猷、徐昂，1996，《哈萨克语语音声学参数数据库》，第三届全国语音学研讨会论文集，北京。

鲍怀翘、吕士楠，1992，《蒙古语察哈尔话元音松紧的声学分析》，《民族语文》第 1 期。

鲍怀翘，2005，《实验语音学讲义》，手稿。

曹剑芬，2007，《现代语音研究与探索》，商务印书馆。

陈秀梅，2004，《蒙古语察哈尔土语辅音组合 4×6 的声学和生理分析》，硕士学位论文，内蒙古大学。

董潇红、王政德，2015，《裕固族》，辽宁民族出版社。

格根塔娜，2008，《蒙古语朗读话语韵律层级单元及其边界处的声学和语言学线索》，硕士学位论文，内蒙古大学。

哈斯额尔顿编，1990，《内蒙古师范大学蒙古语言文学专业研究生论文集（下）》，内蒙古人民出版社。

哈斯其木格、呼和，2012，《蒙古语边音/l/的声学和生理研究》，《民族语文》第 2 期。

呼和、包桂兰，2013a，《基于 EPG 的蒙古语标准话词首辅音舌位变化及其约束度研究》，石锋、彭刚主编《大江东去——王士元教授八十岁贺寿文集》，香港城市大学出版社。

呼和、鲍怀翘、确精扎布：《关于蒙古语语音声学参数数据库》，《内蒙古大学学报（汉文版）》1997 年第 5 期，韩国阿尔泰学会学报，1998 年第 8 号。

呼和、曹道巴特尔，1996，《蒙古语察哈尔土语词末弱短元音的声学分析》，《内蒙古大学学报（蒙文版）》第 3 期。

呼和、陈嘉猷、郑玉玲，2001，《蒙古语韵律特征声学参数数据库》，《内蒙古大学学报（汉文版）》第 1 期。

呼和、确精扎布，1999，《蒙古语语音声学分析》，内蒙古大学出版社。

呼和、周学文，2013b，《基于 PAS 的蒙古语普通话辅音气流研究》，《中央民族大学学报》（哲学社会科学版）第 2 期。

呼和，2016a，《鄂温克语词首音节短元音声学分析》，《中央民族大学学报》（哲学社会科学版）第 5 期。

呼和，2015a，《蒙古语标准话词首辅音谱特征分析》，《满语研究》第 2 期。

呼和，2015b，《蒙古语标准话塞音塞擦音声学分析》，《民族语文》第 3 期。

呼和，2009，《蒙古语语音实验研究》，辽宁民族出版社。

呼和，2015c，《蒙古语元音演变的声学语音学线索》，《中央民族大学学报》（哲学社会科学版）第 4 期。

呼和，2016b，《与蒙古语标准话相关的几个问题》，《语言与翻译（蒙文版）》第 1 期。

呼和，2015d，《语言亲属关系声学语音学线索》，《实验语言学》第四卷第 4 号。

呼和，2015e，《语音属性与规则的相对性和绝对性问题》，《蒙古语文》第 8 期。

呼和，2015f，《语音与听，看，感知之间的关系问题》，《语言与翻译（蒙文版）》第 3 期。

呼和，2014，《再论蒙古语词重音问题》，《民族语文》第 4 期。

孔江平，2001，《论语言发生》，中央民族大学出版社。

孔江平，1999，《蒙语声门阻抗参量的相关性及其分类》，《现代语音学论文集》（第四届全国现代语音学学术会议），金城出版社。

罗常培、王均，1981，《普通语音学纲要》，商务印书馆。

蒙古语标准音水平测试大纲编写组编，2003，《蒙古语标准音水平测试大纲（蒙文）》，内蒙古人民出版社。

内蒙古大学蒙古学院蒙古语文研究所编，1964，《现代蒙古语》，内蒙古人民出版社。

内蒙古语言文学研究所编，1983，《蒙古语文研究资料》，内蒙古人民出版社。

清格尔泰、确精扎布，1959，《关于蒙古语辅音》，《内蒙古大学学报（蒙文版）》第 1 期。

清格尔泰，1991，《蒙古语语法》，内蒙古人民出版社。

确精扎布，1989，《蒙古语察哈尔土语元音的实验语音学研究》，《民族语文》第 4 期。

史延恺，1986，《音节理论》，《现代外语》第 2 期。

孙宏开等主编，2007，《中国的语言》，商务印书馆。

王洪君，1996，《韵律的层级和韵律的最小自由单位》，《第三届全国语音学研讨会论文集》，中国社会科学院语言研究所，北京。

王士元，1983，《关于声调语言、听觉》，北京大学中文系《语言学论丛》编委会编《语言学论丛》第 11 辑，商务印书馆。

吴汉、李永宏，2017，《布里亚特语研究文献综述》，《现代语文》（语言研究版）第 4 期。

吴宗济、林茂灿，1989，《实验语音学概要》，高等教育出版社。

张家禄，1996，《语音学的新阶段——理解言语》，《第三届全国语音学研讨会论文集》，中国社会科学院语言研究所，北京。

张淑琴，2008，《蒙古语朗读话语语句重音实验研究》，硕士学位论文，内蒙古大学。

周学文、呼和，2014，《语音声学参数自动标注/提取系统简介》，《中文信息学报》第 3 期。

朱晓农，2006，《音韵研究》，商务印书馆。

朱晓农，2010，《语音学》，商务印书馆。

| 后 记 |

通过十几年的努力，这部基于"中国少数民族语言语音声学参数统一平台"（以下简称"统一平台"）的"中国少数民族语言方言实验研究丛书"将要跟读者见面了。这是我们团队几十年研究工作的结晶。作为我国少数民族语言语音实验研究方面的第一部大型丛书，一定会有很多待改进和完善的地方。出版本丛书的目的是让读者了解民族语言音段和超音段（词层）声学研究成果，给同行们提供语言声学实验研究思路和方法，促进民族语言实验研究学科体系建设，推动我国民族语言学学科的发展。

在本丛书出版之际，感谢所有发音合作人，他们对母语的热爱和对自己民族的责任感深深地打动了我们团队每一位成员；感谢参与本项研究的所有研究生，感谢他们能够理解和支持这项庞大而艰难的工程，每一个音段的参数都凝聚着他们的辛劳和汗水；感谢研究所领导和民族语言学学科的全体同仁，他们的鼓励和支持是我们团队最强大的动力；感谢社会科学文献出版社的领导和编辑。

本丛书及其所基于的"统一平台"研究，得到了国家社会科学基金重大招标项目"中国少数民族语言语音声学参数统一平台建设研究"（项目编号：12 & ZD225）、国家社会科学基金冷门绝学研究专项学术团队项目"中国北方少数民族濒危语言调查实验研究"（项目编号：21VJXT012）、中国社会科学院创新工程"登峰战略"资深学科带头人资助项目"中国北方跨界民族语言的调查实验研究"（项目编号：DZ2023002）和中国社会科学院创新工程学术出版基金等的大力资助，在此表示诚挚的感谢。

由于所涉及的范围广、问题多，加上我们研究能力和水平有限等诸多原因，丛书中难免会有不足之处，望同行们斧正。我们相信，随着实验语音学理论和方法的不断成熟和改进，以及我们团队研究领域的逐渐拓展和研究水平的不断提高，这些问题和难题会逐步得到解决。因为汉语不是我们的母语，用汉语进行写作，我们需要克服一定的语言文字上的障碍，尽管我们非常努力，但在本丛书中仍然可能难以避免出现"蒙古式"语句，甚至可能存在表达不清楚的地方，望各位读者谅解并提出宝贵意见。

2025 年 6 月 8 日

图书在版编目（CIP）数据

布里亚特语语音声学研究／呼和主编；呼和著．
北京：社会科学文献出版社，2025.5. --（中国少数民
族语言方言实验研究丛书）. --ISBN 978-7-5228-4105
-2

Ⅰ. H532. 1

中国国家版本馆 CIP 数据核字第 20245S18H7 号

中国少数民族语言方言实验研究丛书
布里亚特语语音声学研究

主　　编／呼　和
著　　者／呼　和

出 版 人／冀祥德
责任编辑／周志静
责任印制／岳　阳

出　　版／社会科学文献出版社·人文分社（010）59367215
　　　　　地址：北京市北三环中路甲 29 号院华龙大厦　邮编：100029
　　　　　网址：www. ssap. com. cn
发　　行／社会科学文献出版社（010）59367028
印　　装／河北虎彩印刷有限公司

规　　格／开　本：787mm×1092mm　1/16
　　　　　印　张：24　字　数：393 千字
版　　次／2025 年 5 月第 1 版　2025 年 5 月第 1 次印刷
书　　号／ISBN 978-7-5228-4105-2
定　　价／1280.00 元（全五卷）

读者服务电话：4008918866